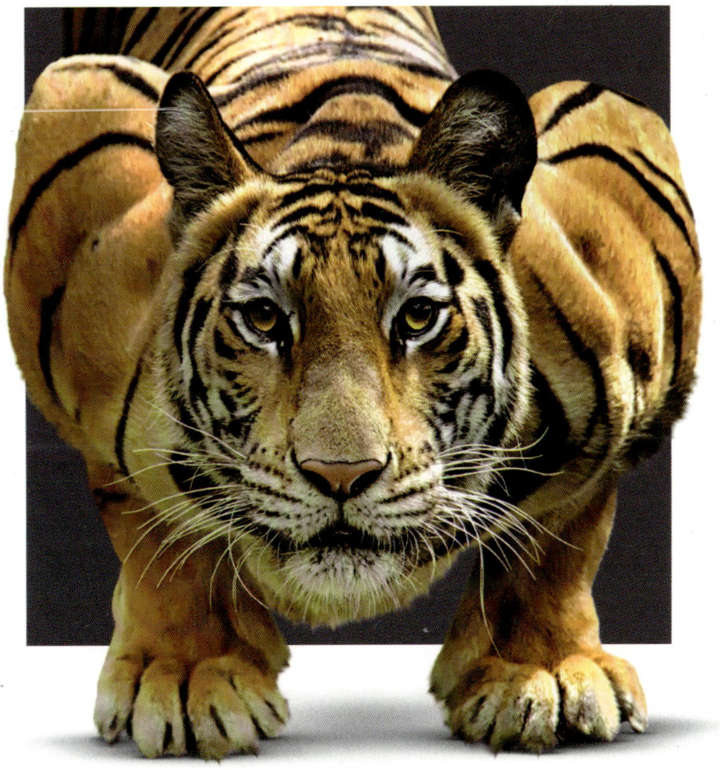

DK揭秘万物
终极大百科

英国DK公司 编著　宁 建译

浙江教育出版社·杭州

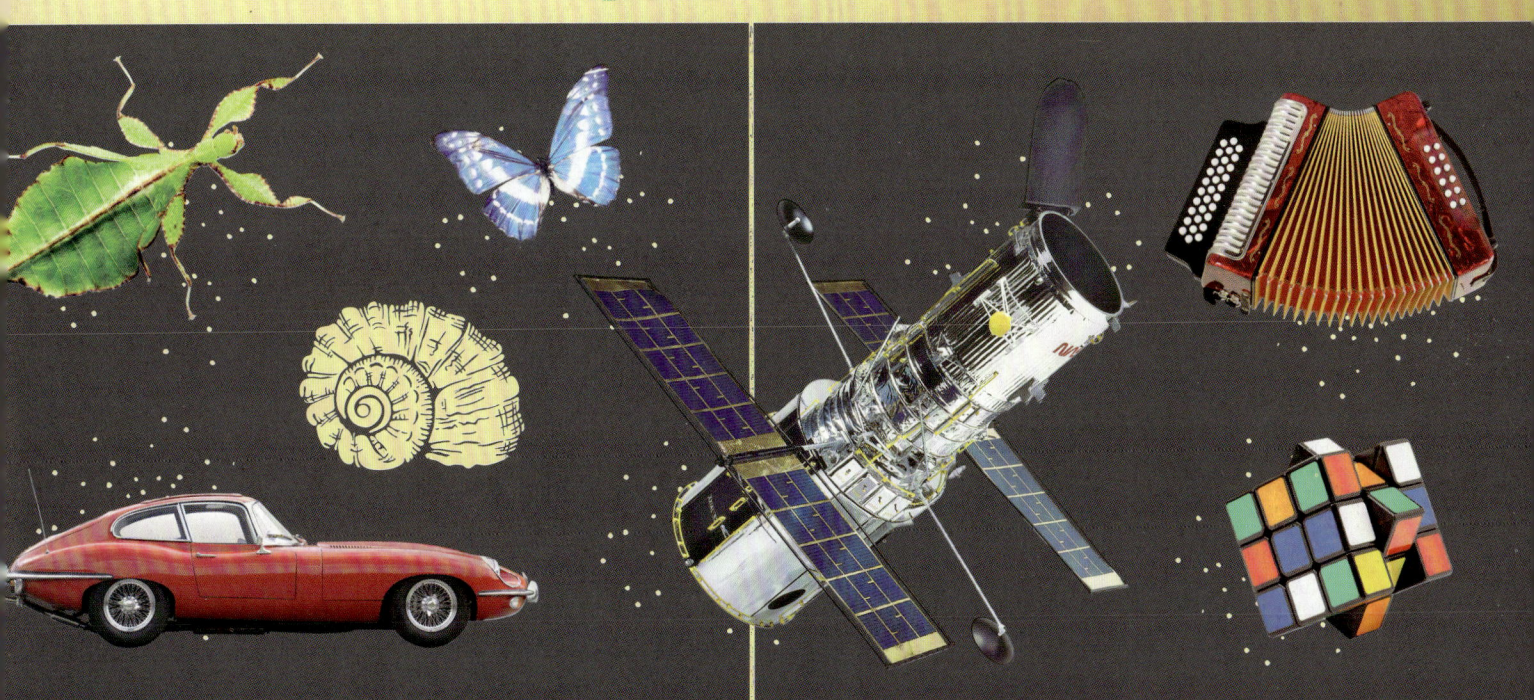

图书在版编目（CIP）数据

DK揭秘万物终极大百科 / 英国DK公司编著；宁建译
. —— 杭州：浙江教育出版社，2024.3
ISBN 978-7-5722-7414-5

Ⅰ.①D… Ⅱ.①英…②宁… Ⅲ.①科学知识-儿童读物 Ⅳ.①Z228.1

中国国家版本馆CIP数据核字(2024)第036653号

引进版图书合同登记号 浙江省版权局图字：11—2023—469

审图号 浙测图审字（2024）第17号

DK揭秘万物终极大百科
DK JIEMI WANWU ZHONGJI DABAIKE

英国DK公司 编著
宁 建 译

责任编辑：王方家 高露露　　美术编辑：韩 波
责任校对：洪 滔 傅美贤　　责任印务：沈久凌

出版发行　浙江教育出版社（杭州市天目山路40号）
印刷装订　佛山市南海兴发印务实业有限公司
开　　本　889mm×597mm　1/16
印　　张　24.5
字　　数　490 000
版　　次　2024年3月第1版
印　　次　2024年3月第1次印刷
标准书号　ISBN 978-7-5722-7414-5
定　　价　198.00元

如发现印、装质量问题，影响阅读，请联系调换。
质量监督电话：020-83797655

Original Title: Eyewitness Encyclopedia of Everything:
The Ultimate Guide to the World Around You
Copyright © Dorling Kindersley Limited, 2023
A Penguin Random House Company

www.dk.com

目录

太空　8

什么是太空？	10
宇　宙	12
众多星系	14
太　空	16
恒星的光	18
太　阳	20
完美的行星	22
采访火星科学家	24

地球　42

地　球	44
强大的板块	46
岩石行星	48
多彩的晶体	50
看图识别岩石和矿物	52
奇妙的化石	54
水的世界	56
河流与湖泊	58
不可思议的冰雪	60
水	62
极端侵蚀	64
地下深处	66

生命　92

什么是生命？	94
早期的生命	96
中生代的怪兽	98
恐龙称霸	100
看图识别恐龙	102
采访古生物学家	104
植物的生命	106
美妙的花朵	108
植　物	110
神奇的真菌	112
无脊椎动物	114
聪明的动物	116
昆虫世界	118
看图识别昆虫	120
超级蜘蛛	122
鱼的传说	124
鲨鱼袭击	126
采访海洋生物学家	128
两栖动物的把戏	130

小行星撞击!	26
壮观的月球	28
观察太空	30
探索太空	32
点火发射	34
太空中的生活	36
采访宇航员	38
看图识别太空飞行器	40

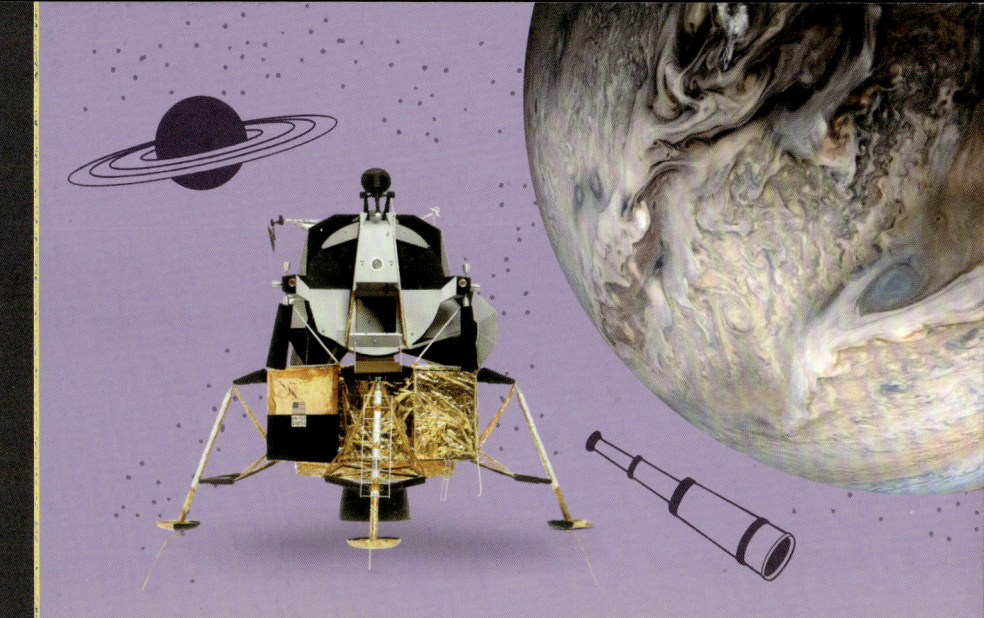

狂暴的火山	68
采访火山学家	70
不稳定的地球	72
狂野的天气	74
天　气	76
采访气象学家	78
雄伟的山	80
荒凉壮美的荒漠	82
美妙的森林	84
看图识别树木	86
气候紧急情况	88
保护我们的星球	90

爬行动物称霸	132
凶猛的鳄类动物	134
滑行的蛇类	136
生存策略	138
漂亮的鸟类	140
酷炫的企鹅	142
看图识别鸟类	144
毛茸茸的哺乳动物	146
巨大的鲸类	148
致命的猫科动物	150
采访动物学家	152
熊的技能	154
犬科动物	156
灵长类动物	158
看图识别哺乳动物	160
生活在一起	162
野生动物保护	164
面临生存危机的动物	166

人体 168

人体基础知识	170	心脏和血液	182
超级细胞	172	人体	184
骨骼	174	吸气	186
看图识别骨骼	176	控制中心	188
肌肉的力量	178	采访神经科医生	190
食物处理器官	180	超级感官	192

科学 202

什么是科学？	204	永恒的能量	224
物质的状态	206	为我们的世界提供能源！	226
原子能	208	采访气候科学家	228
化学元素	210	看见光	230
看图识别化学元素	212	令人惊叹的电	232
酷炫的碳	214	大创意	234
奇妙的金属	216	强大的磁铁	236
化学反应	218	力的来源	238
材料世界	220	看图识别汽车	240
材料	222	万有引力	242

历史 264

什么是历史？	266	纪念性建筑物	290
人类的祖先	268	了不起的阿兹特克人	292
第一座城镇	270	印加帝国	294
尼罗河王国	272	贝宁王国	296
采访埃及学家	274	采访历史学者	298
辉煌的古希腊	276	骑士与城堡	300
古罗马的崛起	278	欧洲文艺复兴	302
远航的维京人	280	看图识别这些帽子是谁戴的？	304
看图识别海上交通工具	282	全球探险家	306
宋朝时的中国	284	欧洲殖民	308
中世纪的日本	286	被奴役的生活	310
伊斯兰的黄金时代	288	革命时代	312

文化 334

什么是文化？	336	体育运动	350
有生命的语言	338	讲故事	352
节庆的乐趣	340	令人惊叹的艺术	354
美味佳肴	342	采访街头艺术家	356
食物	344	激动人心的舞蹈	358
引人注目的体育运动	346	神奇的音乐	360
看图识别体育运动	348	看图识别乐器	362
		城市生活	364

人类繁殖	194
生　长	196
采访田径教练	198
对抗细菌	200

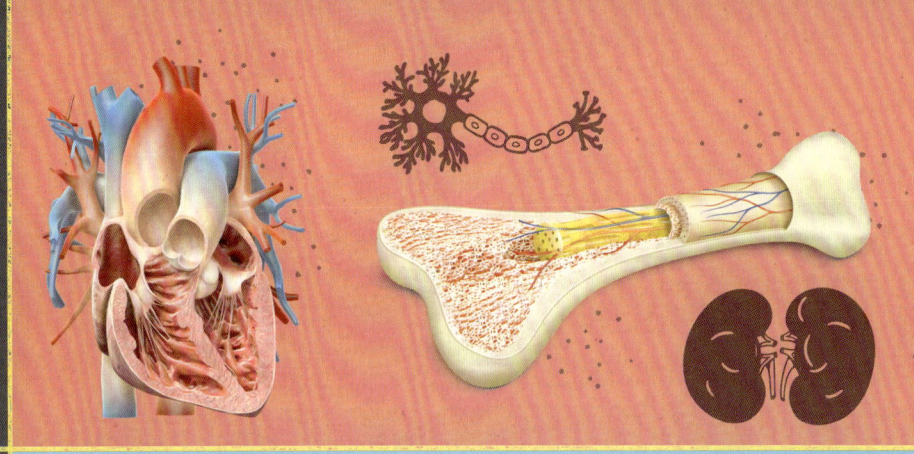

飞行的奇妙之处	244
看图识别飞行器	246
让你的船浮起来	248
极限机械	250
建筑物	252
互联网	254
聪明的机器人	256
显微镜下	258
活跃的DNA	260
采访法医学家	262

工业革命	314
美国内战	316
采访海洋考古学家	318
第一次世界大战	320
第二次世界大战	322
民权运动	324
冷　战	326
宣告独立	328
转向数字化	330
网状系统	332

在路上	366
采访飞行员	368
货币很重要	370
数字世界	372
词　汇	374
致　谢	392

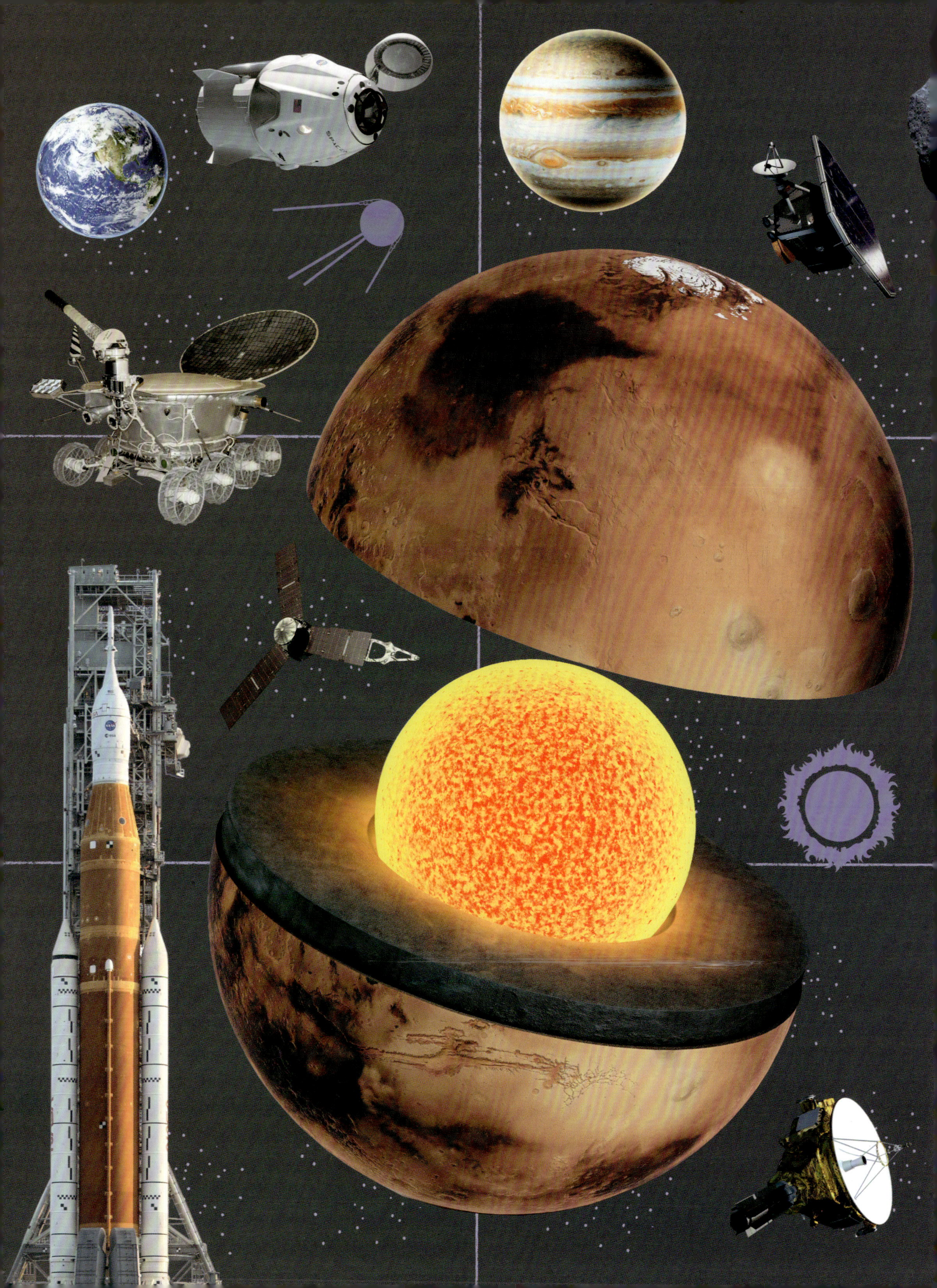

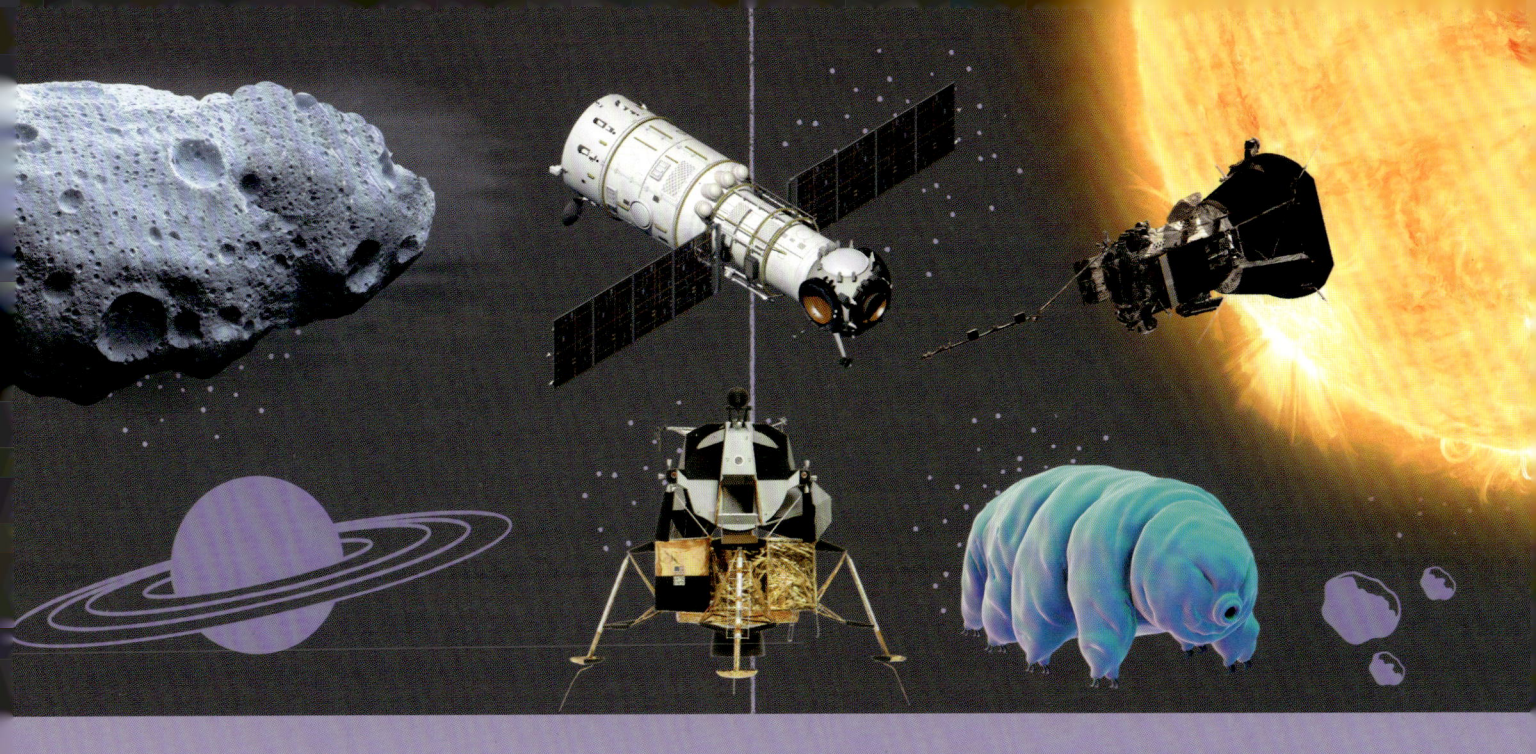

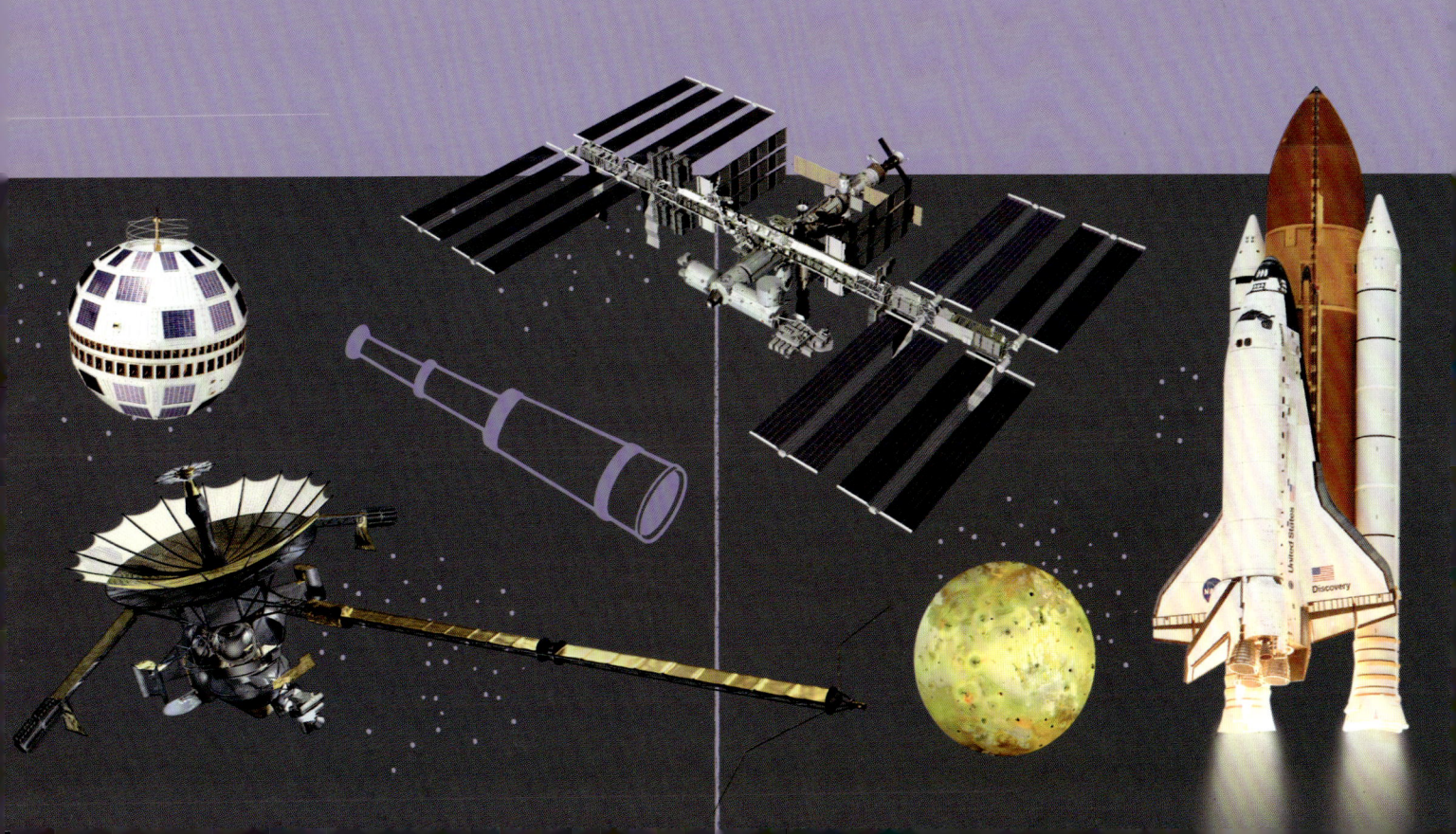

太 空

什么是太空？

太空是宇宙和其中的一切，包括恒星、行星、尘埃以及现在还不知道的有待发现之物。我们人类观察太空的历史已有数千年之久了，但是到目前为止，人类足迹能到达的最远之处是月球。

太空的尺度

我们居住的地球只是银河系中的无数天体之一，而银河系又是宇宙中极小的一部分。下图展示了地球在太空中的相对尺度和位置。

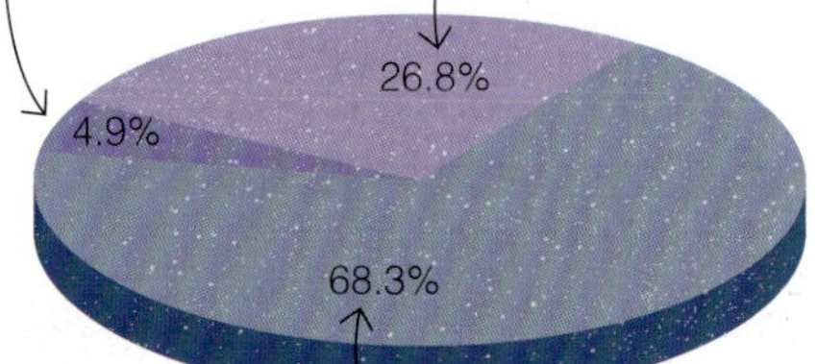

宇宙中可见的物质都是由原子构成的，例如恒星和行星。

26.8%

4.9%

68.3%

暗物质约占宇宙的四分之一。

超过三分之二是暗能量。

距离太阳50光年以内至少有2000颗恒星。

太阳系中的行星都围绕太阳公转……

太空的质能

可见物质只占宇宙的一小部分，而大部分则是由暗物质和暗能量构成的。暗物质不发光也不发热。我们只能透过引力产生的效应得知它的存在。暗能量是一种使宇宙膨胀的神秘能量。

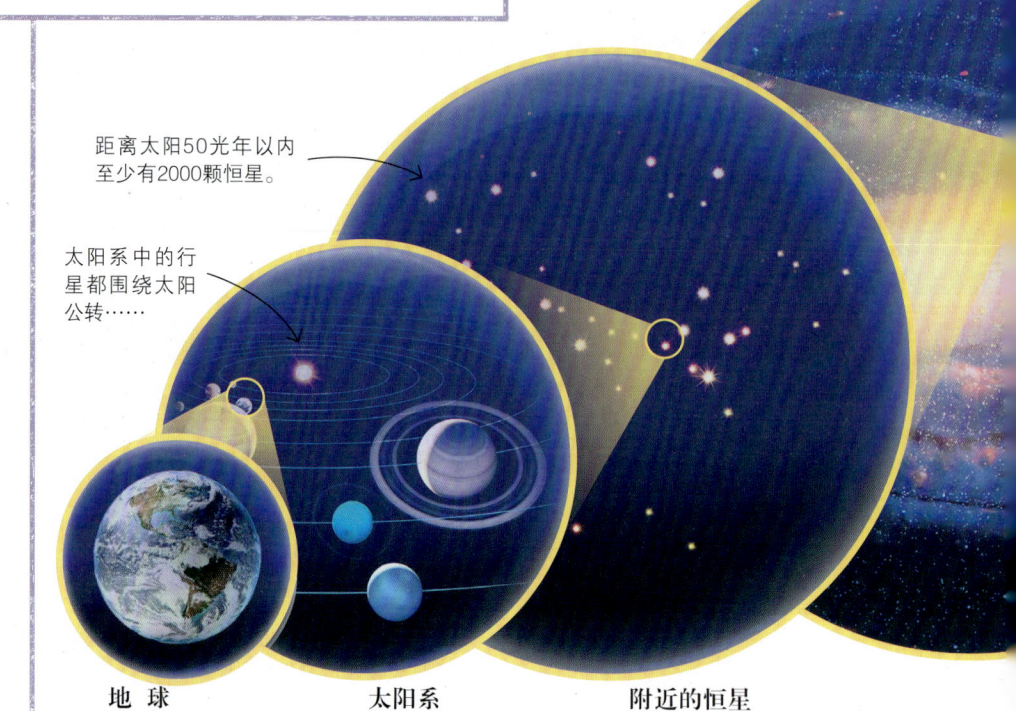

地球
我们的母行星很小，有很多岩石，还有一颗天然卫星——月球。

太阳系
太阳系有8颗行星及它们的卫星，还有许多小行星和彗星。

附近的恒星
太阳附近的恒星区域被称为"太阳邻域"。

几乎每颗我们用肉眼能看见的恒星都比我们的太阳大！

观察太空

自远古以来，人类就惊奇地仰望夜空。在能见度高的夜晚，我们仅用肉眼就能观察到数量惊人的天体，而使用工具则能够放大我们的视野，让我们看到更多的细节，甚至看到更多天体。

1969年宇航员首次登月成功。

太空探索者

60多年来，我们一直在将航天器送入太空，探索了地球的邻居，有些航天器甚至已经飞出了太阳系。到目前为止，人类唯一亲身涉足的其他天体是月球。人类正在计划重返月球，然后继续前往火星以及更远的地方。

肉 眼
在没有特殊设备的情况下，我们能够看到一些恒星和行星，还能看到月球、彗星和流星。

银河系
太阳和数千亿颗其他恒星属于一个名为银河系的星系。

本星系群
本星系群由大约50个星系组成，其中包括银河系。

超星系团
聚集在一起的多个星系群构成更大的"超星系团"。

可观测宇宙
众多超星系团形成纤维状结构，纤维丛之间有着巨大的空间。

双筒望远镜
我们使用双筒望远镜能更仔细地观察天体。例如，月球表面的陨石坑变得可见。

大型地基望远镜
这种望远镜能捕捉遥远的、非常微弱的天体信息。图中的红色斑点是HD-1星系，是从地球上能看见的最远的天体。

小型天文望远镜
小型天文望远镜能够帮助我们更清晰地看见临近的行星等天体，甚至能让我们看见仙女座星系。

太空望远镜
观察太空的最佳地点是在太空中。位于地球大气层之外的太空望远镜能捕捉到更清晰的图像，例如NGC346星系的图像。

最大的望远镜能收集的光线是人眼能收集的1亿倍！

像这些白色的明亮星系属于一个星系团。

在前景中恒星上"尖峰"状的光芒是望远镜产生的。

回顾过去

这张夜空照片是詹姆斯·韦伯空间望远镜拍摄的，其中几乎每个光点都是一个星系。因为它们离我们太远，所以它们的光需要数十亿年才能到达我们这里。照片显示的最遥远的星系距离我们有130亿光年，而我们能看到的只是它们在大爆炸后不到10亿年的情景。

远处星系发出的光在较近的星系团的引力作用下被扭曲成弧形。

宇　宙

上图中显示的包含众多天体的星空实际上只占人的视野非常小的一部分，我们伸直手臂用一粒沙子就能覆盖这片星空！

宇宙包括了一切，包括我们能看见的所有事物，从最小的原子到巨大的星系；还包括我们看不见的事物，例如能量和时间；甚至还包括我们尚未发现的事物。宇宙在130亿多年前形成，并且还在继续膨胀，其浩瀚的尺度让我们几乎无法想象。

天文学家预测，宇宙的直径将在100亿年后翻倍！

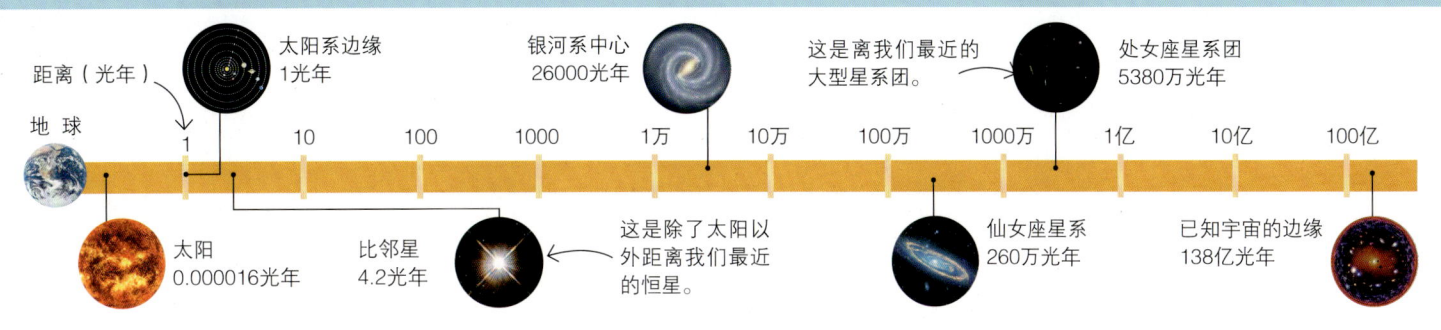

距离（光年）
地球 — 太阳 0.000016光年 — 太阳系边缘 1光年 — 比邻星 4.2光年 — 这是除了太阳以外距离我们最近的恒星。 — 银河系中心 26000光年 — 这是离我们最近的大型星系团。 — 仙女座星系 260万光年 — 处女座星系团 5380万光年 — 已知宇宙的边缘 138亿光年

轴线刻度：1　10　100　1000　1万　10万　100万　1000万　1亿　10亿　100亿

以光年计的距离

1光年是光在1年中能够达到的距离。我们以光年为距离单位，是因为太阳系以外的天体距离我们非常遥远。上图的轴线标明了一些太空距离，以距离地球的光年为单位，1光年约为9.5万亿千米。

大多数科学家都认为宇宙的膨胀不会停止，会永远继续下去！

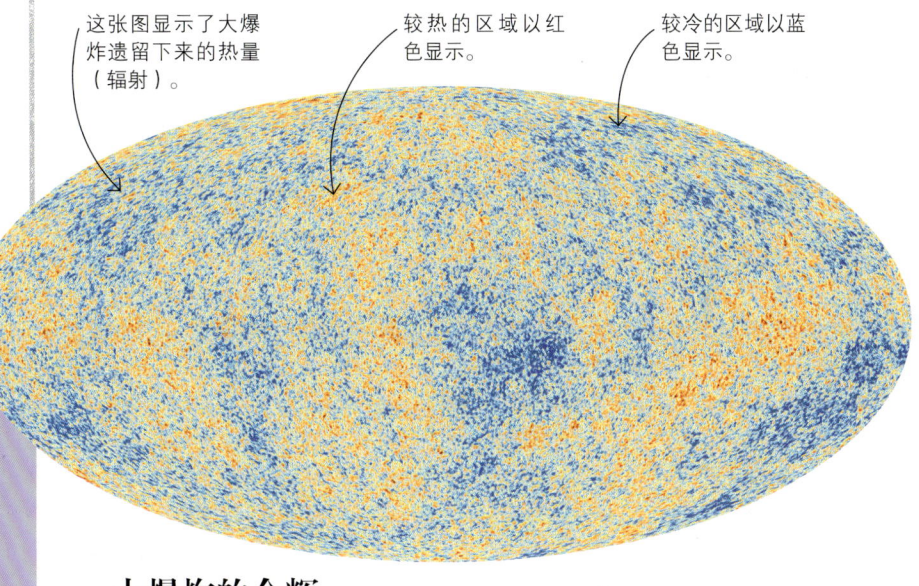

这张图显示了大爆炸遗留下来的热量（辐射）。
较热的区域以红色显示。
较冷的区域以蓝色显示。

大爆炸的余辉

为什么我们对大爆炸了解这么多呢？这是因为大爆炸释放的能量给我们提供了线索。科学家发现了被称为宇宙微波背景辐射的恒定的微弱能量辐射，这是宇宙诞生时遗留下来的辐射余辉。

宇宙是如何诞生的

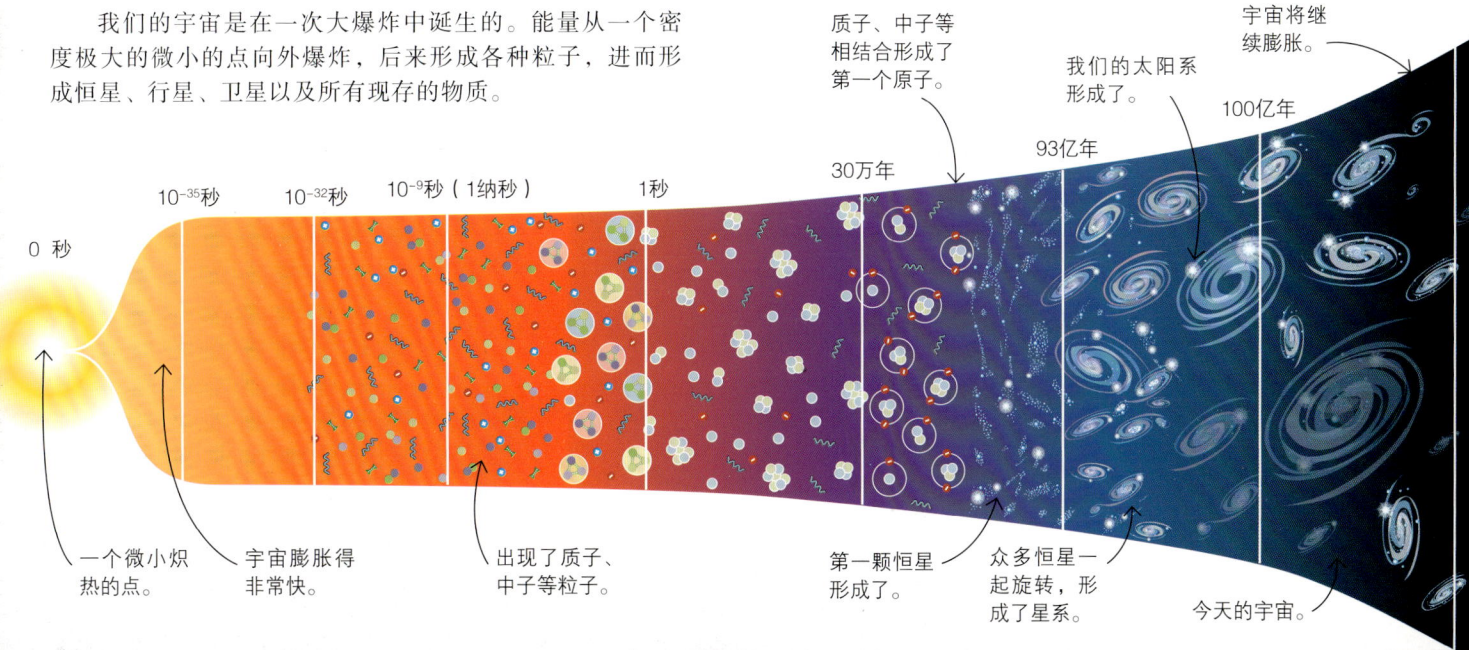

我们的宇宙是在一次大爆炸中诞生的。能量从一个密度极大的微小的点向外爆炸，后来形成各种粒子，进而形成恒星、行星、卫星以及所有现存的物质。

质子、中子等相结合形成了第一个原子。
我们的太阳系形成了。
宇宙将继续膨胀。

0秒　10^{-35}秒　10^{-32}秒　10^{-9}秒（1纳秒）　1秒　30万年　93亿年　100亿年

一个微小炽热的点。
宇宙膨胀得非常快。
出现了质子、中子等粒子。
第一颗恒星形成了。
众多恒星一起旋转，形成了星系。
今天的宇宙。

众多星系

星系是在引力的作用下由行星、星云、宇宙尘埃等组成的巨大的星团。至今观测到的宇宙中至少有1000亿个星系，除此之外，估计还有数万亿个星系尚未被发现。

星系碰撞

当星系彼此靠近时，引力会将它们拉得越来越近，直到它们相互碰撞。大约2亿年前，车轮星系与一个较小的星系碰撞，小星系正好撞向车轮星系的中心，改变了车轮星系的螺旋形状，并且留下了一个看起来像靶心似的致密核心。

气体和尘埃从撞击点喷射出，形成"辐条"。

外环强烈的恒星形成活动。

银河系与邻近的仙女座星系预计将在40亿年后发生碰撞！

我们的太阳位于银河系的一条旋臂中。

形成恒星的尘埃和气体。

中心隆起的部分有许多老恒星。

银河

我们所处的星系被称为银河系。与其他星系相比，银河系是一个中等大小的星系，直径约10万光年，拥有多达4000亿颗恒星。人们认为所有大型星系的中心都有一个超大质量的黑洞，那里的引力非常强大，任何东西都无法逃脱。银河系的中心有一个被称为人马座 A* 的黑洞。

椭圆形
像一个被"压扁的"球形，有较多的恒星聚集在中心。

旋涡形
中心隆起，聚集着大量恒星，周围环绕着向外盘旋的旋臂。

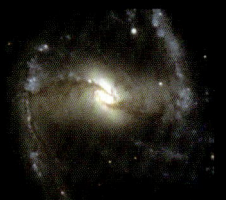

棒旋形
大量恒星聚集成短棒形状，两端涌现旋臂。

不规则形
恒星、气体和尘埃的集合，没有明显的形状。

星系的形状

人们认为，星系开始时是由恒星和尘埃组成的旋转云团。当其他云团靠近时，引力使它们发生碰撞，并且相互吞噬，形成更大的旋转云团。星系的形状主要有4种：椭圆形、旋涡形、棒旋形和不规则形。

地球的夜空

我们的夜空中的所有恒星都是银河系的一部分。从我们所处的一条旋臂的位置看去，我们的银河系就像一条发光的、朦胧的带子，在天空中伸展。

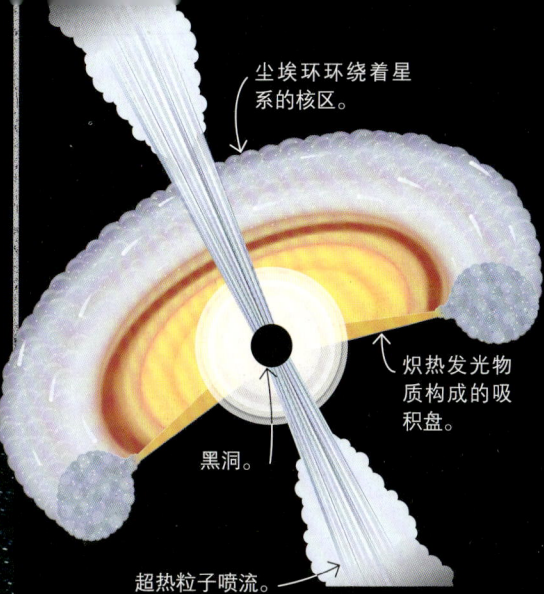

尘埃环环绕着星系的核区。

炽热发光物质构成的吸积盘。

黑洞。

超热粒子喷流。

活跃星系

从中央核区的黑洞中产生大量能量的星系被称为活跃星系。黑洞的超强引力吸入物质并且将它们撕裂，同时喷射出巨大的超热粒子流。这些喷流能伸展到数千光年的长度。

三角座星系是从地球上用肉眼可观察到的最遥远的天体之一！

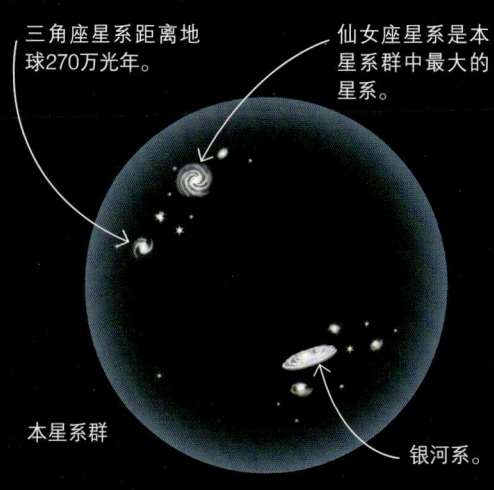

在较暗的区域，来自恒星的光被厚厚的尘埃云挡住了。

三角座星系距离地球270万光年。

仙女座星系是本星系群中最大的星系。

本星系群

银河系。

密集的恒星发出的明亮的白色光芒。

星系群

就像恒星一样，星系也倾向于聚集在一起，有时会组合在一起成为超星系团。我们的银河系属于名为本星系群的星团。本星系群中只有3个大星系，其余都是较小的矮星系。本星系群是室女座超星系团的一部分。

巨大的环

土星环是太阳系中最大的行星环，直径为27万千米。如果将21颗地球排成一排，它们可以被装入土星环内！

最大的天然卫星

太阳系中至少有255颗天然卫星。最大的天然卫星比最小的行星还要大。右侧是按直径由大到小排列的5大天然卫星。

木卫三和土卫六都比水星这颗行星大！

1 木卫三（木星的卫星）
直径5262.4千米

太 空

虽然宇宙中有无数星系、恒星和其他行星，但它是如此之大，以至于它的大部分空间仍然是空无一物的！这里呈现关于神奇宇宙中最大、最明亮、最不可思议的奇迹的一些事实和数据。

时 空

一天是一颗行星自转一周所需要的时间。一年是行星围绕太阳公转一周所需要的时间。

← 自转轴

水 星
一天的长度：约1408小时
一年长度：约88个地球日

金 星
一天的长度：约5832小时
一年长度：约225个地球日

地 球
一天的长度：约24小时
一年长度：约365个地球日

火 星
一天的长度：约25小时
一年长度：约687个地球日

木 星
一天的长度：约10小时
一年长度：约4330个地球日

土 星
一天的长度：约11小时
一年长度：约10752个地球日

天王星
一天的长度：约17小时
一年长度：约30667个地球日

海王星
一天的长度：约16小时
一年长度：约60152个地球日

超新星爆发

当一颗质量巨大的恒星在超新星爆发中死亡时，它发出的光可能在短暂的时间内比整个星系都要明亮。下图是由气体和尘埃构成的发光壳层，是被称为仙后座A的超新星遗迹。

太空 17

表面布满坑洼。　　　表面分布着数百座火山。

2 土卫六（土星的卫星）
直径 5151.8千米

3 木卫四（木星的卫星）
直径 4820.6千米

4 木卫一（木星的卫星）
直径 3643.2千米

5 月球（地球的卫星）
直径 3474.2千米

最近的恒星

以下是距离地球最近的恒星。距离以光年为单位。行驶时间是假设你以每小时110千米的速度驾车从地球前往此恒星所需要的时间。

1 太阳
距离：0.0000158光年
行驶时间：158年

2 比邻星
距离：4.2光年
行驶时间：4200万年

3 南门二A，南门二B
距离：4.3光年
行驶时间：4300万年

4 巴纳德星
距离：5.98光年
行驶时间：5980万年

5 沃尔夫359
距离：7.8光年
行驶时间：7800万年

擦肩而过

2019年，代号为2019 OK的小行星在距离地球只有71300千米的地方飞过，这段距离只有地球和月球之间的距离的五分之一。这颗小行星足够大，如果撞击地球将会造成巨大灾难，却在飞离时才被发现。此事提醒了科学界对邻近小行星跟踪监测的重要性。

小行星2019 OK的大小大约相当于一个足球场。

有超过3万颗小行星被科学家们归类为近地天体！

麦克诺特彗星

最亮的彗星

天文学家认为太阳系中有数万亿颗彗星，但是只有少数会运行到地球附近，被人们用肉眼看见。以下是近年来最壮观的几颗彗星。

新智彗星 2020年
这是21世纪迄今为止发现的最亮的彗星，6800年后才会再次出现。

麦克诺特彗星 2006年
这颗彗星非常明亮，在白天也可以看见。

海尔–波普彗星 1995年
这颗彗星的可见时间超过18个月，曾被全球无数人目睹。

百武彗星 1996年
这颗彗星有长达5.7亿千米的彗尾，是有史以来测得的最长彗尾。

威斯特彗星 1975年
这颗非常明亮的彗星将在50万年后再次出现。

巨大的木星

木星是太阳系中最大的行星。太阳系中的其他所有行星的质量加在一起还不到它的质量的一半。

恒星的光

超巨星盾牌座UY是已知体积最大的恒星之一,它的体积能够容纳50亿颗太阳!

夜空中的恒星看起来像闪闪发光的、微小的点。如果我们近距离观察,则会发现它们是巨大的超热气体球。它们核心中的粒子互相碰撞产生核反应,将热量和光辐射到宇宙中。仅在银河系中就有多达4000亿颗恒星。

大部分尘埃来源于古老恒星的遗骸。

太空中的伙伴

许多恒星独自度过一生,例如太阳。而有些恒星则成对或成群地被它们的引力束缚在一起,相互绕行,有时还被行星群轮流环绕。

这对恒星是名为DI Cha(迪察)的年轻恒星系统的一部分。

这团看起来像彗星的天体实际上是一股原恒星喷流,也就是从一颗看不见的新恒星中喷出的一股气体。

恒星喷流

右图中的黄色区域显示了从一颗新生恒星中喷出的高速喷流在喷入周围气体时,使周围气体发光。而新生恒星本身则被尘埃笼罩,无法看见。

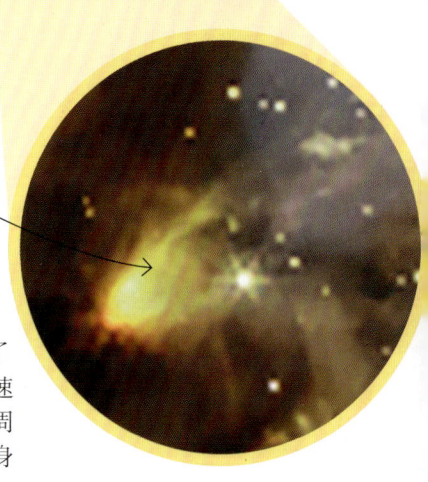

太空 19

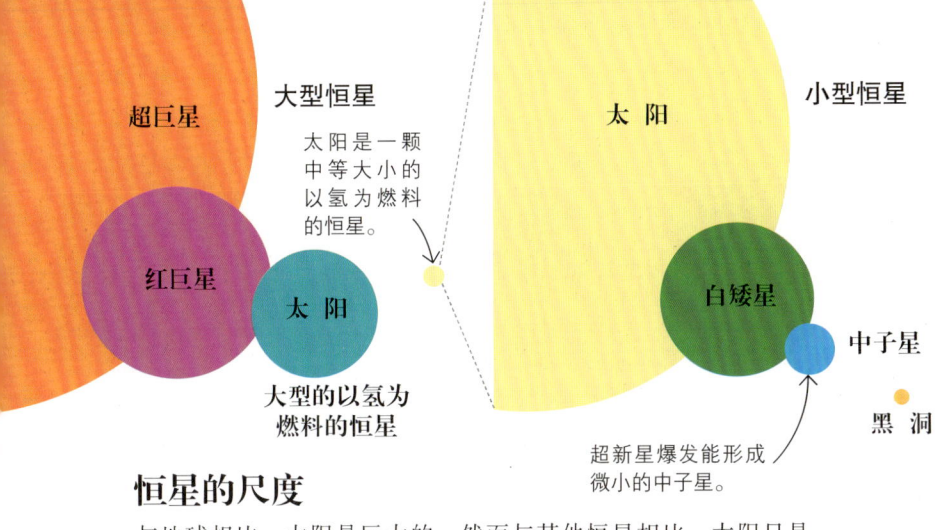

超巨星
红巨星
太阳
大型恒星
太阳是一颗中等大小的以氢为燃料的恒星。
大型的以氢为燃料的恒星

小型恒星
白矮星
中子星
黑洞
超新星爆发能形成微小的中子星。

恒星的尺度
与地球相比，太阳是巨大的。然而与其他恒星相比，太阳只是一颗中等大小的恒星。有些超巨星大约是太阳的1500倍。有些比太阳小的恒星是已经死亡的大恒星的残骸。

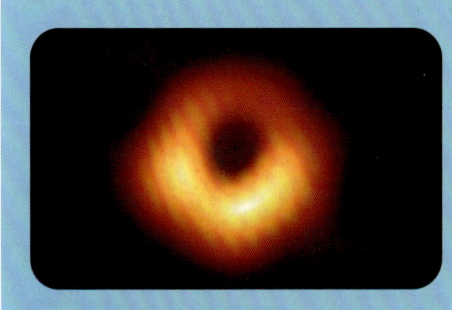

黑暗而密集
这张照片是有史以来第一张黑洞照片，它显示了M87星系中心的超大质量黑洞。星系中心的黑洞比垂死恒星形成的黑洞大数千倍。

浓密的尘埃和气体的厚度可高达约7光年。

炽热的年轻恒星在引力的作用下聚集在一起，引发强烈的星风。

恒星的诞生
美国航空航天局的詹姆斯·韦伯空间望远镜于2022年拍摄到了这团旋转的尘埃和气体，它是船底座星云的一部分。船底座星云距离地球约7600光年，是一个恒星的孕育地，许多年轻的恒星都在那里诞生。

诞生与死亡
所有恒星都会经历一个生命周期，它们在数十亿年的时间里诞生，变化，最终死亡。一颗恒星遵循的生命周期类型取决于它的质量。以下是恒星可能经历的生命阶段的3个例子。

星云的一部分开始坍缩，形成一颗新恒星的核心。

大质量恒星。

随着燃料耗尽，恒星会膨胀，成为一颗超巨星。

一旦燃料完全耗尽，恒星就会爆炸，成为超新星。

高密度的、快速旋转的中子星。

中等大小的恒星，就像太阳。

随着燃料耗尽，恒星会膨胀，变成红巨星。

没有了燃料，红巨星就会演化成白矮星。

最终它会变成一颗寒冷且没有生气的黑矮星。

大部分的大质量恒星会变成黑洞。

太阳

太阳是由等离子体（带电粒子）构成的巨大的球体。太阳很大，能容纳100万颗地球。太阳的引力使太阳系中的天体保持在适当的轨道上，维持着太阳系的稳定。太阳光为地球上的所有生命提供了能量。在耗尽燃料之前，太阳将会继续发光50亿年。

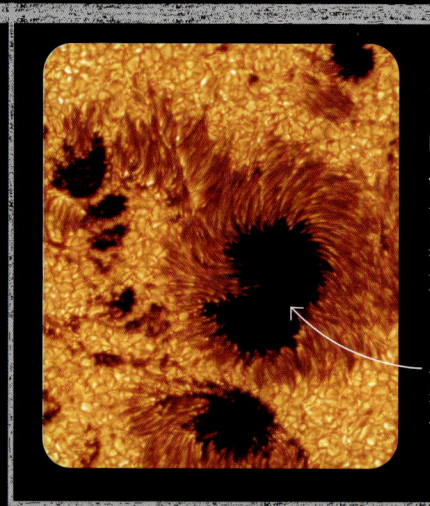

太阳黑子

太阳黑子是太阳表面的暗色斑块，温度比较低。这些斑块处的磁场很强，能抑制热气体传送到表面。太阳黑子的数量以11年为周期增加和减少。

尽管太阳黑子的温度比周围的表面低，但是太阳黑子的温度仍然高达约3600℃。

表面有橘皮状纹理，被称为"米粒组织"。

太阳大气层的最外层被称为日冕。

太阳风暴

太阳的大气层非常动荡。超热的等离子体流从内部喷射出，然后以日冕雨的形式落回。这些太阳风暴产生的冲击波会干扰地球上电子设备的运行，甚至会导致停电。

被称为日珥的气体流从太阳表面喷射出，能高达数十万千米。

日珥是由太阳的磁场引起的，能持续数天或数月。

太阳是由带电的氢和氦构成的。

太空 21

太阳每秒钟释放的能量是地球上每个人1年消耗的能量的50万倍！

太阳内部
太阳是一颗大部分由氢气和氦气组成的巨大球体。在它的致密的核心内，核反应产生大量的能量，温度高达1500万摄氏度。

核心。

气层。

可见的表面被称为光球层。

光球层上方是看不见的大气层。

从国际空间站看到的南极洲的极光。

遮阳板能够承受高达1300℃的温度。

太阳风
太阳风是连续不断地从太阳中喷出的等离子体流，其中有些带电粒子被地球的磁场捕获，然后汇集到大气中，在地球南北两极周围的天空中形成极光。

近距离接触
帕克太阳探测器于2018年发射，任务是飞入太阳大气层，近距离研究太阳。它是有史以来行驶速度最快的人造天体，超过每小时532000千米。

太阳能电池板为探测器供电。

太阳核心的能量需要10万年才能到达太阳表面，然后仅需8分钟就能到达地球！

太阳的影响
太阳的引力不仅使行星保持在轨道上，而且还使除它们之外的无数其他天体保持在轨道上。柯伊伯带由小行星、矮行星和彗星组成。遥远的奥尔特云一直延伸到太阳到最近的恒星的一半距离。

奥尔特云中有数万亿颗彗星。

天体的巧合！
当月球经过地球和太阳之间时，就会发生日食。我们从地球上能看到月亮正好遮住整个太阳，这是因为太阳的直径为月球的400倍，而日地距离大约也是月地距离的400倍。

柯伊伯带位于海王星之外。

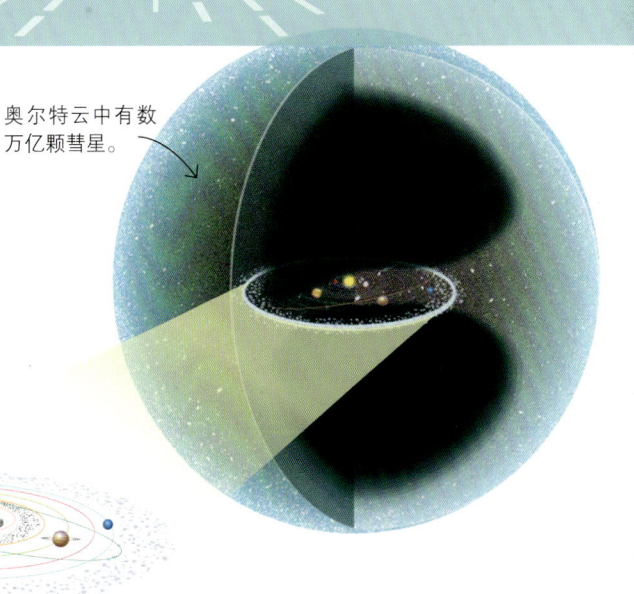

太阳系

围绕太阳运行的有8颗行星和难以计数的小行星，还有彗星和其他天体，它们构成了太阳系。右图显示了行星距离太阳的位置顺序。注意：图中行星的大小以及它们之间的距离并不反映实际的比例。

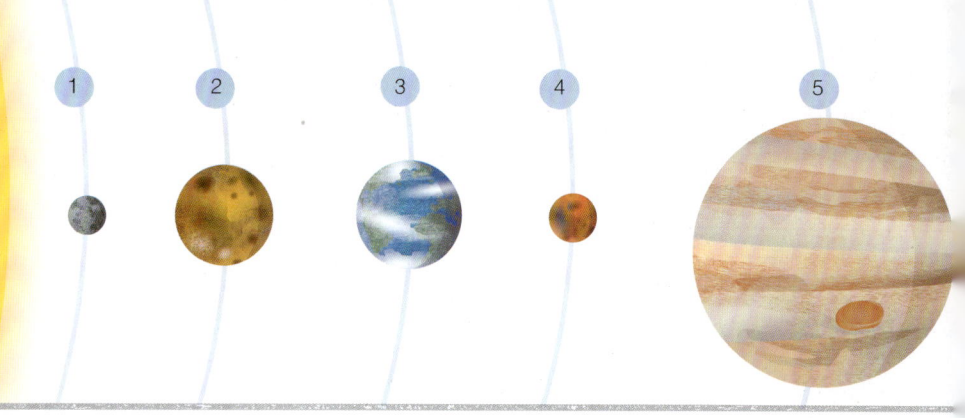

完美的行星

行星是由岩石或液化气体构成的球体，它们围绕恒星运行，每颗行星都有自己的轨道，在运行时还像陀螺一样自转。我们的地球是距离太阳第3近的行星。到目前为止，地球是我们所知道的唯一能够支持生命存在的行星。

巨大的木星

气态的木星是太阳系中最大的行星，能容纳1000多颗地球，它的条纹云带是由强风形成的。

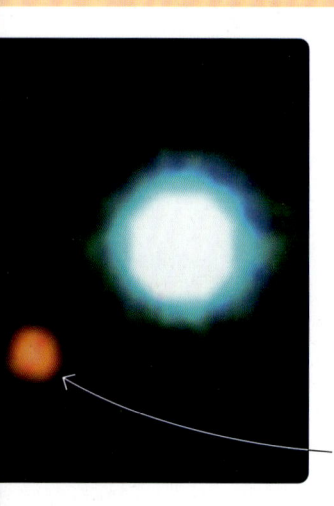

木星上的大红斑（在这张红外图像中呈蓝色）是一场巨大的气旋风暴。

天王星是唯一一颗躺着自转的行星，就像一只绕着太阳滚动的球！

遥远的太阳系外行星

太阳系之外的行星被称为太阳系外行星，到目前为止，已经发现了5000多颗。左侧的照片是有史以来第一张太阳系外行星的照片，距地球约170光年。

这颗红色的太阳系外行星有一个很特别的名字：2M1207b！

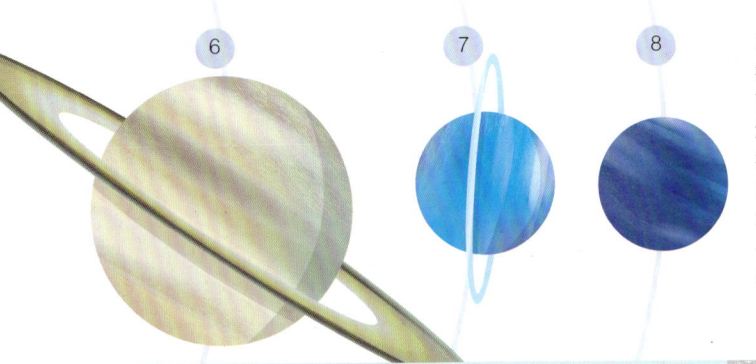

太空 23

1. **水星** 是最小的行星，它的轨道离太阳最近。
2. **金星** 是最热的行星，有着厚厚的云层。
3. **地球** 是已知唯一拥有液态水的行星。
4. **火星** 寒冷干燥，大气稀薄。
5. **木星** 有90多颗卫星围绕它运行。
6. **土星** 有一个由冰块构成的环。
7. **天王星** 是太阳系中最冷的行星。
8. **海王星** 上有太阳系中风速最高的狂风。

在水星表面，白天的温度飙升至430℃，但是夜间会骤降至-180℃！

木星赤道附近的云层以超过每小时500千米的速度移动。

行星的类型
太阳系的行星有两种主要类型。4颗距离太阳最近的行星是岩石行星，其他4颗距离远的行星是气态巨行星。

岩石行星
这种行星体积小，主要由固体物质构成，表面坚硬，它们的金属核心可能是液体或固体，或者两者都有。

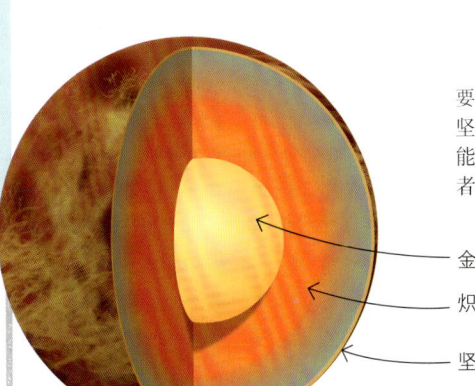

— 金属核心。
— 炽热的熔岩地幔。
— 坚硬的外壳。

气态巨行星
这种巨大的行星没有固化的表面。它们主要由液化气体构成，但是也含有一些岩石物质。

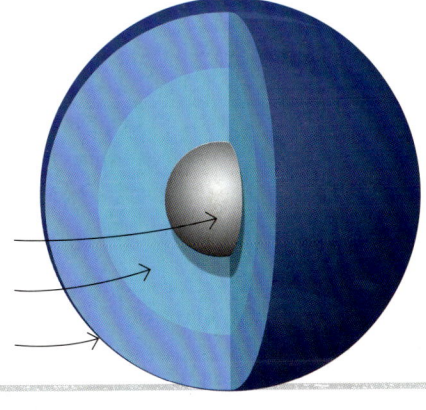

— 岩石内核。
— 液化气层。
— 大气层。

红色星球
与地球一样，火星也有岩石表面、云层和四季。然而，它的环境要极端得多，它有大面积的、能持续数星期的强烈沙尘暴，被称为"沙尘魔鬼"。

火星因其铁锈色、富含铁的土壤而被昵称为红色星球。

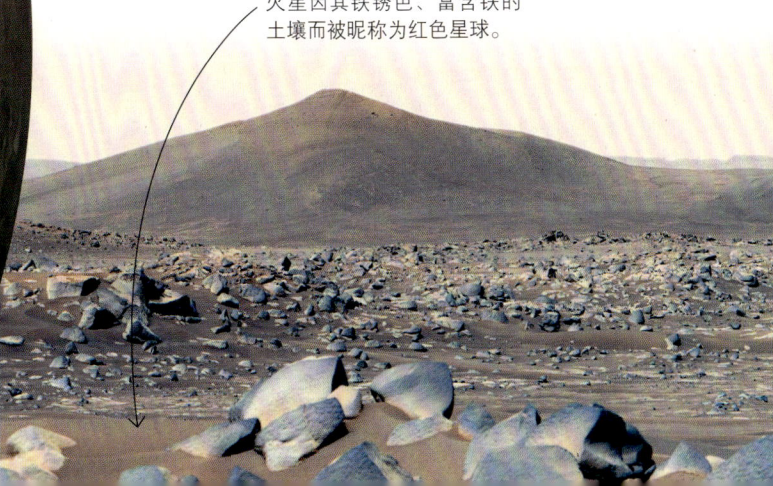

凯蒂·斯塔克·摩根博士是美国航空航天局喷气推进实验室的地质学家。她是参与火星2020漫游者任务的项目科学家之一。

采访
火星科学家

问：如何从这么远的地方控制火星漫游车呢？

答：我们并不是用操纵杆实时控制漫游车的。实际上，我们制订每日计划，告诉漫游车该做什么，开到哪里，收集什么样本。当漫游车在火星上进行夜间充电时，我们制订计划，并且通过深空网络（一个基于地球的无线电天线网络）发送给它；它"醒来"后就按计划进行新的一天忙碌的科学和工程活动。

问：火星漫游车如何能坚持这么长时间工作呢？它有很大的电池吗？

答：许多以前的火星漫游车和着陆器都是太阳能驱动的，但是毅力号的动力是由放射性同位素热电机提供的。这种热电机将核燃料（主要是钚238）自然衰变产生的热量转化为电能，非常可靠，寿命长，并且不受火星的沙尘和沙尘暴的影响。

问：这项任务中最困难的部分是什么？

答：发射和着陆绝对是最紧张的时刻，具有最大的风险。如果出现问题，结果可能是灾难性的。当漫游车安全抵达火星表面时，我们团队中的每个人都松了一口气。

问：你认为你们会找到生命迹象吗？

答：毅力号已经研究了一些有希望的样本，但是我们需要将这些样本送回地球进行分析，才能确认是否存在生命。美国航空航天局正在计划一项任务：收集样本并且在21世纪30年代将它们送回地球。

问：你们如何知道去哪里寻找生命迹象呢？

答：我们利用在地球岩石中寻找古代生命的经验，去寻找曾经存在过水和能源的迹象，另外我们还寻找所知的能够保存生命迹象的岩石类型。

问：杰泽罗陨石坑有什么特别之处呢？

答：美国航空航天局选择杰泽罗陨石坑作为着陆点的原因之一是，它有非常多的岩石类型和潜在的宜居环境。探索这个区域会让我们更全面地了解火星在遥远的过去是什么样的。在未来，火星漫游车很可能会探索太阳系中的一些最古老、最神秘的岩石！

寻找火星上的生命

美国航空航天局的毅力号火星漫游车于2021年2月降落在火星表面。这辆汽车大小的火星漫游车正在探索杰泽罗陨石坑（据目前的研究成果，它是一个古老的河流三角洲），寻找那里是否有曾经存在过生命的迹象。图中左侧的一架名为机智号的小型直升机证明了在火星稀薄的大气层中进行动力飞行是可能的。

小行星撞击！

除了行星外，还有难以计数的其他天体围绕太阳运行，它们是太阳系诞生时遗留下来的大块岩石、金属和冰。偶尔，太空岩石会冲入地球的大气层，甚至坠落在地球表面上。

巨型陨石

大多数坠落在地球上的陨石都是小岩石碎块，但是也有一些很大的，会产生重大冲击的陨石。右图中的巨大铁块被称为威拉姆特陨石，它是美国有史以来发现的最大陨石，重达15.5吨。像这样大的金属陨石非常罕见。

火星上的乌托邦陨石坑直径约为3330千米，几乎与澳大利亚陆地面积一样大！

小世界

太阳系有无数小成员，它们是比行星还小的天体。迄今为止，已检测到超过110万颗小行星，并且还在不断发现新的小行星。

矮行星
与行星相似但比行星小。它们与其他天体共享轨道。

小行星
围绕恒星运行的岩石、金属或冰质天体。小行星的形状有球形的，也有形状不规则的。

卫星
围绕行星或小行星运行的小型岩石或冰体。

彗星
主要由岩石、尘埃和干冰混合而成，靠近太阳时彗尾会变得很长。

金属与地球上的雨水发生反应后形成了凹坑。

这块陨石高3米，是4岁儿童平均身高的3倍。

DART 航天器。

撞击后，双小行星系统产生了微弱的双尾。

DART（双小行星重定向测试）任务

2022年，美国航空航天局将一只航天器撞向一颗名为迪莫弗斯的小行星，以查看撞击是否会使它偏离轨道。早期结果显示撞击似乎有效！那么这就是一种可能的保护地球免受大型小行星撞击的方法。

每天，大约有48.5吨的各种太空漂流物撞向地球，但是其中大部分在撞击地面之前就在大气层中燃烧殆尽了！

当这块天体加速穿过地球大气层时，表面被摩擦产生的高温熔化了。

这块陨石由金属构成，主要是铁。

流星体

流星

陨石

地球

流星进入地球大气层时开始燃烧。

小行星是围绕太阳运行的大岩石。

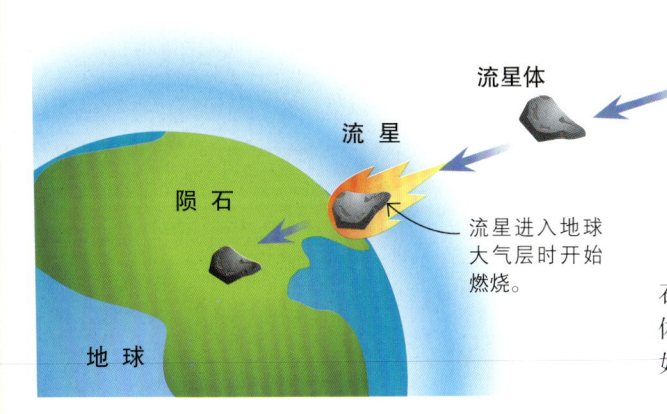

小行星

改变名称

我们使用不同的名称来称呼接近地球的太空岩石。从小行星或彗星上脱落下来的岩石被称为流星体。如果流星体进入地球大气层，就被称为流星。如果流星撞击到地球表面，则被称为陨石。

高能冲击

小行星以每秒约70千米的速度撞击地球，释放出巨大的能量，这种能量会使大部分陨石以及着陆点的部分地面气化。

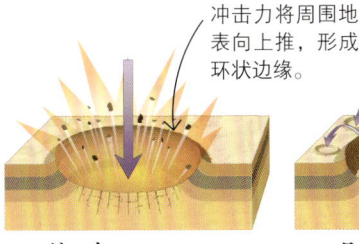

冲击力将周围地表向上推，形成环状边缘。

由抛射物（碎片）形成的较小的坑。

陨石坑周围形成环形山脊。

撞击
小行星以极快的速度撞击地面，产生了爆炸性的能量。

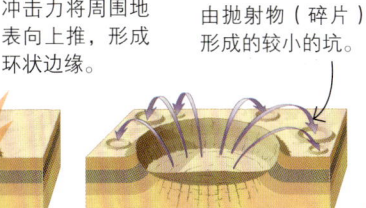

几秒钟后
陨石坑的碎片向外抛出，形成次级陨石坑。

很久以后
最终，陨石坑的底部变平，其周围环绕着抛出物。

巨大的陨石坑

美国亚利桑那州的巴林杰陨石坑形成于5万年前，当时一颗直径为50米的陨石以10兆吨核弹的力量撞击地面，产生了一层厚到足以阻挡太阳光并且影响当地气候的灰烬和尘埃云。

这个陨石坑的直径为1.3千米。

这个陨石坑呈碗形，深174米。

壮观的月球

月球是地球的天然卫星，它沿着轨道围绕地球运行。在太阳系的250多颗已知天然卫星中，月球这颗尘土飞扬的干燥天体是最大的卫星之一。到目前为止，只有12个人在月球表面行走过，但是人类计划将在近年内重返月球。

地球和月球之间的平均距离能容纳排成一行的30颗地球。

月球的地貌

月球表面有起伏的山脉，还点缀着巨大的岩石。这张1972年拍摄的全景照片展示了阿波罗17号曾经着陆的陶拉斯-利特罗山谷。

高地占月球表面的83%。

巨石是陨石撞击的残余物。

月球的诞生

据说，月球形成于大约45亿年前，当时盖亚行星和忒伊亚行星发生了碰撞。巨大的撞击产生了一颗新行星——地球，以及围绕地球的岩石和尘埃云，后者最终聚集在一起形成了月球。

忒伊亚行星。 盖亚行星。

剩下的岩石形成了一个环。

成熟的地球。 月球。

相聚
盖亚的引力将较小的忒伊亚拉近，直到两者相撞。

碰撞碎片
两颗行星的撞击产生了金属和岩石碎片。

新星球
碎片聚集在一起，一颗新行星开始形成，这就是地球。

年轻的地球。

月球
围绕地球运行的岩石在重力作用下聚集在一起形成了月球。

背面

月球在围绕地球运行时缓慢地自转，自转一圈与沿着轨道运行一圈所用的时间完全相同，因此我们只能看到月球的同一面。左图是从一颗距离地球160万千米的卫星上拍摄的照片，向我们展示了月球的"背面"。

月球的低重力意味着你在月球上能跳得更高，是在地球上的6倍！

表面特征

这是月球的"正面",我们从地球上总会看见它。它有名为"玛丽亚"的平坦的暗色低地,以及颜色较浅的高地。到了晚上,月球会因反射太阳光而"发光"。

数百个陨石坑在月球表面留下了点点印记。

月球的玛丽亚曾经是熔岩海。

有些陨石坑周围有"射线"状的痕迹,这是在撞击过程中岩石碎片向四周飞溅而形成的。

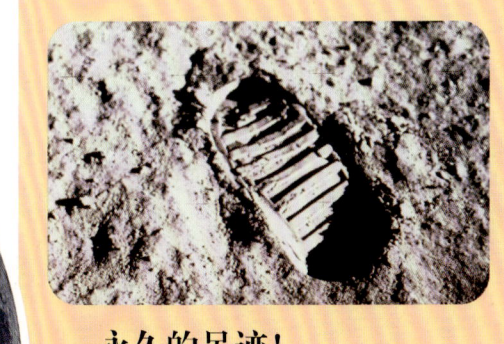

较亮的区域是高地,也就是山区,其中点缀着陨石坑。

阿波罗17号任务使用了月球车来探索月球表面。

阿波罗17号宇航员哈里森·施密特是迄今最后一位踏上月球的人类。

永久的足迹!

与地球不同,月球上没有风、水和气候变化。这意味着宇航员在月球上留下的每一个脚印都还在那里。

变化的月相

我们所看到的月球在一个月内从一个完整的圆形变成一弯细长的月牙,再变回一个完整的圆,这是因为它的不同部分被太阳照亮。在月食期间(如图所示),它的形状也会发生变化,这是由于地球在月球和太阳之间移动。地球在月球上投下了阴影,但是仍有少量太阳光经过地球大气层折射而到达月球,使月球呈现红色。

不匀称的地壳

月球由岩石构成,中央是一颗铁核心。月球刚形成时,所有的岩石都呈熔化状态,但远离地球的一面冷却得比较快,因此凝固了比较厚的地壳,使月球的地壳变得不匀称。

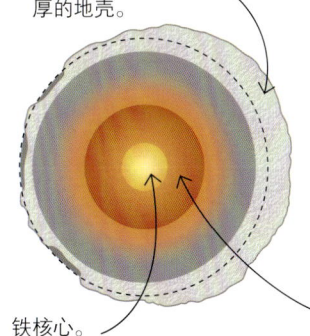

背离地球的一面有较厚的地壳。

铁核心。

靠近核心的岩石呈半熔化状态。

月球以每年3.8厘米的速度远离地球!

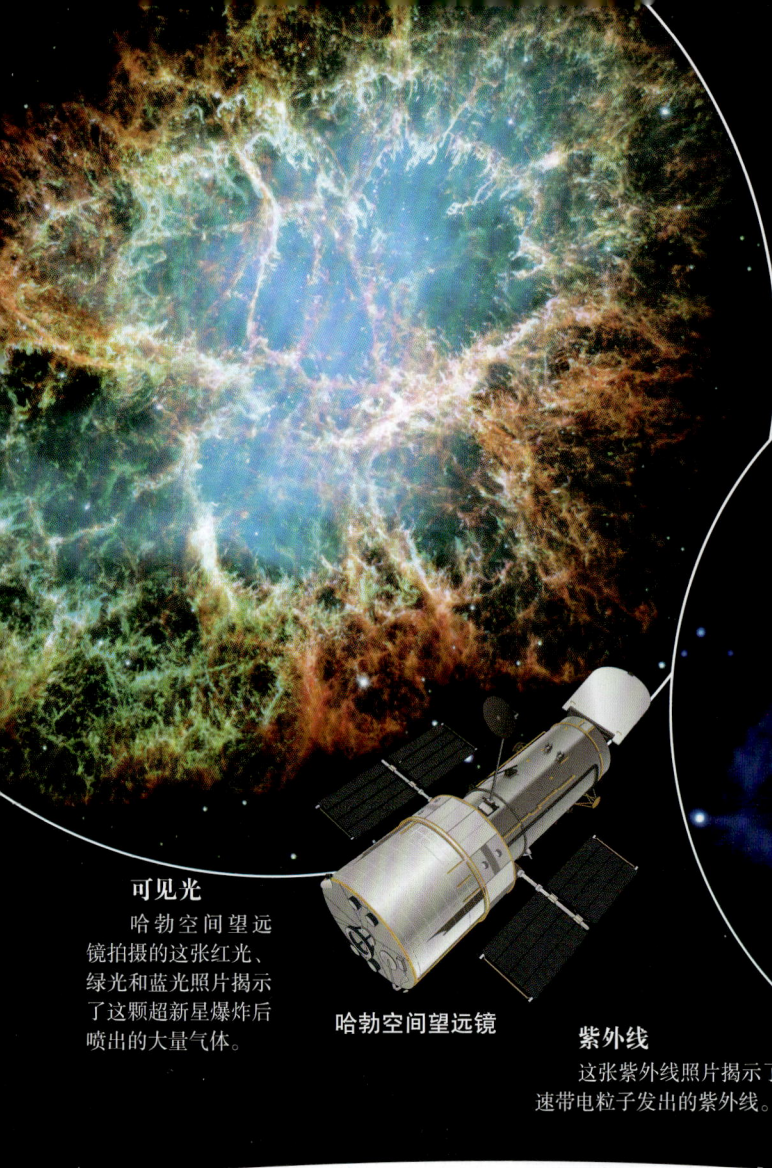

各种景象

有些望远镜只能观察可见光,而有些望远镜能够检测其他波长的光。它们提供了非常不同的宇宙景象。以下的一系列图像都是蟹状星云(一颗超新星爆炸后的发光残余物)的照片,但是每张照片都是由不同类型的望远镜拍摄的。

可见光
哈勃空间望远镜拍摄的这张红光、绿光和蓝光照片揭示了这颗超新星爆炸后喷出的大量气体。

哈勃空间望远镜

紫外线
这张紫外线照片揭示了高速带电粒子发出的紫外线。

XMM-牛顿望远镜

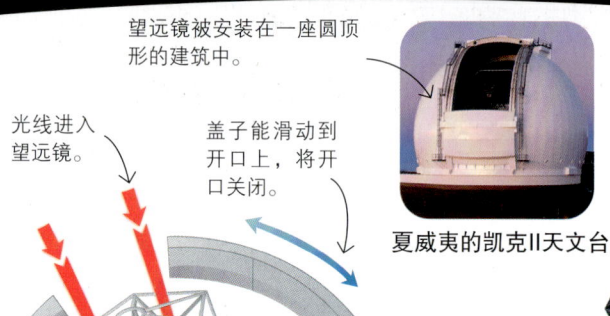

望远镜的内部

观察可见光的望远镜使用巨大的镜子来反射光线。望远镜的口径越大,它能收集到的光线就越多,就能产生更清晰的图像。大型望远镜大多建在偏远的山上,那里空气干燥,受人工照明的影响也小。

- 光线进入望远镜。
- 望远镜被安装在一座圆顶形的建筑中。
- 盖子能滑动到开口上,将开口关闭。
- 镜子反射光线。
- 光线被导入照相机。

夏威夷的凯克II天文台

巨大的镜子

为了获得清晰的图像,不受地球大气层的干扰,必须将望远镜发射到太空中。詹姆斯·韦伯空间望远镜是迄今为止最大的太空望远镜。图为2021年仍在建造中的空间望远镜。

- 主镜由18片6边形镜子组成。
- 在发射前,这面巨大的镜子在实验室进行测试,以确保每个部分都被完美地校准。

太空 31

观察太空

中国射电望远镜的口径有500米，镜面可以覆盖约750个网球场！

为了详细观察太空，天文学家使用功能强大的高科技望远镜，其中一些望远镜被建造在地面，而另一些望远镜则在环绕地球的轨道上运行。这些望远镜揭示了我们肉眼看不到的景象。

无线电波
这张彩色照片显示了整个星云中热气体的无线电辐射强度的变化状况。

美国的甚大天线阵

红外线
这张红外线照片显示，在带电粒子的白色辉光背景中，有几股呈粉红色的气体。

詹姆斯·韦伯空间望远镜的镜面镀有薄薄的一层24克拉纯金！

斯皮策太空望远镜

X射线
这张X射线照片显示了蟹状星云中心的脉冲星。这颗快速旋转的中子星发射出强大的粒子流。

钱德拉X射线天文台

伽马射线
这张伽马射线的巨大爆发照片显示了星云中央脉冲星的巨大能量。

假恒星。
激光束。

聚焦
有些望远镜使用激光来帮助它们克服地球大气层变化的干扰。它们用激光束瞄准天空来制造一颗"假恒星"，然后用计算机跟踪假恒星的位置的微小变化，使望远镜能更准确地调整焦距。

费米太空望远镜

探索太空

长期以来，人们一直着迷于对太空的探索。对于科学家来说，仅从地球上观察太空是不够的。为了更好地了解太空，我们需要走出去！迄今为止，人类唯一亲身涉足的除了地球以外的天体就是月球。

月球营地

美国航空航天局的阿尔忒弥斯计划旨在于2024年将人类送上月球，然后建造一个永久性营地作为前往火星或更远宇宙执行任务的基地。

探索月球表面的车辆。

用于种植食用植物的玻璃穹顶室。

太阳能电池板将为月球基地提供电力。

美国航空航天局的宇航员留在月球上的物品中包括6面美国国旗、2颗高尔夫球和1张家庭照片！

人类的太空探索史

自第一次太空任务以来，太空科学取得了巨大进步。以下是太空探索史上的一些重大突破。

1957年斯普特尼克1号人造卫星
苏联发射了第一颗人造卫星。它环绕地球轨道飞行了3个月。

1961年东方1号
第一位进入太空的人类是尤里·加加林，他乘坐苏联的东方1号航天器环绕地球飞行。

1965年金星3号
金星3号在金星表面着陆，成为第一艘到达另一颗行星表面的航天器。

1969年阿波罗11号
美国人巴兹·奥尔德林和尼尔·阿姆斯特朗成为第一批登上月球的人，而迈克尔·柯林斯在指挥舱中环绕月球飞行。

太空 33

我们如何探索太空

类型	作用
运载火箭 	这些超级强大的火箭被用于发射航天器。一旦释放航天器,运载火箭的部分就会落回地球。
无人航天器 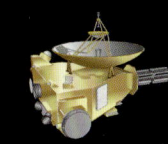	这些航天器飞越天体或环绕天体运行,收集数据和图像,然后将它们发送回地球。
着陆器和漫游车 	有些航天器携带智能车辆,并且将它们放到星球表面进行探索,拍摄照片和采集样本。
载人航天器 	到目前为止,航天器已经将人类送到围绕地球运行的空间站和月球,并且载人返回地球。
空间站 	这些研究性质的空间站围绕地球运行。科学家可以在空间站中生活和工作数星期或数月,再返回地球。

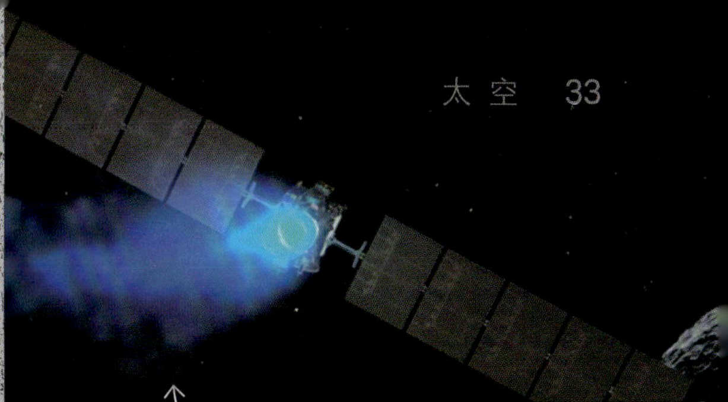

货物被装在顶部的猎户座太空舱内。

巨大的燃料舱。燃料用尽后会自动脱离。

气体从火箭推进系统中高速喷出,产生将火箭推入太空所需要的推力。

火箭科学
脱离地球的引力需要巨大的能量。火箭通过燃烧大量燃料来实现升空。当燃料燃烧时,炽热的气体从火箭尾部喷射而出,推动火箭上升。图中是2022年阿尔忒弥斯1号所用的太空发射系统火箭。

自2007年以来,美国航空航天局的黎明号离子动力推进器已经飞行了总计69亿千米。

电的力量
离子推进是一种新的为航天器提供动力的方式。它的工作原理是先将推进剂电离,再将离子加速并喷出,形成推力。离子推进器能够使航天器达到令人难以置信的高速。

阿罗科斯小行星是迄今为止被探索过的最遥远的天体!

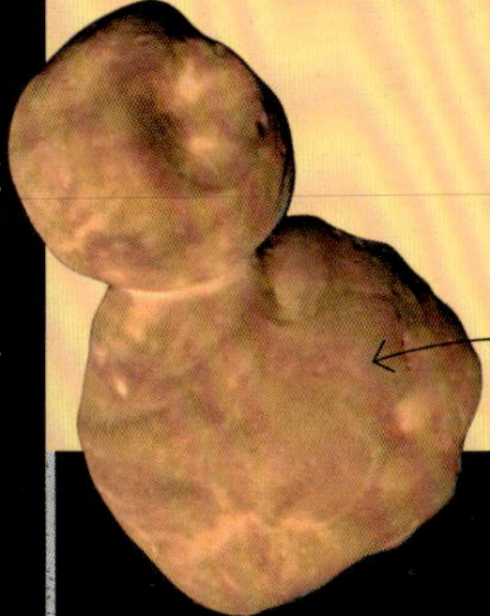

阿罗科斯小行星距离地球64亿千米。

美国航空航天局的前宇航员沃利·冯克在82岁时首次进入太空!

太空游客
有些公司为"业余宇航员"提供进入太空的机会。一次90分钟的太空旅行花费大约为1百万美元。在国际空间站住1个星期总花费为5500万美元!

1971年礼炮1号
苏联发射了第一座围绕地球运行的空间站,它是圆柱形的,在轨道上飞行了175天。

1973年先驱者10号
这艘航天器飞越了木星,成为第一艘穿越太阳系的小行星带的航天器。

1997年火星探路者
这艘航天器降落在火星上,成为第一艘成功将索杰纳号火星车运送到火星的航天器。

2015年新视野号
这艘远距离航天器到达了矮行星冥王星,然后继续探索柯伊伯带。

2019年嫦娥四号
中国的无人驾驶月球探测器在月球背面南极-艾特肯盆地内的冯·卡门撞击坑内着陆。实现了人类历史上首次人造探测器在月球背面软着陆。

动物宇航员

你知道吗？各种各样的动物曾经被送入太空！1947年，一些果蝇成为最早进入太空的动物。在太空探索的早期阶段，动物被用于测试各种指标，有些动物就被留在了太空。

蜘蛛
1973年，两只蜘蛛安妮塔和阿拉贝拉被送往天空实验室空间站，并且展示了它们能够在太空中织网。

青蛙
自从20世纪70年代以来，青蛙一直被用于研究失重状态对动物的影响。

灵长类动物
已经有32只猴子等猿类动物进入太空。第一只进入太空的灵长类动物是名叫哈姆的黑猩猩。

狗
一只名叫莱卡的狗在1957年成为第一个飞上太空的地球生命。

陆龟
1968年，两只俄罗斯草原陆龟成为第一批围绕月球运行的动物。

空间站

国际空间站以每小时28000千米的速度围绕地球运行，每90分钟沿着轨道运行一周。宇航员在空间站内每24小时看到16次太阳升起和落下。

太空记录

太空中最年长的人
90岁高龄的美国演员威廉·夏特纳于2021年进入太空。

太空中最年轻的人
荷兰学生奥利弗·戴门在18岁时以游客身份进入太空。

第一位太空游客
美国商人丹尼斯·蒂托于2004年支付了2千万美元后，访问了国际空间站，成为第一位太空游客。

太空行走次数最多的人
俄罗斯宇航员阿纳托利·索洛维约夫保持着太空行走次数最多的纪录。他一共进行了16次太空行走，总计超过82小时。

飞离地球最远的人
1970年，阿波罗13号的机组人员在航天器受损后，使用引力弹弓效应围绕月球运行了一大圈后才返回地球。

阿波罗13号机组人员返回地球。

点火发射

自20世纪中叶以来，人类一直在努力将太空旅行的梦想变为现实。让我们来认识这里的太空探索先驱，并了解有史以来最大的火箭。

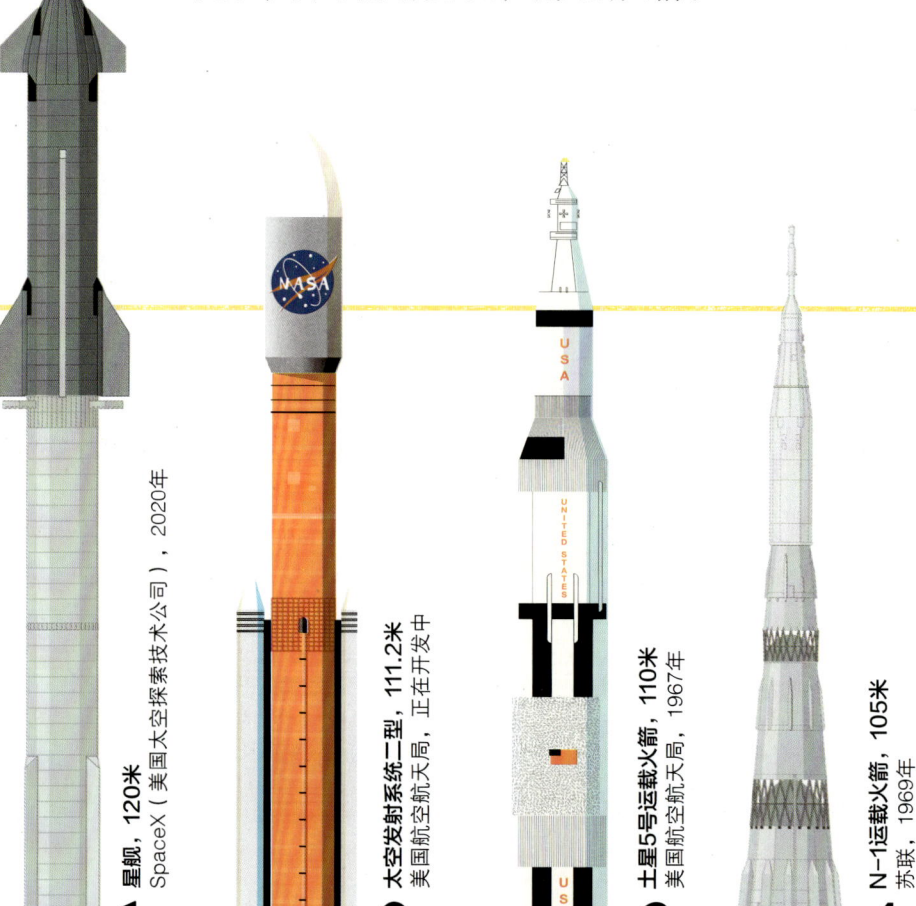

1 星舰，120米 SpaceX（美国太空探索技术公司），2020年

2 太空发射系统二型，111.2米 美国航空航天局，正在开发中

3 土星5号运载火箭，110米 美国航空航天局，1967年

4 N-1运载火箭，105米 苏联，1969年

月球任务

人类已经探索月球几十年了。美国航空航天局的阿尔忒弥斯任务计划在21世纪20年代内将人类再次送上月球。

1959年 首次飞近月球
由苏联发射的月球1号是第一个接近月球的探测器。

1966年 第一个月球轨道飞行器
苏联的月球10号是第一个围绕月球飞行的飞行器（也是第一个围绕地球以外的天体飞行的飞行器）。

1969年 人类首次登月
阿波罗11号的尼尔·阿姆斯特朗于1969年7月成为第一位在月球上行走的人。

1970年 首辆月球车
苏联的月球17号任务于1969年7月将远程控制的月球车1号送上了月球。

2019年 首次月背软着陆
中国的嫦娥四号月球任务始于2018年。嫦娥四号无人驾驶探测器于2019年1月3日在月球背面自主着陆，成为首台在月球背面软着陆的人类探测器。

尼尔·阿姆斯特朗在月球上

在轨道上

目前大约有5000颗活跃的人造卫星正在绕地球运行，被用于通信、地球观测和卫星导航系统。但是还有大量的太空垃圾也在围绕地球运行，据估计，其中有超过100万颗弹珠大小的碎片。

太空机构

许多国家都有政府太空机构，目前只有6个国家、地区的机构有能力发射航天器，并且能够在除地球以外的天体着陆。下图显示了这些机构在2018年的支出（以美元为单位）。

- 美国航空航天局，195亿美元
- 中国国家航天局，110亿美元
- 欧洲航天局，63亿美元
- 俄罗斯联邦航天局，33亿美元
- 日本宇宙航空研究开发机构，20亿美元
- 印度空间研究组织，15亿美元

最大的火箭

用于将航天器送入太空的火箭被称为运载火箭。这里是有史以来建造的最大的运载火箭。

太空发射系统一型，98米
美国航空航天局，2022年

大本钟，96米
英国伦敦

按比例缩小的伦敦大本钟的钟楼。

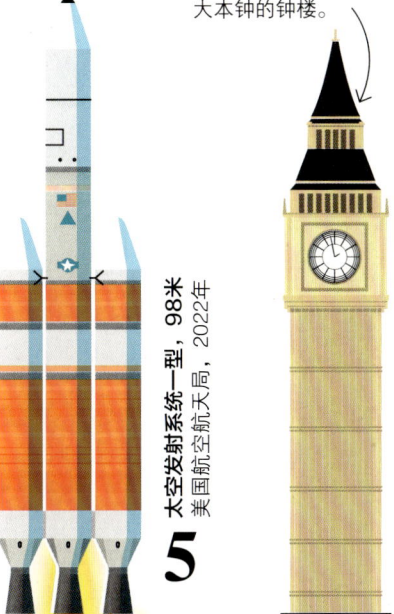

2022年，发射美国航空航天局的阿尔忒弥斯1号任务的太空发射系统一型有着4000兆牛顿的推力，比有史以来任何火箭都强大！

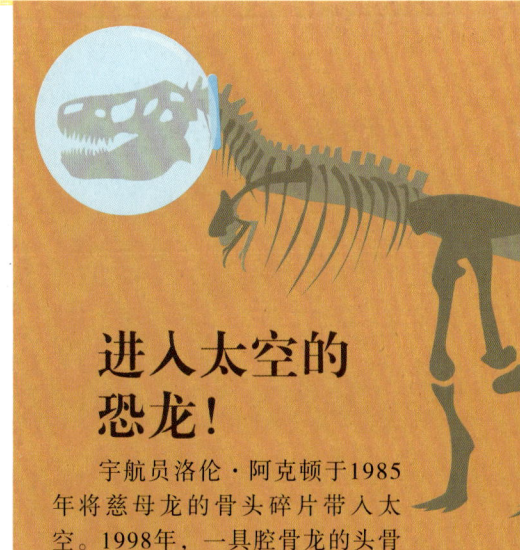

进入太空的恐龙！

宇航员洛伦·阿克顿于1985年将慈母龙的骨头碎片带入太空。1998年，一具腔骨龙的头骨被送到和平号空间站，并且安全地返回地球。

太空中的生活

国际空间站提供了一个长期的太空基地，配备了人们生活和工作所需要的所有设施。而对于舱外的任务，宇航服为宇航员提供了可移动的生命支持系统。

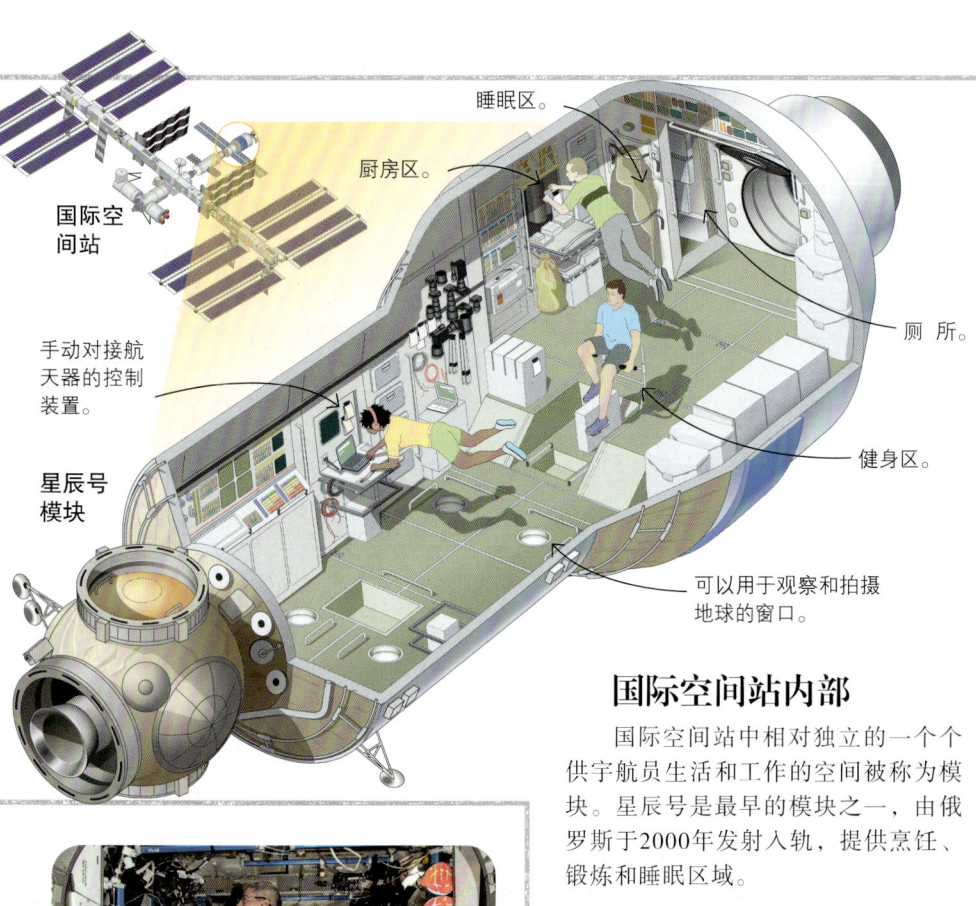

太空幸存者！

宇航员们通过做实验来更多地了解太空。2007年，他们发现了一种属于缓步动物门的微型动物能够在航天器外存活10天！

微小的缓步动物水熊虫的长度不到1毫米。

国际空间站

手动对接航天器的控制装置。

星辰号模块

睡眠区。

厨房区。

厕所。

健身区。

可以用于观察和拍摄地球的窗口。

国际空间站内部

国际空间站中相对独立的一个个供宇航员生活和工作的空间被称为模块。星辰号是最早的模块之一，由俄罗斯于2000年发射入轨，提供烹饪、锻炼和睡眠区域。

太阳

照相机和手电筒可以安装在头盔上。

完成每项太空任务时穿的宇航服上都有特别设计的彩色臂章。

保持健康

长期生活在微重力环境中会对身体造成伤害。为了避免这种情况，宇航员必须锻炼身体。他们每天使用健身器材活动大约2小时，运动时系上绳索以防自己飘走！

国际空间站中宇航员的饮用水，有一部分是用他们自己的汗液和尿液经过过滤、净化后得到的！

太空 37

微重力烘焙

2019年，国际空间站的宇航员跨越了一个新领域：太空烘焙。他们花了2小时成功地烘烤了曲奇饼干，比在地球上所需的时间要长得多。遗憾的是，限于安全规范，他们不得品尝这些饼干。

黄金涂层保护穿着者免受太阳光线的伤害。

背包里有空气过滤器和水箱。

生命支持背包的控制单元。

宇航服工作原理

舱外宇航服旨在让穿着者能够在航天器外活动时维持生命。它的生命支持系统提供氧气，并且使身体各部保持在合适的温度。

手套里有加热元件，以使双手保持温暖。

刚性外壳。

彩色条纹使工作人员能够识别宇航员。

腿和脚部有保护性衬垫。

内层衬有水管，以使宇航员保持凉爽。

英国宇航员蒂姆·皮克在国际空间站的跑步机上仅用了3小时35分钟就跑完了全程马拉松！

太空行走自拍

与任何结构一样，国际空间站也需要维护和修理。宇航员有时必须穿上宇航服，到空间站的外部进行检修。这张自拍是由工程师星出彰彦拍摄的。

星出彰彦的面罩像镜子一样反射出国际空间站和远处的地球。

梅根·麦克阿瑟博士是美国航空航天局的宇航员。这张照片摄于2021年国际空间站内。她在那里执行美国航空航天局的美国太空探索技术公司载人2号任务,她在国际空间站内居住了6个月。

采访
宇航员

问:被火箭送入太空的感觉如何?

答:感觉到时间比以往任何时候都快。(因为的确快!)

问:在微重力下是什么感觉?

答:有点像漂浮在水中,但是踢腿也无济于事。

问:在你的工作中你最喜欢的部分是什么?

答:我喜欢为自己的工作去学习很多不同的技能,例如如何操作机械臂,如何在太空中进行科学实验,以及如何修理设备。

问:你见过的最神奇的事物是什么?

答:我见过的最神奇的现象是极光。那是一场美丽的自然光秀,是由太阳粒子与大气中的气体相互作用引起的。能从太空中看见极光,我感到非常幸运!

问:如何成为一名宇航员?

答:从上学开始,你就必须学习科学、数学和工程学。如果你喜欢使用工具,并且喜欢团队合作,也会有所帮助。在你被聘为宇航员后,你通常必须再花几年时间来了解你将要使用的航天器和你将要执行的任务。

问:你在国际空间站做什么工作?

答:国际空间站是太空中的科学实验室!我们为世界各地的科学家做实验,包括生物学、物理学和化学方面的实验。这些实验的结果可能会对地球上的人们发明新药物和更清洁的汽车发动机有所帮助。

问:你们平时做什么呢?宇航员玩电子游戏吗?有手机吗?

答:休闲的时候,我喜欢看窗外,拍摄地球,看书,看电影。我们甚至开过一场太空奥运会,进行只有在太空中才能进行的体育运动,例如花样漂浮。我们没有手机,但是我们可以使用笔记本电脑上的软件拨打电话。

问:太空食品好吃吗?

答:好吃!我最喜欢的是芒果沙拉。

问:我有生之年能去太空吗?

答:我相信在不久的将来会有更多人去太空旅行。我们很快会让人类能够在月球上生活更长时间,并且最终也能在火星上生活。我希望看到有人在我有生之年到达火星。也许这个人会是你!

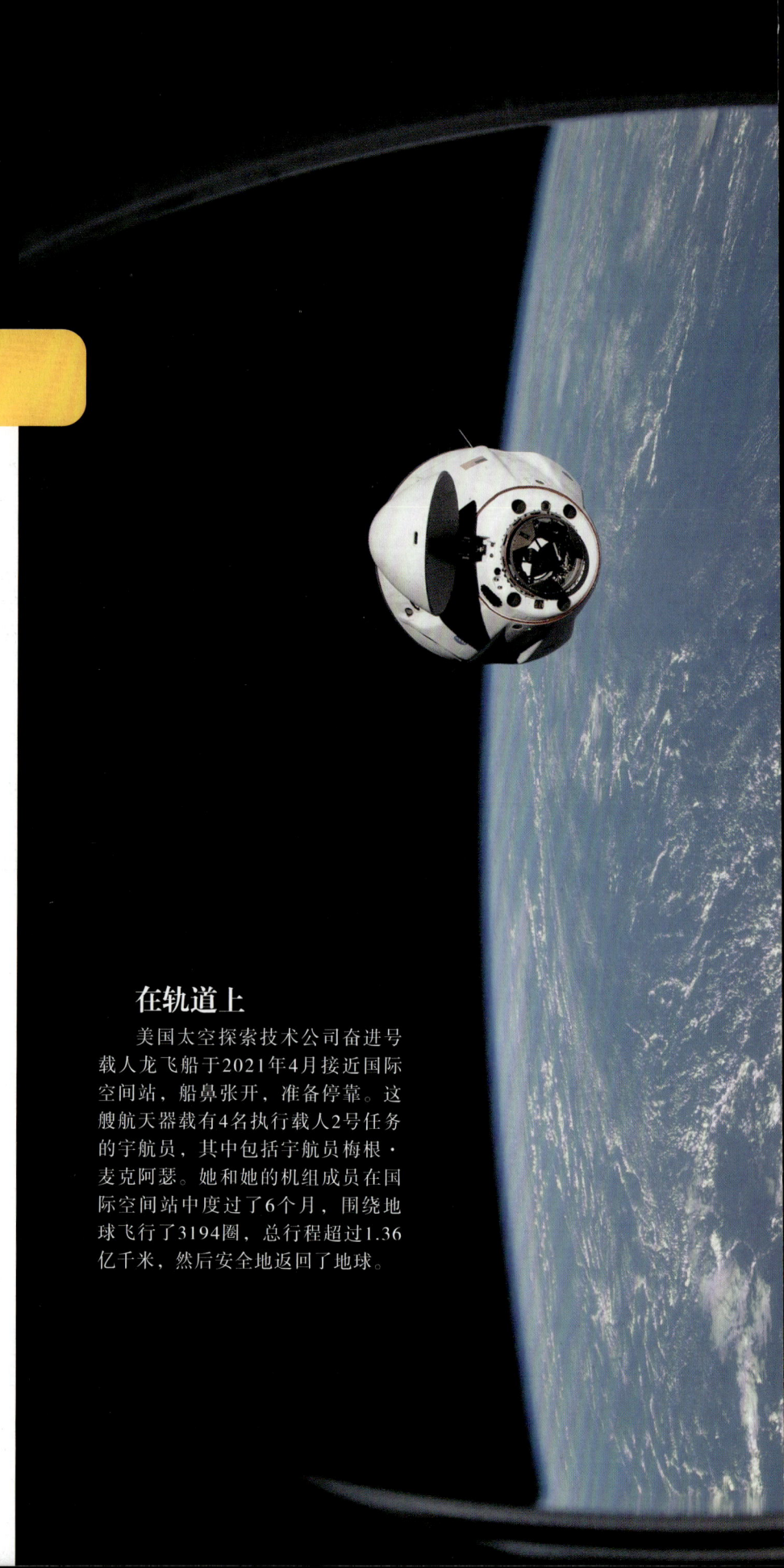

在轨道上

美国太空探索技术公司奋进号载人龙飞船于2021年4月接近国际空间站,船鼻张开,准备停靠。这艘航天器载有4名执行载人2号任务的宇航员,其中包括宇航员梅根·麦克阿瑟。她和她的机组成员在国际空间站中度过了6个月,围绕地球飞行了3194圈,总行程超过1.36亿千米,然后安全地返回了地球。

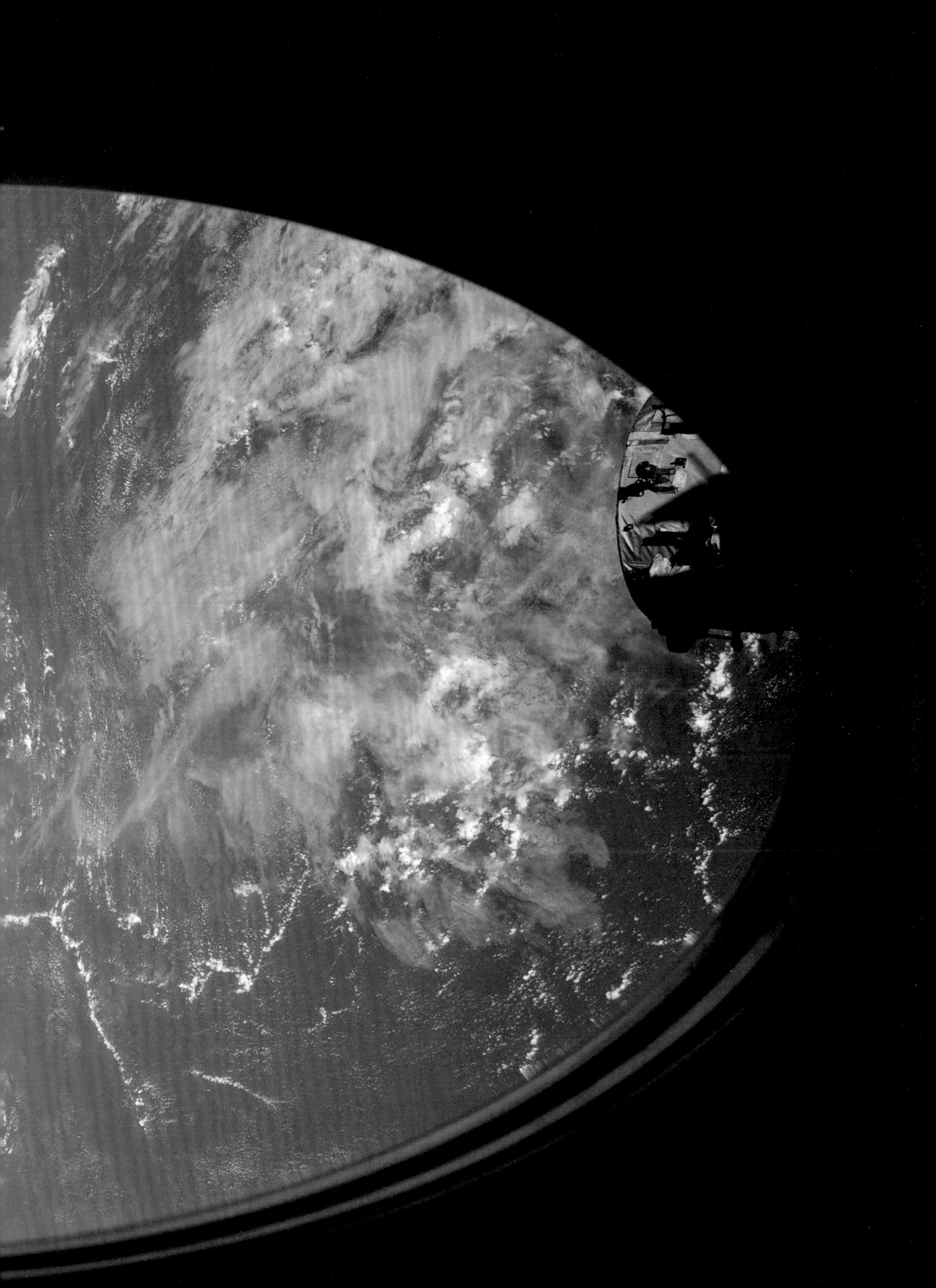

1
2
3
4
5
6
7
8
9
10
11
12
13
14
15
16
17
18
United States
Discovery
THIRD STAGE (S-IVB)
SECOND STAGE (S-II)
UNITED STATES
FIRST STAGE (S-IC)
USA

看图识别 太空飞行器

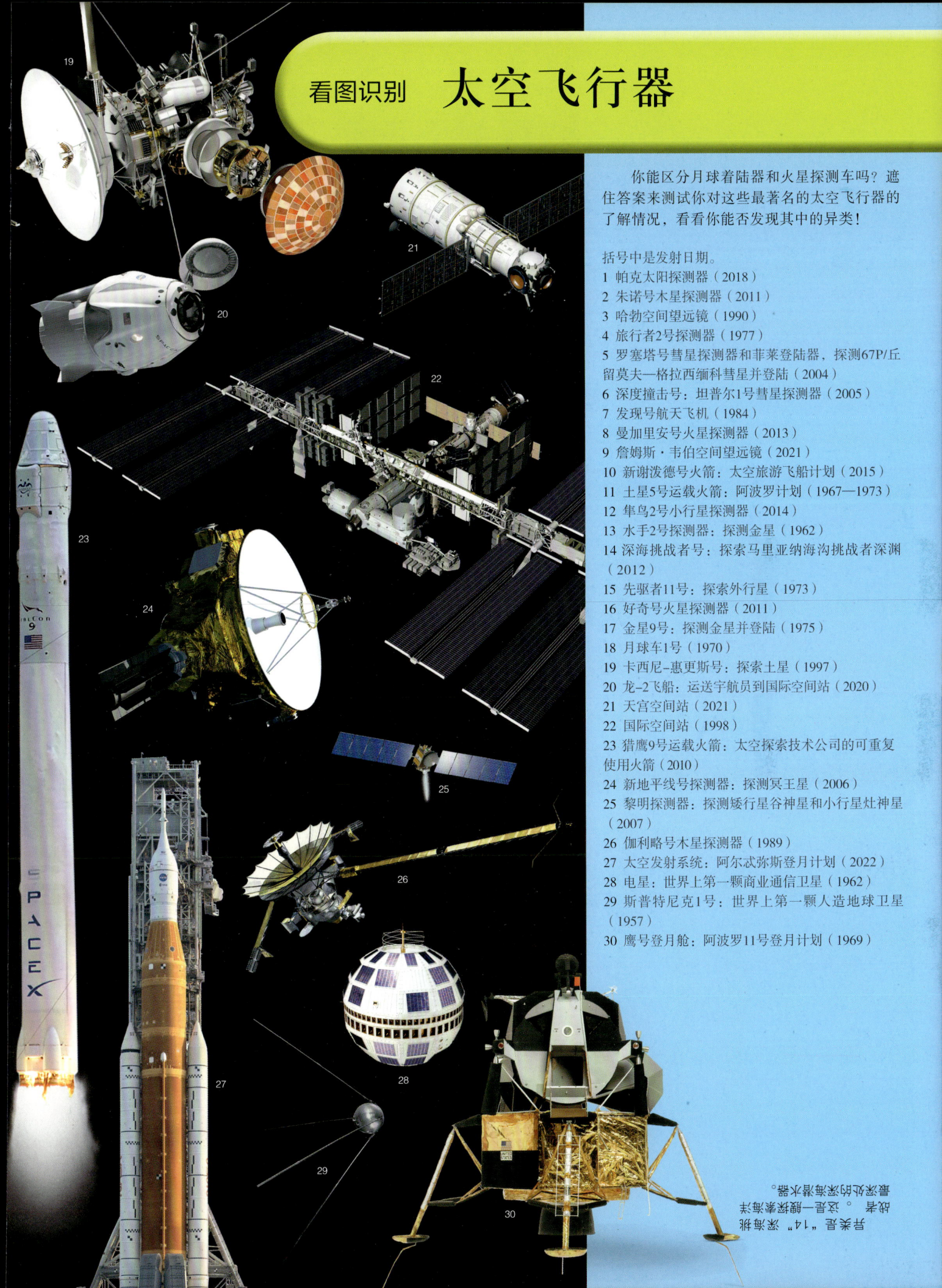

你能区分月球着陆器和火星探测车吗？遮住答案来测试你对这些最著名的太空飞行器的了解情况，看看你能否发现其中的异类！

括号中是发射日期。

1 帕克太阳探测器（2018）
2 朱诺号木星探测器（2011）
3 哈勃空间望远镜（1990）
4 旅行者2号探测器（1977）
5 罗塞塔号彗星探测器和菲莱登陆器，探测67P/丘留莫夫—格拉西缅科彗星并登陆（2004）
6 深度撞击号：坦普尔1号彗星探测器（2005）
7 发现号航天飞机（1984）
8 曼加里安号火星探测器（2013）
9 詹姆斯·韦伯空间望远镜（2021）
10 新谢泼德号火箭：太空旅游飞船计划（2015）
11 土星5号运载火箭：阿波罗计划（1967—1973）
12 隼鸟2号小行星探测器（2014）
13 水手2号探测器：探测金星（1962）
14 深海挑战者号：探索马里亚纳海沟挑战者深渊（2012）
15 先驱者11号：探索外行星（1973）
16 好奇号火星探测器（2011）
17 金星9号：探测金星并登陆（1975）
18 月球车1号（1970）
19 卡西尼-惠更斯号：探索土星（1997）
20 龙-2飞船：运送宇航员到国际空间站（2020）
21 天宫空间站（2021）
22 国际空间站（1998）
23 猎鹰9号运载火箭：太空探索技术公司的可重复使用火箭（2010）
24 新地平线号探测器：探测冥王星（2006）
25 黎明探测器：探测矮行星谷神星和小行星灶神星（2007）
26 伽利略号木星探测器（1989）
27 太空发射系统：阿尔忒弥斯登月计划（2022）
28 电星：世界上第一颗商业通信卫星（1962）
29 斯普特尼克1号：世界上第一颗人造地球卫星（1957）
30 鹰号登月舱：阿波罗11号登月计划（1969）

答案是"14"。深海挑战者号。这是一艘深海潜艇，而不是在深海航行的水下航行器。

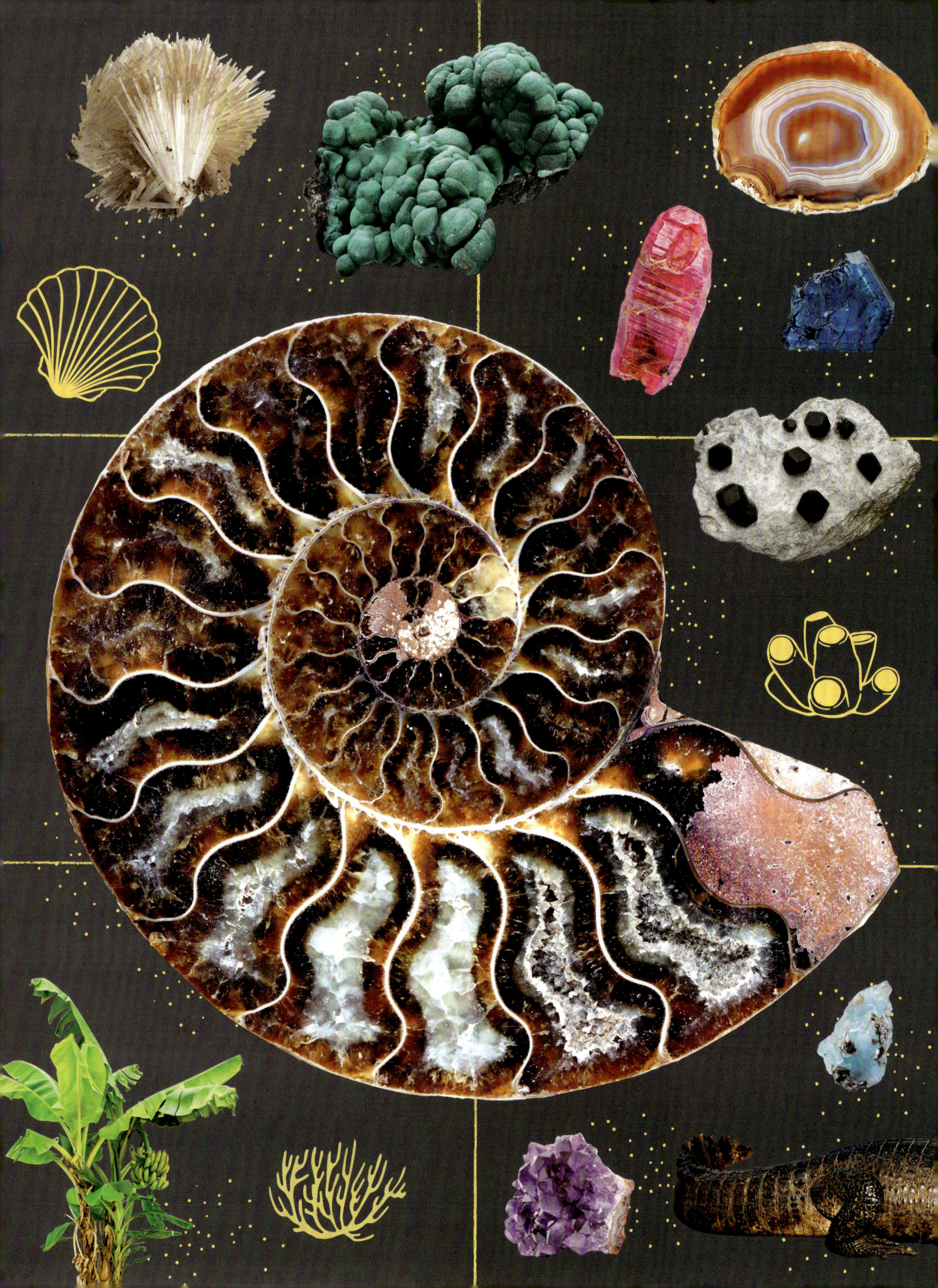

地球

地 球

我们的母星地球已有46亿年的历史了。它是一颗由岩石和金属构成的、外壳又薄又脆的星球。它有大气层和海洋，是我们现在所知的宇宙中唯一能够支持生命存在的星球。

地壳的厚度在10千米到70千米之间。

形成陆地的地壳比海洋下的地壳厚，密度也较小。

地幔将地核的热量传递到岩石圈。

地球是如何形成的

太阳系最初是一团巨大的气体和尘埃云，它的中心慢慢聚集在一起形成了太阳。围绕太阳运行的岩石碰撞在一起，形成越来越大的多个天体，其中就包括地球。作为一颗年轻的行星，地球因碰撞而变得炽热，处于熔融状态。

地球以每小时108000千米的速度围绕太阳运行！

1.内核

地球的内核是一颗由炽热的、高密度的铁、镍构成的球体。尽管内核的温度极高，但是它四周的压力使得内核保持固体状态。

地球的中心点位于地壳下6370千米处。

外核主要由铁构成，但是也含有镍、钴、碳和硫等。

地球内部

迄今为止，人类在地表最深的钻孔只有12.2千米深。相较于地球12742千米的直径来说，这只是表面的一丁点划痕而已。

科学家通过研究地震产生的地震波以及它在地球内部的传播方式，来了解地表下面各个地层的结构。

2.外核

在这里，金属是熔化的并且能够自由流动。金属的运动产生的电流形成了地球的磁场。

5. 大气层

一层薄薄的气体包围着地球，它能够阻挡来自太阳的部分热量，过滤掉有害的射线，并且使地球保持宜人的温度。

大气层是气体混合物，主要由氮气和氧气构成。

海洋下的地壳较薄，由密实的岩石构成。

地幔的某些部分变得特别炽热，并且向地表上升。

地幔的最上层与地壳融合在一起，形成了岩石圈。

3. 地幔

这层厚厚的岩石层占据了地球体积的84%，它主要由固态岩石构成，但在某些地方，岩石会以极慢的速度流动。

4. 岩石圈

地球的表层被称为岩石圈，它是由地壳和地幔的上部构成的。

地球并非一个完美的球体，地球的赤道直径比极点到极点的直径长约40千米！

地球的大气层

大约80%的气体集中在大气层的对流层。随着高度的增加，大气的密度逐渐减小。最终融入太空。

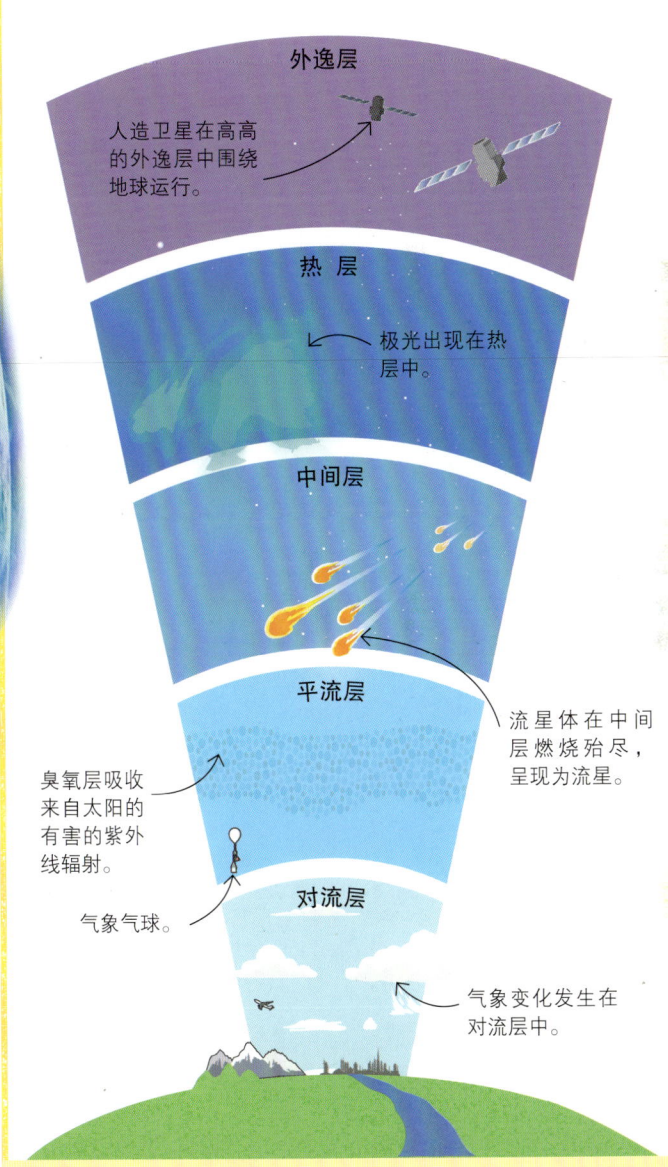

外逸层
人造卫星在高高的外逸层中围绕地球运行。

热层
极光出现在热层中。

中间层
流星体在中间层燃烧殆尽，呈现为流星。

平流层
臭氧层吸收来自太阳的有害的紫外线辐射。

对流层
气象气球。
气象变化发生在对流层中。

地球内核的温度高达5200℃！

5200℃

46　地球

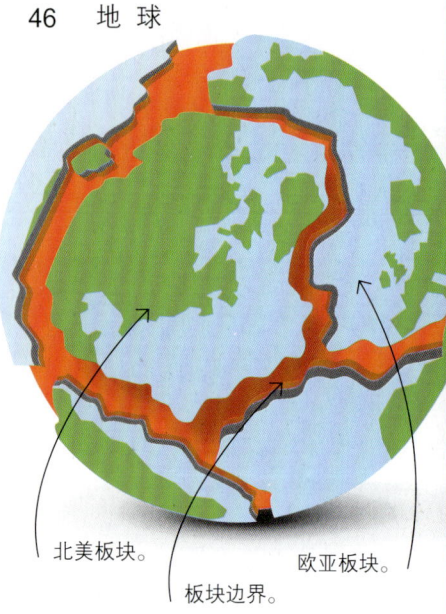

北美板块。
欧亚板块。
板块边界。

地球拼图

板块就像巨大的拼图片一样在地幔上浮动。随着板块的移动，它们携带着其上的陆地一起移动。数亿年来，地球上的大陆形状在逐渐地变化。

> 各个构造板块的移动速度都不同，最快的速度与指甲生长的速度相同！

崛 起

阿尔卑斯山脉是欧洲的一条山脉。由于非洲板块和欧亚板块相互挤压使地壳隆起，历经数千万年形成了阿尔卑斯山脉。它的部分地区仍然以大约每千年80厘米的速度在增高。

裂 缝

冰岛的丝浮拉裂缝位于北美板块和欧亚板块的交界带上。这两个板块的移动方向是背道而驰的，因此形成了一条贯穿冰岛的裂缝。丝浮拉裂缝中已经充满了来自冰川的融水，因此潜水员可以在这两块大陆板块之间的清澈的水域中游泳。

置身于丝浮拉裂缝中的潜水员能同时触摸北美板块和欧亚板块！

强大的板块

地壳由被称为构造板块的巨大岩石块构成。这些板块以缓慢的速度移动，并在它们的边界处释放出巨大的力量。有些板块会断裂，形成新的海床。而有些板块会相互碰撞挤压，形成山脉。

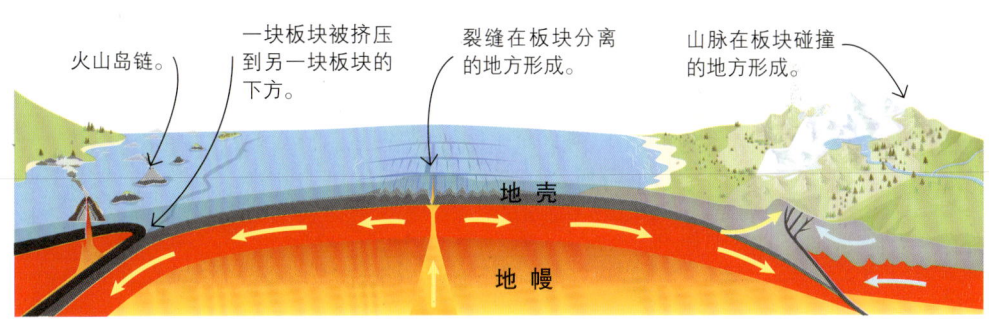

火山岛链。
一块板块被挤压到另一块板块的下方。
裂缝在板块分离的地方形成。
山脉在板块碰撞的地方形成。
地壳
地幔

构造板块是如何移动的

地球的构造板块被下面地幔的热流驱动，以缓慢的速度移动。当两块板块冲撞在一起时，其中一块可能会受到挤压而俯冲到另一块的下方，这被称为隐没，有可能形成山脉和火山岛链。而相邻板块向相互分离的方向移动时，岩浆会从地幔升起，形成新的海床。

约在2.5亿年后，大多数大陆将会合并在一起，成为一个超级大陆！

太平洋火圈

约75%的活火山位于环绕太平洋边缘的板块边界上，形成了一条由452座火山组成的环形地带，被称为"太平洋火圈"，其中包括厄瓜多尔海岸的通古拉瓦火山。

岩石行星

构成地壳的岩石由矿物质以及植物和动物的遗骸组成。在数亿年时间里，地球的岩石在缓慢的循环过程中不断变化。

地球上最重的太空岩石是霍巴陨石，它在8万年前陨落在纳米比亚！

岩石的类型

岩石被分为3大类。沉积岩是由岩石碎屑和死亡的有机体经过数百万年的沉积压缩而形成的。火成岩是由地下或地上的岩浆冷却后形成的。这两种岩石都可以在高压和高温的作用下变成变质岩。

角砾岩
大大小小的碎屑混合在一起形成了这种沉积岩。

粉红色花岗岩
花岗岩是一种火成岩，它是由地下岩浆冷却后而形成的。

片麻岩
这是一种变质岩，是在高温和高压的作用下形成的。

岩石循环

岩石不会保持不变。地表的岩石会被磨损，变成沉积物，然后被带走，而地下的岩石则在高温和压力的影响下逐渐发生变化。经过亿万年时间，3大类岩石都会在一个漫长而缓慢的过程中发生变化，这个过程被称为岩石循环。

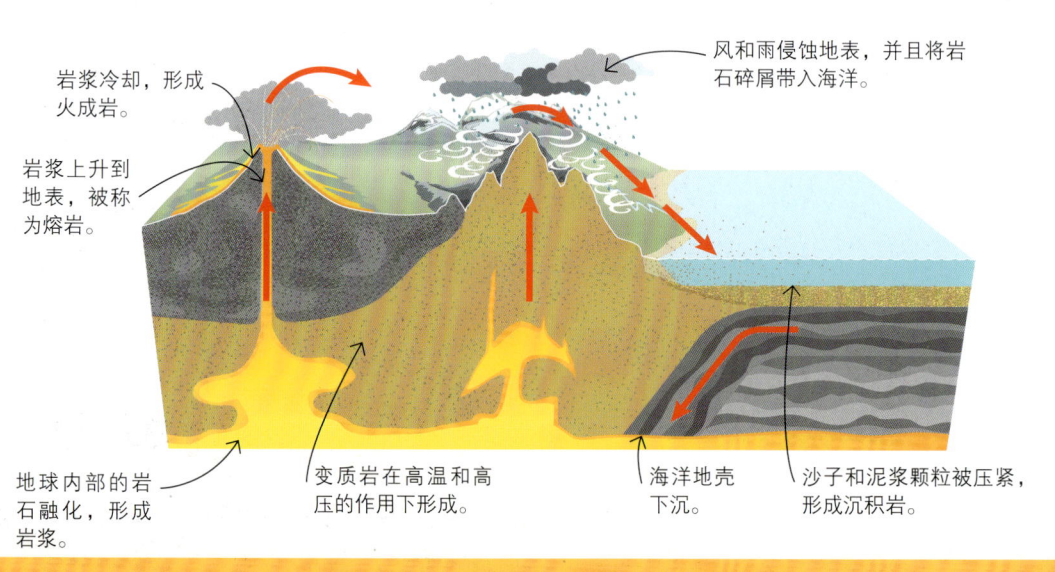

- 岩浆冷却，形成火成岩。
- 岩浆上升到地表，被称为熔岩。
- 风和雨侵蚀地表，并且将岩石碎屑带入海洋。
- 地球内部的岩石融化，形成岩浆。
- 变质岩在高温和高压的作用下形成。
- 海洋地壳下沉。
- 沙子和泥浆颗粒被压紧，形成沉积岩。

在沉积岩中，下面的岩层通常比上面的岩层年代古老，除非它们发生了翻转。

地球上已知最古老的岩石年龄为42.8亿年，几乎与地球本身的年龄相当！

大理石洞穴

智利的大理石洞穴由变质岩构成。在6000多年的时间里，卡雷拉将军湖的冰冷的湖水缓慢地冲刷着白色大理石，形成了殿堂似的石洞、石柱等景观。每年都有成千上万的游客乘船前往参观。

恶魔塔

位于美国怀俄明州的恶魔塔高264米，是一座火成岩塔，对当地原住民来说，它是一个神圣的地方。它形成于5千万年前，当时地下的岩浆被推升入沉积岩中后冷却。随着时间的推移，周围的沉积岩逐渐被侵蚀，露出了这块塔状火成岩。

恶魔塔的顶部大约有一个足球场那么大。

石灰岩

石灰岩是一种由微小古代海洋生物遗骸形成的沉积岩，这些被称为颗石藻的古代海洋生物是单细胞藻类，周围被名为颗石的硬小碟片所包围。这样的颗石藻今天仍然存在于海洋中。

四周被小碟片包围的一只颗石藻。

砂岩主要由石英和长石等矿物构成。

植物能够在砂岩中生长，这是因为砂岩是多孔的，使植物能够在其微小的孔洞中扎根。

砂岩层

砂岩等沉积岩会逐层积累。地球内部的运动可能会挤压岩层，使它们倾斜或产生褶皱。图中是澳大利亚西北部纳尔斯角附近的砂岩层，它们的褶皱清晰可见。

日出红宝石曾以3千万美元的价格售出，创下世界上最昂贵的红宝石的纪录！

日常生活中的晶体

被用作调味料的食盐是一种晶体。如果近距离看，就会发现每一粒盐晶都是一个完美的立方体。食糖也是由晶体构成的，而雪花则是冻结的水晶体。

每根针都是单晶体。

这种晶体看起来像刀片一样锋利。

针状晶体
钙沸石具有针状形态，尖锐的针从中心生长出来。

葡萄状晶体看起来像一串葡萄。

葡萄状晶体
图为孔雀石。像这样以圆团形成簇生长的晶体被称为葡萄状晶体。

多彩的晶体

晶体是具有对称性的、内部结构按重复模式排列的固体。任何矿物质都能形成晶体。有些晶体能被切割并抛光成宝石，并且被用来制作首饰。稀有美丽的宝石非常珍贵。

刀片状晶体
这种刀片状的石榴石由细长的扁平晶体片构成。

晶 系

晶体有6种天然生成的几何形态，被称为"晶系"。晶系取决于其原子的排列模式。

立方晶系
这种简单系统有6个正方形面。

正方晶系
这种晶系是有矩形截面的长方体。

斜方晶系
这种块状晶体的两端都有矩形面。

单斜晶系
这种晶系是一个平行四边形棱柱形状。

三斜晶系
这是所有晶系中具有最少对称性的一种。

六方晶系
这种晶系的横截面是一个六边形。

重复模式

晶体中的原子按照一定的三维模式重复排列。右图展示了方铅矿的一个分子形成了一个立方体，而这种立方体在三维空间中不断重复，形成一个立方晶体。

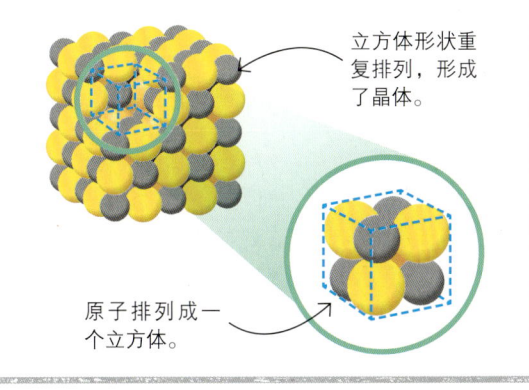

立方体形状重复排列，形成了晶体。

原子排列成一个立方体。

石英表利用微小的石英晶体的振动来准确地计时！

有的板状晶体看起来像扑克牌或书本。

晶面自然形成光滑的方形。

棱柱形晶体有3对平行面。

棱柱状晶体
紫水晶具有棱柱状形态，顶部呈金字塔形。

立方体晶体
黄铁矿晶体具有立方体形态，有6个对称的正方面。

晶体生长习性

一块晶体或一簇晶体在一定外界条件下自发生长趋向形成某一种形态的特性被称为"习性"。晶体的习性由晶体内部构造决定，但也受到外界环境的影响，例如生长空间的约束。这意味着没有两块晶体是完全相同的，每一块晶体都是独一无二的。

板状晶体
板状晶体，例如图中这些红色的钒铅矿晶体，其长度和宽度均大于其厚度。

这颗被切割成方形的祖母绿与129颗透明钻石一起被镶嵌成一枚胸针。

库里南钻石是迄今为止发现的最大的钻石原石！

它大约有一个芒果那么大！

巨大的祖母绿
祖母绿是绿柱石矿物的一种形态，因其浓郁的绿色和良好的透明度而备受珍视。人们精心切割出光滑的晶体面以增强它的美感。

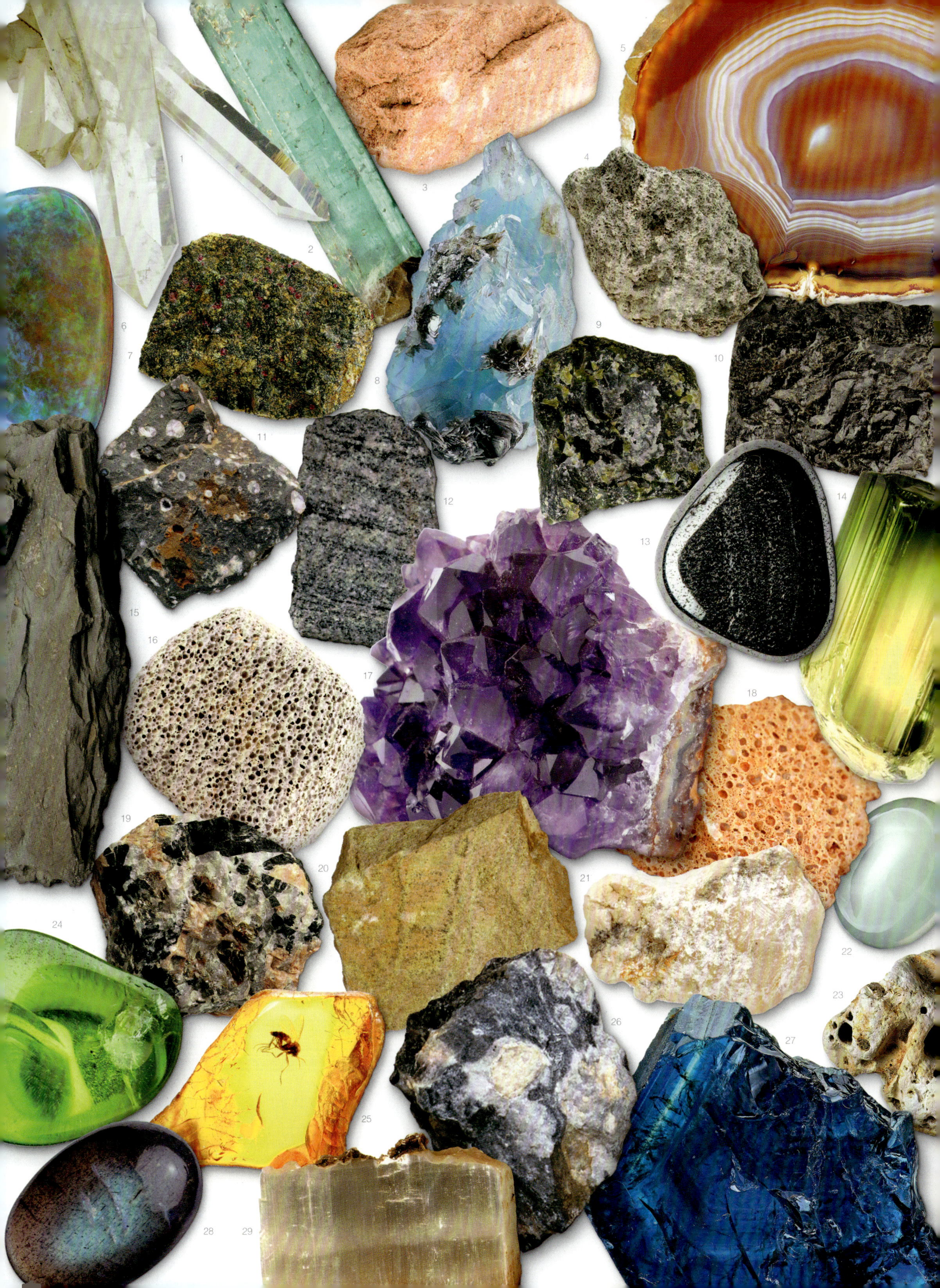
1
2
3
4
5
6
7
8
9
10
11
12
13
14
15
16
17
18
19
20
21
22
23
24
25
26
27
28
29

看图识别 岩石和矿物

你能分辨砂岩和皂石吗？看看你能识别多少种岩石和矿物。其中有一种是异类，你能发现它吗？

1 石英
2 祖母绿
3 粉砂岩
4 钙华
5 玉髓
6 蛋白石
7 橄榄岩
8 海蓝宝石
9 蛇纹岩
10 松脂岩
11 玄武岩
12 云母片岩
13 赤铁矿
14 电气石
15 页岩
16 浮石
17 紫晶
18 铝土矿
19 伟晶岩
20 砂岩
21 皂石
22 月光石
23 白垩
24 橄榄石
25 琥珀
26 大理石
27 蓝宝石
28 拉长石
29 石膏
30 方解石
31 砾岩
32 辉长岩
33 绿松石
34 石灰岩
35 燧石
36 黑曜石
37 红宝石
38 角砾岩
39 斑岩
40 岩盐
41 蔽石
42 钻石
43 角岩
44 石墨
45 混合岩
46 花岗岩
47 孔雀石

答案是"25"琥珀。琥珀是化石化的树脂，因此并非矿物。其他岩石和矿物都是由化学物质构成的无机物。

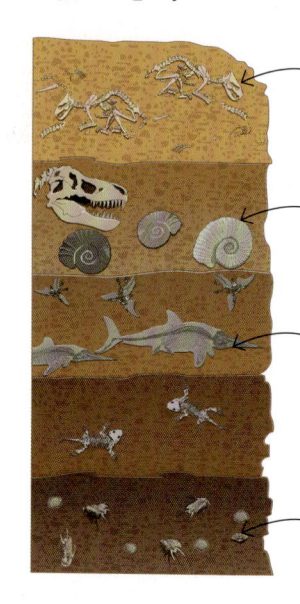

奇妙的化石

在大多数情况下，生物死亡后会腐烂分解，但是在极为罕见的情况下，它们会被保留，成为化石。化石是自然界给人类的一个惊喜，让我们得以窥探在很久很久之前地球上漫游的生命。

— 软土中有生物的遗骸。

— 坚硬的物体，例如贝壳和骨头，最有可能变成化石。

— 老化石被新沉积岩层覆盖。

— 最古老的化石存在于最先沉积的岩石中。

化石层

数亿万年来，含有化石的岩石层形成了一层又一层的地质结构。最古老的化石位于最深层，但是随着构造板块的移动和侵蚀，这些化石可能会被移动并且暴露出来。

石头皮肤！

2011年，在加拿大艾伯塔省发现了生活在1.1亿年前的结节龙的化石。它被保存得非常好，它的皮肤和胃部内容物都完好无损！

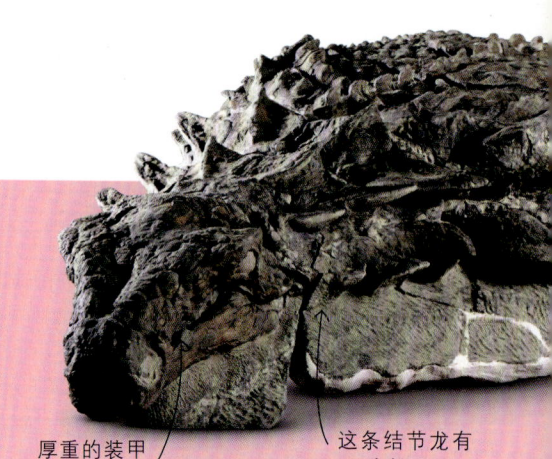

— 厚重的装甲状皮肤。

— 这条结节龙有5.5米长。

— 由很多晶状体构成的复眼。

— 长在眼睛上向后弯曲的长角。

远古动物

三叶虫是无脊椎动物，在古代的海洋中称霸了约2.7亿年。三叶虫的化石数量非常多，因此科学家将它们用作"索引化石"，来确定含有它们的岩石的年代。三叶虫在约2.52亿年前灭绝了。

— 便于在海床上爬动的分节身体。

— 棘刺的作用可能是防御。

科学家已经发现了超过2万种的三叶虫物种！

巨大的化石
这根巨大的股骨化石是生活在白垩纪早期的长颈蜥脚类恐龙的大腿骨。蜥脚类恐龙是所有恐龙中最大的，也是曾经生活在陆地上的最大的动物。

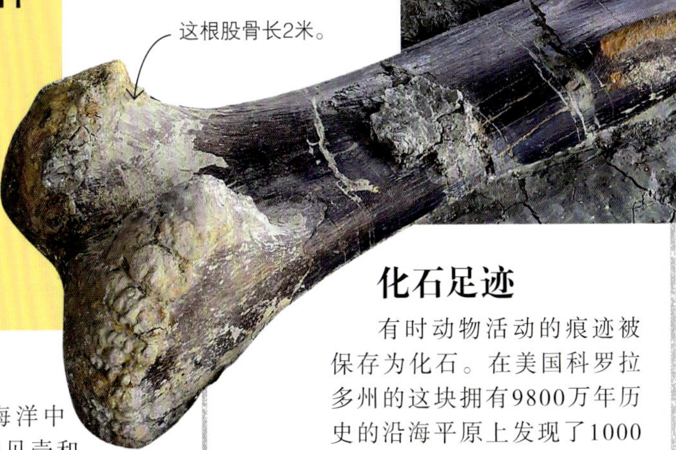

这根股骨长2米。

螺旋壳
菊石是一种生活在海洋中的软体动物，具有螺旋形贝壳和章鱼般的触腕。它们的硬壳化石很常见。这块被剖开的菊石化石显示了其腔室以及内部结构。

菊石在生长过程中会在壳中长出新腔室。

化石足迹
有时动物活动的痕迹被保存为化石。在美国科罗拉多州的这块拥有9800万年历史的沿海平原上发现了1000多个恐龙足印。

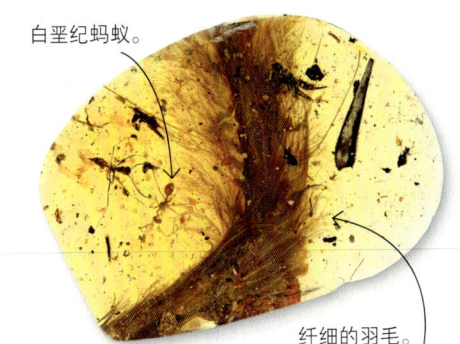

白垩纪蚂蚁。

纤细的羽毛。

被困在琥珀中
琥珀是树脂化石。随着树脂变干，动物有可能会被困住，并且被保存在里面。图中这块琥珀里有9900万年前恐龙的羽毛状尾巴。

食肉动物的最大粪便化石是67.5厘米长的霸王龙粪便！

可卡犬

化石是如何形成的
要变成化石，生物必须在非常特定的条件下死亡，泥沙等沉积物层必须迅速覆盖它们的遗骸，然后经过数百万年，在沉积物层的重力下，沉积物变成岩石，遗骸变成化石。

死亡
动物死在一个很快就被泥土或沙子覆盖的地方。

掩埋
动物身体柔软的部分腐烂，沉积物堆积在遗骸上。

替代
这些沉积物层变成了岩石，矿物质渗入骨头，也将它们变成了岩石。

发现
最终，岩石层可能会被侵蚀，化石就会被发现。

风吹动海面，起初只起了涟漪，然后变成波浪。随着风持续地吹，波浪获得更多能量，变得越来越大。接近海岸时，波浪变得更高、更密集，直到它们在岸边破碎。

这个巨大的浪潮发生在葡萄牙某地，在那里，冲浪者可以从26米高的巨浪上一冲而下。

当浪潮接近海岸时，浪峰变得不稳定，并且向前倾斜，形成一个破碎波。

太平洋覆盖了地球近三分之一的面积。

地球有超过70%的表面被水覆盖，而陆地的比例则不到30%！

水的世界

我们称我们居住的星球为"地"球，但从太空中看，地球大部分呈蓝色。地球上的水无处不在。海洋、河流和湖泊中，甚至地下和空气中，都有水。如果没有水，地球上的生命将无法生存。

当暖空气中的水分接触到温度低的树叶时，就会凝聚成露水。

所有生物，从蚂蚁和鲸，到植物和细菌，都需要水才能生存。

维持生命

水是地球上所有生命生存的关键。如果没有水，我们所知的任何生命形式都无法生存。到目前为止，我们还没有发现其他行星的表面存在液态水，也没有在宇宙中发现其他生命。

进入外太空的人比探索海洋最深处的人还多！

水循环

地球上的水量永远不会改变。事实上，我们现在喝的水曾经被两亿年前的恐龙喝过！水在太阳的驱动下在陆地、海洋和天空之间不断地运动，无限循环。

水蒸气上升后，会冷却并且形成云。

海水在阳光下变暖后，会蒸发。

风将云带向内陆。

雨和雪从云中落下。

水在陆地上流淌，形成河流。

河流注入大海。

有些水渗入地下。

在我们的脚下

地球有大量的水隐藏在地下。在火山区，地下水会变得非常热，然后以间歇泉的形式喷向空中。

水在哪里？

地球上的大部分水是咸涩的海水，而大部分淡水则以冰的状态存在或者以地下水的形式隐藏着。

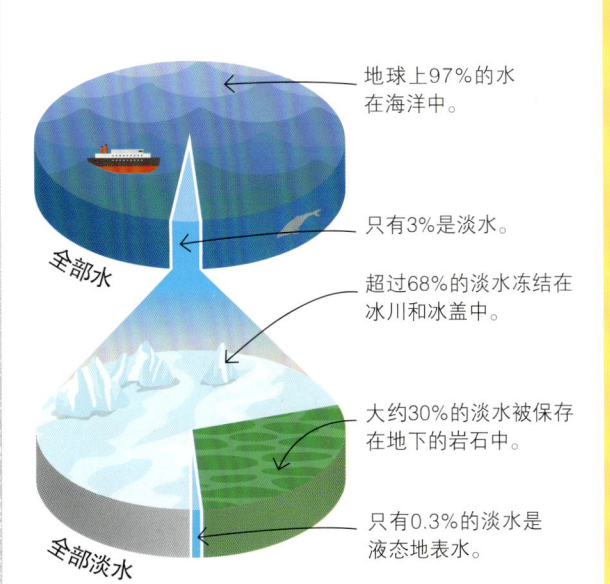

地球上97%的水在海洋中。

只有3%是淡水。

超过68%的淡水冻结在冰川和冰盖中。

大约30%的淡水被保存在地下的岩石中。

只有0.3%的淡水是液态地表水。

全部水

全部淡水

巨大的"镜子"！

乌尤尼盐沼位于玻利维亚高原，它是一片广阔平坦的被盐层覆盖的平原。在季风季节，平原上有一浅层雨水，像一面巨大的镜子，倒映着翻滚的云朵！

委内瑞拉的安赫尔瀑布是世界上落差最大的瀑布，它的落差达979米！

湿地野生动物

当水无法排走时，就会聚集形成湿地，例如木本沼泽和草本沼泽。世界上最大的湿地是南美洲的潘塔纳尔湿地，它滋养着喜水的动物和植物，包括图中这些巨大的睡莲。

巴拉圭凯门鳄生活在潘塔纳尔湿地。

红湖

玻利维亚的红湖因其中生长的红色藻类而呈现出红色。这些藻类吸引了稀有的火烈鸟成群结队地来到湖边觅食。火烈鸟出生时羽毛是白色的，但是它们吃的藻类中的红色素会使它们的羽毛逐渐变成粉红色！

河流与湖泊

最大的三角洲

三角洲是位于河流汇入海洋处的一片宽阔的泥沙区。这张卫星图显示了覆盖印度一部分地区和孟加拉国大部分地区的恒河三角洲。浅蓝色部分是被河流冲刷入海洋的沉积物。

河流的力量非常强大，随着时间的推移，它们能切割岩石，并且创造出新的地貌。河流与湖泊一样也是重要的资源，为人类、动物和植物提供生存所需要的淡水。

河 流

河流起源于高山上的溪流，由融化的冰雪、雨水，以及在地表或地下流动的水，渐渐汇集合流而成。它们顺着山势流下来，速度减慢形成弯道，同时侵蚀着沿途的土地。

细小的山涧急流而下。

河流冲刷出一个山谷。

曲形河道自行截弯取直后留下的旧河道所形成的湖泊被称为牛轭湖。

在地势较低的地方，水流变慢，并形成弯曲的河道。

入海口是河流与大海的交汇处。

地球上大约有1.17亿个湖泊！

酸性湖

印尼的卡瓦伊真火山上有一个火山口湖，湖水呈鲜艳的蓝绿色，让人很想跳进去游泳，但是它的蓝绿色是由于硫黄与大量被腐蚀了的金属反应所产生的物质溶在湖水中所致，因而具有强酸性。地球上不同类型的湖泊有不同的成因，例如冰川和河流的侵蚀、构造板块的移动、山体滑坡，甚至是河狸用树枝筑坝蓄水。

亚马孙河承载着地球表面所有流动淡水的20%！

蜿蜒的河流

当河流在平坦的土地上流淌时，会形成弯曲的蛇形，被称为"曲流"。河道外弯的水流比较快，能将沉积泥沙冲刷走，并且将泥沙沉积在河道的内弯处，这样就会形成曲流。随着时间的推移，河道会变得更加弯曲，形成像泰国攀牙湾中那样夸张的曲线。

不可思议的冰雪

地球表面约有10%的面积被冰雪覆盖，其中包括冰川、冰盖和冰封的海洋。虽然地球上很多地方都有冰川沿着山谷流下，但是大部分冰都被封存在两极地区，那里有冰冷的海洋和巨大的冰山。

如果气候继续变暖，到2035年，北极的夏季将没有海冰。

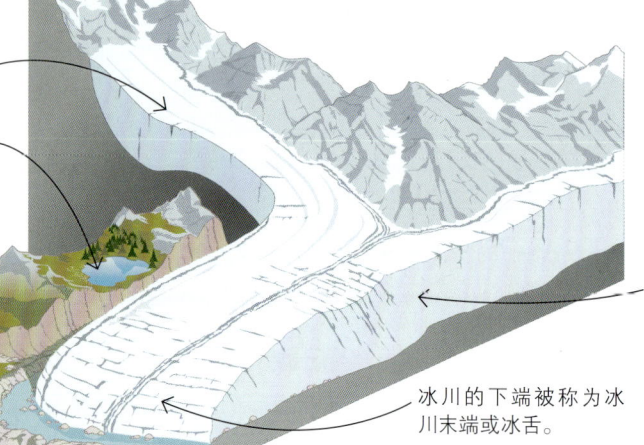

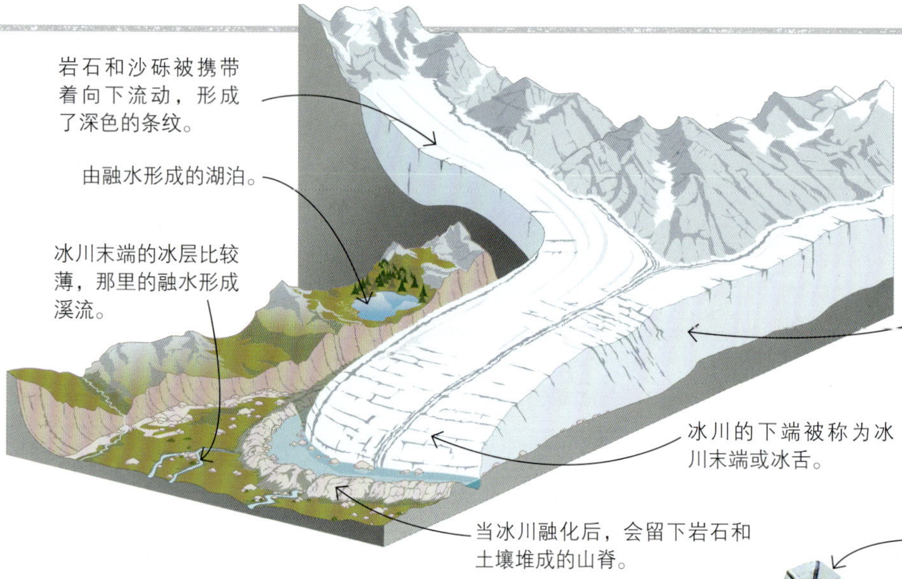

岩石和沙砾被携带着向下流动，形成了深色的条纹。

由融水形成的湖泊。

冰川末端的冰层比较薄，那里的融水形成溪流。

冰河

经过数个世纪，层层积雪在自身重力的作用下被压缩，形成冰川。由于重力的作用，冰川会以极慢的速度向下流动，就像一条冰的河流。

冰川支流是指与大冰川相连的小冰川。

冰川的下端被称为冰川末端或冰舌。

当冰川融化后，会留下岩石和土壤堆成的山脊。

这座冰山的质量超过900万吨。

每片雪花都是独一无二的，但是它们都有6个分支。

冰晶

雪花最初是云内的微小尘埃颗粒。当水蒸气附着在尘埃上并且被冻结后，美丽的冰晶就形成了。当雪花比周围的空气重时，就会降落到地面上。

一座冰山约有90%的部分在水面下！

冰雪雕刻的地貌

随着冰川顺坡向下流动，冰川会被缓慢地刻蚀出深深的峡湾。在最近的一次冰河时期之后，许多冰川融化了，留下像挪威的盖朗厄尔峡湾那样的U形山谷。

漂浮的冰山

冰山是巨大的冰块，它们从冰川和冰盖上断裂下来，漂浮到海洋上。图中这座巨大的冰山于2018年漂流至北格陵兰的伊纳苏特小村庄附近。当地居民被疏散，以防冰山破裂危及当地居民的生命及财产安全。

地球 61

正在缩小的冰盖

夏季时，北极的部分冰雪会融化，但是在秋季又重新结冰。然而，自1979年以来，融化的冰雪量超过了重新结冰的量。下面的地图显示了夏季冰雪覆盖面积迅速缩小的情况。

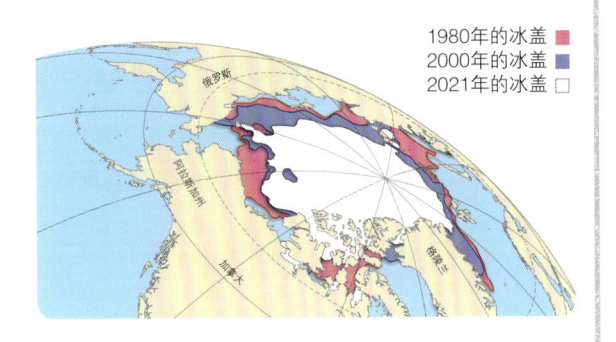

■ 1980年的冰盖
■ 2000年的冰盖
□ 2021年的冰盖

破冰船

破冰船是专门设计的船舶，拥有加固的船体，用于在冰封的极地海域开辟航道。首先让船首冲上冰面，然后将冰层压为碎块，如此反复，就能清理出一条供其他船只行驶的航道。

强大的破冰船能破开厚达3米的浮冰。

冰 架

南极洲是巨大的漂浮冰架的所在地，这些冰架是由与陆地相连的厚厚的冰层延伸到海洋上而形成的。最大的冰架是罗斯冰架，面积达到约480000平方千米，几乎相当于法国的陆地面积。

全球三分之二的淡水储存在冰川中！

冰山是至少高出水面5米的冰块，而比较小的冰块则被称为冰块冰山。

有些冰山有尖峰。

这座房子在冰山的规模和尺度面前显得微不足道。

水

从河流到雨，从海洋到云，水无处不在。它不仅存在于地球上，还存在于地球周围！这里是一些令人惊叹的事实和统计数据，展示了水的重要性，以及地球这颗蓝色星球的存水量。

最潮湿的地方

印度的毛辛拉姆镇是地球上降水量最大的地方。这座小镇在2022年6月17日24小时内的降水量是创纪录的1米！

海洋的面积

地球上有5大洋，它们都是相连的。这些广袤的海洋在右侧按面积从大到小的顺序排列。

1 太平洋 — 18134.4万平方千米

2 大西洋 — 7676.2万平方千米

3 印度洋 — 7056万平方千米

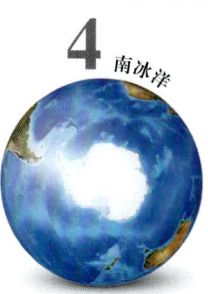

4 南冰洋 — 2032.7万平方千米

5 北冰洋 — 1475万平方千米

壮观的瀑布

伊瓜苏大瀑布位于阿根廷和巴西的边境，是世界上最壮观的瀑布之一。它不断地向周围的森林喷洒恒定量的薄雾。它的宽度达到了令人难以置信的2.7千米，落差为80米。它的名字源于当地语言，意为"大水"。

伊瓜苏大瀑布

总水量

地球上的水量始终保持恒定，约13860万立方千米，足以充满550万亿个奥林匹克标准游泳池！

大气层中的水

大气层中的水以云、降水和水蒸气的形式存在。如果大气中的水分全部降下，海平面将上升约3.8厘米。

大气层含有的水分仅约为地球总水量的0.001%。

地球　63

体积最大的湖泊

以下是地球上4个体积最大的淡水湖。有些湖覆盖的面积广阔，而有些湖则非常深。

1 贝加尔湖（俄罗斯）
23600立方千米

2 坦噶尼喀湖（东非和中非）
18900立方千米

3 苏必利尔湖（北美洲）
12100立方千米

4 马拉维湖（东非）
8400立方千米

贝加尔湖约含有全球地表淡水资源的20%！

最长的河流

1 尼罗河（非洲）
约6600千米

2 亚马孙河（南美洲）
约6400千米

3 长江（亚洲）
6363千米

4 密西西比河-密苏里河（北美洲）
约6000千米

河流的流量

最长的河流不一定是最大的。我们还可以根据河流的流量来衡量它们。流量是指每秒向海洋排放的水量。

亚马孙河（南美洲）
2.09亿升

刚果河（非洲）
4100万升

恒河-雅鲁藏布江-梅格纳河（亚洲）
3800万升

奥里诺科河（南美洲）
3700万升

马德拉河（南美洲）
3100万升

最深的海沟

海沟是海洋的最深部分。地球上最深的海沟都位于太平洋。马里亚纳海沟非常深，即使珠穆朗玛峰坐在它的底部，尖峰也不会露出海面。

1 马里亚纳海沟的挑战者深渊
10935米

2 汤加海沟
10882米

3 埃姆登深渊
10539米

珠穆朗玛峰

马里亚纳海沟

挑战者深渊是马里亚纳海沟的最深部分。

风化作用

风化是岩石被逐渐地、一点一点地分解的过程。风化作用被分为4种类型。

物理风化
水渗入岩石的裂缝中，随后结冰膨胀，使岩石破裂。

化学风化
雨水呈弱酸性。当酸雨落到岩石上时，会产生化学反应，溶解岩石的外表。

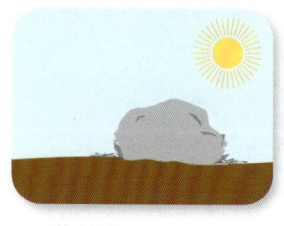

热风化
当岩石变暖时，会稍微膨胀，然后在冷却时会收缩。这种作用会使岩石崩解破碎。

生物风化
动物的挖掘活动可能会导致岩石破裂。植物的根也会长入岩石的裂缝中，将岩石撑破。

被牢牢地卡着

图中的岩石被卡在挪威的谢拉格山的冰裂缝中。这块巨石是在大约5万年前的最近一次冰河时期被冰川带到那里的。而这道冰裂缝是被冰川雕刻出来的。冰川融化后，这块巨石就被卡在了那里，而且将在接下来的几千年中一直被卡在那里。

一位大胆的徒步者在谢拉格巨石上停留拍照留念。巨石下方的峭壁深达984米！

2018年在新西兰的一座农场，一个直径为200米的天坑一夜之间突然出现了！

喷砂

在沙漠中，被风吹起的沙子扫荡着整个地貌。由于沙子的重颗粒靠近地面移动，因此对凸出地面的岩石下部的磨蚀较为严重，从而造成了如图中的岩石那样上大下小的形状。

埃及的撒哈拉沙漠中的石灰岩地貌。

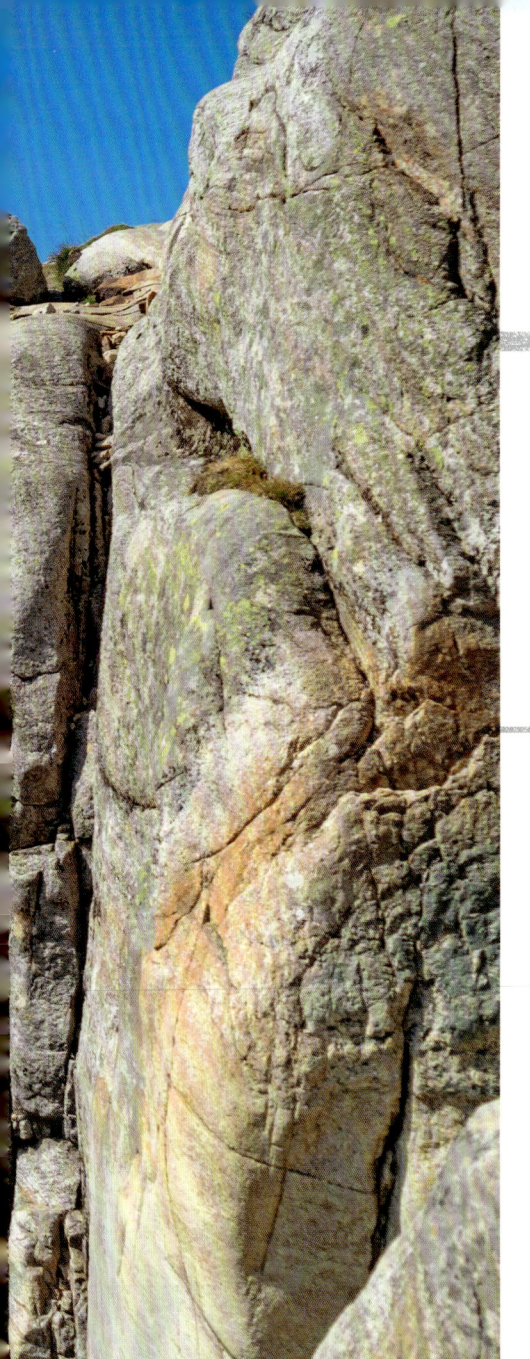

极端侵蚀

地球的岩石表面看起来似乎没有变化，但是它们一直不断地受到风、水和冰的侵蚀。经过数百万年的时间，地貌因为侵蚀而逐渐地发生了变化。

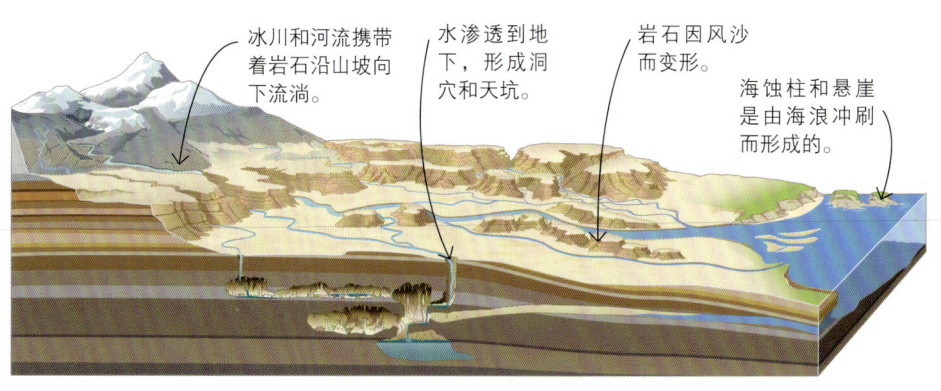

冰川和河流携带着岩石沿山坡向下流淌。

水渗透到地下，形成洞穴和天坑。

岩石因风沙而变形。

海蚀柱和悬崖是由海浪冲刷而形成的。

侵蚀原理

侵蚀是指冰、水和风破坏岩石并且带走岩石碎屑的过程。冰川和河流切割地貌，带走岩石碎屑。风吹动沙子，撞击岩石，形成沙丘。海浪和风侵蚀并且塑造海岸线，将碎屑带入海洋中。

波浪的力量

波浪冲刷着海岸线，侵蚀着岩石悬崖，并且带走岸边的沙石。海岸侵蚀能将岩石塑造成被称为海蚀柱的柱状结构以及拱门状结构，例如马耳他的蓝色窗口拱门。蓝色窗口拱门高28米，在2017年的一场风暴后最终坍塌。

河流侵蚀

河流在流经土地时塑造着地貌。河水是柔性的，但是长期冲蚀着地面，并且带着岩石顺流而下，逐渐塑造出深深的峡谷和山谷。美国大峡谷就是由科罗拉多河冲刷而成的。图中环绕着巨岩的曲流被称为马蹄湾，是在500多万年前形成的。

世界上最高的海蚀柱是位于太平洋的金字塔岛，它高达562米！

330米

562米

地下深处

地下隐藏着一个洞穴和隧道的世界。这些黑暗的地方经常会有历经数千年形成的奇异而美丽的岩石。

水下洞穴

墨西哥的尤卡坦半岛有巨大的天然井，里面充满着清澈的河水或雨水。这些神秘的地下水井有些是有天窗的，也有些像图中这处水井一样，终年不见日光。

潜水员需要借助强大的聚光灯来探索黑暗的洞穴。

石笋从洞穴的地面向上生长。

随着时间的推移，石钟乳和石笋相互连接，形成石柱。

洞穴是如何形成的

大多数地下洞穴形成于由石灰岩构成的岩石中。在数百万年的时间里，雨水渗入裂缝，逐渐溶解石灰岩这种软岩。来自溪流或河流的水渗入裂缝，使裂缝扩大，形成庞大而复杂的洞穴系统。

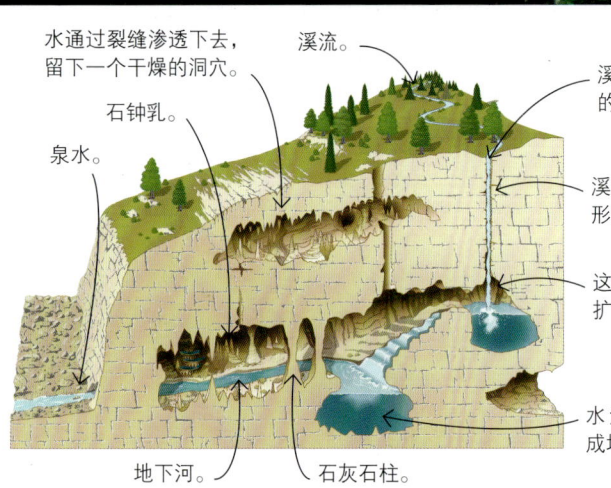

水通过裂缝渗透下去，留下一个干燥的洞穴。

石钟乳。

泉水。

溪流。

溪流注入地面下的沉洞。

溪水溶解石灰岩，形成裂缝。

这些裂缝逐渐扩大成洞穴。

水注入洞穴，形成地下湖。

地下河。 石灰石柱。

越南的韩松洞是世界上最大的洞穴，全长约9000米！

成长的岩石

洞穴通常被尖刺状的岩石结构覆盖。当洞顶的水下滴时，水中的部分矿物质会留下，经过长时间积累，形成尖刺状岩石。石钟乳从上往下生长，类似冰柱，而石笋则从地面向上生长。

矿物质在数千年的时间内逐渐积累。

有超过2000万只蝙蝠在美国的布兰肯洞穴中安家！

成千上万的尖锥状石钟乳，从洞顶向下垂吊。

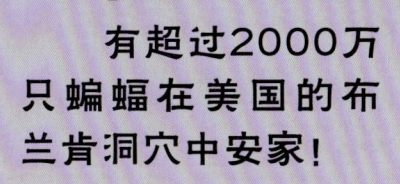

冰洞

当冰川的融水形成一条溪流时，会在冰川下流淌，并且切割冰层，形成冰洞，就像上图中冰岛的这处冰洞一样。冰川的冰反射蓝光，使洞内呈现出壮观的蓝色。

这些结晶体有的长达12米，直径达1米。

水晶洞穴

墨西哥奈卡水晶洞深处有巨大的乳白色石膏结晶体，它们是数百万年前由溶解了钙和硫的热水注满洞穴而形成的。

洞穴生物！

一种被称为"盲螈螈"的动物生活在南欧迪纳尔山脉下的洞穴中。它们在漆黑的环境中不需要视觉，但是能够凭借其令人难以置信的嗅觉追踪猎物。

狂暴的火山

当火山喷发时，它们能释放巨大的破坏力。岩石、灰烬和气体可能会被释放出来，炽热的熔岩也可能会被猛烈地喷射出或渗出。

住宅被掩埋在灰烬中

当西班牙拉帕尔马岛上的老昆布雷火山在2021年喷发时，它将大量的火山灰喷射到大气中。随着火山灰的沉降，成千上万住宅被掩埋。

☠ **1815年印度尼西亚的坦博拉火山喷发，带来了一场严重的饥荒，最终导致8万人死亡。**

识别火山的类型

不同的熔岩和不同的喷发形式造成了不同形状的火山。以下3种最为常见：

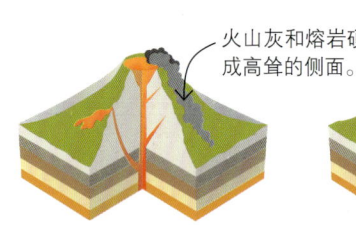

- 火山灰和熔岩硬化后形成高耸的侧面。
- 锅状火山口。
- 流动性较大的熔岩形成平缓的斜坡。

层状火山
陡峭的锥形火山，由厚而黏稠、不易流动的熔岩层堆积而成。

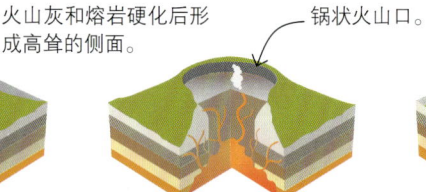

锅状火山
剧烈的喷发可能会摧毁火山顶部，只留下一个有峭壁的巨大火山口。

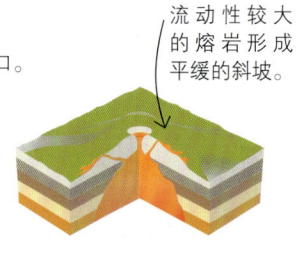

盾状火山
这是最活跃的火山类型，它们不会长得很高，但是可能非常宽阔。

最活跃的火山

爆炸性的喷发将熔岩喷射到天空中。熔岩河。

夏威夷的基拉韦厄火山自1983年以来几乎持续不断地喷发，是地球上最活跃的火山。熔岩从这座火山流向16千米外的海洋。

火山鸟

火山鸟的雏鸟在地下孵化，然后从自己挖掘的通道到地表。

大多数鸟类会自己孵化自己的蛋，但是印度尼西亚苏拉威西岛的火山鸟却借助温热的火山灰来完成这项任务。它们挖洞产卵后就离开了，将孵化的任务交给火山灰来完成。

变成石头！

公元79年，意大利的维苏威火山喷发，人和动物被困在火山灰中，他们的遗骸在火山灰中留下了空洞，考古学家用石膏填充这些空洞来制作石膏模型。

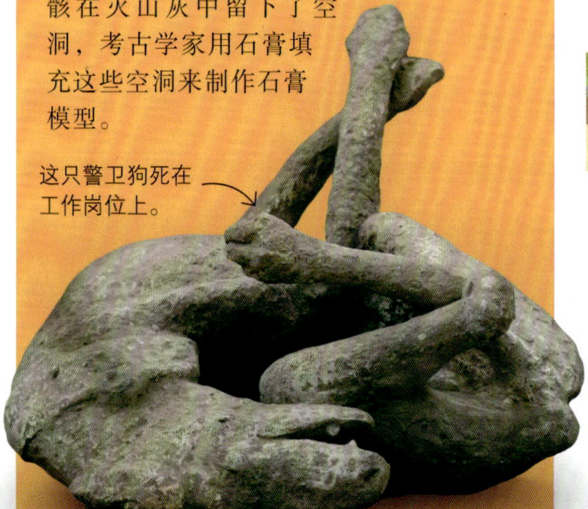

这只警卫狗死在工作岗位上。

即将喷发

气体、熔岩和岩石从主通道爆炸性地喷射出来。
浓厚的火山灰云高高地升空进入大气层。
岩浆室内压力增加。
熔岩从裂缝中渗漏出来。

火山喷发是指地底下的融化的岩石（岩浆）从地表的裂口中喷发出来。大多数活火山位于构造板块的边缘或地壳的"热点"。

熔岩流动

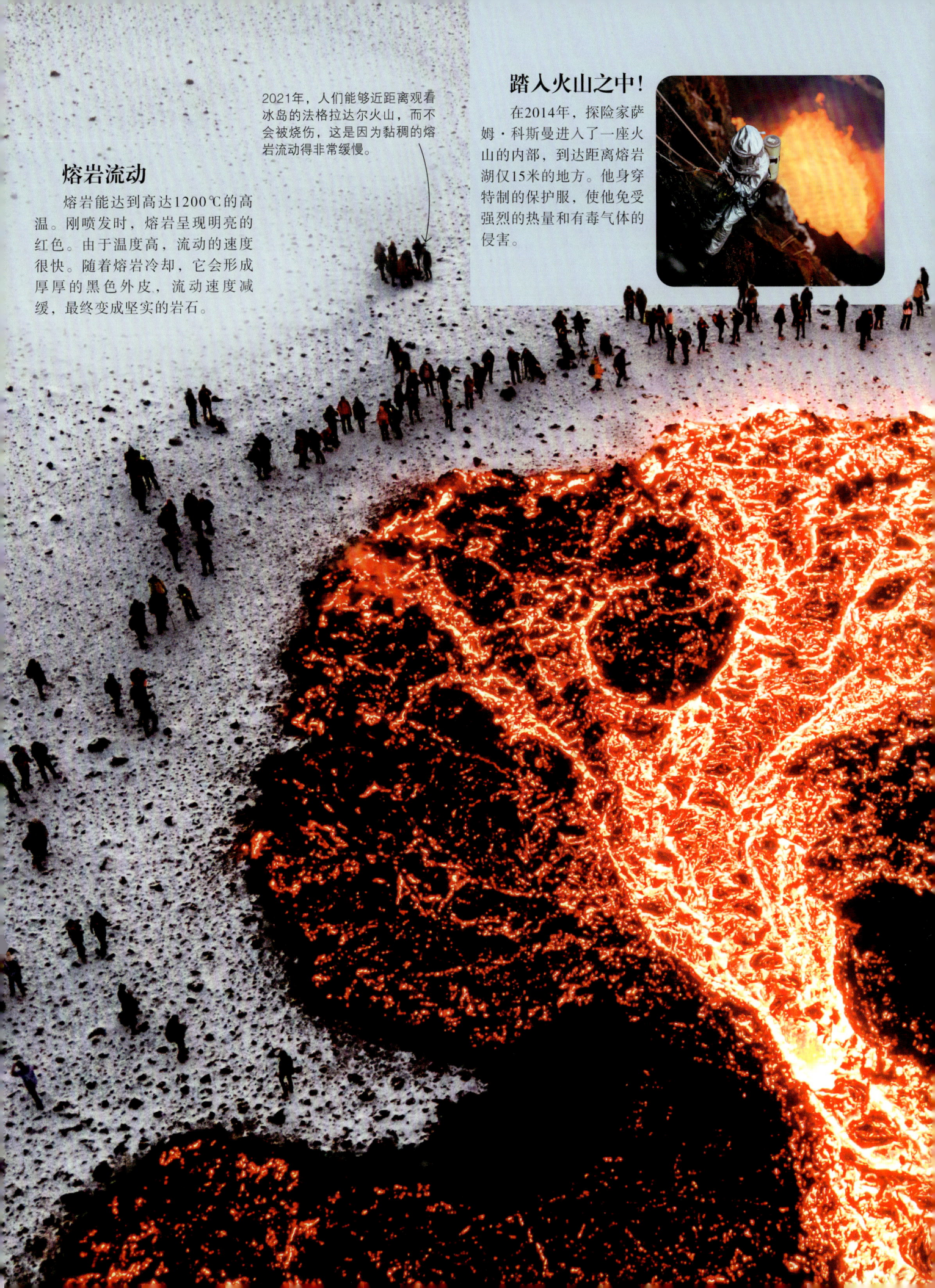

熔岩能达到高达1200℃的高温。刚喷发时，熔岩呈现明亮的红色。由于温度高，流动的速度很快。随着熔岩冷却，它会形成厚厚的黑色外皮，流动速度减缓，最终变成坚实的岩石。

2021年，人们能够近距离观看冰岛的法格拉达尔火山，而不会被烧伤，这是因为黏稠的熔岩流动得非常缓慢。

踏入火山之中！

在2014年，探险家萨姆·科斯曼进入了一座火山的内部，到达距离熔岩湖仅15米的地方。他身穿特制的保护服，使他免受强烈的热量和有毒气体的侵害。

珍妮·克里普纳博士是一位火山学家，着重研究火山喷发现象。她目前正在新西兰的瑙鲁霍伊火山上进行研究。

采访
火山学家

问：成为一名火山学家，你的感觉如何？

答：研究火山是非常令人兴奋的，但是有时也会面临挑战。我们就像侦探，寻找线索来揭示全球各地火山的过去、现在甚至未来的活动规律。

问：你是否有机会观看火山？

答：有的！实地考察对于了解每座火山的特点非常重要，这也是我最喜欢的工作。为了研究一次喷发事件，我会收集样品并且进行观察，例如观察熔岩流。

问：你能预测火山喷发吗？

答：即将喷发的火山会释放气体并且引发微弱的地震，还可能会导致地表略微上升，改变火山周围泉水的化学成分，或使地表变热。如果我们使用正确的监测工具和手段，就可以观察到这些现象。

问：你是如何确定一座火山是不是死火山的？

答：通过采样检验，我们能确定火山上次喷发的时间。如果它已经大约一百万年没有喷发，那么它就不太可能再次喷发了。我们还可以观察该地区的地质情况，特别是地壳下的岩浆库与地表的距离和状态，来判断火山是否已经死了。

问：你了解到的最有趣的事情是什么？

答：那就是火山喷发会产生闪电！即使是小规模的喷发，闪电也是常见的现象，大规模的喷发更是能在火山灰柱中产生数千次闪电。

问：你离火山喷发有多近？那是什么感觉？

答：我曾经在日本的樱岛火山目睹了它小规模喷发的情景。看见灰色的火山灰柱冉冉升起真是太令人激动了！亲眼看见地球这颗非常活跃的星球上自然力量的运作，使人感到美妙而震撼。

埃特纳火山

意大利的埃特纳火山是世界上最活跃的火山之一。它几乎持续喷发了数千年，还不时有巨大的爆发。图中这次壮观的爆发发生在2015年，一根巨大的烟柱和大量火山灰冲上了8000米高空。

致命的灾难

1995年，日本神户市发生了一场致命的地震，有6400人丧生，4万人受伤。城市的大部分建筑被摧毁，包括数千栋住宅和阪神的一段高速公路。

断层的类型

构造板块之间的边界被称为断层线。大多数地震都发生在两板块向不同的方向移动的断层线上。

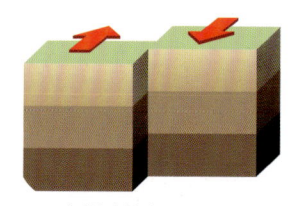

走滑断层
两板块以相反的方向水平滑动。

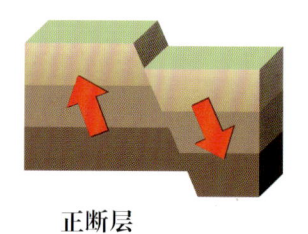

正断层
两板块分离，其中一块以一定的倾角向下滑动。

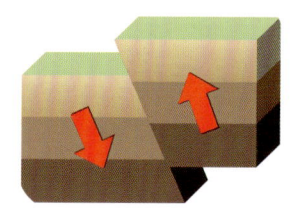

逆断层
两板块互相挤压，其中一块被向上顶起。

大约80%的浅源地震发生在环太平洋的火山地震带上。

不稳定的地球

每年大约有100次强度足以造成重大破坏的地震。

当地球表面的构造板块相互碰撞时，能量在挤压下积聚，最终突然释放，引发地震。地球上每天都有成千上万次地震，其中大多数地震的强度都非常小，小到人类感觉不到，但是强烈的地震可能会带来灾难性的后果。

海啸警告

下图中的巨大的海浪是发生在日本海岸的一次海啸，它是由海底地震引起的。这次海啸产生的波浪从地震发生地开始，经远距离传播后，以高达每小时805千米的速度冲击沿海地区。

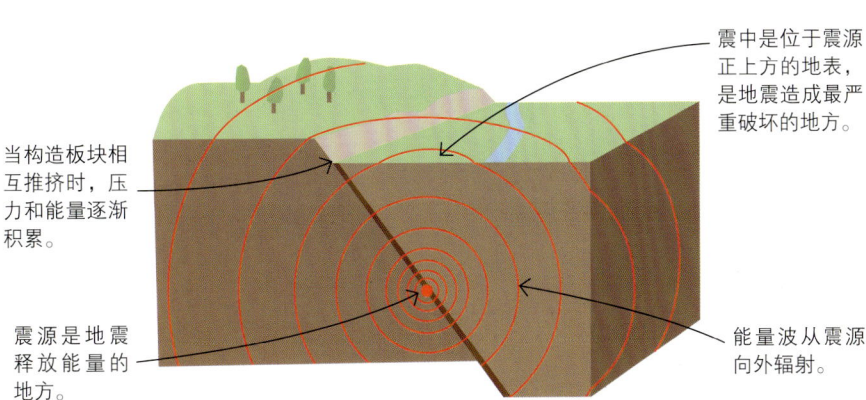

在126层，这块悬挂着的重物在地震和强风期间摆动，用以减小建筑物的摆动。

弹性建筑

在断层线附近的地区，建筑物可以通过工程设计来抵御强风和地震。中国的上海中心大厦是世界上最高的建筑之一，它采用了柔性材料，能随地震晃动，从而保护整体结构。它还在高层安装了有减震功能的阻尼器。

地震是如何发生的

当构造板块相互推挤或相互滑动时，它们之间的压力逐渐增加，直到板块发生位移。此时，爆发的能量以波动的形式从震源传播到地表的震中。震中位置的地震强度最大。

震中是位于震源正上方的地表，是地震造成最严重破坏的地方。

当构造板块相互推挤时，压力和能量逐渐积累。

震源是地震释放能量的地方。

能量波从震源向外辐射。

月球上也会发生地震，但是被称为"月震"！

地球 73

狂野的天气

天气是指特定时间和特定地点的大气状态。大气状态在不断地变化，给我们带来了阳光、雨水、诡异的龙卷风、环绕地球的风，以及在地表上空盘旋的云。

云的类型

云是由微小的冰或水滴构成的。我们将云按照形状、大小和高度进行分类。积雨云的云体庞大高耸，它是能带来暴风雨的云。

精灵闪电！

许多暴风雨会带来闪电，但是有些暴风雨还会带来更为罕见的现象：精灵闪电。就像闪电一样，精灵闪电也是短暂的放电，但是它们呈红色，并且出现在大气层高处。这种现象很微弱，所以只有在没有光污染的夜晚才能被看到。

龙卷风

龙卷风是在风暴云中形成的旋转空气柱，是地球上速度最快的风！强烈的龙卷风能连根拔起树木，撕裂建筑物，并且将汽车卷到空中。龙卷风在北美最为常见，尤其是在中西部地区的一条被称为"龙卷风走廊"的狭长地带上。

流动的空气

地球的天气是由大气环流引起的。太阳光使有些地区的温度比其他地区高。暖空气上升，而旁边的冷空气迅速涌来以取而代之，从而产生了风，带来不同的天气状态。

从太空中能看见云在地球的上空移动。

极端天气

任何类型的天气现象，如果异常剧烈的话，都可能对人类和环境产生危害。例如，强风会带来暴风雨，引发洪水；过多的阳光导致致命的干旱和热浪。

地球 75

2001年，印度的喀拉拉邦下起了血红色的雨。其颜色是雨水中微小的藻类造成的！

冰雹是由冻结的水滴一层一层地构成的，就像一个冰洋葱。

冰雹

当水滴被风带到高层大气中时，可能会形成冰雹。最重的冰雹记录于1986年孟加拉国戈帕尔甘杰，每颗重达1.02千克！

一条旋转的空气柱从云中延伸至地面。

很细的龙卷风被称为"绳索龙卷风"，但是它们可能比大型龙卷风更加强烈。

龙卷风的力量能摧毁它的路径上的一切。

气团

气团是大气中具有均匀的温度和湿度的一团空气。有些气团非常庞大，能覆盖整个国家甚至更大的范围。它们随着风移动，并且影响所到之处的天气。当多个气团相遇时，它们之间的交界面被称为"锋面"。

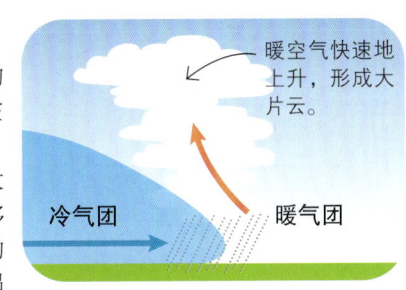

暖空气快速地上升，形成大片云。

冷气团　暖气团

冷锋

冷锋是冷气团主动向暖气团移动时形成的锋面。这时天气变冷，出现大片的积雨云。

暖空气缓慢地上升，形成薄云。

暖气团　冷气团

暖锋

暖锋是暖气团主动向冷气团移动时形成的锋面，会带来温暖的天气，通常伴有轻微降雨。

龙卷风内部的风速可能会超过每小时480千米！

奇怪的雨

偶尔会有报道称一些不同于水的物体从天空中落下,其中一些奇怪的物体可能是被风吹来的,但是没有人确切地知道。

小银鱼雨
每年五月或六月,洪都拉斯的约罗市都会经历带来大雨和小银鱼的风暴。

小青蛙雨
2005年6月,在强风中,塞尔维亚的奥扎齐小镇上空落下成千上万只青蛙。

章鱼、海星和明虾雨
2018年6月,中国青岛的一场巨大风暴带来了巨大的冰雹和各种海鲜。

高尔夫球雨
在1969年的一个下雨的夜晚,美国佛罗里达州的天空落下了大量高尔夫球。

肉块雨
1876年,天空中落下了肉块,被称为"肯塔基肉雨"。这些肉块可能是由飞过的秃鹰丢弃的。

最高和最低气温

世界上最高气温的可靠记录是2021年7月9日在美国加利福尼亚州死亡谷的炉溪测到的54.4℃。世界上最低记录的温度是1983年7月21日在位于南极洲的东方站,气温降到了惊人的-89.2℃!

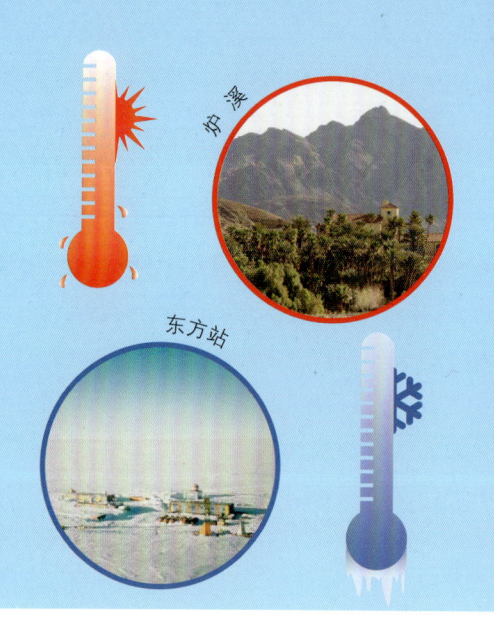

炉溪

东方站

天　气

地球是一颗拥有极为强烈的(有时甚至是奇异的)天气的星球。这里是一些出现在天气预报中狂野的天气,包括旋转的热带风暴和毁灭性的森林大火。

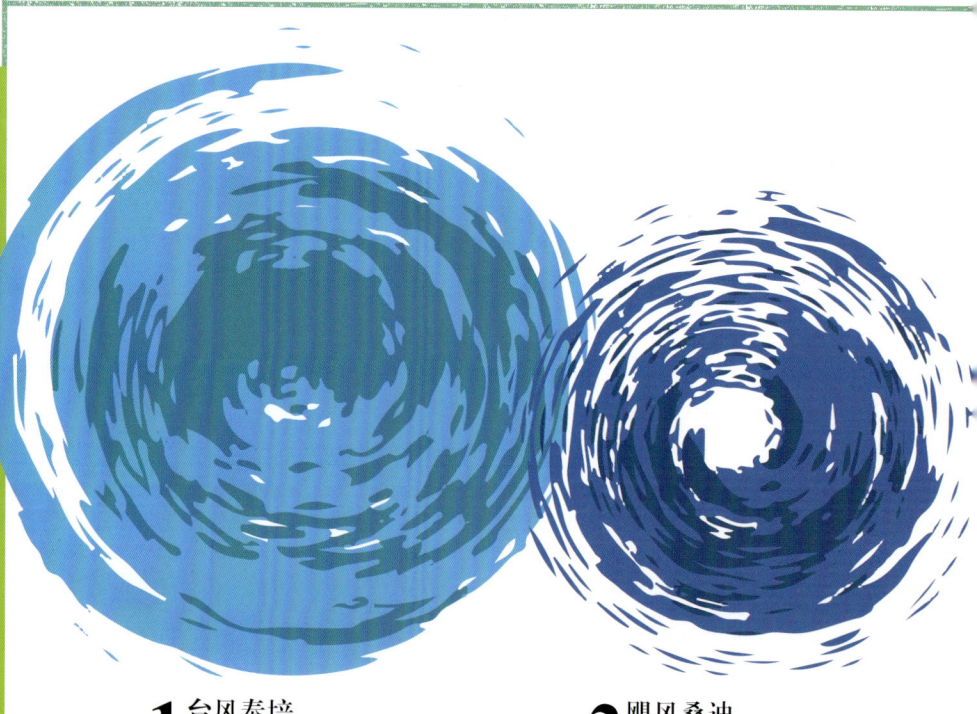

快如闪电

闪电的速度约为每小时435000千米。委内瑞拉的马拉开波湖一晚发生多达4万次闪电,是地球上全年平均闪电次数最多的地方。那里每年有140—160个夜晚会发生大规模雷暴。

1 台风泰培
东亚,1979年,直径2220千米

2 飓风桑迪
北美和加勒比地区,2012年,直径1610千米

不寻常的云

并不是所有的云都是白色的和蓬松的。右侧的这些天空中奇怪的、有时带有色彩的云型是一些最稀有的云。

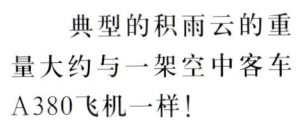

典型的积雨云的重量大约与一架空中客车A380飞机一样！

贝母云
与大多数云不同，这种罕见的云型形成于平流层中。它们由微小的冰粒构成，因此呈现彩虹色。

乳状云
这些一颗颗球形的云通常形成于不稳定的积雨云中，因此它们经常带来大雨、冰雹和闪电。

开尔文-亥姆霍兹波
当云层上方的风速比云层的移动速度快时，风可能会带动云层的顶部，形成波浪状的云型。

云洞
当一架飞机穿过云层时，云层中的水滴突然结冰下落，形成空洞。

风速最大的地方

南极洲是世界上最多风和风力最大的大陆。最强烈的风被称为"下降风"，它们从大陆刮向海岸，沿途下坡而行。有史以来记录到的最快的风速是1972年迪蒙·迪维尔站的风，风速达到了每小时327千米！

热带风暴

热带风暴是旋转的、强烈的暴雨风暴。飓风、台风和气旋都指的是热带风暴，但是它们在世界各地有不同的名称。以下是历史上直径最大的5个热带风暴。

3 飓风伊戈尔
北美和加勒比地区，2010年，直径1480千米

4 飓风奥尔加
巴哈马，2019年，直径1390千米

5 飓风丽丽
北美和加勒比地区，1996年，直径1295千米

森林大火

森林大火发生在干燥和容易干旱的地区。由于气候变化，森林大火越来越频繁地发生。以下是覆盖面积最大的5次森林大火。

1 西伯利亚针叶林火灾
俄罗斯，2003年
约230000平方千米

2 澳大利亚丛林大火
澳大利亚，2019年/2020年
约170000平方千米

3 西北地区火灾
加拿大，2014年
约34000平方千米

4 阿拉斯加火灾季节
美国，2004年
约27000平方千米

5 黑色星期五丛林大火
澳大利亚，1939年
约20000平方千米

克里斯·赖特是美国印第安纳州WTTV电视台的首席气象学家。他每天向电视观众播报3次天气预报。

采访
气象学家

问：天气预报有多准确？
答：5天预报有大约90%的准确率，7天预报有80%的准确率，但是10天预报大约只有50%准确率！

问：你们使用什么技术？
答：我们使用各种仪器收集观测数据，包括雷达、气象气球、卫星和气象浮标。收集到的数据被输入在超级计算机上运行的预测模型中。这些模型利用过去的天气数据和新的天气数据，通过数学方程演算，来推算天气预报。

问：当你不上电视的时候，你的工作是什么？
答：首先，我与新闻编辑部的工作人员会面，讨论即将播放的新闻节目。然后，我会仔细分析天气数据，准备天气预报的内容。之后，我会使用计算机程序创建天气图像。一旦准备好这些，我就随时可以上电视了！

问：你曾经报道过极端天气事件吗？
答：是的。我有一次报道热带风暴的登陆。它的风力非常强大，雨水落在我身上的感觉就像被石头砸中一样！

问：你报道过的最恐怖的天气事件是什么？
答：在2004年，一场龙卷风暴导致印第安纳州出现了24个龙卷风，其中一个落在距离印第安纳波利斯赛车场仅16千米的地方，而当时有25万人正在观看比赛，因此有可能导致一场灾难性的悲剧。

问：自你开始从事这个行业以来，它有什么变化吗？
答：技术的进步使天气预报变得更加详细和准确。当我开始预测天气的时候，大约是40年前，我们只能预测3天的天气。气象学家现在能够更好地预测天气趋势了。

超级单体

这团巨大的旋转风暴云被称为超级单体。超级单体是最大、最强烈的风暴，能够带来最猛烈的天气现象，例如暴雨、巨大的冰雹，甚至破坏性龙卷风。它们通常出现在北美中部地区，温暖潮湿的赤道气流与从落基山脉下来的寒冷干燥的气流相遇，就有可能产生这种极端天气。

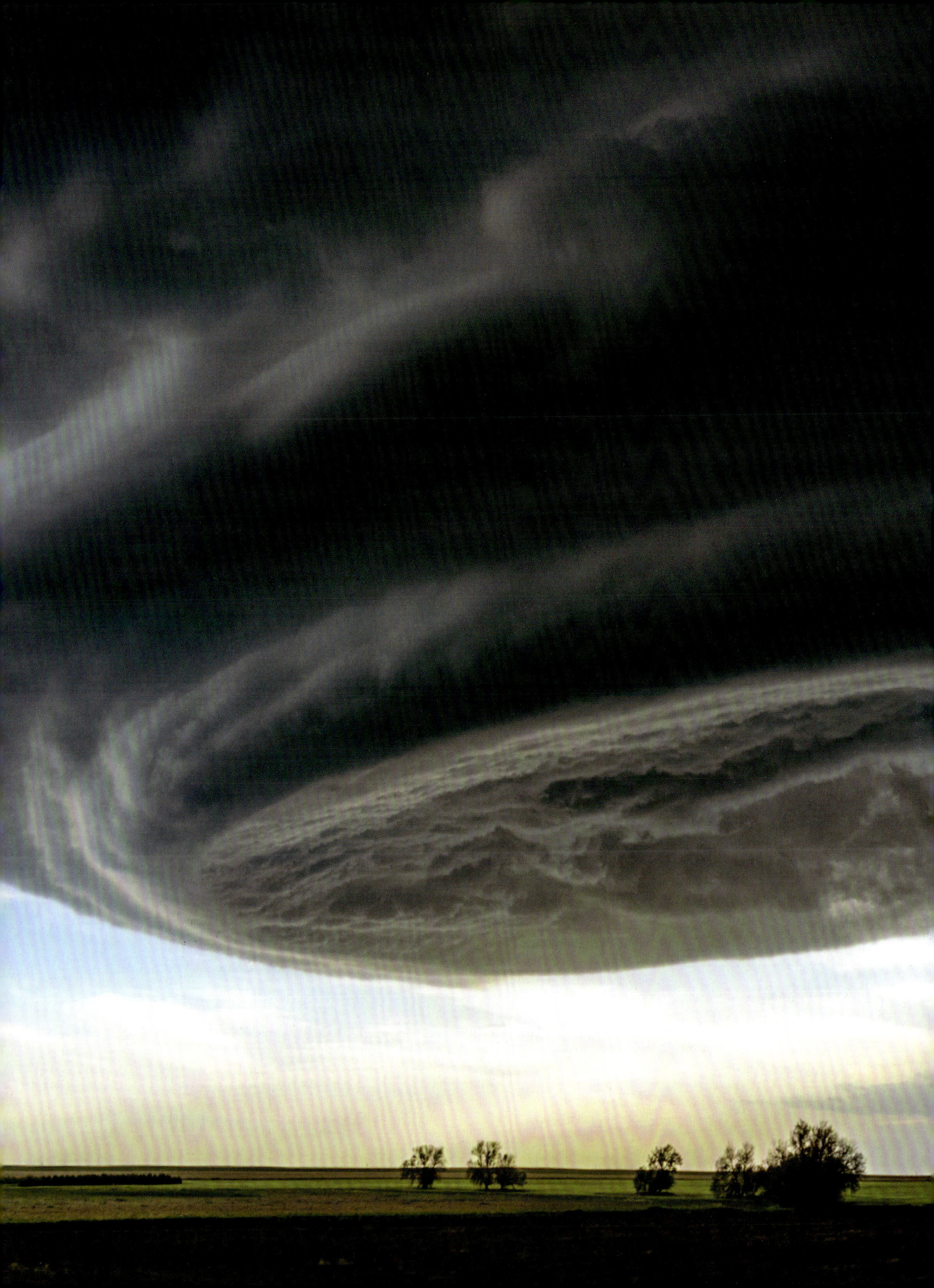

雄伟的山

地球上大多数高山都是由数千万年前地壳板块相互碰撞而形成的。有些山仍在继续增高，而有些则因缓慢地被风化侵蚀而变矮。如今，大约20%的地球陆地面积是山区。

令人晕眩的高度

苏格兰的本尼维斯山是英国最高的山，海拔1343米。它曾经是一座活火山，但是在大约4.1亿年前向内部坍塌。如今，每年有超过15万人试图攀登本尼维斯山。

一位登山者在通往山顶的一条路线上攀爬。

为了登山者的安全，有一根安全绳被固定在岩壁上，供登山者搭扣用。

冰雪的覆盖使得攀登变得格外具有挑战性。

山是如何形成的

当两块构造板块相互挤压时，会形成山。当岩浆从地壳下向上推时，也会形成山。火山喷发也能形成山。

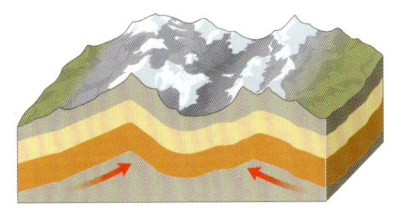

褶皱山
这是最常见的山体类型。当构造板块相互碰撞时，地壳被向上推动，从而形成褶皱山。

应变导致地壳产生裂缝。

断层山
构造板块内部和板块之间的应力使地表产生裂缝，将岩石块上下推动。

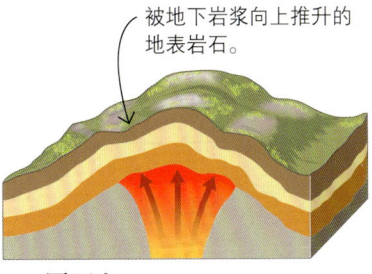

被地下岩浆向上推升的地表岩石。

圆顶山
岩浆从地幔上升，推动岩石地壳向上隆起，形成圆顶山。

1951年，在珠穆朗玛峰上发现了一个33厘米长的巨大脚印，据说是神秘的雪人的脚印！

夏威夷的冒纳凯阿火山从位于海床的山脚到水面上的山顶的高差是10211米，比珠穆朗玛峰还要高！

水下

珠穆朗玛峰　　冒纳凯阿火山

雪崩

有些山峰非常高，非常寒冷，常年被雪覆盖着。当一大块雪松动时，就会沿着山坡滑下，沿途加速并且带动更多的雪呼啸而下，几乎能摧毁路径上的一切。

雪崩的速度能达到每小时320千米。

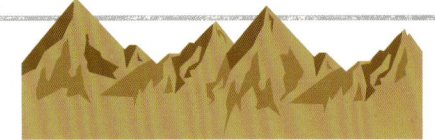

最高峰

全球前5座最高的山峰都位于亚洲，是由于印度板块和欧亚板块在4000万到5000万年前碰撞而形成的。

1　珠穆朗玛峰 8848.86米
2　乔戈里峰 8611米
3　干城章嘉峰 8586米
4　洛子峰 8516米
5　马卡鲁峰 8485米

珠穆朗玛峰仍在增高，每年大约增高5毫米！

地球上最长的山脉位于海底深处。洋脊（上图中显示为红色）长达65000千米，是陆地上最长的安第斯山脉的9倍。

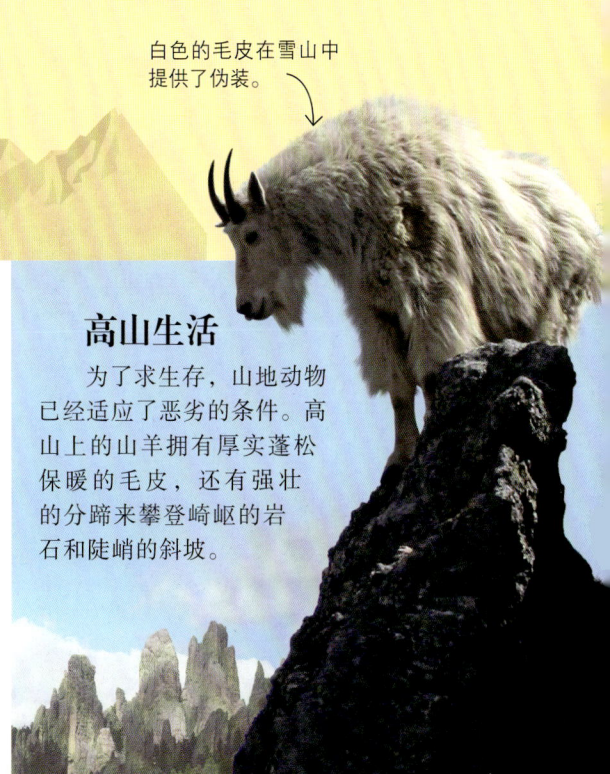

白色的毛皮在雪山中提供了伪装。

高山生活

为了求生存，山地动物已经适应了恶劣的条件。高山上的山羊拥有厚实蓬松保暖的毛皮，还有强壮的分蹄来攀登崎岖的岩石和陡峭的斜坡。

荒凉壮美的荒漠

荒漠占据了地球陆地面积的五分之一。尽管我们通常将荒漠等同于沙漠，也就是完全被沙子所覆盖的区域，但是荒漠也包括一些多岩石的、土质的、多山的或极冷的区域。荒漠的定义是每年降水量少于25厘米的地区。

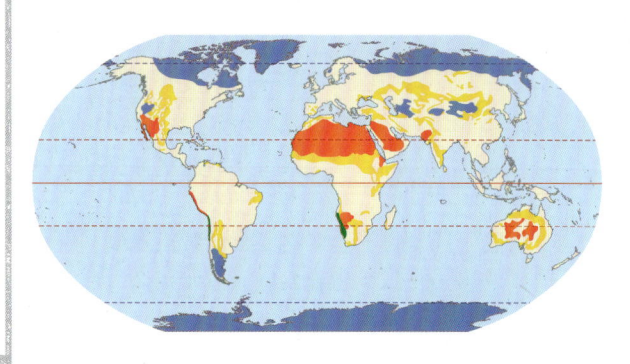

■ 炎热的荒漠　　■ 寒冷的荒漠
■ 沿海荒漠　　　■ 半干旱荒漠

荒漠在哪里？

炎热干燥的荒漠，例如撒哈拉沙漠，分布在热带地区附近；而寒冷的荒漠则分布在极地地区以及中亚和东亚地区。

地球上最炎热的地方是位于美国莫哈维沙漠的死亡谷！

荒漠的类型

大约20%的荒漠是被沙子覆盖的区域。它们经常遭受极高或极低的温度。

寒冷的荒漠
南极和北极地区的荒漠有着非常寒冷的气候，温度非常低，几乎没有植被生长。

炎热的荒漠
在热带地区，荒漠全年都很炎热，但是夜晚温度会骤降。这些地区几乎没有降雨，气候非常干燥。

半干旱荒漠
这种荒漠比炎热的荒漠凉爽，夏季漫长而且干燥，但冬季则较为多雨。

沿海荒漠
靠近海洋的荒漠几乎没有降雨，但是常常被雾气笼罩，因此相对潮湿。

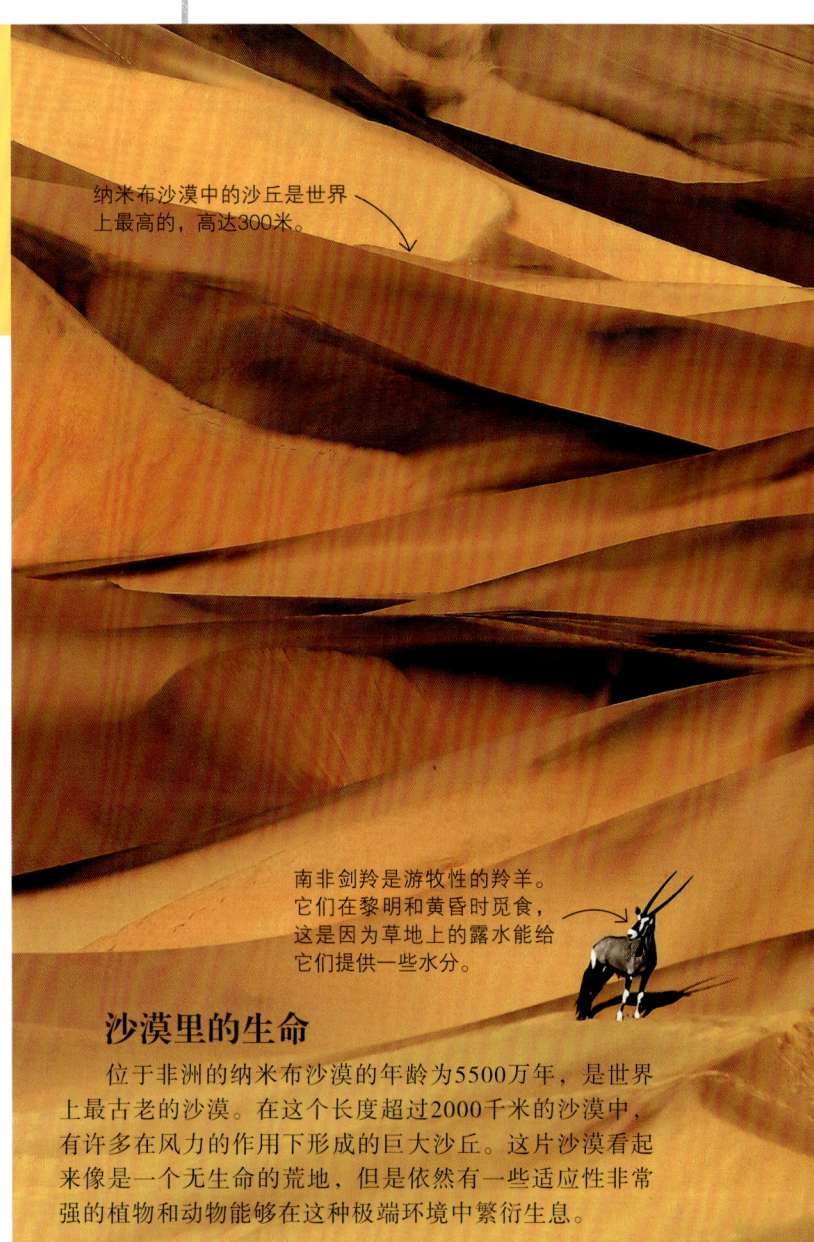

纳米布沙漠中的沙丘是世界上最高的，高达300米。

南非剑羚是游牧性的羚羊。它们在黎明和黄昏时觅食，这是因为草地上的露水能给它们提供一些水分。

沙漠里的生命

位于非洲的纳米布沙漠的年龄为5500万年，是世界上最古老的沙漠。在这个长度超过2000千米的沙漠中，有许多在风力的作用下形成的巨大沙丘。这片沙漠看起来像是一个无生命的荒地，但是依然有一些适应性非常强的植物和动物能够在这种极端环境中繁衍生息。

风每年从撒哈拉沙漠吹走大约9000万吨沙尘！

沙尘暴

在沙漠地区，强风能将沙尘卷起，形成速度高达每小时97千米的沙尘暴。沙尘暴能携带数吨微小的沙尘颗粒，飘散到遥远的地方，并且覆盖那里的一切。

存水者

在北美洲的索诺兰沙漠中，巨人柱已经适应了长时间没有水源的生存方式。它们在坚实的茎干中储存水，还能膨胀茎干以扩大容量。茎干的外表覆盖着由叶子特化成的尖锐的刺，以减少水分的蒸发。

吉拉啄木鸟在巨人柱上挖巢穴，来抚养它们的雏鸟。

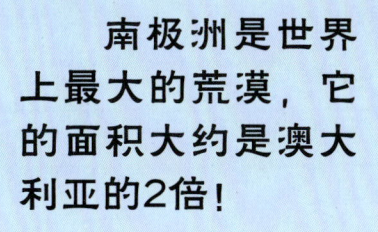

南极洲是世界上最大的荒漠，它的面积大约是澳大利亚的2倍！

雨影荒漠

靠近海岸的山可能会产生雨影荒漠。海洋中的水蒸发形成云雨，但是被山挡在靠海的一侧，而另一侧只有凉爽干燥的空气，因此常年无雨，从而形成荒漠。

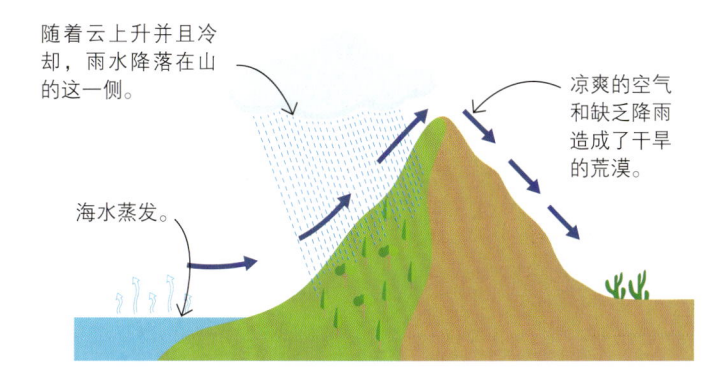

随着云上升并且冷却，雨水降落在山的这一侧。

凉爽的空气和缺乏降雨造成了干旱的荒漠。

海水蒸发。

84　地球

褐喉树懒高高地悬挂在雨林树冠处的树枝上。

亚马孙雨林

亚马孙雨林横跨南美洲的8个国家，是世界上最大的雨林。在地球上所有已知植物和动物物种中，至少有10%在亚马孙雨林中栖息。在这个神奇的地方，平均每两天就有一种新物种被发现！

美妙的森林

地球上大约有3万亿棵树木！

　　树木是地球上最大的植物，也是陆地上超过四分之三的动物的家园。树木通过光合作用吸收大气中的二氧化碳，改善空气质量，在人类应对气候变化的努力中发挥着至关重要的作用。然而，森林正在逐渐消失，每年有难以计数的树木被砍伐。

森林的类型

森林主要被分为3种类型。茂密而物种丰富的热带雨林靠近赤道，针叶林生长在接近北极的寒冷地区，而温带森林遍布气候温和而且四季分明的区域。

最高的树木形成了露生层。

热带雨林
这种温暖潮湿的森林有4个明显的层次，每层的水分和光照度各不相同。

针叶林
这种寒冷干燥的森林中生长着针叶树，例如云杉、松树和冷杉，它们具有结实的针状叶子。

温带森林
这种森林中的大多数树木具有宽阔、扁平的叶子，它们在秋季落叶并且在春季重新长出新叶。

木质广域网

森林的地下有一种真菌结成的网络，被称为"木质广域网"，估计已有近5亿年的历史。许多科学家相信，树木利用这个网络共享资源，例如水和营养物质。树木甚至可能利用它进行交流，例如发出害虫袭击的警报等。

一滴雨水从雨林树冠到达森林地面需要大约10分钟的时间！

寒冷的森林

全世界的树木几乎有四分之一生长在针叶林中。针叶林主要由松树等针叶树构成。它们适应了全年寒冷的气候，细长的锥形树形有助于它们摆脱可能会压断树枝的大雪，同时使它们尽可能地捕捉和吸收更多的阳光。

森林守护者

许多原住民社区依赖雨林维持生存，并且长期以来一直在保护雨林免受滥伐。右图中这位男孩是巴西的帕伊特-苏鲁伊人。这些原住民保护和监控着亚马孙的248147公顷雨林。

种植树木是帕伊特-苏鲁伊人保护雨林的方式之一。

地球上每分钟都有相当于27个足球场面积的森林被破坏。

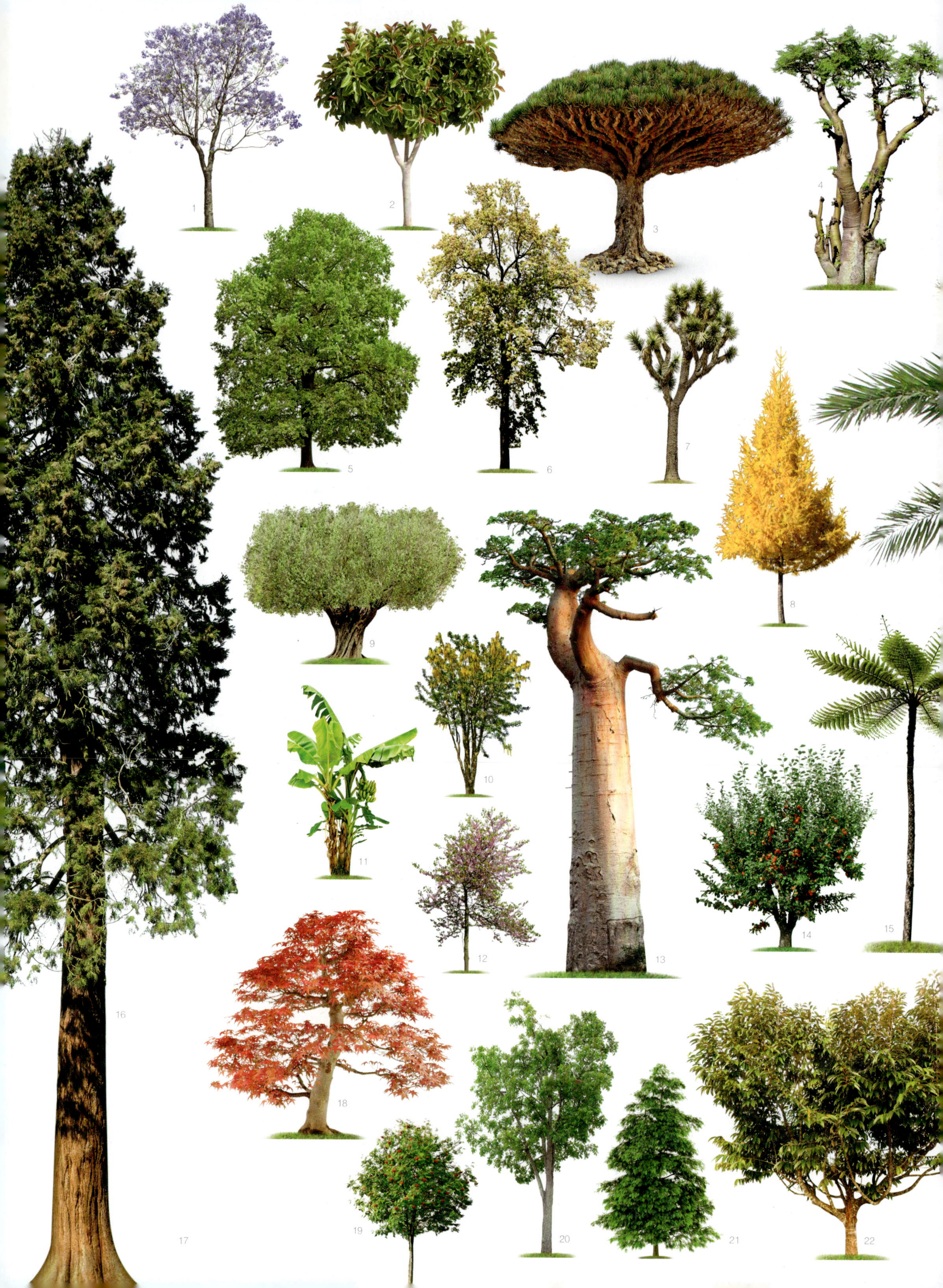
1
2
3
4
5
6
7
8
9
10
11
12
13
14
15
16
17
18
19
20
21
22

看图识别 树木

你是一名初露头角的植物学家吗？你能分辨橡树和榆树，还有枫树和山毛榉吗？试着在不看下面的答案的情况下识别这些树木。你能找出其中的异类吗？

1 蓝花楹
2 橡胶树
3 索科龙血树
4 辣木
5 橡树
6 娑罗树
7 约书亚树
8 北美落叶松
9 橄榄树
10 毒豆树
11 香蕉树
12 南欧紫荆
13 猴面包树
14 苹果树
15 树蕨
16 巨杉
17 刺柏
18 枫树
19 花楸树
20 桃花心木
21 臭椿
22 榴莲树
23 松树
24 海枣树
25 柳树
26 红树
27 冷杉
28 樱花树
29 猴谜树
30 山毛榉

答案是"11 香蕉树"。这种巨大植物的茎干上并不是木质的，因此被归类为草本植物，不是树木。

变化的原因

燃烧化石燃料（煤炭、石油和天然气）来获取能源会增加大气中二氧化碳这种温室气体的含量。这是工业时代以来气候变化的主要原因之一。使用风能和太阳能等可再生能源有助于减少温室气体的排放。

气候紧急情况

人类的活动引起了地球气候的巨大变化。气温上升会导致更多的极端天气，包括风暴、热浪，还会导致海平面上升。为了减缓气候变化，我们必须减少温室气体的排放。

气候影响

在过去150年里，地球的平均气温上升了1.1℃。气温上升在世界各地引发连锁反应。

冰盖融化
冰盖正在融化，导致海平面上升。冰是白色的，能反射太阳光线，但是随着它的融化，反射的热量减少，海水变得更暖。

栖息地的破坏
随着地球变暖，动物栖息地正在发生变化并且被破坏。许多物种面临灭绝的危险。

极端天气
全球气温上升导致更多极端和不可预测的天气，包括热浪、干旱、飓风和洪水。

海洋损害
过量的二氧化碳溶解到海洋中，使海洋变得更具酸性，从而对海洋生物产生毁灭性的影响。

生活被毁
极端天气影响粮食和水的供应，将威胁到人们的基本生存环境，可能迫使人们背井离乡。

野火加剧

破纪录的高温和极端干旱正在引起大范围野火。2019年—2020年，澳大利亚的丛林大火摧毁了近3000所房屋，并且导致近30亿只动物死亡或流离失所。从太空中可以观察到烟雾笼罩当地。

自1980年以来，与气候相关的灾害的发生次数增加了一倍多。

消防员用水扑灭猛烈而迅速蔓延的大火。

温室效应

地球大气中的某些气体有助于捕获太阳的热量。如果没有这种温室效应，地球就会因太冷而无法存在生命。但是人类活动使这些气体的含量上升，捕获了太多的热量，导致全球平均气温上升。

来自太阳的热量传向地球。

部分热量被大气反射回太空。

部分热量被地球表面反射。

大气中的温室气体会吸收部分热量，使地球表面变暖。

大气层

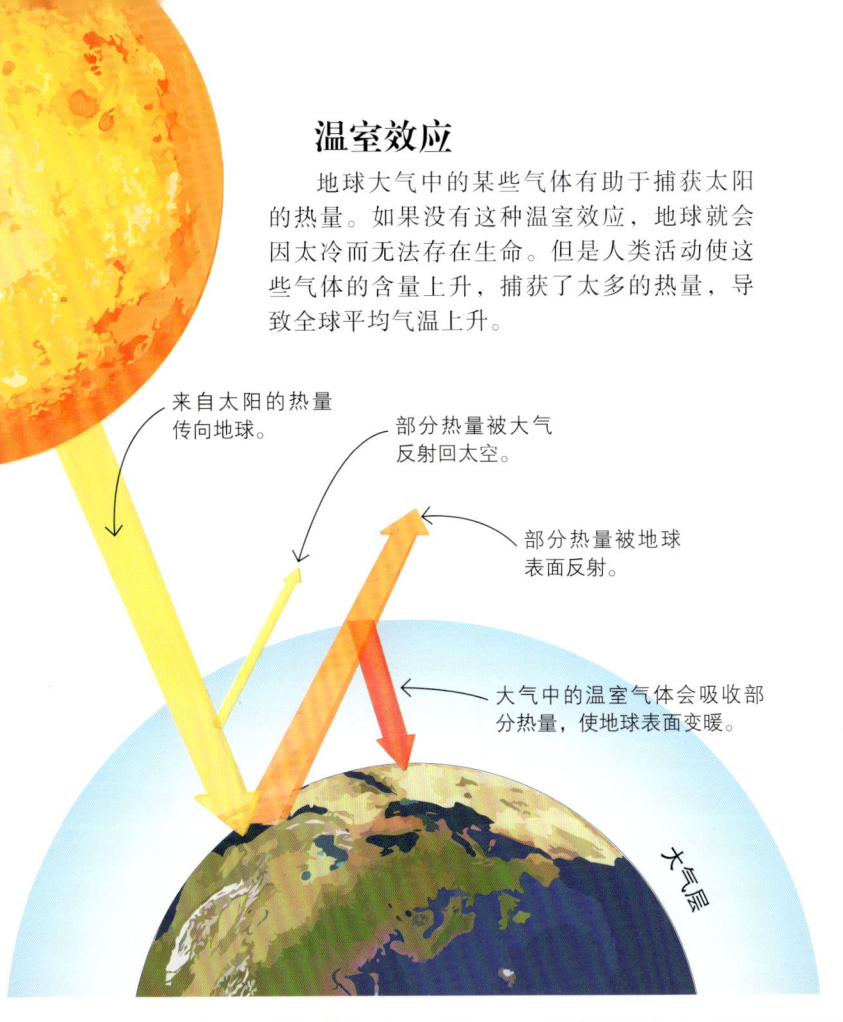

树木能吸收和储存二氧化碳。全球气候变暖的10%是由于森林被损坏而造成的。

拯救地球

我们大家都可以通过减少购买一次性物品、增加再利用和回收来减缓气候变暖。然而，为了扭转气候变暖，政府和企业必须转向使用可再生的清洁能源，并且更多地植树造林。

桉树非常容易着火。

保护我们的星球

几个世纪以来，人们加剧使用地球的自然资源，同时也破坏了自然栖息地，并且制造了成堆的垃圾。但是我们可以共同努力，在新技术的帮助下保护地球，扭转这种损害。

树 墙！

非洲各地正在种植树木，建造绿色长城，以阻止沙漠的蔓延，并且增加农田面积。按计划，绿色长城将绵延数千千米。

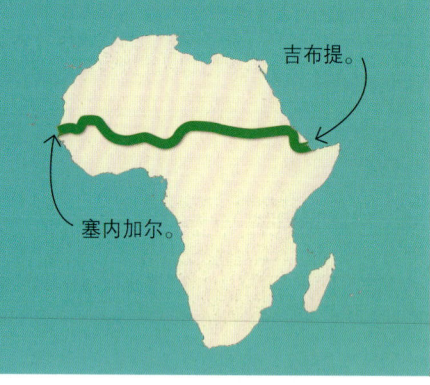

吉布提。

塞内加尔。

捡垃圾

大部分垃圾，特别是塑料垃圾，最终会流入海洋，然后又被冲上岸。现在，塑料出现在海洋食物链的各个层次。捡垃圾是我们力所能及地保护环境的一种方式。

再野化栖息地

再野化是让栖息地恢复到被人类改变之前的状况。这可能意味着让农田恢复自然植被或让河流自由漂淌。随着时间的推移，这会鼓励野生动物回到本属于它们的栖息地。在北美，再野化栖息地已经使狼等物种重新回归。

清理海洋

每年，数亿吨塑料垃圾进入海洋。它们从河流流入，或由捕鱼业产生而被丢弃在海洋中。为了清理海洋垃圾，人们开发了一种捕获和回收海洋垃圾的方法。

拦 截
两艘船拖着一条长长的U形屏障网漂浮在海面上，拦截漂浮的塑料。

收 集
当屏障网装满时，里面的塑料就会被围捕，然后被吊到船上进行分类。

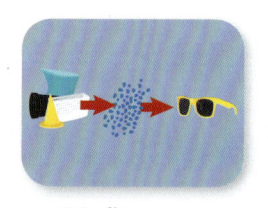

回 收
塑料被运上岸，然后被再次加工，用来制造太阳镜等产品。

恢复珊瑚礁

珊瑚礁面临海洋变暖、酸化、过度捕捞和污染的威胁，正在成片地死去。为了扭转珊瑚礁衰退的趋势，科学家在印度尼西亚巴厘岛附近建造了供珊瑚生长的生态石。这些生态石是人工结构，并用通电的方法，例如让电流流过自行车的金属框架，来使海水中的矿物质粘附在上面，以帮助重建珊瑚礁。

环保人士将现有珊瑚礁上脱落的活珊瑚碎片附着在新珊瑚礁上。

瓢虫等昆虫更多地被用来保护农作物！

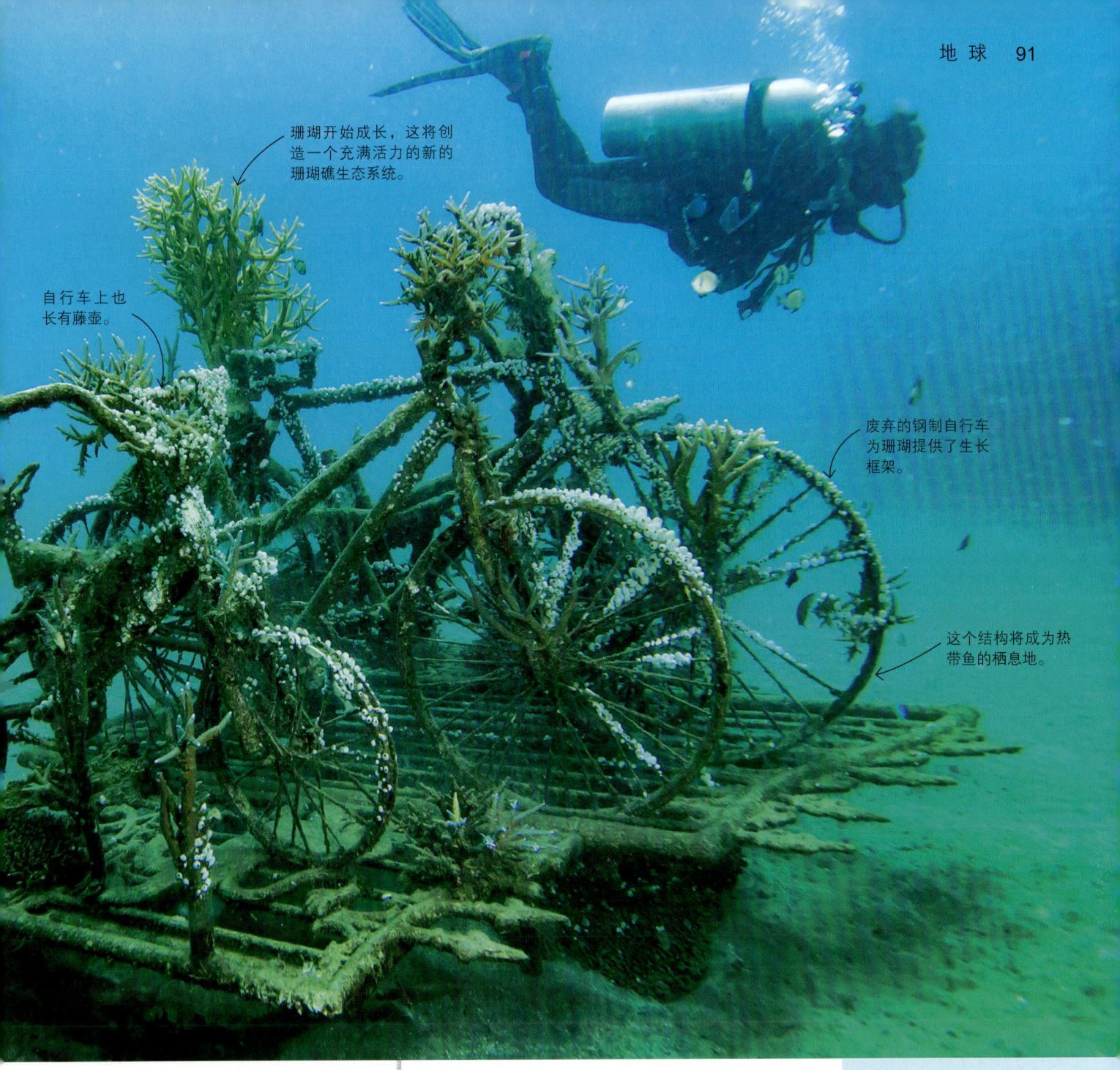

地球 91

珊瑚开始成长，这将创造一个充满活力的新的珊瑚礁生态系统。

自行车上也长有藤壶。

废弃的钢制自行车为珊瑚提供了生长框架。

这个结构将成为热带鱼的栖息地。

生态替代品

人们正在开发新材料来取代那些对环境有害的材料。例如，可生物降解的植物塑料正在慢慢取代由化石燃料制成的塑料。我们还可以更多地重复利用物品，减少垃圾。

麻布袋可以被多次使用。

竹子可以被回收利用。

可持续能源

风能、太阳能和潮汐能等是比化石燃料能源更环保的替代能源。图中的风树在开阔场地利用风能产生电力，不仅给街道照明，还可以为手机甚至汽车充电。

目前全球仅有约9%的塑料垃圾被回收！

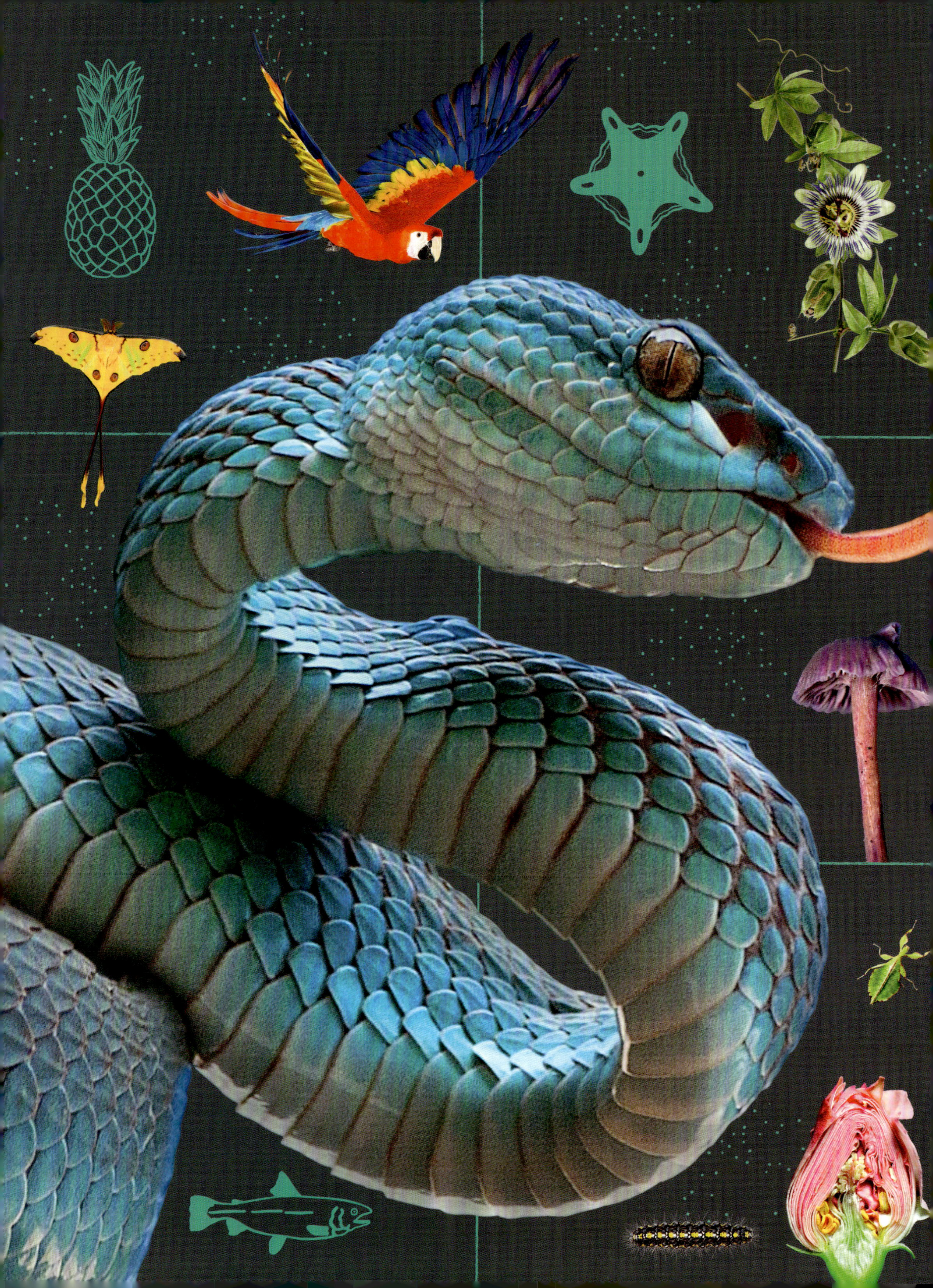

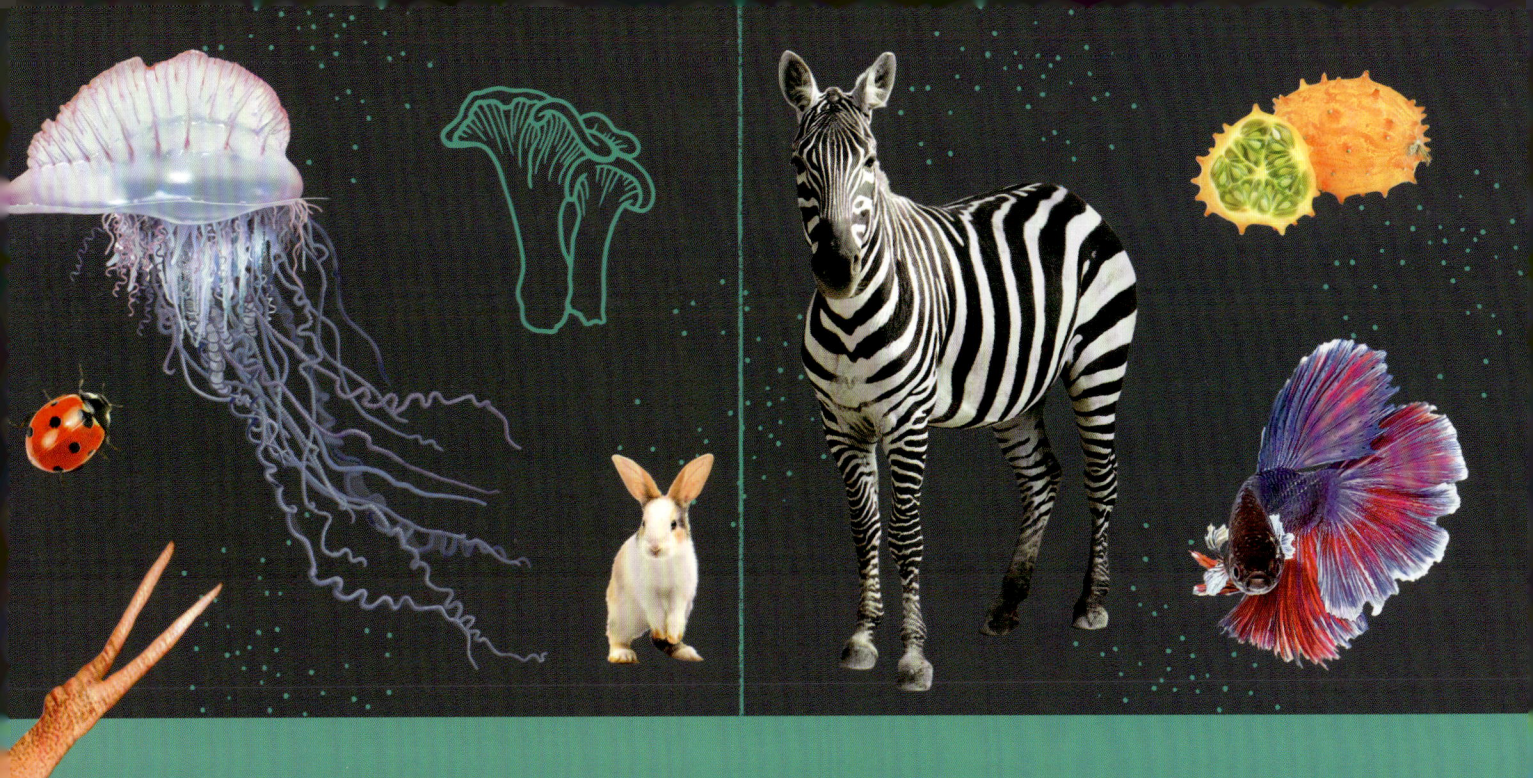

生 命

94　生命

什么是生命？

自从生命在地球上出现以来，它们已经进化出令人震惊的多种多样的形式。如今，地球上的生物种类繁多，有庞大的蓝鲸，也有肉眼看不见的微小细菌，还有繁茂生态系统中其他各种各样的生物。

生物分类

科学家将地球上的所有生物分为7个界，其中3个界的生物是微小的：古细菌界、细菌界和原生动物界。虽然肉眼看不见，但是如果没有它们，其他生物将无法生存。另外4个界的生物大小各异，它们是色藻界、植物界、真菌界和动物界。

古细菌界
这类简单的单细胞生物的栖息地环境恶劣，例如炎热的酸性水域和缺少氧气的沼泽等。

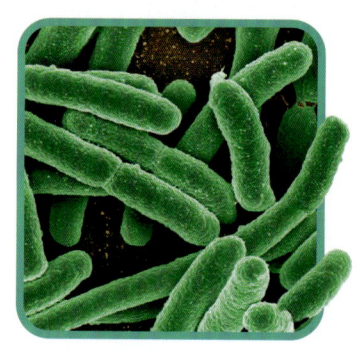

细菌界
细菌存在于所有栖息地中。许多细菌生活在植物和动物身上，但是只有少数细菌会引起疾病。

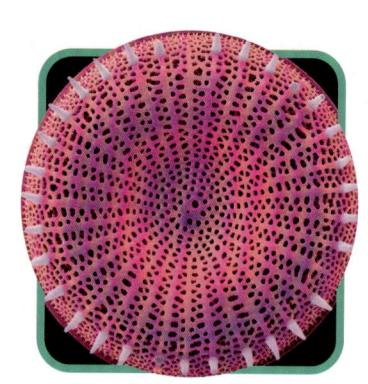

原生动物界
原生动物的细胞比细菌复杂。大多数原生动物像微观动物一样具有运动能力，并且能够摄食。

充满生机

所有生物都有7个特征，使它们有别于非生物。这些特征是运动、呼吸、排泄、吸收营养、应激性、繁殖和生长。右图的珊瑚礁中的所有生物都展示了这些特征。

科学家估计地球上约有870万种生物物种！

运动
所有生物都能动。大多数植物和真菌只在原地活动，但是动物，例如这只毛头星，具有四处移动的能力。

呼吸
鱼类通过呼吸从水中提取氧气。在微观尺度上，细胞通过生物体的呼吸获得食物中的能量。

排泄
所有生物的细胞中都产生代谢废物。将废物排到体外的过程称为排泄。鱼类通过尿液排泄废物。

生命　95

生态系统

任何生命都不能脱离其生存的环境而独自生存。植物、微生物、动物以及其他生命形式共同生活在生态系统中。生态系统也受到地形和气候的影响，例如非洲的稀树草原。

树木和草利用光合作用给自己制造营养物质。

狮子是食肉动物，它们捕食吃植物的斑马和羚羊。

斑马吃草，从中获取营养和能量。

鬣狗是食腐动物，它们以动物的尸体为食。

色藻界
大多数色藻生活在水中，包括微观的硅藻和巨大的海带。它们与植物一样，会利用光合作用给自己制造食物。

植物界
植物由许多细胞构成。大多数植物生长在陆地上，它们都能利用光合作用给自己制造食物。

真菌界
真菌有单细胞的，也有多细胞的，它们通常吸收植物和动物的物质以获得能量和营养。

动物界
几乎所有动物都是多细胞生物。动物具有感官和神经系统，能自由移动和觅食。

吸收营养
所有生物都需要吸收营养才能维持生命。生物能给自己制造营养或从外界获取营养。海洋金鱼吃浮游生物以获取营养。

应激性
所有生物都能感知环境，并且对环境的变化作出反应。正如大多数鱼类有视觉、嗅觉、味觉和听觉，并且对触觉有反应。

繁殖
所有生物都进行繁殖以使自身物种繁衍。雌性鱼类会产卵。雄性鱼类使卵受精后，卵就会孵化成小鱼。

生长
所有生物开始都很小，然后逐渐发育和长大。有些生物能够再生失去的肢体，如毛头星能够再生出多达150只的触腕。

世界上四分之一的生物物种生活在海洋中！

非生物

病毒是微小的有机体，其中一些会引起疾病。但是它们并不被视为生物，这是因为它们缺乏很多生物的特征。它们只能通过侵入活细胞来繁殖。

麻疹病毒。

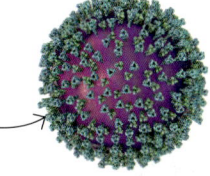

地球上曾经存在过很多生物物种，大部分已经灭绝了！

最初的生命

叠层石是看起来像石头的活化石，是由沉积泥沙被困在层层蓝藻中形成的。它们是35亿年前存在生命的证据。作为第一种能进行光合作用的生命形式，蓝藻给地球的大气添加了氧气，为生物进化创造了条件。

生物的进化

进化论主张物种在多个世代中会逐渐发生变化。自然选择驱动着进化过程，使最能适应环境的生物生存下来，并且将基因传递给下一代。

颜色不同的甲虫
生活在蕨类植物上的甲虫具有多种颜色。

颜色鲜艳的甲虫被吃掉
在蕨类植物上的橙色甲虫最容易被发现，因此最容易被捕食甲虫的动物吃掉。

有绿色伪装的甲虫幸存
有绿色伪装的甲虫存活下来了，并且将基因传给下一代，而橙色甲虫逐渐灭绝了。

真掌鳍鱼
这种鱼具有类似于肢体的肉鳍和用于呼吸空气的肺。它们最初也许是为了逃避被捕食而被迫上岸，但是它们的身体适应了在陆地上生存。

肉鳍中的骨骼变得更强壮。

提塔利克鱼
这种动物是半鱼类半四足类陆地动物，它们能用又大又强壮的鳍行走。

有史以来最大的昆虫是生活在2.5亿年前的巨蜻蜓！

以足球作为参照物。

它的翼展可达71厘米。

早期的生命

生命首次出现在地球上的时间是37亿年前。在接下来的数十亿年中，微小的单细胞生物是地球上唯一的生命形式。然后，在大约5.42亿年前，发生了一次非同寻常的生命大爆发。

潮湿的森林

最早期的简单植物在水中漂浮，大约在5亿年前开始登上陆地。微小的类似苔藓的植物逐渐演化成为树蕨、木贼和苏铁，进而形成高耸繁茂的森林。

鳞木能长到50米高。

化石显示了树皮的鳞状纹理。

生命　97

登 陆

生物最初在水中生活，并且在水中进化，这个过程长达数十亿年。大约在3.9亿年前，有些类似鱼类的动物开始部分时间在陆地上生活。最终，它们进化成了第一批四足动物，也就是今天许多陆地动物的祖先。

鱼石螈

鱼石螈生活在浅水沼泽中，是最早具有4足的脊椎动物之一。它们的脚趾和腿有可能能将身体抬离地面，以便行走。

科学家们不确定鱼石螈有多少根脚趾。

寒武纪生命大爆发

大约在5.42亿年前，地球上生物的多样性显著增加，这一事件被称为寒武纪生命大爆发。那时，海洋中充满了奇形怪状的动物，它们爬行、游动、捕捉漂浮的食物颗粒，并且相互捕食。

- 已知最古老的脊椎动物是皮卡虫。
- 捕食性节肢动物奇虾。
- 游动的节肢动物马尔三叶形虫。
- 有刺的、虫状怪诞虫。
- 能钻洞的软体埃谢栉蚕。

鲎最早出现于4.8亿年前，并且至今仍然存在！

生物进化时间线

我们很难想象地球上生物进化的宏大时间尺度。为了帮助理解，下面的时钟将地球的存在时间用12小时来表示。在第1小时内，地球是一颗火球般的气体和岩石球体，后来生物才慢慢开始出现和进化，而现代人类的出现发生在最后1秒钟！

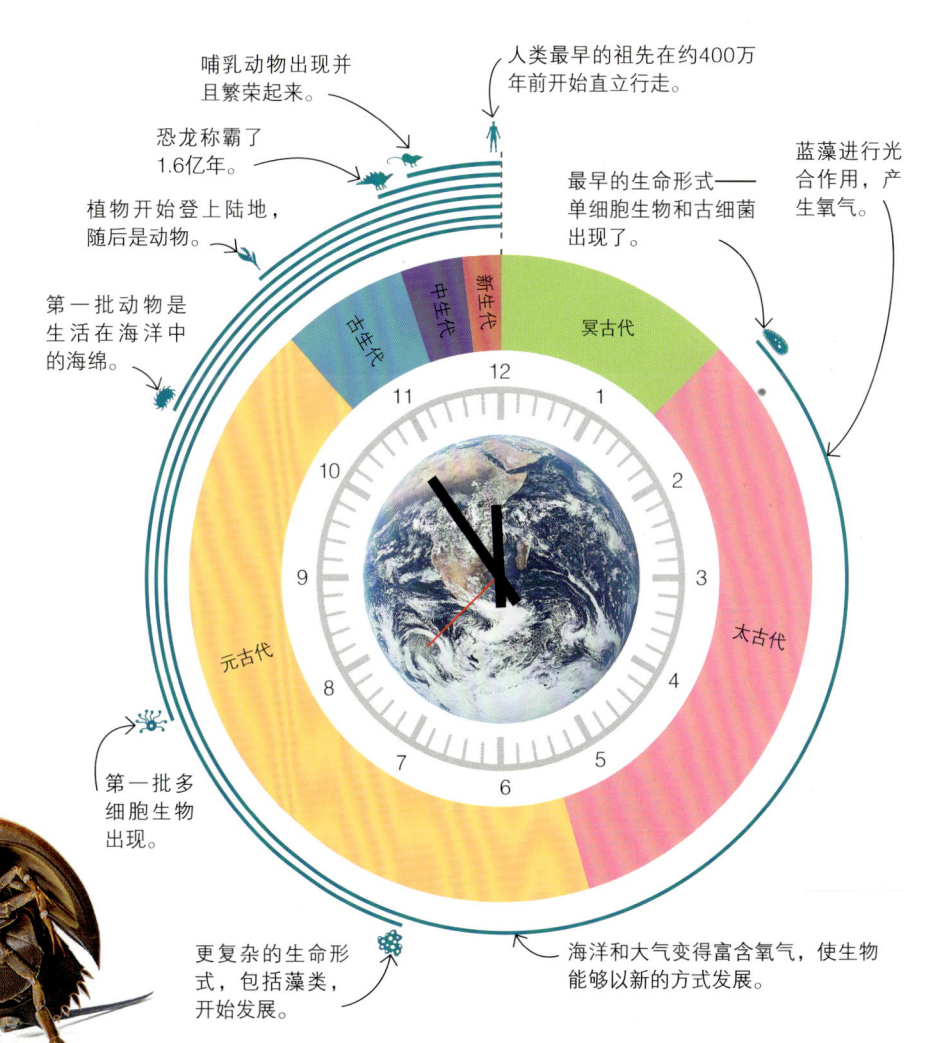

- 哺乳动物出现并且繁荣起来。
- 人类最早的祖先在约400万年前开始直立行走。
- 恐龙称霸了1.6亿年。
- 最早的生命形式——单细胞生物和古细菌出现了。
- 植物开始登上陆地，随后是动物。
- 蓝藻进行光合作用，产生氧气。
- 第一批动物是生活在海洋中的海绵。
- 第一批多细胞生物出现。
- 更复杂的生命形式，包括藻类，开始发展。
- 海洋和大气变得富含氧气，使生物能够以新的方式发展。

古生代 / 中生代 / 新生代 / 冥古代 / 元古代 / 太古代

中生代的怪兽

恐龙是在中生代时期漫游地球的众多动物中最为人所熟知的，但是它们并不孤单。那时，巨型爬行动物在海洋中游动，天空中也有一些恐龙和其他动物飞行。第一批哺乳动物也出现了，它们形态各异，大小不一。

超级游泳健将

这具蛇颈龙的化石骨架让我们了解了这种强大的海洋捕食性动物是如何在侏罗纪的水域中游动的。它借助4只巨大的鳍脚获得动力，在海洋中巡游，并且伸展长颈，用颚捕捉游动的猎物。

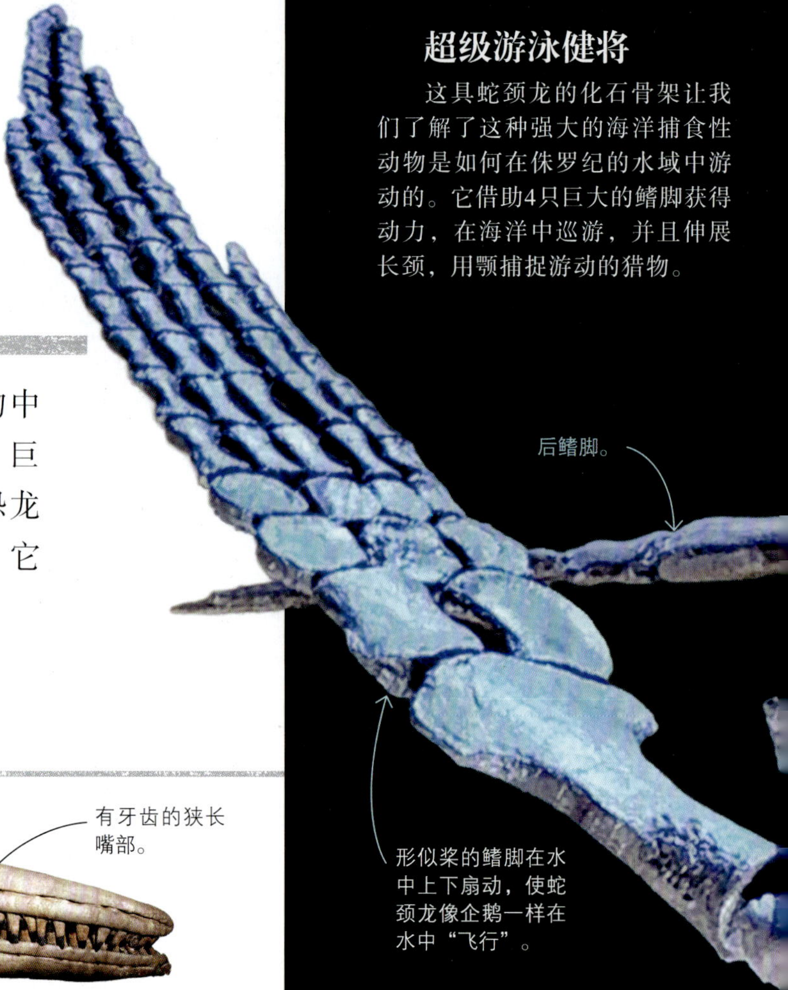

后鳍脚。

形似桨的鳍脚在水中上下扇动，使蛇颈龙像企鹅一样在水中"飞行"。

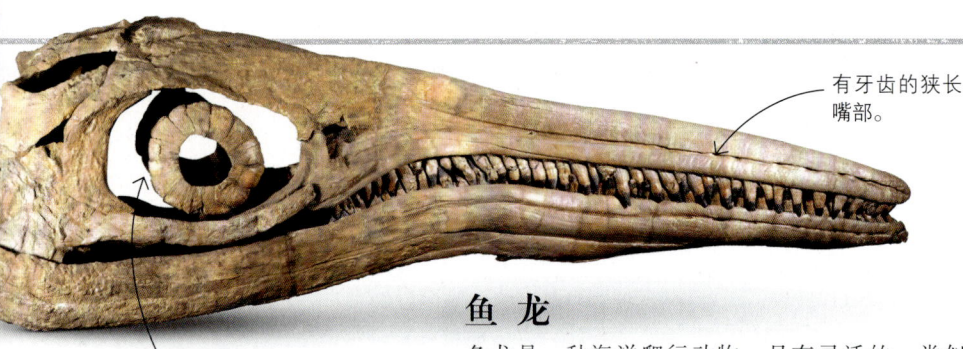

有牙齿的狭长嘴部。

甜甜圈形状的眼骨支撑着巨大的眼球。

鱼龙

鱼龙是一种海洋爬行动物，具有灵活的、类似鱼类的身体结构，因此能够快速游动。它们的身长可达26米，而图中这个标本的头骨就长达2米。

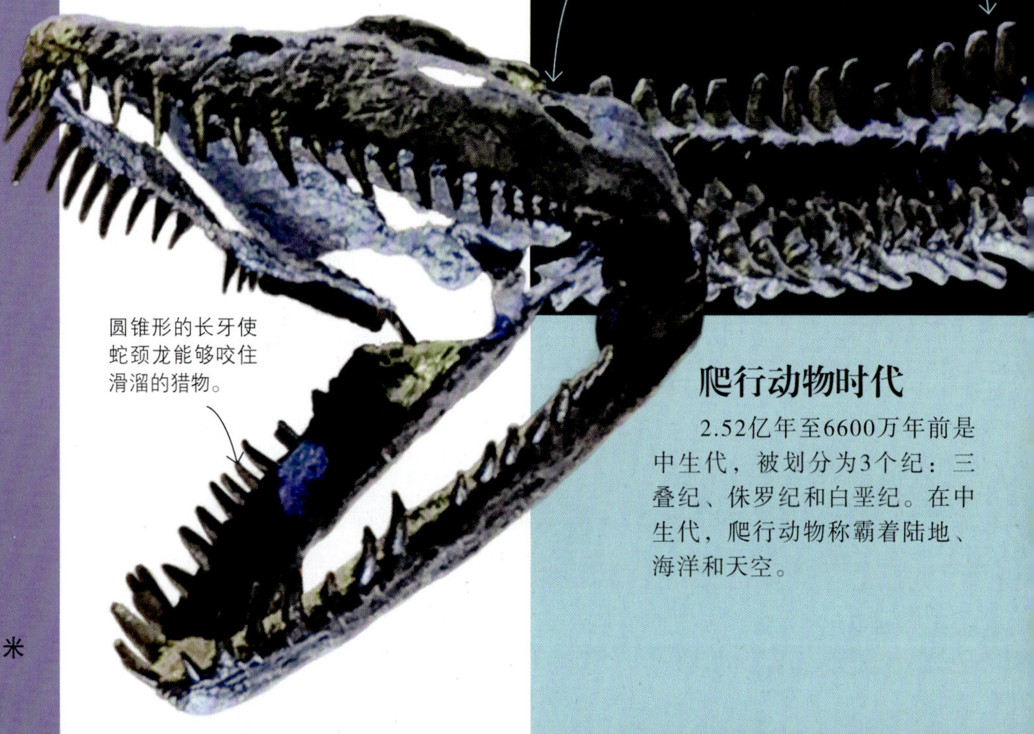

细长的颈部由大约40节颈椎构成。

狭窄头骨中的颚，能张开很大。

有史以来最大的飞行动物是风神翼龙，它们的翼展与一架喷火式战斗机相差无几！

喷火式战斗机 11米

风神翼龙 可达11米

圆锥形的长牙使蛇颈龙能够咬住滑溜的猎物。

爬行动物时代

2.52亿年至6600万年前是中生代，被划分为3个纪：三叠纪、侏罗纪和白垩纪。在中生代，爬行动物称霸着陆地、海洋和天空。

生命 99

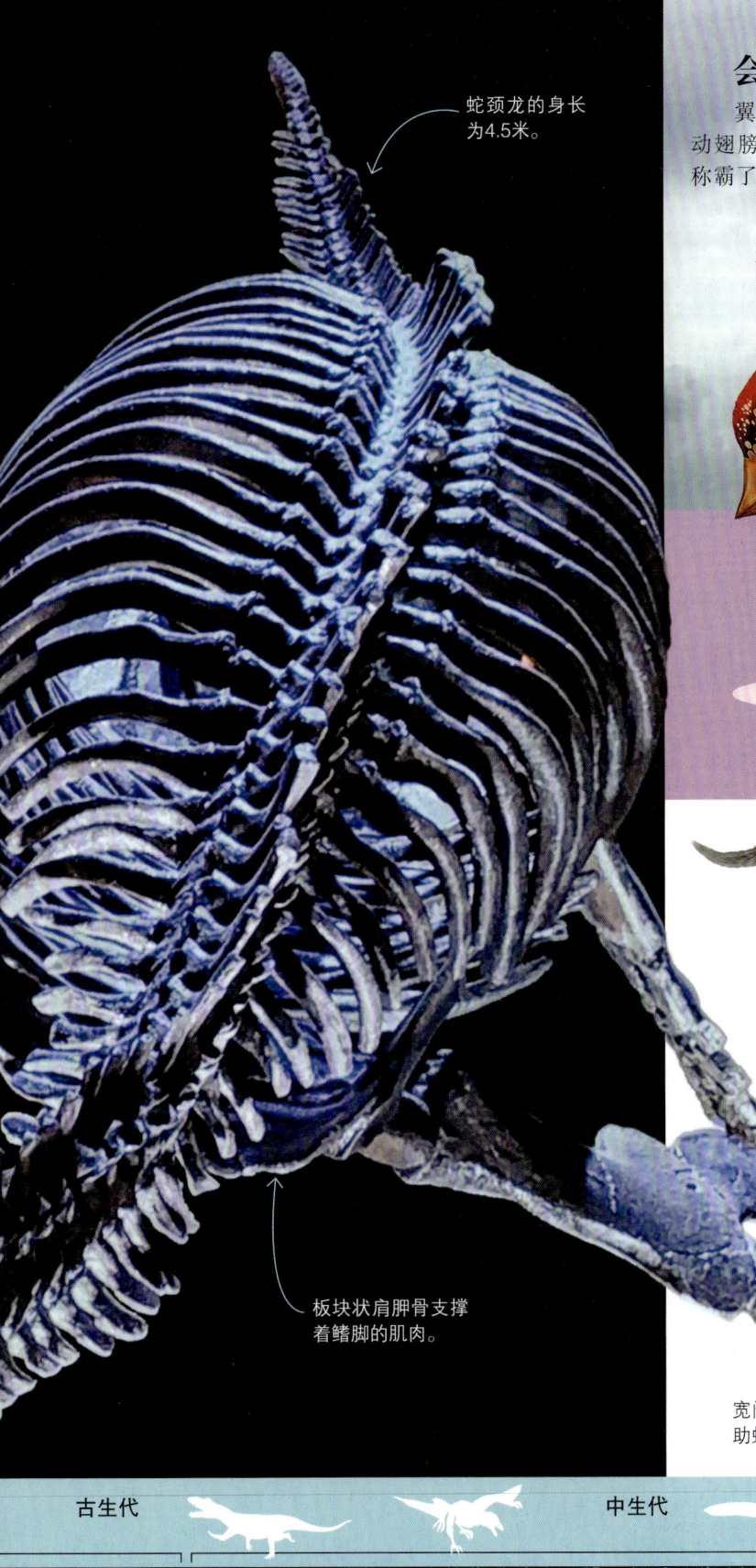

蛇颈龙的身长为4.5米。

会飞的爬行动物

翼龙是第一批会飞行的脊椎动物，它们拍动翅膀从地面上起飞，在空中翱翔，在天空中称霸了长达1.5亿年。

美神翼龙拥有醒目的头冠。

有爪甲的手指。

翼展超过3米。

薄片龙的颈部长达7米，是有史以来所有动物中最长的！

摩尔根兽是最早期哺乳动物的代表。

有牙齿的哺乳动物

早期哺乳动物在2.25亿年前出现。它们是小型的、类似鼩鼱的动物，生活在洞穴中。在接下来的1.6亿年中，哺乳动物变得多样化，进化成了各种能够或攀爬、或滑翔、或游泳的动物。当巨型爬行动物灭绝后，哺乳动物的体型逐渐增大，并且进化出了更大的大脑。

板块状肩胛骨支撑着鳍脚的肌肉。

宽阔的、形似桨的鳍脚帮助蛇颈龙在水中游动。

古生代		中生代			新生代
二叠纪	三叠纪	侏罗纪		白垩纪	
2.52亿年前	2.01亿年前	1.45亿年前		6600万年前	今天

现代人类首次出现在30万年前。

二叠纪
一次大规模灭绝事件结束了二叠纪，为爬行动物的发展铺平了道路。

三叠纪
巨型鳄鱼、第一批恐龙和会飞行的翼龙等都出现在三叠纪。

侏罗纪
恐龙成为陆地霸主。许多海洋爬行动物在海中游泳。

白垩纪
恐龙的数量比以往任何时期都多。巨大的沧龙成为顶级海洋捕食性动物。

新生代
一次大规模灭绝事件结束了爬行动物时代，哺乳动物变成了最大的陆地动物。

恐龙称霸

恐龙在地球上称霸了1.6亿多年。它们之中有笨重的、身被鳞甲的巨型恐龙，也有凶猛的捕食性恐龙，还有小型的、有羽毛的恐龙。除了少数恐龙，它们大多在6600万年前灭绝了。

大与小

许多恐龙体形庞大，其中最大的是名为阿根廷龙的蜥脚类恐龙。而有些恐龙的体形则非常小。一只驰龙幼崽的足迹只有1厘米长，这表明它的体形与麻雀大小相当。

阿根廷龙 身长约42米

驰 龙 身长可能为15厘米

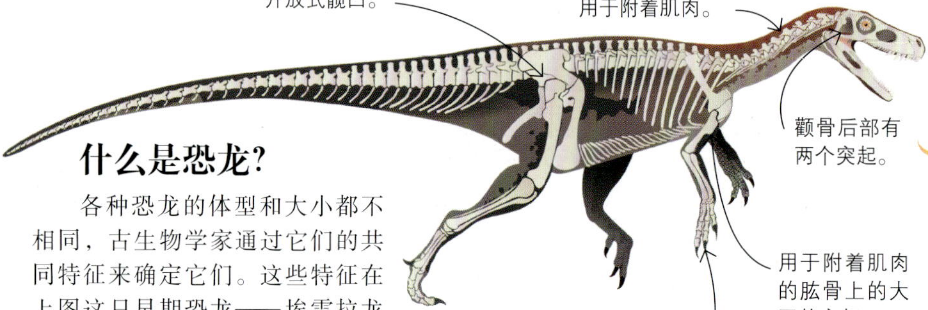

什么是恐龙？

各种恐龙的体型和大小都不相同，古生物学家通过它们的共同特征来确定它们。这些特征在上图这只早期恐龙——埃雷拉龙的身上能够清楚地显示出来。

- 开放式髋臼。
- 颈椎上的骨质突起，用于附着肌肉。
- 颧骨后部有两个突起。
- 用于附着肌肉的肱骨上的大冠状突起。
- 爪部有粗短的第4和第5指。

有些科学家认为似鸵龙能以每小时60千米的速度奔跑，几乎可以与以赛跑速度快而闻名的格力犬相媲美！

恐龙群

有些恐龙成群行动！像长颈龙般的蜥脚龙会结集成很大的群体一起漫游，吃针叶树、银杏树和苏铁等高树的叶子。

许多大型食草恐龙喜欢群居，它们聚集在一起以便共同抵御凶猛的捕食性动物。

恐龙分类

恐龙主要被分为5大类。有些研究人员认为，大约有2000种恐龙物种存在，可能还有很多尚未被发现的物种。

兽脚类
以肉食为主，有锋利的牙齿，并且用两条后腿行走。始祖鸟和迅猛龙都属于这一类。

蜥脚类
具有长颈，以植物为食。它们是地球历史上最大的动物，其中包括梁龙。

甲龙类
具有厚实的骨甲和带刺或锤的尾巴。剑龙属于这一类。

鸟脚类
有奇特的头形和宽阔的嘴部。许多鸟脚类恐龙（例如埃德蒙顿龙）拥有复杂的牙齿。

头饰龙类
以植物为食，用坚硬的头骨和角进行炫耀和战斗，其中包括厚头龙。

生命 101

恐怖的霸王龙

霸王龙是有史以来漫游过地球的最大的食肉动物之一，它们以食草动物（例如三角龙）为食。图中重建的化石骨骼展示了霸王龙能以强大的咬合力咬碎三角龙骨头的原因。

长尾有助于霸王龙保持身体平衡。

尖利的爪子。

强壮的后腿支撑着霸王龙的体重。

霸王龙宽阔的头骨使它们具有有史以来所有陆地动物中最强大的咬合力。

三角龙的颈盾上有霸王龙牙齿的咬痕。

巨大的头骨上有喙和数排能切割植物的牙齿。

带有尖端的长角，用于吸引和争夺配偶。

蛋里的胚胎

所有恐龙都以产蛋的方式繁殖。下图的这块恐龙蛋化石出现在中国南方，蛋里有保存完好的没有牙齿的兽脚类恐龙胚胎，这一胚胎被命名为"英良贝贝"。

这只胚胎像一只蜷缩在蛋里的小鸟。

巨嵴彩虹龙的头部和尾部都有彩虹色羽毛。

彩色羽毛

近年来，一些恐龙化石的发现揭示出许多恐龙身上长有羽毛。如今，科学家还发现了带有色素细胞痕迹的化石，这表明这些类鸟的恐龙身上长有彩色羽毛。

大规模灭绝

在约6600万年前，一次小行星撞击地球事件使恐龙的称霸时代戛然而止。这次毁灭性的撞击摧毁了生态系统，导致大多数恐龙灭绝。然而，兽脚类恐龙的一个分支幸存了下来，并且演化成了今天地球上的鸟类。

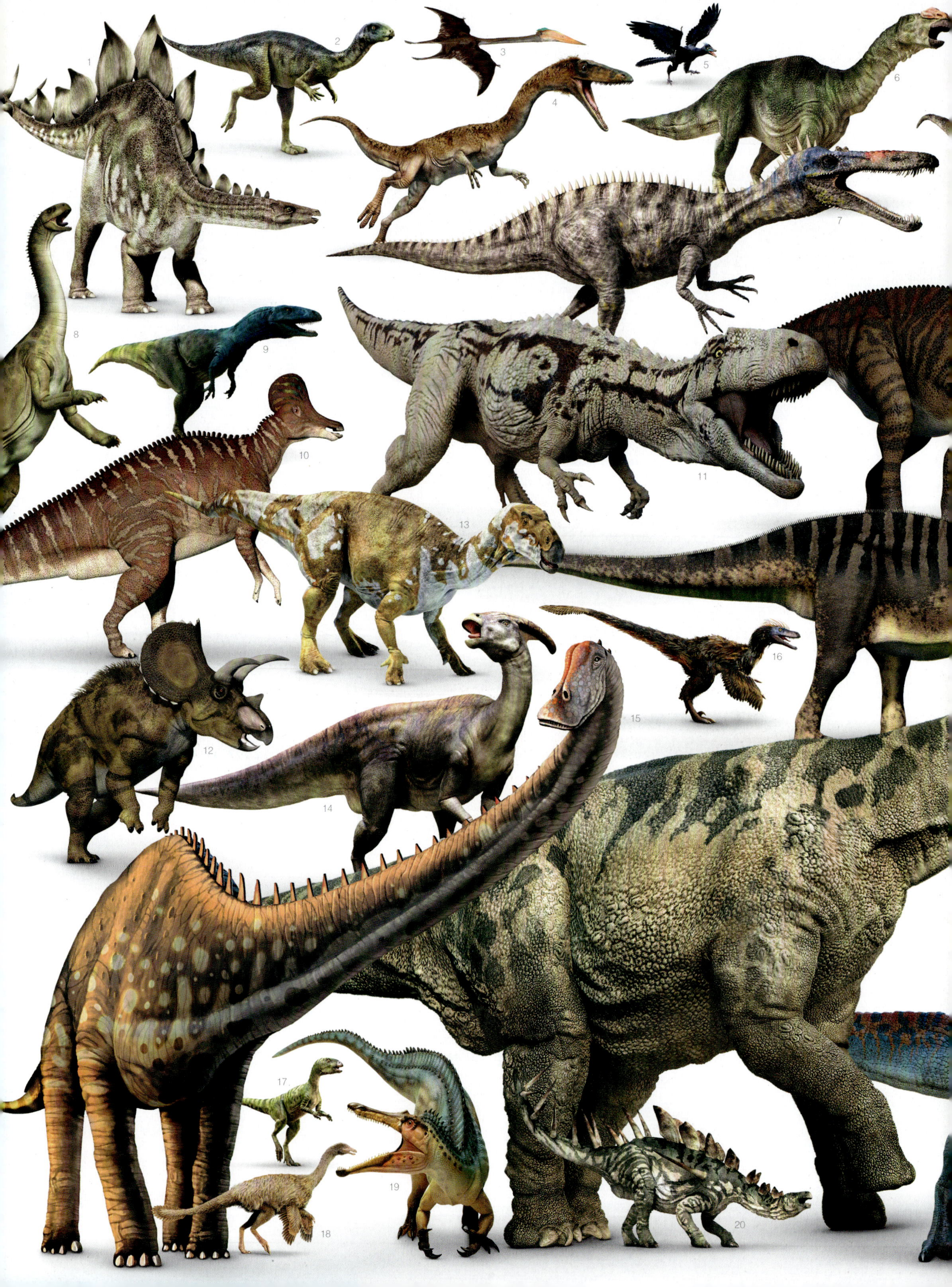

1
2
3
4
5
6
7
8
9
10
11
12
13
14
15
16
17
18
19
20

看图识别 恐龙

恐龙专家们请注意：你能分辨霸王龙和三角龙，以及剑龙和棱背龙吗？看看你能认出这些恐龙中的多少种，并且找出其中的异类！

1 剑龙
2 橡树龙
3 风神翼龙
4 腔骨龙
5 始祖鸟
6 木他龙
7 似鳄龙
8 伊森龙
9 迪布勒伊洛龙
10 冠龙
11 鲨齿龙
12 三角龙
13 禽龙
14 副栉龙
15 梁龙
16 迅猛龙
17 棱齿龙
18 似鸵龙
19 重爪龙
20 钉状龙
21 包头龙
22 冰脊龙
23 异特龙
24 埃德蒙顿龙
25 近鸟龙
26 暴龙
27 肿头龙
28 异齿龙
29 始盗龙
30 蜀龙
31 阿根廷龙
32 棱背龙
33 萨尔塔龙
34 鹦鹉嘴龙
35 中华龙鸟
36 激龙
37 阿尔伯塔龙
38 板龙
39 棘龙
40 蜥结龙
41 单脊龙

答案是：“3”风神翼龙，它是翼龙，也就是一种有翅会飞的爬行动物，而不是恐龙。

挖掘恐龙

保罗·塞雷诺在撒哈拉沙漠中发掘出了一具长达18米的蜥脚类恐龙化石骨架。他和他的团队在非洲发掘出了许多化石，包括一具名为棘龙的奇特食鱼恐龙化石，以及被称为帝鳄的世界上最大的鳄鱼的化石。

采访
古生物学家

美国古生物学家保罗·塞雷诺是芝加哥大学的教授，他创办了化石实验室。他在安第斯山脉和戈壁沙漠等区域发现了许多恐龙化石。近年来，他在非洲的撒哈拉沙漠中发现了很多新物种。

问：古生物学家们是否仍在发现新恐龙？
答：很久以前，发现新恐龙是罕见的。现在，由于众多古生物学家都在寻找和挖掘恐龙化石，发现新恐龙化石的速度飙升，每年约50具，堪称恐龙的复兴时期！

问：我应该在哪里寻找化石？
答：化石可能存在于各种类型的岩石中，海洋石灰岩层和陆地上的砂岩层都可能存在化石。你可以查阅化石爱好者指南，找到你附近的化石采集地点。

问：你的发现中最让你兴奋的是什么？

答：我目前正在研究的就是最让我兴奋的。它是非洲的一种奇特的掘土迅猛龙。如果不是在撒哈拉偶然发现了一具这种恐龙的化石骨架，世界上没有人能够想象它们曾经存在过。

问：你是如何将恐龙的骨头组合成骨架的？

答：拼装恐龙骨骼并不太难，这是因为所有的恐龙骨架都由类同的一组骨骼构成。一具完整的恐龙骨架有300多块骨头，而且每块骨头都有特定的名称，与特定的肌肉相连，甚至与人类的骨头有一定的相似性。

问：通过观察化石，你能告诉我们关于恐龙的什么信息？

答：非常多。即使只有一块有牙齿的颌骨，也能告诉你恐龙的饮食习性、所属种类，有时甚至能让你确定它是否为新物种。如果你得到大部分骨头，你就可以了解它的行走方式、奔跑方式，以及它是捕食性动物还是食草性动物。

问：我们知道恐龙的外貌吗？

答：有时恐龙死亡后在阳光下被晒干，皮肤变成了坚硬的皮革。这些恐龙"木乃伊"如果被迅速埋葬，就能在沉积物中保留它们的鳞状皮肤的印记。然而，它们皮肤的颜色仍然是个谜。

问：《侏罗纪公园》的故事有可能成为现实吗？

答：不可能。恐龙化石无法保存DNA。科学家发现的最古老的DNA是约为200万年前的乳齿象的DNA，那时恐龙已经灭绝约6400万年了。

植物的生命

世界上有39万多种已知的植物物种，几乎每个地方都有适应该地的植物生存。与动物不同，植物能够利用光合作用给自己制造养料，并且为动物提供食物。

每株无根萍就像糖屑一样小。

地球上最小的植物是无根萍，一种无根水生浮萍植物！

植物分类

植物有各种各样的形状和大小，主要被分为以下6大类。开花植物是最常见的一类。

地钱植物
它们是地球上最早生长的一批植物。它们没有叶、根和茎的分化。

苔藓和角苔植物
这类植物生长在湿润的地方，呈地毯状或垫状。

石 松
这类小植物具有输送水分和养分的脉管，以及比较硬的鳞状叶子。

蕨类植物和木贼
这类茂盛的植物通过孢子而不是种子繁殖。

针叶树
这类植物的种子生长在锥果中。许多植物具有针状叶子。

开花植物
为了繁殖，这类植物会开出花朵来吸引可以传粉的昆虫。

植物如何生长

大多数植物具有支撑自己的茎、吸取水分和矿物营养的根系以及捕获太阳光能的叶。茎中的管道在植物内部运输水、矿物质和糖分。

叶子中的水分蒸发，促使植物从根部吸上来更多水。

外管运输糖分。

内管运输水分和矿物质。

水分和矿物质通过茎被运输到叶中。

溶解的糖分被运输到植物的各处。

根吸收水和矿物质。

巨型南瓜

世界上有大约200种供食用的植物品种。有些人为了参加比赛，会种植巨大的蔬菜。图中这只获奖南瓜的重量相当于一辆小汽车，重达1205千克的它每天需要300升水。

这只南瓜有厚实的外皮，能够保持水分和保护果肉。

南瓜从蔓延的藤上长出。

生命　107

糖分被运送到植物的各处。

太阳光。

水进入叶子。

吸收二氧化碳。

释放氧气。

制造食物

植物利用太阳光的能量将水和二氧化碳转化为氧气和糖分。这个过程被称为光合作用，它发生在叶子中，需要借助叶绿素才能进行。

食肉植物

捕蝇草会迅速闭合来抓住昆虫，例如图中这只不幸的黄蜂。当猎物落在叶子上时，会触发叶子外缘的敏感刺毛，导致叶子闭合。捕蝇草是已知的600多种食肉植物中的一种。

指状的长刺毛固定住黄蜂。

捕蝇草会消化黄蜂以获取营养。

巨型维多利亚大王莲叶子漂浮在水面，它们的直径能达到3.2米！

这对1岁的双胞胎坐在这只巨大的南瓜上显得很小。

蔓生植物的卷须会搜索可供它们攀缘的物体。

攀缘植物

攀缘植物，例如图中这株西番莲，缠绕在支撑物上生长，以便充分地接收太阳光。大多数植物都根植于一个固定的位置，但是许多植物的花、叶、根须等会朝光、水或养分充足的方向移动，以增加生存的机会。

西番莲。

地球上植物的总质量超过其他形式生命的总质量！

108　生命

花的形状

为了吸引蜜蜂、蝴蝶和其他昆虫，花进化出了各种形状、大小和颜色等特征。以下是一些形状的花的例子。

锥形
明亮的黄仙花的中心是一个有饰边的喇叭形，周围环绕着6片花瓣。

星形
颜色鲜艳的非洲菊有一圈从中心辐射出来的花瓣。

钟形
紫风铃是钟形的，有5片张开的花瓣。

圆顶形
绣球花的大花头是由许多小花组成的。

莲座形
蔷薇花由数圈花瓣排列成螺旋状或圆圈状。

颜色鲜艳的花瓣吸引昆虫。

柱头有一层黏液，用于捕获花粉。

花药产生花粉。

花丝支撑着花药，两者共同形成雄蕊。

管状花柱将柱头连接到子房，两者共同形成雌蕊。

萼片保护着花朵。

子房内有胚珠，受精后胚珠会发育成为种子。

一朵小星形花从叶子一般的红色苞片中间绽放出来。

这种热带植物的鲜红色苞片使它获得了"嘴唇花"这个名称！

蔷薇花蕾

这朵蔷薇花蕾被切开，展示出内部的与繁殖有关的构造。一朵蔷薇花同时具有雄蕊和雌蕊。当它开放时，就会吸引昆虫前来将花粉从雄蕊传递到雌蕊，花粉可以在同一朵花中或在不同的花之间传递。

美妙的花朵

开花植物占地球上所有植物的90%。它们生长出各种各样的美丽花朵以便于繁殖。当花受粉后，种子就会生长，进而长出新的植株。

香蕉花粉会沾在狐猴身上，从而得到传播。

帮助授粉

最常见的传粉者是昆虫，它们在觅食时会沾上花粉，然后传播花粉。但是其他动物，例如蝙蝠、蜂鸟和红领狐猴等，也可以是传粉者。

世界上最重的种子是海椰子的种子，每颗重达25千克！

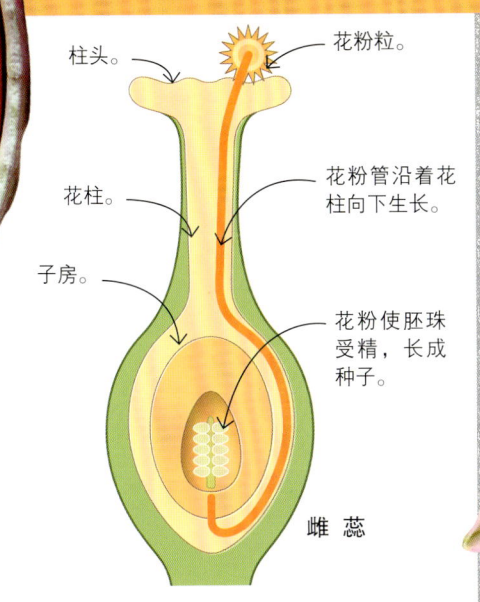

蜂兰

有些开花植物已经进化出不寻常的方法来吸引昆虫传粉。下图中的蜂兰的花看起来像蜜蜂，能吸引真正的蜜蜂前来。

柱头。
花粉粒。
花柱。
花粉管沿着花柱向下生长。
子房。
花粉使胚珠受精，长成种子。
雌蕊

刺角瓜

许多开花植物通过结出美味的果实来传播它们的种子，就像图中的刺角瓜一样。动物吃了水果后，会在不同的地方排泄出种子。

花受精

花粉产生雄性配子。当花粉粒落在雌蕊的柱头上时，微小的花粉管就会从花粉粒中向下生长，穿过花柱，进入子房，使胚珠受精，发育为种子，而子房的壁会发育为果实，将种子包裹在其中。

大王花是世界上最大的花，它们的直径可达1米！

大王花没有叶子、茎和根部，它们寄生在热带藤本植物上。

有毒的植物

许多植物可以被动物和人类食用，但是也有些植物是有毒的。在野外，千万不要随意采摘或食用茎叶、果实或浆果，除非你确定它们无害。

毒番石榴
这种树的果实也被称为"死亡小苹果"，它们会使口腔和喉咙起致命的水疱。

蓖麻
这种植物的种子含有致命的蓖麻毒素。微量的蓖麻毒素就足以杀死一个成年人。

颠茄
这种植物的浆果会导致口齿不清、视力模糊和出现幻觉。

翠雀
这种漂亮的花朵会灼伤口腔，引起呕吐，并且可能会导致呼吸衰竭而亡。

水仙
这些明媚的春季花朵有类似洋葱的鳞茎，食用后可能会引发抽搐。

食肉植物

下图的毛毡苔是食肉植物，它用黏性可弯曲的触毛来捕获昆虫，然后将叶子卷起来消化昆虫。一颗毛毡苔能在几分钟内杀死一只昆虫，但是需要数星期来完成消化。

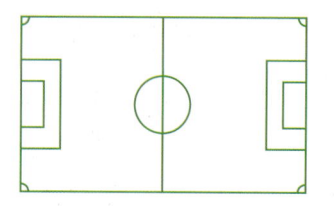

毛毡苔

最大的植物

世界上最大的植物是澳大利亚鲨鱼湾附近的一株海草，占地面积几乎达到了200平方千米，大约相当于3万个足球场的面积。

太空中的植物

美国航空航天局的科学家一直在国际空间站的花园里种植植物。他们已经种植了3种莴苣作为食物，用来增加宇航员饮食中的维生素C，预防坏血病。他们还种植了百日菊，用来研究开花植物在太空中的生长状况。

植 物

许多植物都具有惊人的特性，有些植物的叶子含有致命的毒素，有些植物是有治疗作用的草药，而有些植物有难闻的气味。有些植物名列地球上最大的生物榜单，也有些植物名列最长寿的生物榜单。

最高的树

下面的一排树是各大洲最高的树，其中一些比自由女神像还高。世界上已知最高的树矗立在美国北加州的红杉国家公园，但是为了保护它，它的确切位置是保密的。

异色栎，位于葡萄牙，高72.9米

高大非洲楝，位于坦桑尼亚，高81.5米

谢尔曼将军，巨杉，位于美国，高83.8米

天使之心，亚马逊苏木，位于巴西，高88.5米

自由女神像，位于美国纽约，高93米

昂贵的植物

盆景树是活的艺术品。2011年，在日本的一场盆景大会上，一棵有几百年树龄的白松盆景以1亿日元的价格售出。

1亿日元

药用植物

数千年来，人们一直使用植物来治疗感冒、流感和焦虑等各种疾病。今天的传统医学也使用植物提取物作为药物。

假马齿苋
可能有助于保护大脑免受衰老的影响。

柳树皮
柳树皮含阿司匹林的活性成分。阿司匹林被用于止痛和退烧。

雪花莲
可以减缓由阿尔茨海默病引起的记忆丧失。

最老的树

有些树已经生存了数千年，可以追溯到古埃及文明时期。

1 狐尾松
超过4850岁，位于美国加利福尼亚州

2 智利柏
超过3625岁，位于智利洛斯里奥斯

3 落羽杉
超过2625岁，位于美国北卡罗来纳州

4 祁连圆柏
超过2235岁，位于中国青海

5 菩提树
超过2220岁，位于斯里兰卡阿努拉德普勒

狐尾松

竹子的生长速度在所有植物中是最快的。有些种类的竹子每天能生长91厘米，每小时约3厘米！

有恶臭的花

有些花散发出腐肉的气味，以吸引丽蝇帮助它们传粉。

巨魔芋
巨大的巨魔芋散发出腐尸恶臭，因而被称为尸花。

大王花
大王花也被称为腐尸花。这种巨大的热带花散发出腐烂恶臭的气味。

绿萝桐
这种翠绿的花的恶臭也被比作发臭的脚。

伏都百合
这种高大的紫红色百合花因其散发的腐肉气味而被称为臭百合。

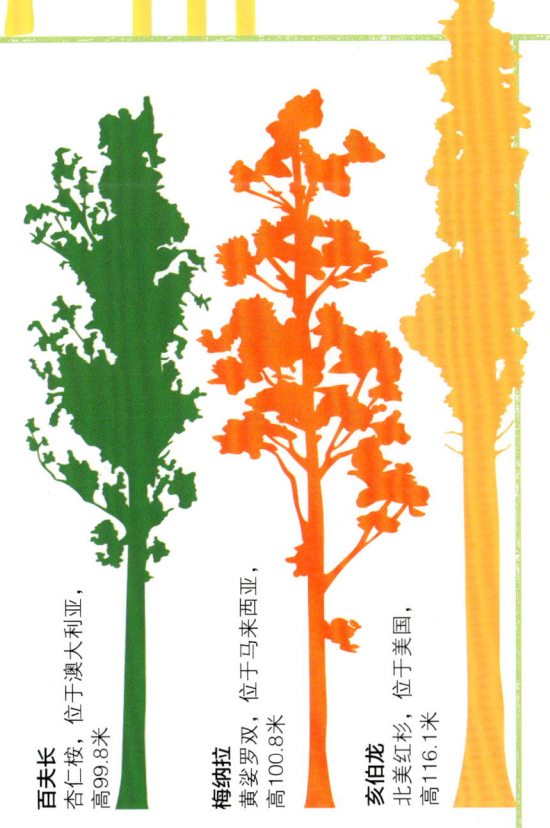

高大的花序散发热量，也散发腐肉的气味。

似花瓣的环状苞片内侧是肉色的。

巨魔芋

百夫长 杏仁桉，位于澳大利亚，高99.8米

梅纳拉 黄娑罗双，位于马来西亚，高100.8米

亥伯龙 北美红杉，位于美国，高116.1米

这株真菌的菌丝网络占地面积为9.65平方千米。

美国俄勒冈州的一株蜜环菌是地球上最大的生物之一！

什么是真菌？

真菌是由线状菌丝构成的菌丝网，它们大部分位于地下，而我们在地面上看见的蘑菇则是真菌的子实体。真菌从孢子生长而来。

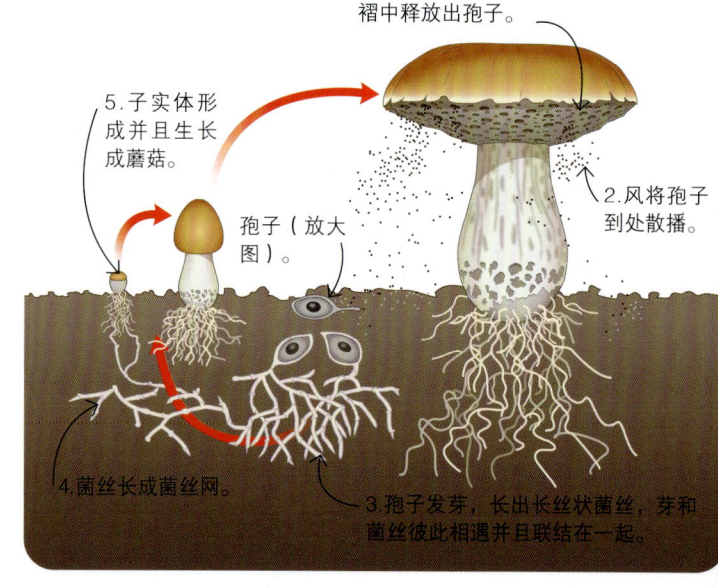

1. 成熟的蘑菇从孔口或菌褶中释放出孢子。
2. 风将孢子到处散播。
3. 孢子发芽，长出长丝状菌丝，芽和菌丝彼此相遇并且联结在一起。
4. 菌丝长成菌丝网。
5. 子实体形成并且生长成蘑菇。

孢子（放大图）。

爆炸性的马勃

马勃将孢子储存于球状的子实体中。当被挤压时，子实体就会像放烟雾一样释放出孢子。常见的巨型大秃马勃能释放出多达7万亿颗孢子。右图中的红皮丽口包马勃生长在一层保护性胶质层里。

胶质层。

蘑菇大家族

蘑菇有各种形状、大小和颜色。不同的蘑菇有不同的散播孢子的方式。以下外观奇异的标本让我们得以窥探种类繁多的蘑菇大家族的一角。

毒蝇伞

这种有毒的蘑菇有鲜艳的红白色伞盖，鲜艳的颜色可能起到一种警告作用，告诫动物不要食用它们。

红色伞盖上点缀的白色斑点是在幼年时期保护整个子实体的菌幕的残留物。

菌褶，孢子生长的地方。

曾经在蘑菇生长时保护菌褶的菌幕的残余环。

鹿胶角菌

这种颜色鲜艳、黏滑的蘑菇生长在腐烂的针叶树上。

阿切氏笼头菌

这种鬼笔菌散发出一种腐肉的气味，吸引苍蝇前来，而苍蝇在飞走时会携带它们的孢子。

它们有5—8条触须，因此得到"章鱼臭角"的别称。

靛蓝粉褶菇

随着这种蘑菇成熟，它们的菌褶从蓝白色变为粉红色。这种蓝色的蘑菇在自然界中非常罕见。

菌柄。

神奇的真菌

真菌可能看起来像植物，但是它们其实与动物的亲缘关系更近。真菌在地球上扮演着至关重要的角色，它们能分解动物和植物的残骸，将有机物质重新释放到环境中，为其他生物提供养分。有些真菌长出可食用的蘑菇，但是食用蘑菇时必须非常小心，因为很多蘑菇有剧毒。

幽灵真菌

上图中的真菌能在黑暗中发光，是100多种发光真菌之一。科学家认为真菌发光是为了吸引昆虫前来帮助它们传播孢子。

真菌分类

科学家已经确定了144000种真菌物种，但是还有许多未被发现，总数可能多达400万种。真菌种类繁多，有微小的霉菌，也有巨大的蘑菇。以下是它们中的4大类。

蘑菇菌
这类是有些真菌的子实体（果体）。它们产生孢子，而孢子以后会长成新的真菌。

子囊菌
子囊菌是真菌中种类最多的一类。它们在微小的囊中产生孢子。

霉菌
这类看起来毛茸茸的真菌由菌丝构成，能使植物和动物腐烂。

酵母菌
这类单细胞真菌以糖分为食，产生二氧化碳。有的酵母菌被用于面团发酵。

真菌和树木形成了一个被称为"木质广域网"的地下网络。它们利用这个网络进行沟通和分享食物！

竹荪
这种蘑菇也是一种鬼笔菌，它们看起来可能很精致，但是却有一股特别的味道。它们长出蕾丝般的白色菌裙，至于为什么会这样，还没有确切的答案，但可能是为了让昆虫爬到菌盖上。

黏滑的菌盖吸引昆虫，孢子因此会粘附在昆虫的足上被传播开来。

紫蜡蘑
独特的紫色使这种蘑菇很容易辨认，但是它们会渐渐褪色，变得难以辨认。所以人们称它们为"紫色骗子"。

杯状菌
这是一种杯子形状的大型真菌，它们颜色鲜艳，在菌杯的内表面产生孢子。

孢子生长在菌杯内。

快速的孢子！
晶澈水玉霉菌以每小时90千米的速度喷射孢子，达到最高速度所用的加速度比子弹还快！

无脊椎动物

无脊椎动物是指没有脊柱或内骨骼结构的动物。它们种类繁多，占动物界的97%，其中有微小的昆虫，也有触腕长度超过10米的大型鱿鱼。

生活在一只腐烂苹果中的线虫可多达9万条！

微小的线虫以苹果中的细菌为食。

砗磲

这种巨大的软体动物拥有能长到1.4米长的外壳。它们以生活在自己的软组织中的微小藻类制造的糖分为食。

海葵

海葵经常被误认为是植物，但实际上它们是附着在海床上的捕食性动物。它们的触手有刺细胞，能麻痹小鱼或浮游生物（如微小的甲壳类动物），并且将它们引导入口中。

无脊椎动物分类

无脊椎动物的种类极多，超过30大类，以下是其中最常见的6大类。

软体动物
大多数软体动物，例如蜗牛和牡蛎，都有壳，但是有些软体动物，例如蛞蝓和鱿鱼，没有壳。

刺胞动物
水母、海葵和珊瑚是水生的刺胞动物，长着带有刺细胞的触手。

环节动物
这类是具有环形体节的蠕虫，包括蚯蚓、水蛭和海生多毛纲动物。

棘皮动物
这类生活在海洋中的动物有着多棘刺的身体，包括海星、海胆和海参。

海绵动物
海绵是结构非常简单的动物，它们附着在海床上，通过过滤水中的食物获取营养。

节肢动物
这是数量最大的一类动物，包括甲壳动物和昆虫。它们具有坚硬的外骨骼和分节的附肢。

争斗中的螃蟹

红石蟹是甲壳动物。雄性红石蟹在争斗中试图打断对手的肢。获得胜利的雄性红石蟹会驱赶对手，并且赢得雌性红石蟹的交配权。

年幼的红石蟹有深色的外壳，以便伪装。

生命 115

膜冠像帆一样利用风力漂浮。

充满气体的浮囊

脱落的头部能继续存活数天。

类似爪子的前足能向猎物注射强效毒液。

刺细胞触须能延伸至30米长。

长长的群落

这只葡萄牙战舰水母看起来像一只水母，但实际上是一个共享同一身体的动物群落，其中每一个个体都有不同的任务，有些个体捕捉猎物，而有些个体则消化食物或帮助身体浮起来。它们共同合作，却没有大脑。

有些海蛞蝓能自行舍弃自己的头部，并且重新长出新的头部！

巨型蜈蚣

可怕的印度瑰宝蜈蚣身体可能长达16厘米。它们用带毒的前腿来捕杀像老鼠、鸟类和蝙蝠之类的动物。

攻击者用强有力的钳子猛刺。

厚实的装甲外壳保护红石蟹柔软的身体。

红石蟹分节的肢使它们能向各个方向快速爬行。

超长的最后一对步足能用作钩子。

聪明的动物

头足类动物，包括章鱼、鱿鱼和它们的同类，是视觉敏锐、动作灵活的猎手，具有高度发达的大脑，能帮助它们巧妙地避开捕食它们的动物。

小飞象章鱼

这种被称为小飞象章鱼的动物之所以被如此命名，是因为它们的鳍看起来像大象的耳朵。这种不寻常的章鱼生活在深达7千米的海洋深处。

眼睛。

8条短腕帮助小飞象章鱼调节前进方向。

两条大肉鳍用于划行。

蛤蜊壳掩体

下图这只条纹蛸（一种章鱼）躲在蛤蜊死亡后留下的蛤蜊壳中，以避开捕食它的动物，同时伏击猎物。这类聪明的动物能改变自身颜色进行伪装，或者喷射墨汁来阻挡攻击者。

1.移动庇护所

这只条纹蛸找到一只蛤蜊壳，然后带着蛤蜊壳将它的长腕足用作腿，沿着海底行走，去寻找适合捕猎的地点。

条纹蛸用腕足抓住蛤蜊壳。

大王鱿的眼睛是所有动物中最大的！

人眼　鲸眼　大王鱿眼

头足类动物分类

所有头足类动物都有腕足或触腕，有些动物同时具有两者。大多数头足类动物都能通过高速喷水的方式推动自己快速在水中行进。头足类动物主要分为4大类。

乌贼
乌贼拥有一块轻盈的内壳骨。与它们的体型相比，它们的头部较大。

鱿鱼
鱿鱼有管状身体，有2条长触腕，还有8条像章鱼那样的腕足。

生命　117

这种带有致命超级毒性的章鱼用闪烁的蓝环来警告捕食它们的动物赶紧离开！

会飞的鱿鱼

为了躲避捕食性动物，太平洋褶柔鱼能通过喷水来推动自己跃入空中。一旦离开水面，它们就会展开尾鳍和触腕在空中滑翔。

特殊的细胞能够迅速改变环的颜色。

触腕上的吸盘有助于捕捉猎物。

活潜水艇

鹦鹉螺是自然界中最像潜水艇的动物。它们通过释放贝壳中的气体和水来控制自己上升和下沉。

2. 藏身之处
条纹蛸用吸盘抓住蛤蜊壳的内表面，并且将它的长腕足折叠进蛤蜊壳。

条纹蛸时刻警惕地观察着周围的环境。

3. 埋伏
条纹蛸安全地埋伏着，等待螃蟹或虾等猎物靠近，随时准备突然袭击。

鹦鹉螺
这种热带动物是唯一有外壳的头足类动物。

章鱼
血液呈蓝色，有3颗心脏、8条腕足和9个大脑。章鱼真是令人惊叹！

双色乌贼！

雄性银磷乌贼会变成红色来吸引雌性，也会变成白色来吓退竞争对手。它们甚至能变成双色：一侧红色，另一侧白色！在左图中，雄性银磷乌贼正在争夺一只雌性银磷乌贼。

昆虫世界

昆虫是地球上数量最多的动物群体。科学家已经确认了100多万种昆虫，但是估计昆虫的总种数可能是这一数字的10倍。

超强视力

随观察角度不同而变色的虎甲虫拥有"复眼"，因此能够发现快速移动的物体。它们还具有近乎360度的视野。这种超强视力有助于虎甲虫躲避攻击。

复眼由成千上万只微小的眼睛组成。

触角有触觉，也有嗅觉。

毛发能感知振动。

颚部用于抓捕猎物，通常是小昆虫。

空中攻击者

两对翅膀能独立运动,以控制飞行。

便于抓握的、毛茸茸的足。

许多昆虫都有翅膀,而蜻蜓的翅膀是最利于飞行的。蜻蜓能分别控制每片翅膀的拍动频率和角度来改变飞行方向、悬停或在空中捕食猎物。

昆虫分类

昆虫被分为大约30类,但大多数昆虫属于下面的7大类。

鞘翅目（甲虫） 已知约有35万种。
强健的前翅。

鳞翅目（蝴蝶、蛾） 已知约有20万种。

膜翅目（蜜蜂、蚂蚁） 已知约有15万种。

蜻蜓目（蜻、蜓、蟌） 已知约有6500种。

直翅目（蟋蟀、蚱蜢） 已知约有18000种。

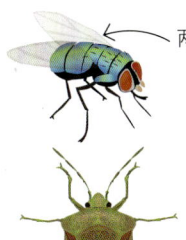

两片翅膀。

双翅目（苍蝇） 已知约有10万种。

半翅目（蝽、蝉） 已知约有38000万种。

大虫子

世界上最重的昆虫之一是一种在新西兰发现的巨大的蝗虫,名为大沙螽。它们的重量能达到71克,大约相当于3只实验鼠的重量。

在已知的动物物种中,有四分之一是甲虫!

郭公虫广泛地分布于世界各地。

帝王蝴蝶群

难以计数的帝王蝴蝶每年都进行一场最壮丽的迁徙,它们从加拿大出发,飞行5000千米,到达墨西哥,然后再返回。在完成这一往返旅程中,帝王蝴蝶能繁殖5代之多。

什么是昆虫?

昆虫是一个多样化的群体,但是大多数昆虫都具有一些共同特征。它们都有外骨骼（位于身体外部的骨骼）,身体有3节:头部、胸部和腹部。

许多但并非所有昆虫都有翅膀。
胸部。
头部。
复眼。
腹部。
螫刺。
1对触角。
所有昆虫都有3对足。

蜣螂

蜣螂用后足滚动粪便。

有些昆虫以植物、花蜜或其他昆虫为食,但是蜣螂以粪便为食。许多蜣螂将粪便滚成球状,然后带入地下洞穴,而有些蜣螂则生活在粪便中!

被一只子弹蚁的螫刺刺中会引起持续25小时的剧烈疼痛!

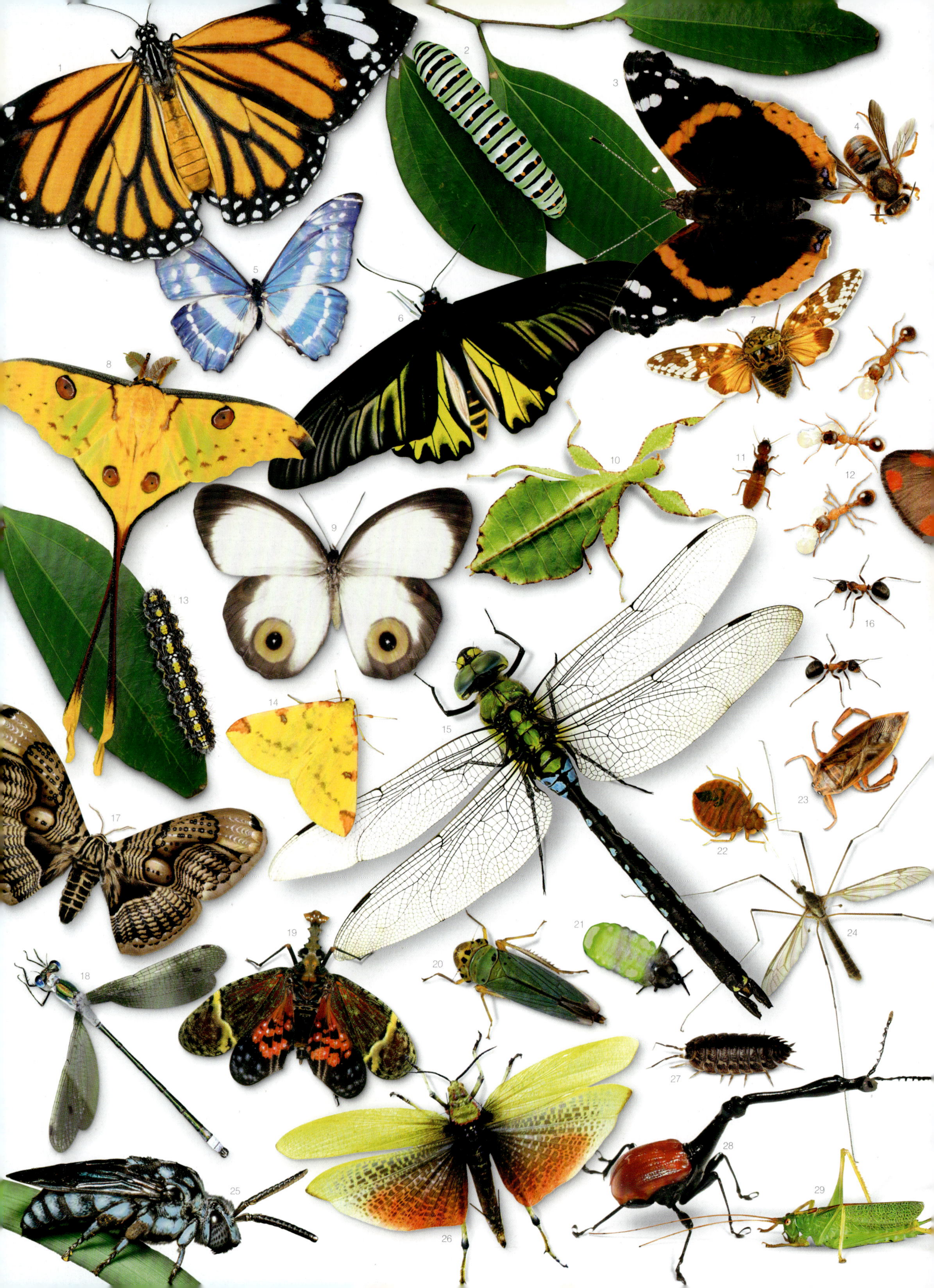

1
2
3
4
5
6
7
8
9
10
11
12
13
14
15
16
17
18
19
20
21
22
23
24
25
26
27
28
29

看图识别 昆虫

让我们来测试你的捉虫技能，看看你能识别多少种昆虫。你能找出其中的异类吗？

1 虎斑蝶
2 凤蝶幼虫
3 优红蛱蝶
4 陶工蜂
5 蓝闪蝶
6 歌利亚鸟翼凤蝶
7 喜马拉雅蝉
8 彗尾蛾
9 香蕉食蝶
10 叶蟾
11 湿木白蚁
12 红火蚁
13 红虎蛾幼虫
14 硫磺蛾
15 帝王伟蜓
16 红褐林蚁
17 枯球箩纹蛾
18 桨尾丝蟌
19 蜡蝉
20 叶蝉
21 萤火虫
22 床虱
23 田鳖
24 大蚊
25 霓虹杜鹃蜂
26 齿脊蝗
27 潮虫
28 长颈鹿象鼻虫
29 橡树灌丛蟋蟀
30 杨干透翅蛾
31 食蚜蝇
32 扁头泥蜂
33 德国黄胡蜂
34 食虫虻
35 大黄蜂
36 马达加斯加发声蟑螂
37 蜜蜂
38 红棒球灯蛾
39 椿象
40 巨型甲虫
41 蚊子
42 沙漠蝗虫
43 瓢虫
44 犀金龟
45 宝石金龟甲
46 乌桕大蚕蛾幼虫
47 猎蝽
48 锹甲
49 水黾
50 拟叶螽

答案是："27"潮虫。潮虫不是昆虫，而是一种甲壳类动物，与螃蟹和虾属于一类。

人被悉尼漏斗网蜘蛛咬一口可能会死亡！

幼狼蛛。

婴儿潮

当幼狼蛛孵化出来时，母狼蛛会背着它们四处走动，以保护它们的安全。母狼蛛一次能背100多只幼狼蛛。

超级蜘蛛

世界上有超过45000种已知蜘蛛物种。蜘蛛是聪明的猎手，它们织造复杂的网来捕捉猎物，或者伏击猎物，并且用有毒的尖牙杀死猎物。大多数蜘蛛对人类无害。

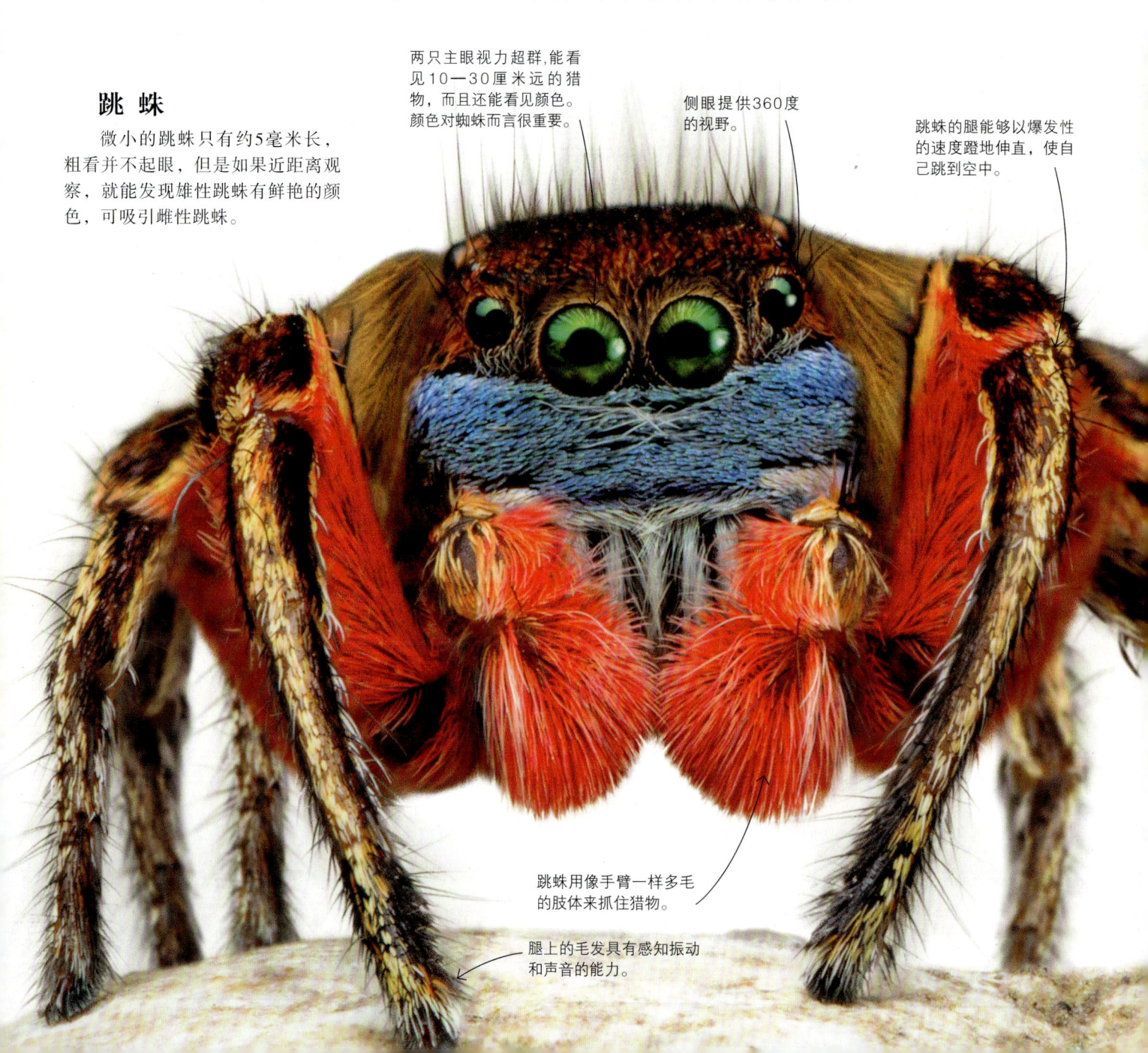

跳蛛

微小的跳蛛只有约5毫米长，粗看并不起眼，但是如果近距离观察，就能发现雄性跳蛛有鲜艳的颜色，可吸引雌性跳蛛。

两只主眼视力超群，能看见10—30厘米远的猎物，而且还能看见颜色。颜色对蜘蛛而言很重要。

侧眼提供360度的视野。

跳蛛的腿能够以爆发性的速度蹬地伸直，使自己跳到空中。

跳蛛用像手臂一样多毛的肢体来抓住猎物。

腿上的毛发具有感知振动和声音的能力。

生命 123

蛛 网

不同种类的蜘蛛织不同的蛛网来捕捉昆虫猎物。令人惊讶的是，超过一半的蜘蛛物种不织蛛网，而是用其他方式捕食猎物。

轮形蛛网
这种平面圆形图案是最常见的蛛网类型，由辐射状蛛丝和螺旋状蛛丝构成。

锯齿形蛛网
锯齿形图案可能有助于蜘蛛伪装，或阻止鸟类撞入蛛网。

混乱式蛛网
有些蛛网是由随机编织的蛛丝构成的毯状结构，看起来凌乱，但能使猎物很难逃脱。

捕捉猎物

一旦这只裂叶金蛛捕捉到猎物，它就会用蛛丝将猎物紧紧包裹，并且注入消化液，将猎物变成液体，然后吸食它。

蛛丝在蜘蛛的体内以液体形态存在，但是接触到空气后会变成固体，而且非常坚韧。

塔兰托毒蛛会发射有刺激性的小毛，刺痛捕食性动物的皮肤和眼睛！

蜘蛛的体内

蜘蛛的身体有两个部分。较小的前身长着8条腿。较大的后身有纺器和丝腺。坚硬的外骨骼保护着重要的器官。

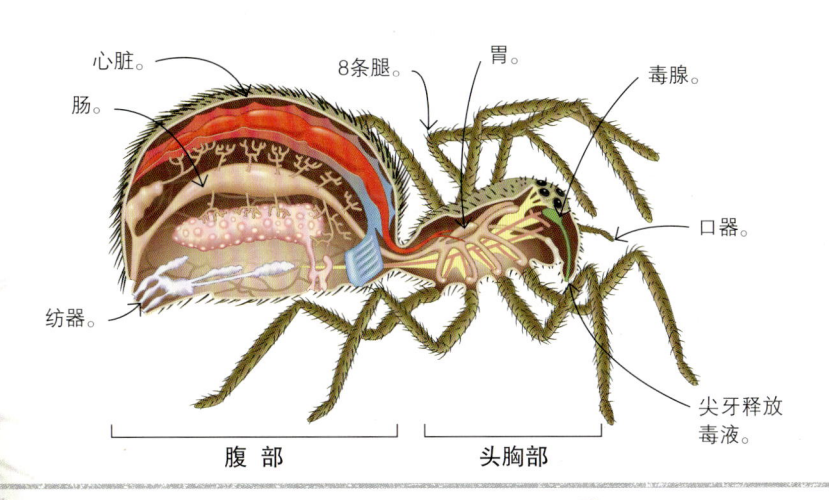

心脏。 8条腿。 胃。 毒腺。
肠。 口器。
纺器。
尖牙释放毒液。
腹部 头胸部

厉害的颚齿！

避日蛛是一种蛛形动物，有非常厉害的颚齿，能将猎物咬碎后再吞食，与蜘蛛先液化猎物再吸食的方式不同。

用颚齿咬住甲壳动物。

其他蛛形动物

蜘蛛属于一类被称为蛛形动物的动物类群。蛛形动物的身体有两个部分，通常有8条分节的足和硬外骨骼。

蝎子
这类可怕的蛛形动物用螯肢抓猎物，它们还有一条灵活的、带有毒刺的尾巴。

蜱和螨虫
蜱是吸血寄生虫。螨虫非常微小，肉眼无法看见。

鞭蝎
这类蛛形动物在夜间捕食，用6条后腿行走，并且将第一对腿用作触角。

盲蛛
这类蛛形动物有非常细长的腿。雌性盲蛛会用嘴随身携带它们的卵。

鱼的传说

地球的水域中游动着大约32000种鱼。鱼类有着丰富的多样性，有在热带沼泽中游动的小鲤鱼，也有在阳光照耀下的海洋中巡游的庞大鲸鲨。鱼类在不同的地方以不同的方式生存繁衍。

尾鳍推动鱼向前游动。

侧线感知水流的运动。

背鳍帮助鱼类直线游动。

水流入口中。

臀鳍维持身体平衡。

鳔囊起浮力器的作用。

鳃从水中提取氧气。

腹鳍和胸鳍有助于控制游动方向。

鱼的体内

鱼主要被分为3大类：硬骨鱼、软骨鱼（例如鲨鱼和鳐鱼）和无颌鱼（例如海七鳃鳗）。上图是典型的硬骨鱼的解剖结构，这是最常见的一类鱼。

鱼群

许多种鱼会组成鱼群。成群结队能增加鱼类发现危险和逃避捕食者的机会。如果一个鱼群由同一物种组成，例如上图中的这群栖息在珊瑚礁里的条斑胡椒鲷，那么就构成了一个种群。

河豚会将胃充满水以扩大体积。

刺鲀是河豚的一种。它们的刺警告捕食者不要轻举妄动。

为了吓跑捕食它们的动物，有毒的河豚能膨胀成一个带刺的球体！

鲜艳的背鳍竖立起来以吸引配偶。

肌肉发达的胸鳍可用于跳跃、行走和攀爬。

臀鳍可帮助雄性大弹涂鱼跃入空中至60厘米的高度。

生命 125

雄性黄头后颌䲢在口中孵卵！

雄性泰国斗鱼会展开尾鳍，让自己看起来更大，以吸引雌性。

华丽的斗士

许多热带鱼表面有鲜艳的颜色，用于吸引配偶、驱赶竞争对手或躲避捕食它们的动物。

鱼是什么？

鱼的物种比其他脊椎动物（哺乳动物、鸟类、爬行动物和两栖动物）的物种总和还要多。尽管鱼的种类繁多，但是鱼类有一些共同特征。

有脊椎
所有的鱼类都有脊椎，大多数鱼类具有内骨骼。

变温
绝大多数鱼类都是变温动物，但是月鱼是个例外。

有鳃
鱼类从流过鳃的水中吸收氧气，并且将氧气输送到血液中。

生活在水中
几乎所有鱼类都生活在水中，但是有少数鱼类是两栖的，能在水外生存。

覆盖着鳞片的皮肤
坚韧的鳞片保护着鱼类柔软的皮肤。鳞片相互重叠排布以使鱼类能灵活地游动。

离开水的鱼类

尽管大多数鱼类无法在陆地上生存，但是有少数鱼类能够在陆地上"行走"和呼吸，大弹涂鱼就是其中的一种。它们能将鳍用作腿，在泥滩上爬行，还能通过皮肤吸收氧气，因此在陆地上停留数小时之久。

雌性大弹涂鱼的背鳍上有伸长的棘刺。

海洋吸血鬼！

无颚的海七鳃鳗是一种寄生动物。它们附着在硬骨鱼身上，用粗糙的舌头锉破鱼体，然后吸食其体液和血液。

鲨鱼袭击

有些种类的鲨鱼是捕食性动物，处于海洋食物链的顶端。它们捕食鱼类、海鸟和海龟等海洋动物。尽管有些大型鲨鱼有着令人胆战心惊的名声，却是性情温和的。还有一些小型鲨鱼依靠感知能力来防御，而不是一味地攻击。

鲨鱼的身体结构

鲨鱼的骨骼不是由硬骨构成的，而是由软骨构成的。软骨是像人类耳朵那样坚韧而有弹性的组织。鲨鱼有敏锐的感知，有助于捕猎。它们有强大的尾巴和鳍，使它们能够在水中灵活快速地游泳。

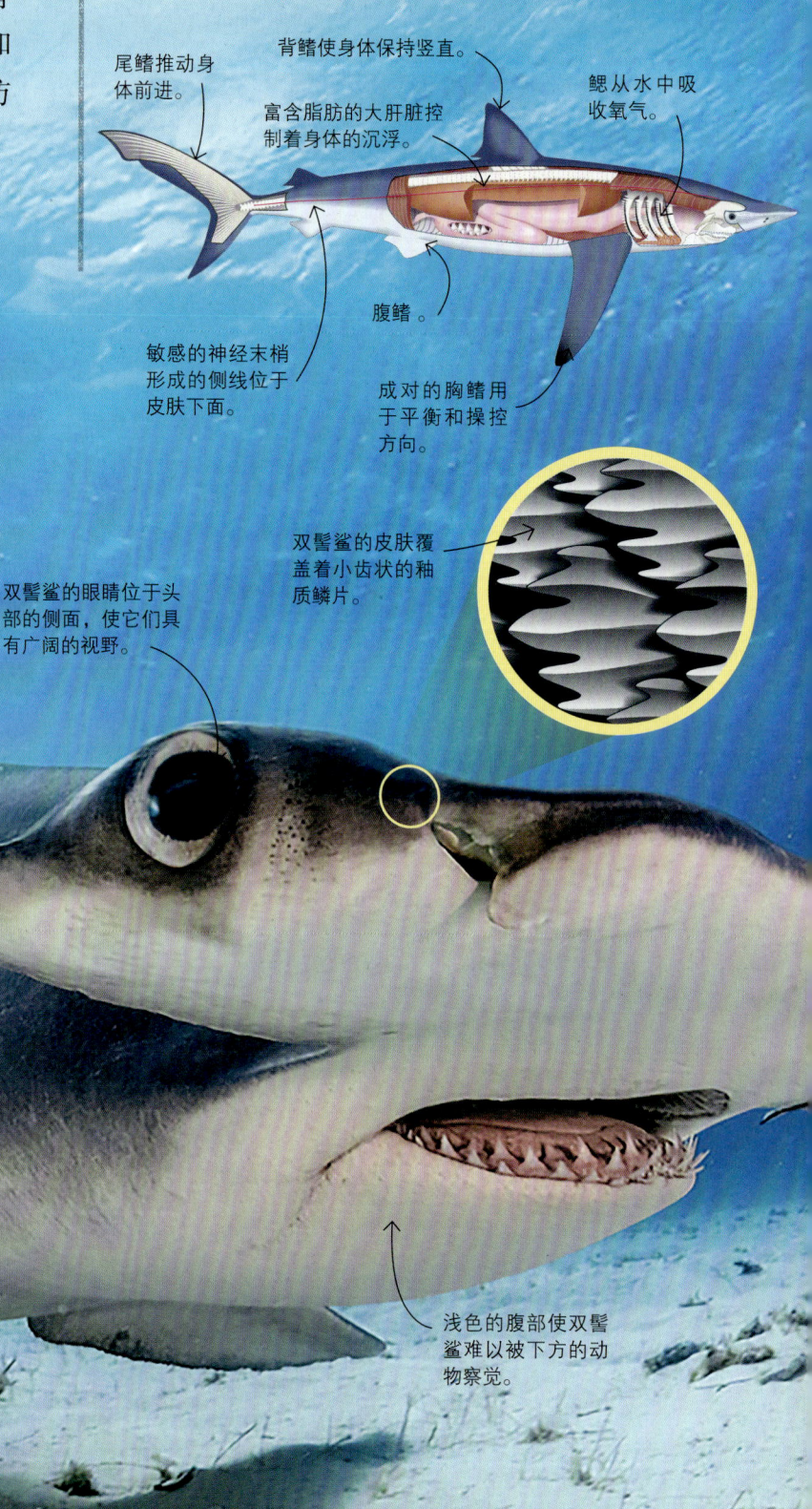

尾鳍推动身体前进。

背鳍使身体保持竖直。

鳃从水中吸收氧气。

富含脂肪的大肝脏控制着身体的沉浮。

腹鳍。

敏感的神经末梢形成的侧线位于皮肤下面。

成对的胸鳍用于平衡和操控方向。

超强的感知能力

这条双髻鲨正在捕食小鱼、鱿鱼和一些甲壳类动物。鲨鱼具有惊人的感知能力，能通过嗅孔探测到动物的电信号。鲨鱼的侧线系统能察觉水中的振动。

双髻鲨的皮肤覆盖着小齿状的釉质鳞片。

双髻鲨的眼睛位于头部的侧面，使它们具有广阔的视野。

身体侧面的侧线神经能够感受到猎物造成的水波振动。

浅色的腹部使双髻鲨难以被下方的动物察觉。

巨大的蝠鲼

蝠鲼是巨型海洋动物，是鲨鱼的近亲。最大的蝠鲼的翼展（两个鳍尖之间的距离）可达到7米。

← 巨大的三角形鳍。

侏儒灯笼鲨是最小的鲨鱼物种，仅有20厘米长！

鲨鱼的繁殖方式

鲨鱼以3种方式繁殖。有些种类的鲨鱼产卵，在母体外孵化卵；有些种类的鲨鱼产卵，并在母体内孵化卵；还有些种类的鲨鱼会直接产下活体幼鲨。

东太平洋绒毛鲨
这种鲨鱼会产生名为"美人鱼钱包"的卵盒，然后将卵产在卵盒中就离开了，让胚胎独自在卵盒中发育。

白斑角鲨
这种鲨鱼的卵在母体内发育。图中这条新生的白斑角鲨仍然连着卵黄囊。

柠檬鲨
这种鲨鱼的后代在母体内生长，直到成为能独立生存的幼鲨才离开母体。

鲨鱼的近亲

鲨鱼并不是唯一的软骨鱼类，它还有两个近亲——银鲛和鳐鱼。鲨鱼是最大的软骨鱼类群体，有数百种物种。

银鲛
这类鱼主要生活在深海中。它们有大眼睛，能够在黑暗中看路。

→ 银鲛。

鳐鱼
这类鱼有宽阔扁平的身体。许多鳐鱼有细长的尾巴。

← 魔鬼鱼。

鲨鱼
大多数鲨鱼具有锋利的牙齿、敏锐的感官和强大的颚部。

→ 豹鲨。

长吻银鲛于4.2亿年前首次出现在海洋中，比恐龙出现得要早得多！

← 能够在沙中搜索猎物的吻部。

鲨鱼的牙齿

锥齿鲨的牙齿生长成排列不整齐的3行。当旧牙齿脱落时，就有新牙齿替换它。有些鲨鱼在一生中会换约3万颗牙齿。

← 头部前端的小孔被称为罗伦氏壶腹，能检测到鱼类释放出的电流信号。

← 这些牙齿很尖锐，具有锋利的尖端和锯齿般的外形。

→ 尖形的头部和锥形的吻部。

乌翅真鲨能感知1千米外的猎物！

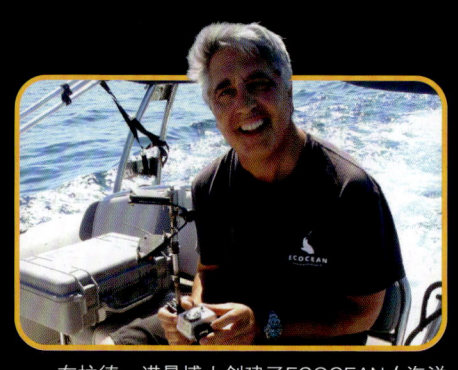

布拉德·诺曼博士创建了ECOCEAN（海洋生态环保）图书馆，这是一个致力于监测鲸鲨的公民科学项目。诺曼博士是澳大利亚西部的莫道克大学的研究员。

张开大口

鲸鲨是世界上最大的鱼类，它们的身体可长达12米，但它们是温和的巨型鱼类，以微小的浮游生物为食。小鱼经常在它们旁边游动，以求得到保护。每条鲸鲨都有独特的斑点和线条图案，这些斑点和图案就像指纹一样，可以作为识别它们的标志。

采访
海洋生物学家

问：你在鲸鲨方面的工作是什么？

答：我于1995年创建了ECOCEAN（海洋生态环保）图书馆，用于监测鲸鲨。现在它已经发展成为鲸鲨网站（www.sharkbook.ai），并且得到了来自50多个国家的科学家的帮助和支持。如果你有防水照相机，你可以在潜水时拍摄照片，然后上传到鲸鲨网站，来支持鲸鲨研究。

问：你们发现的最有趣的事情是什么？

答：到目前为止，我们已经识别了数千条鲸鲨，并且已经能够确定鲸鲨的"热点"，也就是鲸鲨的重要栖息地，但令人惊讶的是，我们仍然不知道鲸鲨的繁殖地点，而且很少见到很小或者很大的鲸鲨。

问：鲸鲨会远行吗？

答：它们可以游到数千千米外的地方，但是有些鲸鲨每年都会返回同一个地方，例如"矮胖子"是我在1995年与之一起游泳的第一条鲸鲨，它已经连续25年每年都返回澳大利亚西部的宁格鲁礁。

问：与鲸鲨一起潜水是什么样的体验？

答：是真正令人惊叹的体验！这对我来说是改变人生的体验。我已经与这种大鱼一同游了将近30年，而且我不打算停下来。有时候鲸鲨会稍微对我感到好奇（这很有趣，但不可怕），但大多数时候它们会无视我的存在。

问：与鲸鲨一起游泳会打扰它们吗？

答：如果你与鲸鲨一起游泳，你应该在它们的旁边游泳，要给它们足够的空间，不要挤它们或游在它们前面。要始终保持与鲸鲨至少3米的距离。不要试图触摸它们。这是为了你的安全，也是为了它们的安全。

问：我们如何保护鲸鲨？

答：保持海洋的健康是保护鲸鲨的最佳方法。每个人都可以通过减少浪费来尊重和改善整个地球的生态。

问：你对一个有志成为海洋生物学家的人有什么建议？

答：追随你的热情。如果你热爱海洋，就将海洋放在你的心中，成为你的目标，并且尽你所能去帮助海洋。

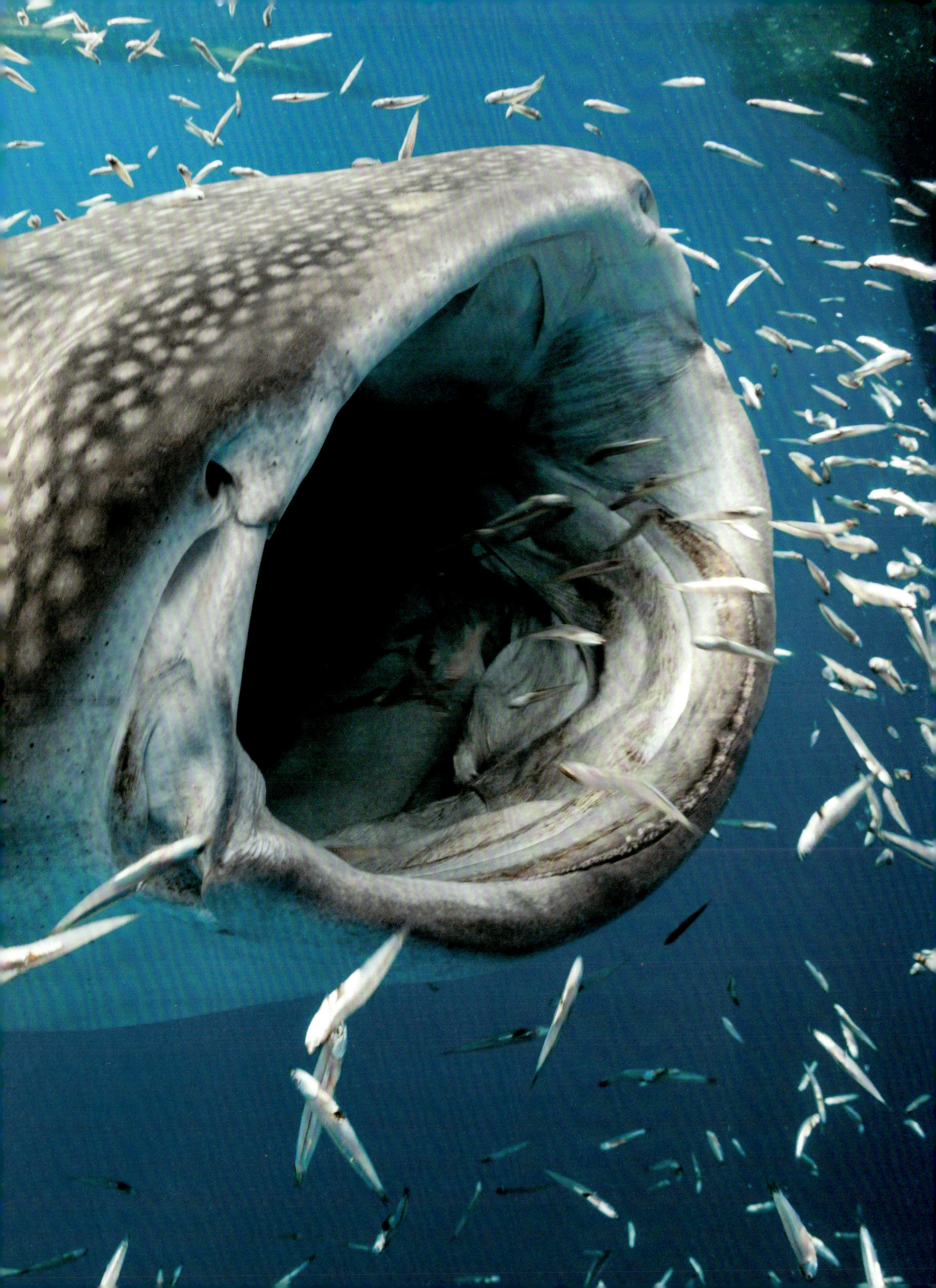

130　生命

什么是两栖动物？

所有的两栖动物都是呼吸空气的变温脊椎动物。它们有光滑的薄皮肤。大多数两栖动物通过产卵繁殖，并且在水中度过生命中的幼体阶段。

有脊椎
所有两栖动物都有脊椎和内骨骼。

变温
两栖动物的体温与周围环境相同。

产卵
大多数两栖动物会在潮湿的地方产卵，以防止卵变干。

水生幼体
两栖动物在水中开始生命，然后逐渐长成能够在陆地上生活的成体。

湿润的皮肤
所有两栖动物都能在水下通过湿润的薄皮肤呼吸。

蛙的鸣叫

有些蛙类物种，例如湖侧褶蛙，拥有声囊，也就是充满空气的、能放大声音的皮肤袋。蛙的鸣叫声能传到1.6千米开外！

蜻蜓是蛙类最喜欢的食物。

多指节蟾

成年蛙

蝌蚪

大多数蛙类物种都有从卵到小蝌蚪再到成年蛙的变态发育过程。多指节蟾的蝌蚪的体型特别大，而在发育为成年蛙后体型会缩小到原来的三分之一。

蓝绿色的背部提供了伪装效果（从上方往下看）。

凸出的眼睛给予黑蹼树蛙广阔的视野。

腹部的鲜艳颜色是向捕食性动物示警。

黏性趾垫有助于黑蹼树蛙抓紧树枝。

用于抓握的脚趾。

长而有力的后腿。

巨型蚓螈

能在土中钻洞的坚硬的尖头。

世界上有近200种已知蚓螈，图中1.5米长的巨型蚓螈是最大的。与大多数蚓螈一样，巨型蚓螈也很善于挖洞。

锋利的针状牙齿有助于捕获猎物。

牛蛙跳跃的距离是自身身长的20倍！

牛蛙的身长能达到15厘米。

牛蛙跳跃距离远达3米。

两栖动物的把戏

两栖动物是数百万年前从鱼类进化而来的，它们拥有一种令人惊奇的能力：既能在水中生活，也能在陆地上生活。

中国南方的大鲵是世界上最大的两栖动物！

大鲵长达1.8米。

冠欧螈

下图为冠欧螈，它们的幼体生活在水下，用鳃呼吸。但是它们的鳃会退化，转而用肺呼吸，这样它们就能够离开水了。

趾间有部分蹼的脚。

羽毛般的长长的鳃。

树蛙

黑蹼树蛙生活在潮湿的热带雨林树冠层中。它们用宽大的爪抓住树枝，还能利用像滑翔伞一样的蹼状脚在树木之间滑行。它们在水面上方的树叶上产卵，这样蝌蚪孵化后就会掉入水中。

两栖动物分类

两栖动物仅被分为3类，但是它们的体形非常不同。世界上总共有大约8100种两栖动物。

蚓螈
蚓螈是类似蠕虫的、没有肢体的两栖动物，它们生活在地下或水中，很少被人看见。

蝾螈
这类蜥蜴般的动物有长尾巴和四肢。

蛙和蟾蜍
蛙和蟾蜍是最大的一类，它们有较长的后腿和较短的前腿。

爬行动物称霸

爬行动物分类

爬行动物主要分为4大类，其中一类是喙头蜥，现在仅存两种物种。

蜥蜴和蛇
这是最大的一类，包括各种有鳞片皮肤的蜥蜴和无肢体的蛇类。

陆龟和海龟
海龟生活在水中，而陆龟生活在陆地上。它们都有圆顶壳，很容易辨认。

鳄类动物
鳄鱼、短吻鳄和凯门鳄是一些强大的爬行动物。它们主要生活在水中。

喙头蜥
这类蜥蜴般的爬行动物曾经与恐龙生活在同一时代，很幸运地繁育至今。

这类有鳞片的幸存者中有一些是世界上最可怕的动物，包括巨大的科莫多巨蜥、超大型蛇和凶猛的鳄鱼。

双冠蜥能在水面上行走。它们用后脚在水面上快速滑行！

暴躁的蜥蜴

科莫多巨蜥是世界上最大的蜥蜴。它们为了争夺配偶，与对方扭打，并且喷射毒液。

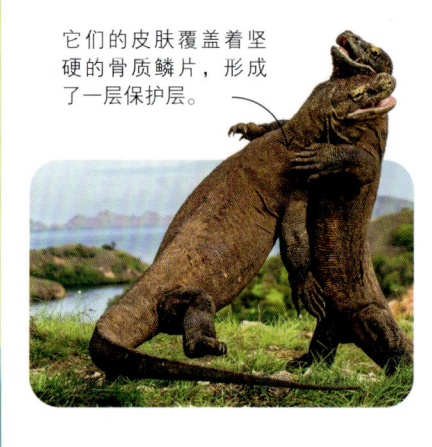

它们的皮肤覆盖着坚硬的骨质鳞片，形成了一层保护层。

眼睑有鳞，呈锥形。

这只豹变色龙能将尾巴缠绕在树枝上，以便在攀爬时提供支撑。

巨型陆龟

加拉帕戈斯象龟是世界上最大的陆龟。有些加拉帕戈斯象龟重达225千克，身长达1.5米。它们也是寿命最长的陆地动物之一，能够存活100多年。

壳上的鳞片由角蛋白构成，与人类指甲的成分相同。

坚硬的壳保护着柔软的身体。

变色能力

变色龙以其改变体表颜色的能力而得名，它们会根据自己的心情和环境温度改变颜色。这类蜥蜴还具有能分别移动眼球的能力，使它们具有360度的视野。

什么是爬行动物？

所有爬行动物都是变温的脊椎动物，具有不透水的硬皮肤，这使它们能够在干燥的环境中生存。

变温
爬行动物的体温依靠外界热量来维持，随外界温度的变化而变化。

有脊椎
爬行动物的身体由硬骨脊椎和内骨骼支撑。

有鳞片的皮肤
鳞片保护皮肤，限制水分流失，并且能散热。

大多数产卵
爬行动物通常用产卵的方式繁殖，这些卵有防水的外壳。

少数产崽
有些蛇和蜥蜴会产下发育成熟的幼崽。

纳米变色龙是地球上最小的爬行动物，身长仅为13.5毫米！

爬行动物的争斗

金花蛇在树木之间滑行，寻找猎物。图中这条金花蛇扑向了一只有红斑点的大壁虎，并且将它紧紧缠住勒死。在这次争斗中，金花蛇取得了胜利，但是通常大壁虎能够智胜金花蛇。

金花蛇将自己缠绕在大壁虎的身上。

壁虎是令人惊叹的攀爬者，它们的趾垫上有微小的毛发，这些毛发帮助它们抓紧物体表面，因此它们能在墙上奔跑，也能从天花板上横穿而过。

金花蛇的身体又长又有力，具有强大的柔韧性。

金花蛇用牙齿咬住猎物。

大壁虎的眼睛凸出，这是因为它在挣扎中努力呼吸。

有鳞片的皮肤

所有爬行动物体表都有一层保护鳞甲。蜥蜴和蛇的体表被鳞片覆盖，而陆龟、海龟和鳄类动物则有角质板。

蛇的皮肤
红尾蚺的鳞片图案有助于它们在捕食时隐蔽。

蜥蜴的皮肤
蓝斑蜥蜴的鳞片会随着它们的生长而改变颜色，形成迷宫般的图案。

鳄鱼的皮肤
鳄鱼的角质板被称为鳞甲，鳄鱼背部的鳞甲最厚实。

凶猛的鳄类动物

爬行动物中体型最大的一类是鳄类动物。它们是凶猛的猎手，能快速游泳。它们潜伏在热带河流和沼泽的水下，等待着攻击猎物的最佳时机。

濒危的恒河鳄

恒河鳄属于长吻鳄，原产于印度北部和尼泊尔的沙质河岸，但是水坝的修建破坏了它们的许多栖息地。它们还面临着被困在捕鱼网中的威胁。

成年恒河鳄的身长能达到6.5米。

有肌肉的扁尾巴能在水中提供推力。

最强大的咬合力！

鳄鱼拥有所有陆地动物中最强大的咬合力，足以咬碎猎物的头骨。唯一能超过它们的陆地动物是可怕的霸王龙。霸王龙的咬合力是鳄鱼的3倍以上。

谁是谁？

世界上有24种鳄类动物，它们分属于3个科：短吻鳄科；鳄科；长吻鳄科。下面是如何区分它们的方法。

又短又宽的吻部。

短吻鳄科

当这类爬行动物闭上嘴时，下牙大多会隐在嘴里。它们生活在美洲的淡水中。

V形长吻部。

鳄 科

鳄鱼分布于热带地区的淡水和咸水中，它们有V字形长吻部。即使闭上嘴，尖锐的下牙也会露出来。

细长的吻部，用于捕捉鱼类。

长吻鳄科

长吻鳄的细长吻部有110颗牙齿。雄性长吻鳄的吻部末端有一个独特的鲑起。它们生活在淡水中。

透明的第三眼睑在水下保护眼睛。

美洲鳄的背部呈灰色。

生命　135

最大和最小！
最大的鳄类动物是强大的湾鳄，也被称为咸水鳄，它们也是所有现存爬行动物中最大的。而最小的鳄类动物则是钝吻古鳄。

钝吻古鳄的身长为1.4米。　湾鳄的身长为7米。

突然袭击
鳄鱼是潜伏在水中进行猎杀的隐秘猎手。它们会从水中突然发起攻击，咬住猎物，并且将它拖入水中作死亡翻滚，直到猎物被淹死。鳄鱼会整个吞下小猎物，但是会撕裂较大的猎物。

潜伏　鳄鱼悄悄地接近猎物。

突袭　闪电般地突袭，死死咬住猎物。

死亡翻滚　将猎物拖入水中并且不断翻滚，直到猎物被淹死。

湾鳄幼崽
当小湾鳄孵化后，会利用特殊的"卵牙"破壳而出。这些小幼崽开始啾啾叫，由母湾鳄用嘴带着它们安全地下水。

吻端有卵牙。
鳞甲覆盖着身体。
脚掌有用于游泳的蹼。

鳄鱼是什么？
鳄鱼是生活在水中的大型食肉爬行动物。它们有坚硬的装甲皮肤，还有配备着锋利牙齿的强大颚部。它们的眼睛、耳朵和鼻孔位于头的顶部，因此它们在几乎完全浸没在水中的情况下，也能观察、听和嗅周围的环境，伏击猎物。

尖锐的牙齿用于攻击猎物。

鳄鱼牙齿的长度能达到10厘米。

鳄鱼的牙齿经常脱落并被更替。一条鳄鱼在一生中能长出多达3000颗的牙齿！

滑行的蛇类

这类灵活的爬行动物生活在世界上几乎每个国家，共有3000种物种。尽管人们对它们心生恐惧，但大多数蛇类对人类是无害的。它们的攻击可能是致命的，但是通常只对小型动物（例如老鼠和青蛙）构成威胁。

蛇的攻击

图中这条翠绿树蚺白天盘踞在树上，用强有力的尾巴紧紧缠着树枝。到了晚上，它开始行动，向鸟类扑击，用灵活的颚部咬住猎物，用獠牙钩住猎物，然后用身体缠绕猎物，将猎物勒死。

- 白天，瞳孔会收缩成垂直的缝隙状。
- 这些尖锐的獠牙没有毒性，但是它们能够用致命的力量咬住猎物。
- 两颚的连接并不是硬连接，而是能够脱离和分开移动的，这使两颚能够张开得非常大，便于吞食猎物。
- 成年翠绿树蚺呈亮绿色，腹部颜色较浅。
- 身体的肌肉发达，具有强劲的蠕动力。
- 獠牙向内弯曲，使猎物更难逃脱。

响尾蛇的警告

响尾蛇的尾部有一串角质环，由坚硬的鳞片构成。当它摇动时会发出很大的声响，用来吓退企图攻击它的动物。如果对方没有被吓退的话，响尾蛇可能会率先发起致命的攻击。

内陆太攀蛇咬一口猎物所排出的毒液足以杀死100个成年人！

生命　137

网纹蟒的长度能达到10米！

幼蛇会使用"卵牙"在蛋壳上打一个孔。

然后幼蛇从孔中蠕动而出。

孵化

大多数蛇类通过产卵繁殖。雌蛇可能会在温暖的沙土或土壤中产下多达100枚蛋。这些蛋具有皮质外壳，能保持里面的水分。雌蛇通常会离开这些蛋，让它们自行孵化。

有毒的响尾蛇

响尾蛇，例如图中罕见的蓝色响尾蛇，上颚长有锋利、中空而且可折叠的毒牙，能将毒液注入猎物的体内。当不使用时，毒牙会向后折叠到上颚。

重叠的鳞片使响尾蛇能够弯曲和扭动身体。

微笑的杀手！

不要被它背部的笑脸所迷惑！印度眼镜蛇是印度最毒的蛇之一。它们会竖起身体，张开颈部的外皮，来吓退潜在的威胁。

蛇的感知能力

蛇利用舌头来"品尝"空气，寻找潜在食物的气味。这得益于一种叫做雅克布逊的味觉器官。

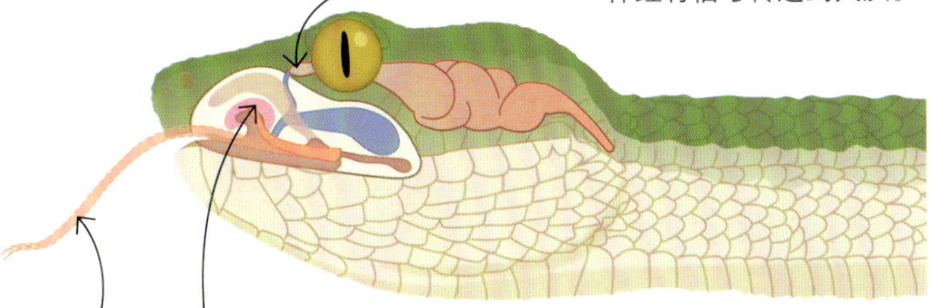

神经将信号传递到大脑。

蛇的舌头收集气味颗粒。

舌头会缩回雅克布逊器官中。

吞食

下图这条蟒蛇将一头鹿勒死后，正在试图将鹿整个吞下。几乎所有的蛇，无论是否有毒，都会吞下整只猎物而不咀嚼。它们用张开的颚部将猎物含住，然后将猎物推入胃中。

颜色模仿

有些无毒的蛇利用伪装来自保。为了使自己看起来不像一只无助的猎物，它们会模仿其他比较危险的蛇类的颜色。

有毒的珊瑚蛇有鲜艳的颜色，相当于警告潜在的捕食性动物。

奶蛇并没有毒，但是它们鲜艳的颜色可能会吓退捕食性动物。

大胃王

北美倭鼩鼱是世界上最小的哺乳动物之一，但是与它们的体型相比，它们的食量极大。为了维持生命，它们每天需要摄入大约3倍于自己体重的食物。

成年北美倭鼩鼱的体重约为3克。

生存策略

野外生活就是为了生存而不断进行的战斗。为了能够获得食物和不被其他动物吃掉，动物发展出了一些非常特殊的生存策略。

有毒液的动物

许多动物用毒液来使猎物失去行动能力，或者在自卫时保护自己免受攻击。

1 箱水母 这种水母产生的毒素毒性非常大，足以毒死一个人。

2 石鱼 这种鱼伪装成海底的岩石。如果不小心踩到它们，它们就会射出致命的螫刺。

3 吉拉毒蜥 当这种蜥蜴用颚咬住猎物时，它们的毒牙会使猎物极度痛苦。

4 蜂猴 这种灵长类动物能分泌出一种与它们的唾液混合后具有毒性的油，在撕咬时令对手中毒。

5 芋螺 这种漂亮的软体动物用充满毒液的箭状齿舌捕猎，以使猎物失去行动能力。

6 鸭嘴兽 雄性鸭嘴兽用位于后腿上的充满毒液的脚刺来击退对手。

最快的动物

有些动物以它们在捕猎时能达到的速度而闻名。以下是陆地、海洋和空中运动速度最快的动物。

最快的鸟 游隼 约300千米/小时

最快的鱼 印度枪鱼 约130千米/小时

最快的陆地动物 猎豹 约95千米/小时

最快的昆虫 澳大利亚蜻蜓 约60千米/小时

鱼多势众

如果单独一只动物不足以击退捕食性动物，那么它们可能会聚集在一起以增加力量。下图的一大群鲭鱼至少能保护其中的一些鲭鱼免遭在下方游弋的条纹四鳍旗鱼的捕食。

最长的爪子

大犰狳拥有所有动物中最长的爪子，能挖开白蚁丘，寻找食物。与之相比，美洲角雕的爪子和老虎弯曲的爪子都显得很小！

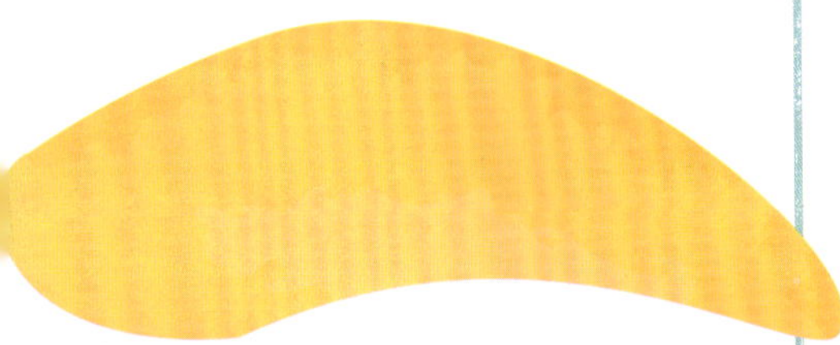

20厘米
大犰狳爪

18厘米
大食蚁兽爪

12.5厘米
双垂鹤鸵爪

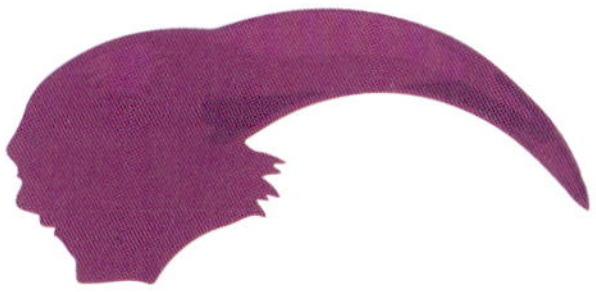

12.5厘米
北美灰熊爪

10厘米
三趾树懒爪

10厘米
美洲角雕爪

10厘米
虎爪

可怕的牙齿

最锋利的牙齿
吸血蝙蝠拥有锋利的牙齿，用于在夜晚捕食时咬住猎物，但是它们很少咬人类。

最长的牙齿
雄性独角鲸拥有一颗长牙，从上唇伸出来，形成剑状。这颗牙长达3米。

牙齿数量最多的
鲸鲨的嘴很宽阔，里面有约3000颗微小的牙齿，排列成300行，但是因为鲸鲨已经演化成了滤食性动物，所以这些牙齿并无大用。

最奇怪的牙齿
锯齿海豹拥有锯齿状牙齿（如上图所示）。这些牙齿像筛子一样，能过滤海水中的磷虾（小型甲壳类动物）。

长得最快的牙齿
太平洋蛇鳕是深海鱼，它们的嘴里有500多颗不整齐的牙齿，每天会掉落约20颗牙齿并长出相应数量的新牙。

虽小但致命

蚊子比任何其他动物都致命。这种小昆虫通过叮咬能传播诸如疟疾之类的致命疾病，每年造成大约100万人死亡。

最快的拳头

雀尾螳螂虾是动物界中拥有最快攻击速度的动物，它们能以每小时高达80千米的速度挥动犹如铁拳的前腿。

花样百出的防守方式

动物使用各种令人惊奇的武器来自卫。有些动物甚至为了群体的利益而牺牲自己。

得州角蜥蜴能将自己膨胀成有刺的气球！

攻击的蚂蚁。

自爆的蚂蚁。

得州角蜥蜴
得州角蜥蜴可以从眼睛中喷射有毒的血液来迷惑捕食它们的动物。

爆炸蚂蚁
这种蚂蚁会自爆，释放出一种黏性的黄色液体来杀死攻击者。

欧非肋突螈
如果受到威胁，这种蝾螈会将自己的肋骨穿出皮肤，形成刺枪。

漂亮的鸟类

有些鸟类不会飞行，有些鸟类能够表演惊人的"空中杂技"。鸟类分布于各大洲的各种栖息地，在湿地和荒漠等各种环境的天空中，都有鸟类用强有力的翅膀在翱翔。

4.翠鸟返回栖木后，就可以尽情地享用它的猎物了。

1.这只翠鸟发现水中的猎物，立即开始俯冲。

极速俯冲

翠鸟俯冲到水面捕捉鱼类的整个攻击过程仅仅在几秒钟内就能完成。它们的速度是如此之快，以至于肉眼看只是一片蓝红色的残影。

3.仅仅拍动几次翅膀就轻松地向上飞回了天空。

2.尖尖的喙首先触水，准确地叼住一条鱼。

蛋 壳

鸟蛋包含了胚胎发育所需要的一切。蛋壳保护着胚胎，同时也让空气进入，而蛋黄则直接为胚胎提供营养。

蛋黄。 硬蛋壳。

蛋白。

充满氧气的气囊。 胚胎。

强壮的骨小梁！

正如上面的放大视图所显示的，鸟类的骨骼并不是实心的，而是由骨小梁构成的网状结构，这种结构使鸟类的骨骼既轻又坚固！

什么是鸟？

世界上大约有1万种鸟，包括小巧的褐色麻雀和鲜艳的天堂鸟。它们都有一些共同的关键特征。

恒温
与哺乳动物一样，鸟类也能够调节自身的体温，也是"恒温动物"。

有脊椎
所有鸟类都有一副强壮的内骨骼，它们的肌肉附着在骨骼上。

有羽毛
柔软的羽毛使鸟类保持温暖，而刚硬的羽毛则用于飞行。

产蛋
鸟类产硬壳蛋，并且在巢中孵蛋，直到雏鸟孵化出来，才会离开巢穴。

大多数会飞行
大多数鸟类都会飞行。但是也有例外，例如鸵鸟。

大小各异！

鸵鸟是世界上最大的鸟，身高可达2.8米。而吸蜜蜂鸟则是最小的鸟，身长只有6—12厘米，能站在铅笔尾端上。

吸蜜蜂鸟

鸵鸟

最长的翼展

漂泊信天翁

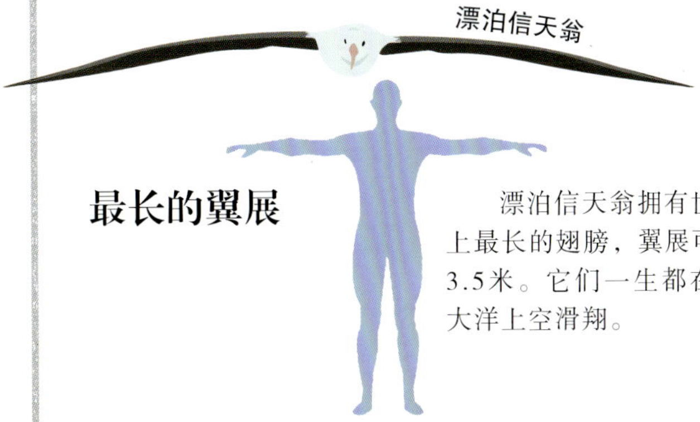

漂泊信天翁拥有世界上最长的翅膀，翼展可达3.5米。它们一生都在南大洋上空滑翔。

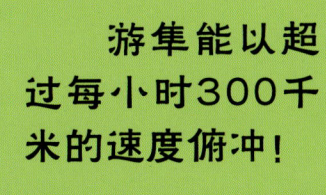

游隼能以超过每小时300千米的速度俯冲！

翅膀折叠在身体两旁，形成阻力最小的姿势。

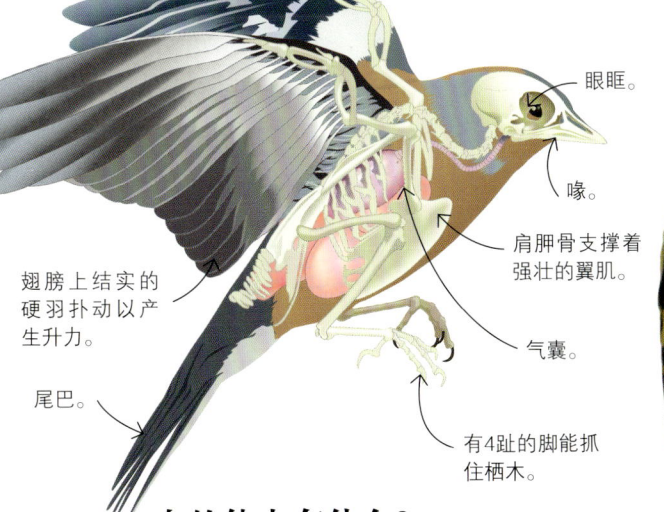

鸟的体内有什么？

鸟类拥有强健的骨骼和强壮的飞行肌肉。它们的身体内还有能将空气输送到肺部的气囊，以保持氧气供应，为飞行提供能量。

- 眼眶。
- 喙。
- 肩胛骨支撑着强壮的翼肌。
- 气囊。
- 有4趾的脚能抓住栖木。
- 尾巴。
- 翅膀上结实的硬羽扑动以产生升力。

羽毛轻盈

蓬松的鸟类羽毛外观漂亮，它们是由角蛋白构成的，具有流线型的形状，以实现平稳的飞行。

- 结实的羽轴。
- 羽小支。
- 羽纤支。
- 绒羽。

近距离观察
每根羽毛都由许多微小的分支构成。

筑巢者
许多鸟会在自己筑的巢中产蛋。黑头织雀对于筑巢比其他鸟类更精益求精。它们将草编织成精致的巢，并且将巢悬挂在树上。

生命 141

142　生命

酷炫的企鹅

企鹅不会飞行，但它们是超级游泳健将。它们虽然在陆地上步履蹒跚，但是在水中得心应手。在鳍状翅膀的推动下，它们的流线型身体能在海洋中迅速穿梭。

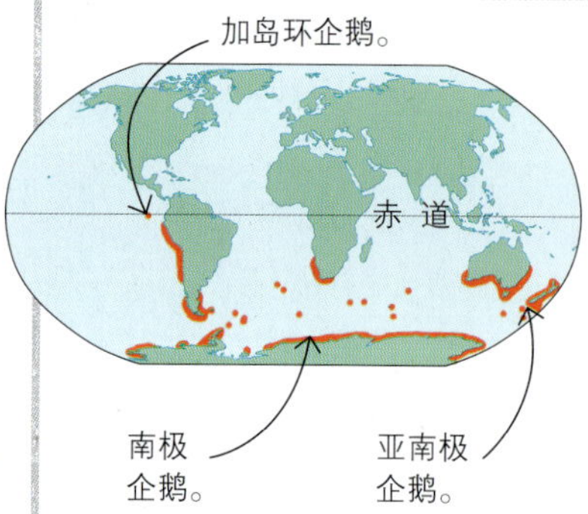

企鹅的多样性

世界上有18种企鹅物种，右边是其中有代表性的4种。

帽带企鹅
这种有刷状尾巴的企鹅在南极洲很常见。

小蓝企鹅
这是最小的企鹅物种，也被称为仙企鹅。

马可罗尼企鹅
这是一种冠羽企鹅，因其像意大利通心粉的黄色羽毛而得名。

斑嘴环企鹅
这种身上有条纹的企鹅是唯一的非洲企鹅物种。

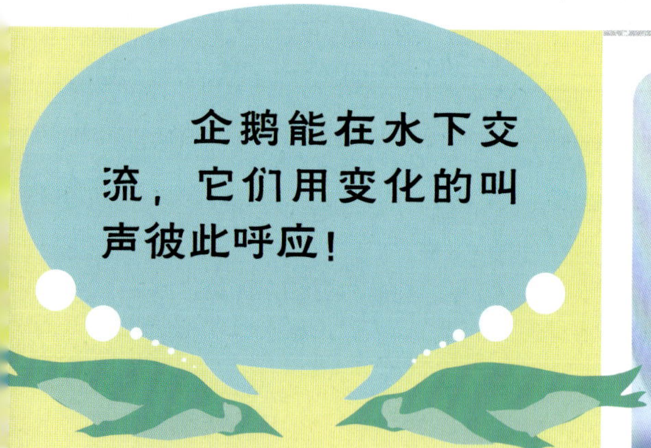

加岛环企鹅。
赤道
南极企鹅。
亚南极企鹅。

南方的家

企鹅生活在南半球，包括南极洲、亚南极岛屿和大陆。只有加岛环企鹅偶尔会游荡到赤道以北。

> 企鹅能在水下交流，它们用变化的叫声彼此呼应！

有倒刺的舌头

企鹅捕食滑溜的小型海洋生物，例如鱼类和乌贼。企鹅的舌头上有倒刺，这种倒刺被称为舌齿，用于阻止猎物在被吞咽之前逃脱。

南跳岩企鹅舌头上的倒刺指向喉咙的方向。

珍贵的蛋

这只雄性帝企鹅整个冬季都在保护雌性伴侣生的蛋。它把蛋捧在脚上，以免蛋接触地上的冰雪。

巨型企鹅！

帝企鹅是现存最大的企鹅。然而，4000万年前有一种现在已灭绝的巨型企鹅，它们的身长（从嘴到脚尖的距离）达到了惊人的2米。

1.36米　　1.65米　　2米

帝企鹅　　成年人平均值　　远古巨型企鹅

一只阿德利企鹅每天摄取的食物重量是自身体重的五分之一，这相当于人每天吃下30个汉堡！

企鹅群聚取暖

为了在寒冷的南极洲冬季中存活下来，帝企鹅会抱团取暖，并且轮换位置，这样每只企鹅都有机会在群体的中心享受一段时间的温暖。

水花飞溅

企鹅的鳍非常适应在水中划动，以推动自己前进。在危急关头，企鹅还能跃出水面，腾空而起。

潜水
企鹅潜入水中寻找鱼类等食物。

游泳
企鹅划动鳍来产生动力，并且用尾巴控制方向。

跳跃
企鹅在快速游泳"助跑"之后，能跃出水面跳上陆地。

帝企鹅通常形成大规模的群体，集结在一起生活。这类群体被称为"群落"。

狭窄的硬鳍在水中起到桨的作用。

帝企鹅的跳跃

这只帝企鹅从水中飞速腾空而起，然后在冰面上着陆，这样做也许是为了摆脱捕食它的动物。帝企鹅能够以每小时24千米的速度游泳，并且能够憋气长达20分钟！

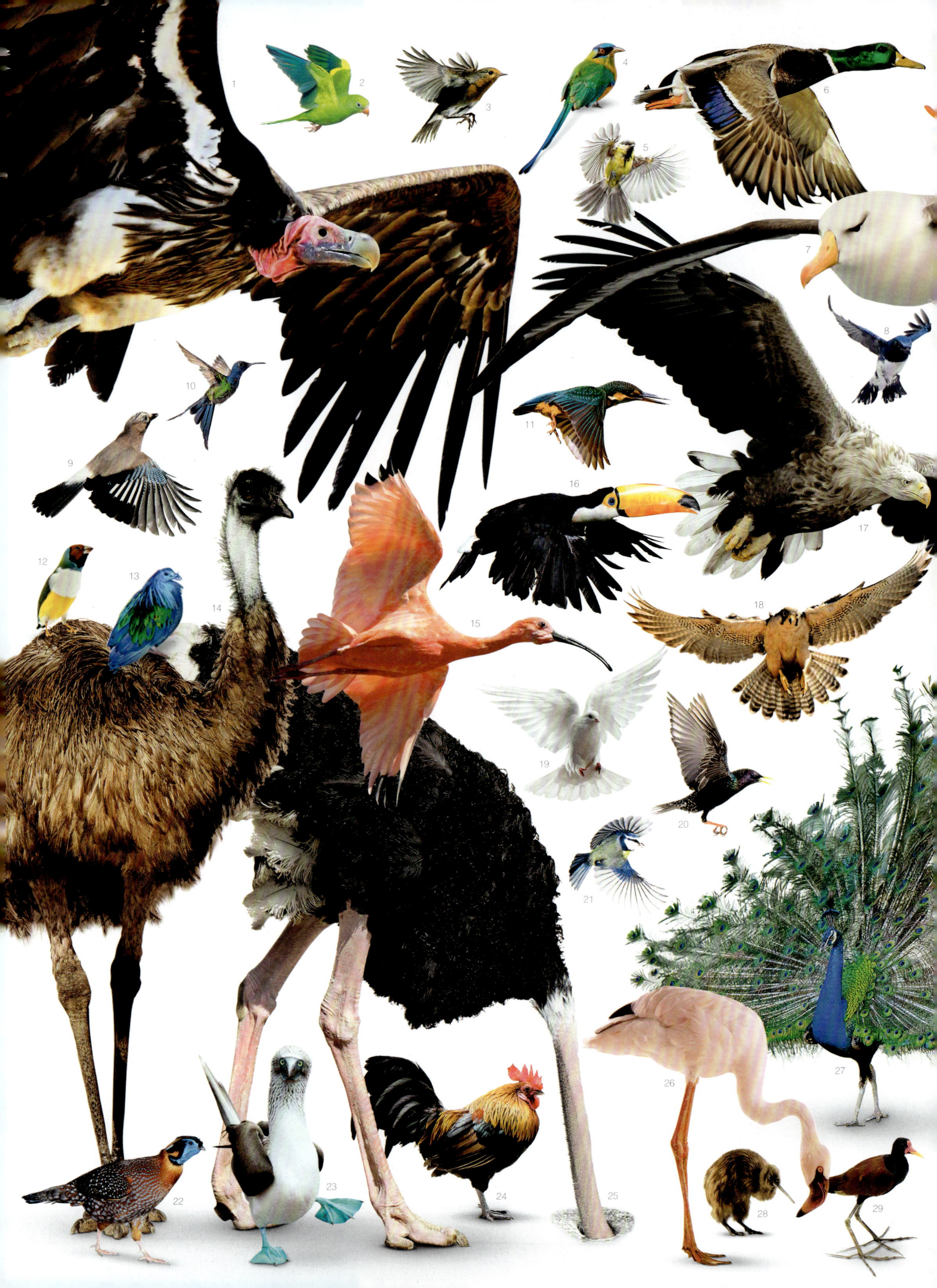
1
2
3
4
5
6
7
8
9
10
11
12
13
14
15
16
17
18
19
20
21
22
23
24
25
26
27
28
29

看图识别 鸟类

你精通观鸟吗？你能分辨知更鸟和走鹃吗？别忘了找出其中的异类！

1. 肉垂秃鹫
2. 黄翅斑鹦哥
3. 欧亚鸽
4. 蓝顶翠鸿
5. 大山雀
6. 绿头鸭
7. 黑眉信天翁
8. 白眉蓝姬鹟
9. 松鸦
10. 燕尾刀翅蜂鸟
11. 普通翠鸟
12. 七彩文鸟
13. 绿蓑鸠
14. 鹂鹊
15. 美洲红鹮
16. 鞭笞巨嘴鸟
17. 白尾海雕
18. 地中海隼
19. 环斑鸠
20. 紫翅椋鸟
21. 蓝山雀
22. 红腹角雉
23. 蓝脚鲣鸟
24. 红原鸡
25. 非洲鸵鸟
26. 小红鹳
27. 蓝孔雀
28. 褐几维鸟
29. 肉垂水雉
30. 五彩金刚鹦鹉
31. 北极海鹦
32. 原鸽
33. 美洲飞鼠
34. 白鹈鹕
35. 仓鸮
36. 丽色军舰鸟
37. 黄腹丽唐纳雀
38. 北极燕鸥
39. 黑嘴天鹅
40. 家燕
41. 暗棕鵟
42. 双垂鹤鸵
43. 红腹灰雀
44. 大蓝鹭
45. 草雀
46. 帝企鹅
47. 葵花凤头鹦鹉
48. 灰冠鹤
49. 野生火鸡
50. 走鹃

答案是"33"，美洲飞鼠，这种哺乳动物可以通过皮膜并借其长长的尾巴在空中滑翔，但它不是鸟类。

什么是哺乳动物？

哺乳动物最突出的特征是它们大多数具有毛发，以及它们的幼崽由母体分泌的乳汁喂养长大。它们还有其他共同特征。

恒 温 哺乳动物能调节体温，将食物转化为热量。

有脊椎 所有哺乳动物都有由硬骨构成的内骨骼。

有毛发 几乎所有哺乳动物都有一些毛发。这些毛发有助于保持体温。

胎 生 大多数哺乳动物的繁殖方式是胎生，而原兽亚纲中的单孔目动物靠产卵来繁殖。

分泌乳汁 母体通过分泌含有重要营养物质的乳汁来哺育幼崽。

巨大的犬齿。

河马是危险的陆地哺乳动物，每年导致多达500人死亡！

巨型食蚁兽

食蚁兽属于一类以昆虫为食的哺乳动物，但是没有牙齿。它们利用长长的黏舌头来舔食蚂蚁和白蚁。一只食蚁兽一天能吃掉多达35000只蚁。

长长的吻部非常适合探入白蚁丘和蚂蚁穴。

舌头的长度能达到61厘米。

太可爱了！

海獭大部分时间都在水中度过。母海獭甚至在水中生幼崽，然后仰面漂浮在水面上，将幼崽放在胸前哺乳。

防水的皮毛，使幼崽保持温暖和干燥。

冠海豹奶的脂肪含量是60%，比冰激凌还高！

狐 蝠

令人惊讶的是，有许多哺乳动物会飞行或滑翔，其中包括1100多种蝙蝠。泰国狐蝠是世界上最大的食果蝙蝠，有些泰国狐蝠的翼展达到2米。

一只泰国狐蝠幼崽紧紧地依附在母狐蝠身上，并且在母狐蝠飞行时进食。

毛茸茸的哺乳动物

哺乳动物分类

世界上有许多种类的哺乳动物，根据它们的繁殖方式，可被分为3大类。

一只正在给幼崽哺乳的驼鹿。

胎盘类

大多数哺乳动物都用胎生的方式繁殖，也就是生下活的幼崽。雌性会在生育后一段时间内（时间长短取决于物种）哺育和照顾它们的后代。

哺乳动物是我们最熟悉的动物，这是因为我们人类也是哺乳动物。哺乳动物大约有5500种已知物种，包括与我们亲缘关系最近的黑猩猩，以及多刺的豪猪、星鼻鼹和深海的鲸类。

有袋类

有袋类动物的雌性会生下发育不完全的幼崽，然后将它们放在育儿袋中进行哺育。树袋熊和袋鼠就是有袋类动物的例子。

一只西部灰袋鼠和它的幼崽。

鸭嘴兽在水下捕食。

海獭拥有哺乳动物中最厚的皮毛。一只成年海獭的体表平均每平方厘米有14万根毛发。

单孔类

这类稀有的哺乳动物用产卵的方式繁殖。单孔类动物只有5种：鸭嘴兽和4种有刺的针鼹。

在所有哺乳动物中，有40%的物种是啮齿动物！

巨大的鲸类

巨大的鲸类生活在海洋中，海水托着它们沉重的身体。它们是哺乳动物，必须浮到水面上才能通过鼻孔吸入氧气。

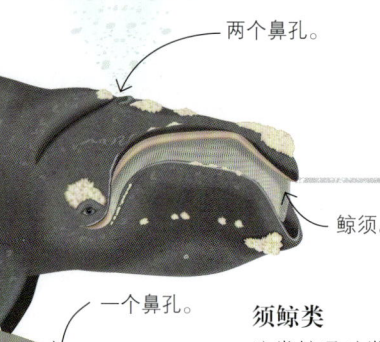

两个鼻孔。

鲸须。

一个鼻孔。

牙齿。

须鲸类
这类鲸通过类似梳子结构的须板过滤食物。

齿鲸类
这类鲸用牙齿咬猎物。

什么是鲸？
鲸是海洋哺乳动物中的一类，属于鲸下目。海豚和鼠海豚也属于鲸下目。鲸下目被分为两类：齿鲸类（也被称为有齿类）和须鲸类（也被称为无齿类）。

虎鲸群
虎鲸属于海豚类，是其中最大的一种。虎鲸过群居生活，并且以家庭为单位，一个种群中的虎鲸可以多达40头。虎鲸聪明活泼，以哨声和点击声互相交流沟通，使用各种"战术"进行集体狩猎。

海豚扭头！
只有少数海豚生活在淡水中，粉红色的亚马孙河豚就是其中一种。这种聪明的动物拥有非常灵活的脊椎，能将头部旋转至与身体成90°。

海洋中的独角兽
独角鲸属于有齿鲸类。每只雄性独角鲸都有一根螺旋形的长角，实际上是从上颚长出来的一颗牙齿。人们认为这种长牙的作用是向雌性炫耀和与对手竞争。

长牙能长达3米。

鲸 吞
须鲸类通过须板这种梳子状结构，从海水中过滤筛选磷虾和其他微小动物为食。

一头扎入
为了吸入饱含磷虾的海水，须鲸会高速冲向磷虾群。

磷虾是一种微小的甲壳动物。

张开大口
须鲸减速并且张大嘴，扩展喉部的褶皱以吸入更多海水。

排水过滤
须鲸关闭喉部，通过须板将海水排出口外，同时将磷虾留在口中。

柯氏喙鲸能潜入将近3千米的深海，并且能屏住呼吸超过2小时！

生命　149

蓝鲸的身长约为34米，与波音737 MAX 7飞机的长度相近。

蓝鲸是地球上已知体型最大的动物！

斯诺特在行动！

科学家想知道一只鲸的健康状况。方法之一是派遣斯诺特机器人进行采样。这种无人机式的机器人会飞到那头鲸的上空，采集从它的呼吸孔中喷出的海水样本，然后带回实验室供科学家检查。

与下方的座头鲸相比，观鲸船非常小。

在座头鲸浮出水面之前，它的吻部会先探出水面。

鲸类的尺度

有些鲸类的体型庞大。座头鲸是仅次于蓝鲸的第二大物种，身长能达到17米。图中这头座头鲸正在将自己向上推，以便浮出水面观察水面上的情形。

座头鲸的喉部内的褶皱能扩展，以增加滤食时的容量。

藤壶附着在鳍状肢边缘。

150　生命

猫科动物

猫科动物除了大型猫科动物和小型猫科动物这两大类之外，还有像猎豹和云豹这类中型猫科动物。

大型猫科动物
这一类中有雪豹（上图）、狮子、老虎、美洲豹和花豹，大多数会低沉地咆哮。

小型猫科动物
这一类中有虎猫（上图）、豹猫和家猫，它们会发出呼噜声，但是无法低沉地咆哮。

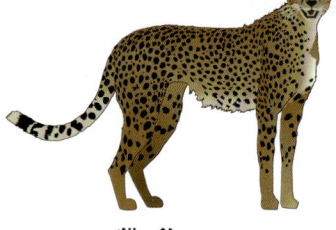

猎豹
猎豹因其独特的狩猎方式而被称为"疾驰的大猫"。

云豹
云豹既不会像大型猫科动物那样低沉地咆哮，也不会像小型猫科动物那样发出呼噜声。

猎豹加速非常快，从静止到时速95千米只需要3秒钟！

强大的爪子能一击放倒猎物。

致命的猫科动物

猫科动物是食肉的捕食性动物，具有发达的感官，能够跳跃和快速奔跑，并且长着捕猎用的锋利牙齿。世界上共有38种野生和家养的猫科动物。

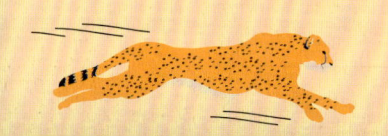

强壮的老虎

老虎是所有猫科动物中最大、最强壮的一种，体重可达到300千克，身上有黄黑条纹，有助于隐藏在长草中，因此它们是可怕的猎手。它们生活在亚洲的一些地区，包括印度和西伯利亚。

强健的肩膀肌肉此时处于屈曲状态，准备扑击。

古埃及人崇拜一位长着狮头的女猫神！

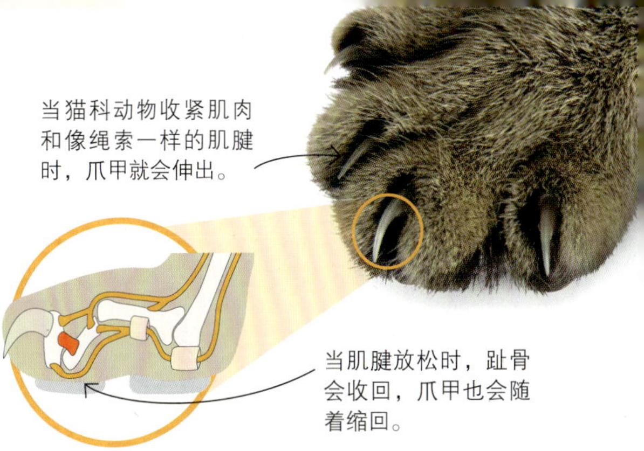

当猫科动物收紧肌肉和像绳索一样的肌腱时，爪甲就会伸出。

当肌腱放松时，趾骨会收回，爪甲也会随着缩回。

可缩回的爪甲

大多数猫科动物在攀爬和狩猎时会伸出它们的爪甲，但是在行走和休息时会将爪甲缩回收起。

狮群

狮子通常过着群居生活，也一起狩猎，因此能够捕捉比狮子大的猎物。狮群中的雌狮不仅在数量上超过雄狮，并且基本稳定。

尾巴帮助奔跑中的美洲豹保持身体平衡。

前腿骨骼很强壮，能够支撑捕猎所需的强大肌肉。

美洲豹在跳跃过程中全身伸展。

猎豹的跳跃

所有猫科动物都非常灵活，能够以巨大的力量跳跃。它们还能非常准确地判断自己的着地位置，这对追捕快速奔逃的猎物至关重要。

花豹会爬树

花豹的爬树能力在大型猫科动物中很独特，使它们能够利用树来躲避危险。大多数花豹的毛色呈金棕色，并且有斑点，但是也有一些花豹的皮毛呈深色（如右图）。

日本一个名为"青岛"（AOSHIMA）的猫岛上，流浪猫的数量是居民的10倍！

在这只罕见的黑豹身上，斑点仍然可见。

猎豹追击

猎豹是世界上速度最快的陆地动物，但是对它们来说，捕捉猎物仍然是一项挑战。猎豹开始狩猎时伏低身体潜行，在接近猎物时猛然加速到每小时95千米。图中的高角羚在稀树草原上以"之"字线高速奔逃，镜头定格在猎豹捕捉到高角羚的瞬间。

采访
动物学家

萨拉·杜兰特教授是伦敦动物园协会动物学研究所的动物学家。自1991年以来，她一直在坦桑尼亚领导着塞伦盖蒂猎豹项目。她还负责非洲范围的猎豹保护倡议。

问：世界上现存多少只猎豹？
答：据估计，野外生活的成年猎豹数量约为6500头，主要分布在非洲东部和南部。猎豹的数量还在下降，面临灭绝的危险。
问：你的猎豹项目基地在哪里？
答：我最长期的项目基地位于坦桑尼亚的塞伦盖蒂生态系统，与肯尼亚的马赛马拉接壤。这个项目研究和保护栖息在塞伦盖蒂和察沃之间的猎豹群，这是现存最大的猎豹群之一。这里的猎豹面临着栖息地的丧失和破碎化的威胁。它们还面临失去食物的危险，这是因为许

多野生羚羊的栖息地现在被家畜占据了。另外，与人类的冲突以及气候变化也加剧了对猎豹的威胁。

问：猎豹对人类有威胁吗？

答：猎豹有时会捕食山羊和绵羊等家畜，特别是在野生猎物缺少的情况下。这可能会导致猎豹与畜牧者之间的冲突，但是猎豹袭击人类的事件非常罕见。动物保护人士的工作之一就是帮助当地社区与猎豹和平共处。

问：我们能为保护动物做些什么？

答：为了拯救濒危物种，人们必须学会与野生动物共存。这可能意味着淘汰杀虫剂，让昆虫得以繁殖，或者与熊之类的大型野生动物一起生活。

问：你的日常生活是什么样的？

答：每天都不一样。在我写下这些话的时候，我正准备前往塞伦盖蒂，给生活在公园边界的猎豹安装卫星项圈。我的团队将找到猎豹，先将它们麻醉，然后给它们戴上项圈。这样我们就可以通过卫星每隔2小时监测一次猎豹的位置，以查看它们的状况是否良好，并且了解猎豹在生态系统中的动态。

问：我们如何拯救大型猫科动物？

答：关键在于人！了解大型猫科动物的生态和行为对保护它们至关重要，但是问题的根源是人们越来越多地侵占大型猫科动物的栖息地。然而，人也是解决这些问题的关键，例如人们可以改变自己的生活方式和行为。

马来熊拥有长约25厘米的、黏黏的舌头，它们能用舌头舔食蜜蜂巢中的蜂蜜！

腹部的毛比背部的毛柔软。

毛发是棕色的，但是尖端呈银色或金色。

蹭背

许多熊会利用树干蹭它们的背部。它们会用后腿站立起来，倚靠在树上，然后左右摆动。左图中的这只北美灰熊正在教它的幼崽如何蹭背。

熊掌有助于攀爬和游泳。

前掌有用于挖掘的长爪甲。

美洲黑熊和亚洲黑熊都能够灵活地爬树！

熊的技能

熊是多毛的大型哺乳动物，分布在美洲、欧洲和亚洲，它们具有极高的智力。这类体型庞大的动物会用多种多样的方式觅食，它们的食物包括根茎、嫩芽、浆果、鱼和其他动物。

懒熊用弯曲的爪甲刨开白蚁巢穴。

所有熊都拥有厉害的爪甲，而且非常善于运用爪甲生存，包括挖掘巢穴、攀爬树木和捉鲑鱼等。

大熊猫只吃竹子，每天花费多达16小时进食！

科迪亚克岛棕熊。

世界上有8种熊，其中有些物种有几个亚种，例如，科迪亚克岛棕熊和北美灰熊都属于棕熊。

棕熊　北极熊　眼镜熊　大熊猫　人类（尺寸对比）　懒熊　美洲黑熊和亚洲黑熊　马来熊

雌性北极熊冬天挖掘巢穴，然后在巢穴中生下幼崽。幼崽在雪下的巢穴中躲避风寒，直到春天来临。

母熊会在主巢穴内睡觉。

幼崽有自己的小巢穴。

捕鱼

每年夏天，阿拉斯加的棕熊会在河里捕捉逆流而上的鲑鱼。鲑鱼会跃出水面，而棕熊则会在空中抓住它们。棕熊每年一半的食物是鱼，帮助它们在冬眠期间维持生命。

这只棕熊抓住了一条腹内有许多鱼子的雌性红鲑鱼。

北极熊是唯一的纯肉食熊。为了捕捉海豹，北极熊会守在冰洞旁边。当海豹从水下冒出冰面呼吸时，北极熊就会冲上去。

世界上有350多种家犬品种！

狼的嚎叫

狼是生活在家庭群体中的群居动物，并且擅长集体狩猎。狼的嚎叫可能是狩猎的召唤，也可能只是将自己的位置告诉其他狼。

锐利的犬齿能长达6厘米，用来刺穿和咬住猎物。

北极狐

北极狐会随着季节变化换皮毛，以便始终能够在多变的环境中进行伪装。在夏季，它们的毛色是灰色的，以融入岩石地面；而在冬季，它们的毛色变成白色，以融入白雪。

臼齿能磨碎和咀嚼肉类，直到可以下咽。

肉齿相互滑动，就像剪刀一样切割肉类。

犬科动物的牙齿

犬科动物具有一组专门用于捕猎和吃肉的、很特别的牙齿。上图的灰狼颅骨展示了狼的强大颚部上的各种类型的牙齿。灰狼的咬合力是人类的3倍。

夏季的皮毛　　　冬季的皮毛

狼的短距离冲刺速度可达每小时60千米！

犬科动物

非洲野犬有灵敏的嗅觉，有助于识别群体成员和发现猎物。

我们在家中饲养的宠物狗是经驯化的野生灰狼的后代。狗和狼都属于一个更大的、多样化的动物类别，这类动物被称为犬科动物。

犬科

犬科有34种物种，包括狐狸、豺和郊狼。右侧的6种动物代表了进化树上一些主要群体。它们都有共同的特征，例如用于狩猎的敏锐嗅觉。

赤狐
这种狐狸有尖尖的耳朵和鼻子，还有毛发浓密的长尾巴。

埃塞俄比亚狼
这种狼是群居动物，但是只有雌性首领能生幼崽。

金豺
金豺"实行一夫一妻制"。一对金豺会终身结伴生活和狩猎。

郊狼
郊狼是狼的亲戚，过群居生活，它们之间通过低吼和尖叫来进行交流。

灰狼
灰狼是最大的野生犬科动物。它们的皮毛颜色有很多种。

狗
狗（家犬）在大约4万年前由灰狼驯化而来。

城市狐狸
赤狐遍布世界各地，并且适应了在城镇、人类的周围生活。它们在郊区花园中筑巢，捕食老鼠和鸽子，并且在垃圾桶中觅食。

迄今为止有记录的一胎产下最多狗崽的是一条纽波利顿獒犬，它一胎生下了24只狗崽！

非洲野犬
这种凶猛的猎手在非洲的稀树草原上追捕羚羊时，经常与其他捕食性动物对峙。非洲野犬群通常10只以上的成员一起狩猎，追逐中的速度能达到每小时70千米。

大耳朵使听觉灵敏，并且有助于在剧烈的运动中散发热量来降低体温。

每条非洲野犬的毛发都有独特的色斑，因此它们被称为杂色狼。

猿类的臂力摆荡

热带雨林是世界上所有猿类和大部分猴类的家园。有些猿类，例如长臂猿，能够用双臂交替抓树枝的方式摆荡前进，这种方式被称为臂力摆荡。

转动手腕
长臂猿有球状腕关节，所以能够自由转动手腕。

转动和摆荡
特殊的手腕让长臂猿在臂力摆荡时能转动身体。

长臂伸展
长臂猿在一次摆荡中能移动2.25米。

身体反转
长臂猿在摆荡时，身体会反转，将身体的朝向从一面转到另一面。

使用工具
黑猩猩擅长制作和使用各种工具来做很多事情。图中这只黑猩猩正在使用一根草寻找树干内的昆虫。它们还能用石头敲开坚果，用叶子擦拭污垢。甚至有人看见它们用树枝来剔牙。

大眼睛！
狐猴的眼睛很大，使它们能够在夜间视物。假如人类眼睛和身体的比例与狐猴一样的话，那么人类的眼睛就会像葡萄柚那么大。

灵长类动物

灵长类动物是哺乳动物中的一类，其中包括人类。它们的大脑发达，手指灵活，并且过着复杂的群体生活。虽然它们有一些共同的特征，但是也有各自不同的特征。

中非地区的雄性山魈的面部具有鲜艳的红色和蓝色。

拇指与4指相对，因此能抓握和摆荡。

尾巴能卷握，也就是能缠卷并抓住树枝。

黑白相间条纹的尾巴，不能卷握树枝。

手有5根手指，拇指很小。

环尾狐猴
狐猴是原猿猴亚目动物，仅存于马达加斯加岛。懒猴和灌丛婴猴也属于原猿猴亚目。

西里伯斯跗猴
跗猴属于独立的一类。它们生活在东南亚，并在夜间狩猎。

蜘蛛猴
长毛蜘蛛猴是新大陆猴，生活在南美洲。

山魈
山魈是最大的猴子，它们是旧大陆猴，生活在非洲和亚洲。

戴帽长臂猿
这种东南亚的长臂猿属于小型猿类。母戴帽长臂猿的毛发是白色的，而公猿是黑色的。

生命 159

群居的猴子
灵长类动物通常过家族群体生活，并且具有亲密的社交关系。母日本猕猴终生都会留在同一个群体中。日本猕猴生活在寒冷的地区，经常在当地的温泉中洗浴和梳理毛发。

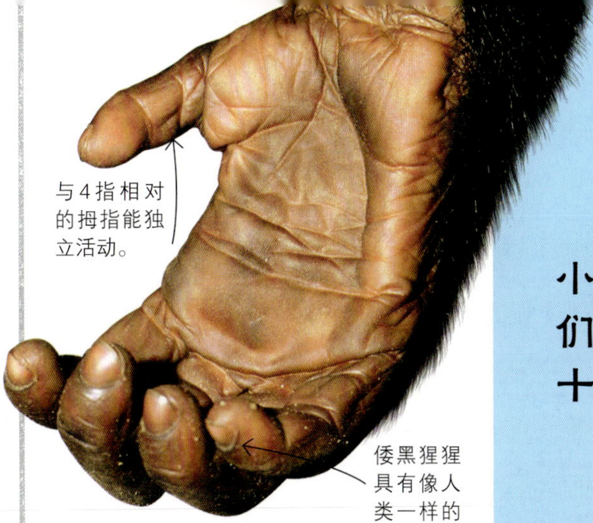

与4指相对的拇指能独立活动。

倭黑猩猩具有像人类一样的指纹。

像人类一样的手
类人猿，例如倭黑猩猩，拥有5根手指，而且拇指与4指相对，因此能够抓住粗壮的树枝进行攀爬，并且具有精确的控制能力，能用小树枝作为工具。

侏狨是最小的猴子，它们的身长只有十几厘米！

无毛的面部，宽阔的胸部和肩膀。

灵长类分类
世界上有数百种灵长类动物。下面是一些主要的种类。人类属于大型类人猿，这一类还包括红毛猩猩、大猩猩和黑猩猩。

黑猩猩能够直立行走。

与4脚趾相对的大脚趾让红毛猩猩不仅能用手，而且还能用脚来摆荡。

红毛猩猩
这种大型类人猿仅生活在东南亚的婆罗洲和苏门答腊岛。它们会照顾自己的幼崽长达9年。

大猩猩
体型庞大的大猩猩能表现出笑和悲伤等情感。它们是杂食动物。

黑猩猩
黑猩猩能做人类所做的许多事情，例如使用工具和梳理毛发。

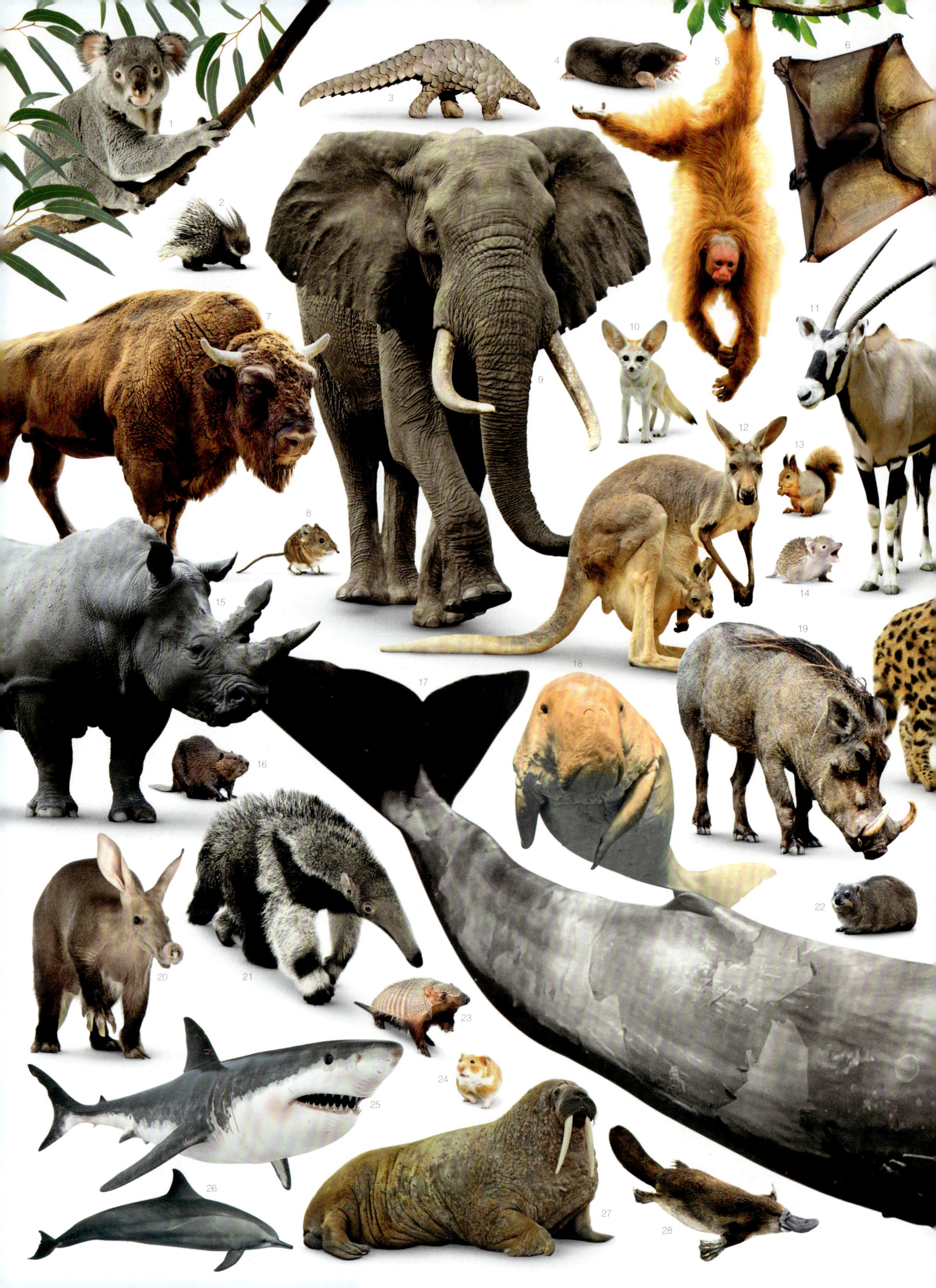
1
2
3
4
5
6
7
8
9
10
11
12
13
14
15
16
17
18
19
20
21
22
23
24
25
26
27
28

看图识别 哺乳动物

在哺乳动物中，有体型庞大的鲸，也有身材娇小的象鼩。你认识多少种哺乳动物呢？你能找出其中的异类吗？

1 树袋熊
2 开普敦豪猪
3 巨地穿山甲
4 欧洲鼹鼠
5 白秃猴
6 斑鼩猴
7 欧洲野牛
8 圆耳象鼩
9 非洲象
10 耳廓狐
11 南非剑羚
12 东部灰袋鼠
13 欧亚红松鼠
14 小马岛猬
15 白犀
16 美洲河狸
17 抹香鲸
18 儒艮
19 非洲疣猪
20 土豚
21 大食蚁兽
22 蹄兔
23 九带犰狳
24 黄金仓鼠
25 噬人鲨
26 长吻原海豚
27 海象
28 鸭嘴兽
29 家兔
30 欧洲刺猬
31 吸血蝙蝠
32 倭黑猩猩
33 袋獾
34 河马
35 平原斑马
36 眼镜熊
37 网纹长颈鹿
38 薮猫
39 大羊驼
40 马鹿
41 双峰驼
42 小熊猫
43 灰狼
44 狐獴

答案是"25"，噬人鲨。其他动物都是哺乳动物，也就是胎生哺乳。

162　生命

"僵尸"蚂蚁！

有种真菌能利用蚂蚁传播孢子，蚂蚁被这种真菌感染后，会改变行为，爬到适合真菌繁殖的地方，然后蚂蚁头部会长出子实体，喷射孢子，感染更多的蚂蚁，从而开始新一轮的循环。

一根像草一样的长柄从蚂蚁的头部长出。

蚂蚁将嘴固定在叶子上，等待死亡。

生活在一起

动物、植物和微生物通常互相依赖以求生存，这种关系被称为共生关系。有时共生关系对双方都有益处，有时只对某一方有利，但更多的是某一方遭受损害甚至有非常糟糕的结局。

珍鲹利用它的鳍将自己夹在内部。

水母的触手含有毒液，但是珍鲹对这种毒液免疫。

1. 鱼
一条年幼的珍鲹在寻找藏身之处。

2. 水母
珍鲹为了安全，钻进了一只丝胃水母的体内。

隐藏之处

乍一看，这条年幼的珍鲹像是被困住了，但它其实是在用水母做掩护。水母为珍鲹提供了庇护，使它免受捕食性动物的伤害，而这个过程对水母无害。

珍鲹与水母随着水流飘动。

共生关系的类型

寄生关系
寄生虫,例如蚊子,依靠另一种生物体(寄主)为生,寄主会受到损害。

偏利共生关系
鲨鱼与鲫鱼之间存在着一种偏利共生关系,其中一方受益,而不会对另一方造成伤害。

鲫鱼附着在鲨鱼的背上以获得安全。

互利共生关系
蜜蜂给花朵授粉是一种让双方都受益的关系。

蜜蜂以花蜜为食。

树懒的皮毛上生长着藻类,形成绿色毛发。

有一种虱子寄生虫以鱼的舌头中的血液为食,并且最终取代了鱼的舌头!

保护性毒素
帝王蝶在马利筋中采食花蜜,将花粉在花朵之间传播。它们也在马利筋上产卵,使它们的幼虫孵化后以马利筋为食,而马利筋含有的化学物质对鸟类具有毒性,因此保护了帝王蝶。

孵化寄生者
杜鹃是一种孵化寄生者。孵化寄生者依赖其他动物来孵化和抚养自己的后代。

杜鹃蛋。

1. 额外的蛋
雌性杜鹃偷偷地将自己的蛋下在寄主鸟的巢中。

杜鹃雏鸟。

2. 推出巢外
杜鹃雏鸟先孵化,并且将寄主的鸟蛋推到巢外。

杜鹃雏鸟比寄主鸟还大。

3. 杜鹃雏鸟成长
杜鹃雏鸟模仿一窝寄主雏鸟的叫声,以获取喂养。

皮毛伪装
树懒的皮毛连同长在皮毛上的藻类及其他生物形成了一个群落。藻类获得了一个生长的理想场所,而树懒则获得了躲避捕食性动物的伪装,而且可以食用生长在皮毛上的、富含营养的藻类。

鸟警报器
牛椋鸟以寄生在高角羚身上的寄生虫(例如蜱)为食。高角羚允许牛椋鸟在自己身上觅食,因此得到了害虫防治"服务",而且在危险来临时,牛椋鸟会发出警告声,提醒它们的寄主。

舒适的住所
哈氏彩蝠与猪笼草之间存在着互利共生关系。哈氏彩蝠将猪笼草作为一个小休息所,而猪笼草则以哈氏彩蝠富含营养的粪便为肥料。

已知物种中有80%是寄生生物!

绦虫是寄生在动物肠道中的寄生虫。

保护穿山甲

穿山甲是世界上被走私数量最多的哺乳动物。它们因其鳞片和肉而被非法贩卖。尽管自2017年以来全球禁止穿山甲交易，但是在过去的10年中，已经有超过100万只野生穿山甲被捕捉。中华穿山甲处于极度濒危状态，但是随着救援计划的开展，有些地区的数量正在恢复。

亚马孙雨林中有超过1万种物种正面临威胁！

野生动物保护

野生动物以惊人的速度走向灭绝，已知有超过42000种物种面临风险。人们以各种方式努力将生活在野外的诸多动物物种从濒临灭绝的边缘拯救出来。

标记红海龟

红海龟从觅食地迁徙数百千米到海滩筑巢产卵。科学家通过卫星跟踪了解红海龟。

捕捉红海龟
一名潜水员在水中捕捉到一只幼年红海龟。

安装追踪器
科学家用胶水将卫星追踪器安装在红海龟的壳上。

释放红海龟
科学家将海龟释放回大海，然后进行跟踪。

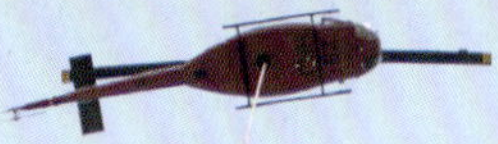

空运黑犀

这头稀有的黑犀正在被直升机转移到远离偷猎者的安全地区。黑犀的数量正在增加，目前野外有6000多头黑犀。

这头重达2.5吨的黑犀被倒挂着，使它比较容易呼吸。

蜜蜂"再野化"

蜜蜂因其在植物授粉方面的作用而被称为关键物种。这种作用有助于生态系统的平衡，对农业至关重要。减少农药使用和进行土地再野化有助于增加蜜蜂的数量。

蜜蜂携带花粉，并且制造蜂蜜。

食猿雕

道路修建威胁到食猿雕和杜马嘎特族原住民居住的热带雨林。目前野外只有大约500只食猿雕幸存。动物保护组织正在与杜马嘎特族原住民合作，推动保护森林和食猿雕的项目。

驯鸟师正在照料一只被救助的食猿雕。

当今世界上有近1万个国家公园和野生动物保护区！

原住民的力量

原住民是地球上五分之一土地的保护者，其中包括许多野生动物聚集地。他们与自然界的关系在保护工作中发挥着至关重要的作用。在下图中，太平洋托克劳岛的学生们正在参加一次为抵制引发气候变化的行为而进行的抗议活动。

螃蟹"通勤"

随着人们在自然栖息地中修建道路，动物的迁徙之路被破坏，影响了它们寻找食物和繁殖。在一些地方，野生动物桥能帮助动物安全地横穿道路。在上图中，圣诞岛红蟹正爬过一座桥从森林迁徙到海洋进行繁殖。

在每年的迁徙季节，有数不胜数的螃蟹爬向海边。

钢格栅有助于螃蟹攀爬。

面临生存危机的动物

许多自然学家认为地球上正在发生植物和动物的大规模灭绝。这是人类活动的结果,因为我们不断地开发和使用自然资源,并且侵占自然栖息地。目前全球有许多人和组织正在努力保护地球上种类繁多的生命,使它们得以生存。但是对有些物种来说已经为时已晚,物种的消失每天都在发生。

斯比克斯金刚鹦鹉

免于濒临灭绝

动物保护工作使许多物种从濒临灭绝的状态恢复过来。尽管这些动物的数量正在增加,但是其中许多动物仍然处于濒危状态。

老虎
这种大型猫科动物在全球范围内都处于濒危状态,但是近年的保护工作已经使老虎的数量得以增加。

珊瑚礁蝠鲼
蝠鲼在全球范围内都处于濒危状态,但是生态旅游已经使印度尼西亚的珊瑚礁蝠鲼数量增加。

斯比克斯金刚鹦鹉
在从野外消失了20多年后,斯比克斯金刚鹦鹉已经被重新引入巴西的森林。

大熊猫
20世纪70年代大熊猫的数量曾达到最低点。如今,野外的大熊猫数量已经几乎翻了一番。大熊猫成了动物保护的象征。

已经灭绝

在近几个世纪中,许多物种因为人类活动和气候变化而灭绝了。以下是一些再也不会在地球上漫游、飞行或游动的动物。

1690 渡渡鸟
渡渡鸟原生于印度洋的毛里求斯岛。过度捕猎导致了这种无法飞行的鸟类灭绝。

1768 大海牛
人类为了大海牛的皮毛和油脂而对这种曾在白令海里游弋的水生哺乳动物赶尽杀绝。

1870 拉布拉多鸭
对鸟类、蛋和羽毛的过度捕猎导致了这种北美鸭的灭绝。

1936 袋狼
这个物种由于在竞争中不敌由外来殖民定居者带来的狗,因此灭绝了。

1989 金蟾蜍
这是一种哥斯达黎加热带雨林特有的蟾蜍。气候变化导致了它们的消失。

面临灭绝危险的物种

《世界自然保护联盟濒危物种红色名录》中列出了濒临灭绝危险的物种。在被评估的15万种物种中,有42000种面临不同程度的灭绝危险。下图由世界自然保护联盟提供,显示了一些群落中面临灭绝危险的物种的百分比。

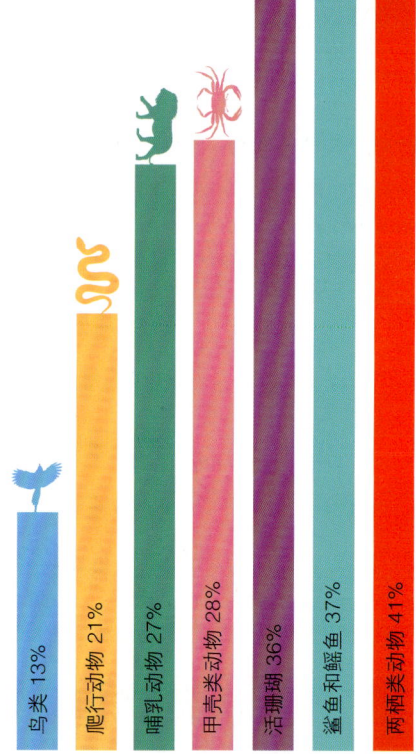

鸟类 13%
爬行动物 21%
哺乳动物 27%
甲壳类动物 28%
活珊瑚 36%
鲨鱼和鳐鱼 37%
两栖类动物 41%

自1970年以来,全球野生动物种群数量已经减少了69%。

生命 167

猛犸象灭绝

猛犸象曾经在地球上漫步了500万年，然而在距今4000年前的时候，它们从地球上消失了。是人类把它们猎杀殆尽，还是自然气候变化导致了它们的灭绝，至今仍未知。

濒危动物

下面是地球上一些高度濒危的动物。人类活动导致了它们的自然栖息地快速消失。

1 爪哇犀牛
这种犀牛曾经分布在整个东南亚，但是如今大约只剩75头生活在印度尼西亚的爪哇岛上。

2 远东豹
这是世界上最稀有的一种大型猫科动物，仅有大约100只个体存活，分布在俄罗斯的阿穆尔州和中国东北地区。

3 苏门答腊虎
这种有条纹的猫科动物是最小的虎种，生活在印度尼西亚的苏门答腊岛上，如今仅剩下大约600只。

4 山地大猩猩
这种大猩猩生活在中非山脉的高海拔森林中，大约只有1000只生活在野外。

5 塔巴努里猩猩
这个物种只生活在印度尼西亚苏门答腊岛的一小片地区，目前仅剩不到800只。

6 长江江豚
这是世界上唯一的一种淡水江豚，大约有1000只生活在中国的长江。这种水生哺乳动物也面临灭绝的危险。

生来自由

有些动物物种已经在野外灭绝，但是在动物园的繁育环境中继续存在。动物园通过这样的人工繁育来增加物种数量，并且在适当的时候将动物重新引入它们的原生栖息地。但是无论是人工繁育还是放归野外都充满了挑战。

桂红翡翠
1986年，世界上最后不到30只桂红翡翠都被捕获，然后被送到动物园繁育。目前它们的数量已经达到了145只。

金狮面狨
自20世纪70年代以来，动物园的繁育工作已经使野外生活的金狮面狨数量增加了9倍。

阿拉戈斯盔嘴雉
这种鸟上次在野外被发现是在20世纪80年代。

蓝尾石龙子
这种蜥蜴已被重新引入没有捕食它的动物的岛屿。

山鸡蛙
动物学家正在寻找提高这种蛙对真菌疾病的抵抗力的方法。

帕图拉蜗牛
已经有15000多只小型帕图拉蜗牛重新回到了它们的岛屿家园。

弗氏斯基法鳉
最近已经有1000条这种鱼被重新引入河流中。

死而复生

腔棘鱼是一种被认为在6600万年前灭绝的鱼类物种，但是1938年人们在南非海岸附近发现了活着的腔棘鱼。有信息显示，腔棘鱼的寿命能长达100多年。

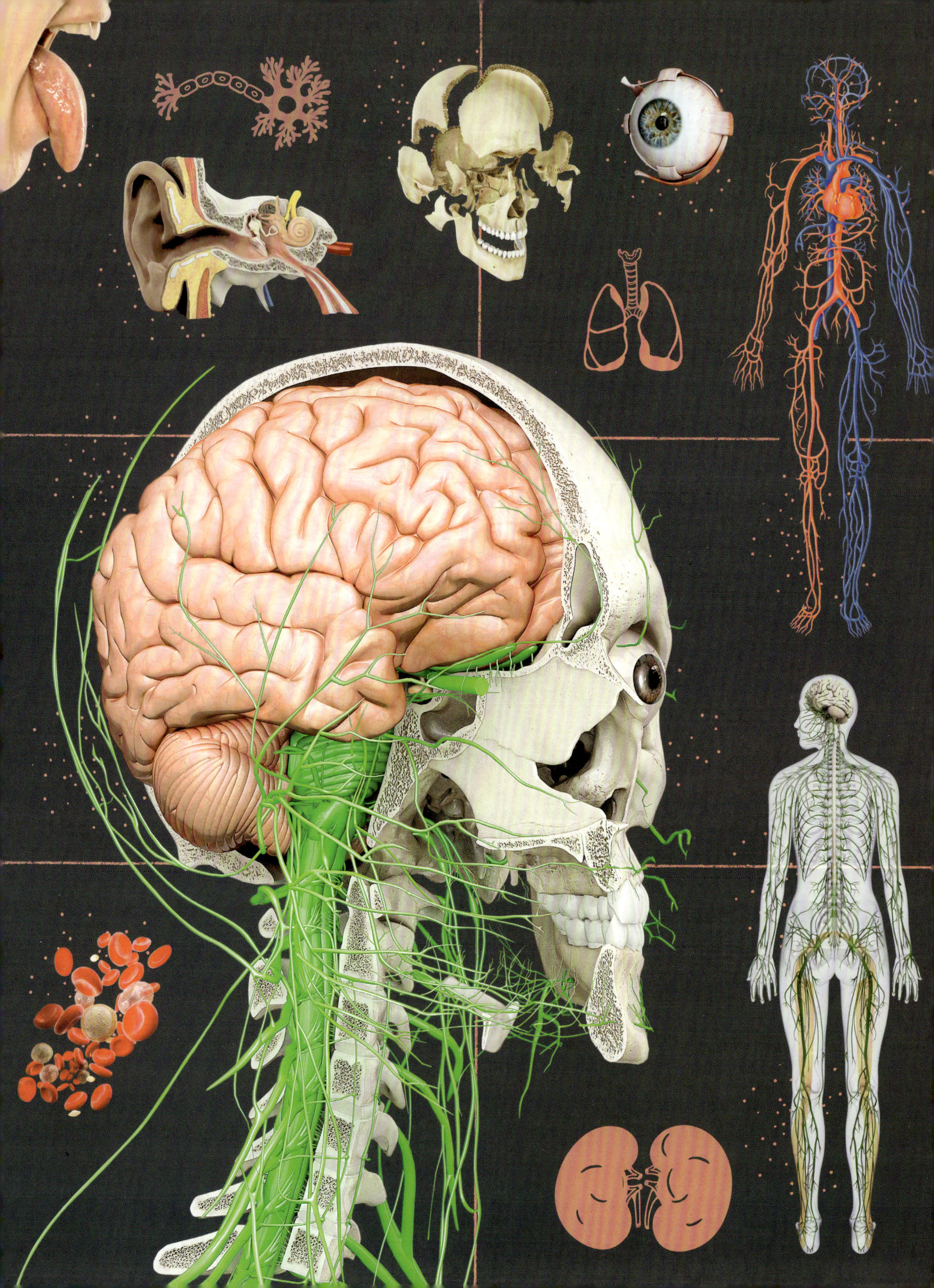

人体

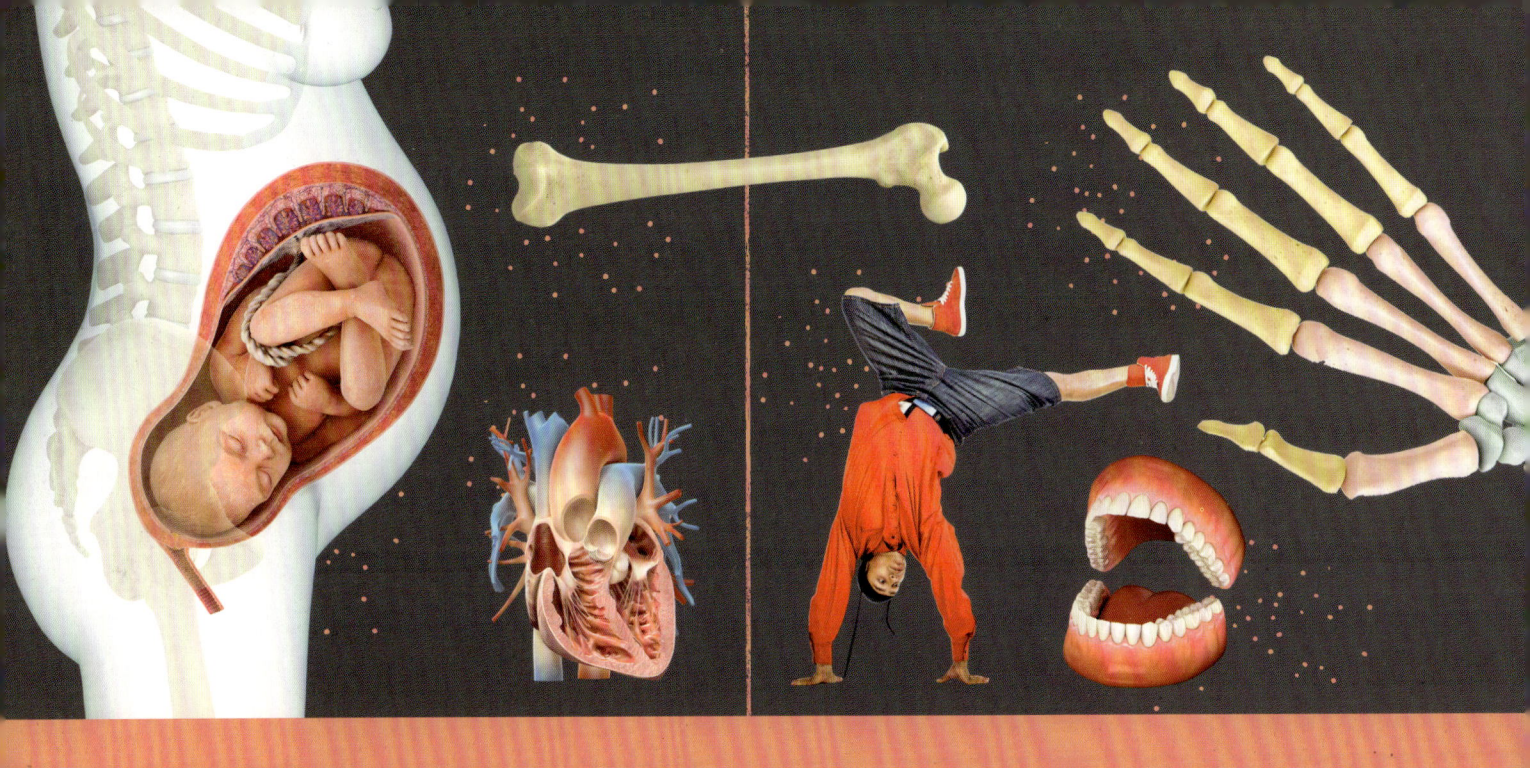

人体基础知识

人体由数百个部分组成，它们相互协作，形成了一个令人惊叹的复杂结构，维持着我们的生命和健康。虽然我们现在对人体的了解比以往任何时候都多，但是人体的许多方面仍然是个谜。

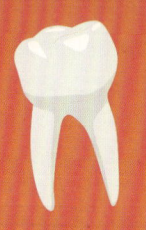

牙釉质是牙齿的最外层，是人体最坚硬的组织！

构建人体

与所有生物一样，人体也是由数十万亿个微小的细胞构成的。在你的身体中，很多细胞聚集在一起构成组织，多种类型的组织构成一个器官，多个器官共同协作，构成一个系统，执行重要的功能。

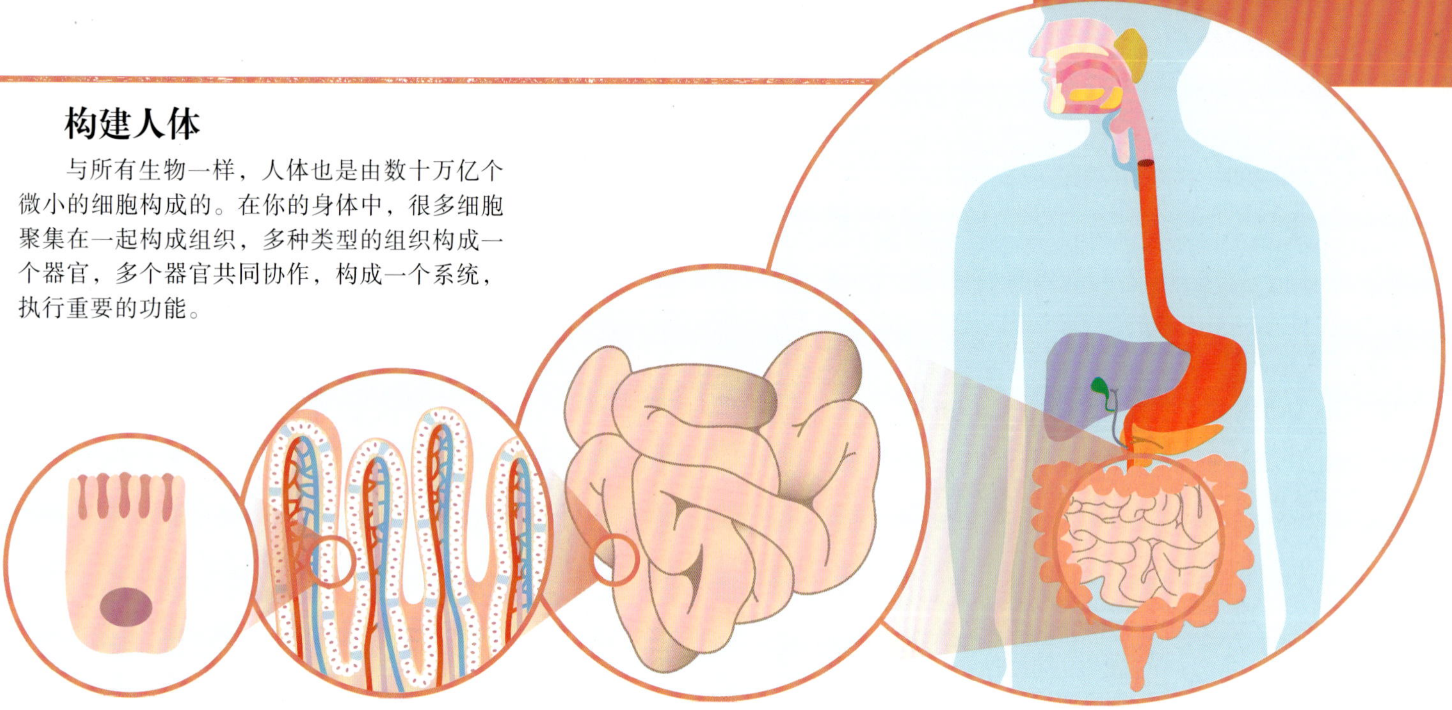

细胞
细胞是生命的最小单位。每个细胞都有特定的功能。图中这种细胞位于肠道的内壁。

组织
相同类型的细胞聚集在一起构成组织。例如，肠道内壁被一种产生消化酶的组织覆盖。

器官
各种类型的组织相互结合构成器官，例如小肠。

系统
各个器官协同工作，构成一个执行特定功能的系统，例如消化系统。

你体内的细菌数量与你身体的细胞数量差不多！

大部分是水

刚出生时，你身体的水分含量几乎达到四分之三。随着年龄增长，你的身体构成发生了变化，水分含量逐渐减少。例如，老年人体内水分含量较少，这是因为他们逐渐失去了水分丰富的肌肉组织。

- 婴儿 74%
- 成年男性 59%
- 成年女性 50%
- 老年女性 47%

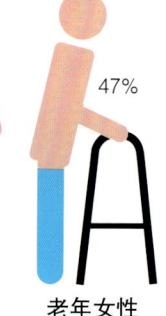

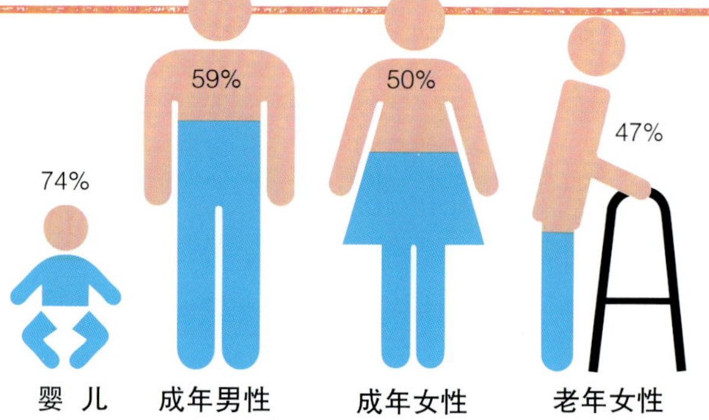

人体 171

神秘的特征

随着人类的进化，人体中的一些结构失去了原来的功能。这些特征被称为退化特征，相应的器官呈小型化或未发育的状态。

第三颗磨牙也被称为智齿。

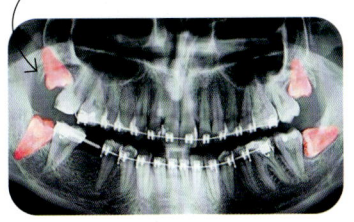

智齿
第三颗磨牙在我们祖先的粗糙饮食中起着重要的作用，但是随着人类的进化，颌骨缩小了，这几颗牙齿不仅无用而且可能会引起并发症，通常会被拔除。

泪阜有助于排出眼泪。

第三眼睑
人类不再拥有第三眼睑来保护眼睛，它变成了一个被称为"泪阜"的小皱襞，但是许多其他动物仍然有第三眼睑。

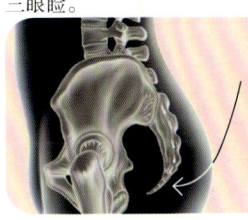

尾骨位于脊柱的下端。

尾骨
许多科学家认为尾骨（尾椎骨）是我们祖先的尾巴的残留物，现在起到支撑盆腔、保持平衡的作用。

人体含有微量的黄金！

神经系统
大脑和全身的神经控制着你对周围环境的反应以及你的呼吸等自动功能。

大脑处理来自全身神经的信息，它的工作方式类似于计算机。

呼吸系统
呼吸道和肺部将氧气带入体内，并且将二氧化碳排出体外。

左肺比右肺小，以便给心脏留出空间。

内分泌系统
负责分泌激素的系统，对机体的基本生命活动如新陈代谢、生长发育等活动发挥调节作用。

消化系统
消化系统分解食物，将其中的能量和营养物质释放出来。

生殖系统和泌尿系统
男性和女性的生殖系统不同，但都用于繁殖人类的后代。泌尿系统的主要功能为排泄。

这是男性生殖器官。

运动系统
主要由骨、骨连结和骨骼肌3部分组成，具有支持、运动和保护等功能。

循环系统
主要功能是把摄取的营养和体内产生的激素等输送到全身各处，以及进行气体交换并将细胞代谢所产生的废物排出。

人体的系统

右图展示了人体的一些主要系统。虽然每个系统都有特定的功能，但是各个系统紧密合作，共同维持着你的生命。

淋巴管将淋巴液从身体组织输送到血液中。

超级细胞

人体由数十万亿个微小的细胞构成，肉眼无法看见它们。细胞共同构成了身体的各种组织。每种类型的细胞都有专门的工作。

人体大约有36万亿个细胞！

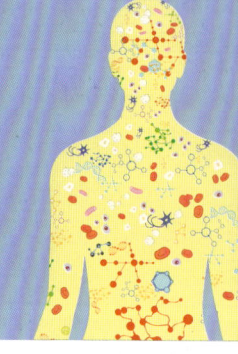

细胞类型

人体有200余种不同类型的细胞，它们有各自的功能。下面是一些主要类型的细胞的显微图像。

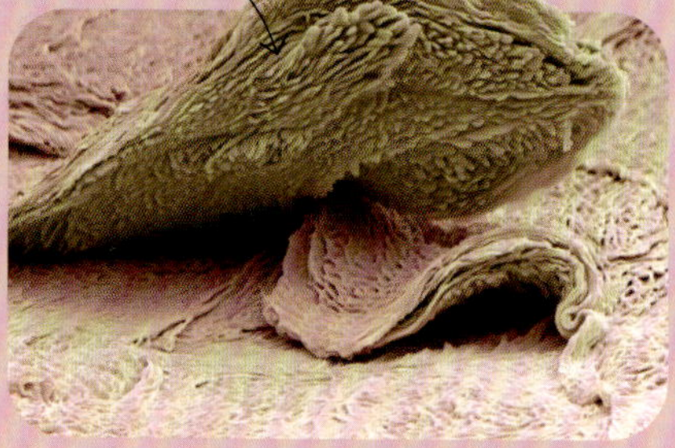

死皮细胞会脱落，露出底下的新皮细胞。

人体每小时约有2亿个死皮细胞脱落！

细胞内部

细胞核是细胞的控制中心，含有携带使细胞工作指令的DNA。大多数人类细胞具有相同的基本结构。

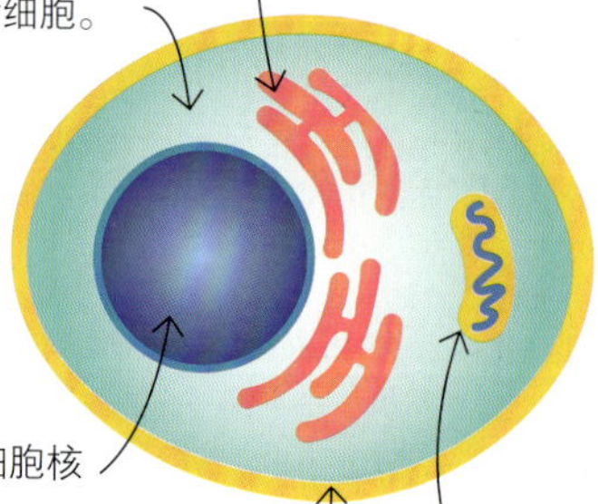

- 细胞器具有不同的功能，其中之一是制造和储存化学物质。
- 一种名为细胞质的液体充满细胞。
- 细胞核
- 细胞膜形成了一层保护屏障。
- 线粒体释放能量。

肌细胞
肌肉细胞也被称为肌细胞，它们能够通过收缩产生力量和运动。

骨细胞
这种细胞负责骨骼的生长、修复和重塑。

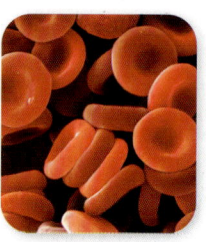

红细胞
主要负责携带氧气到身体各个组织，并且帮助组织移除二氧化碳。

上皮细胞
上皮细胞构建了覆盖身体的强大屏障，对保护身体起着至关重要的作用。

毛发的外层是由重叠的死细胞构成的。

是死的还是活的？

人类头部和身体上的所有毛发都是死的。它们由角蛋白构成。角蛋白也是构成指甲和皮肤的主要蛋白质。当毛发从皮肤表面露出来时，毛发细胞就死了。活着的毛发细胞仅存在于毛发的根部，那里的血管使毛发细胞存活。

神经细胞
神经细胞是构成神经系统的基本单位，负责传递和处理神经信号。

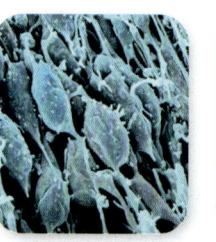

脂肪细胞
这种细胞储存身体脂肪，是能量和热量的一种重要来源。

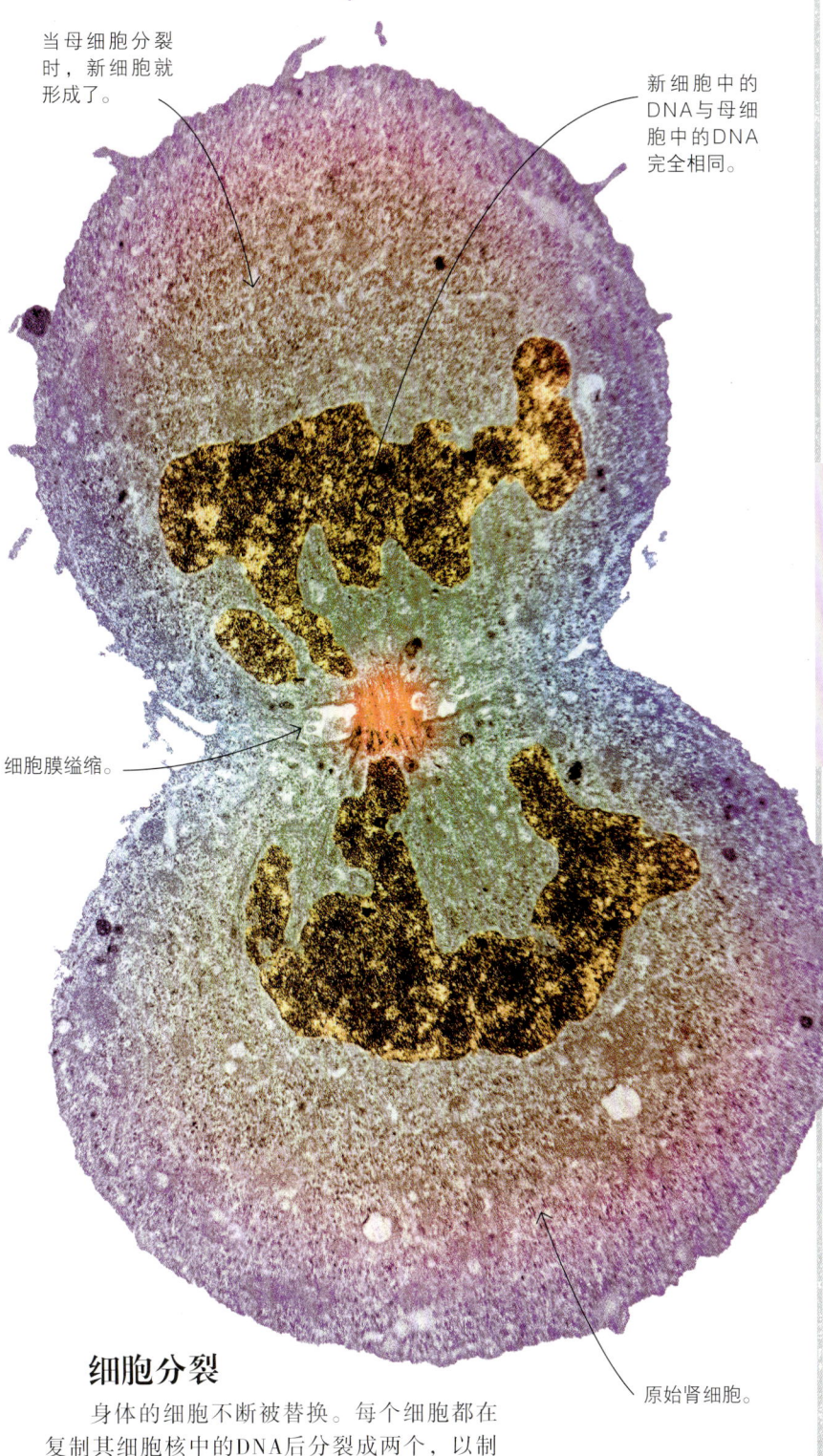

人体 173

当母细胞分裂时，新细胞就形成了。

新细胞中的DNA与母细胞中的DNA完全相同。

细胞膜缢缩。

原始肾细胞。

细胞分裂
身体的细胞不断被替换。每个细胞都在复制其细胞核中的DNA后分裂成两个，以制造自身的精确复制品。上面的显微图像显示了一个肾细胞正在分裂。

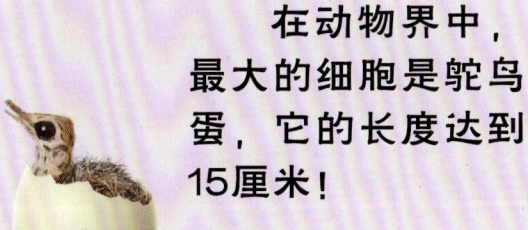

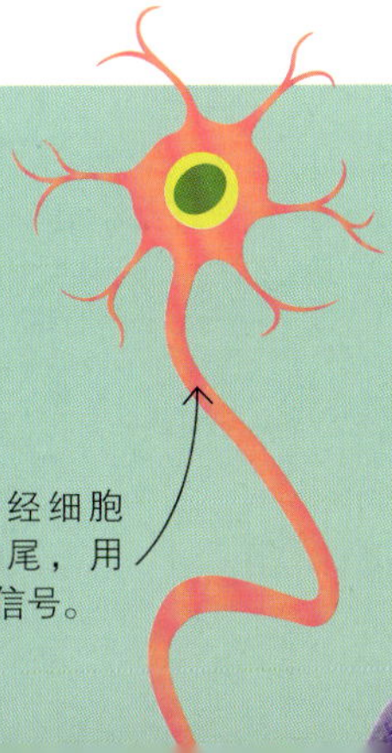

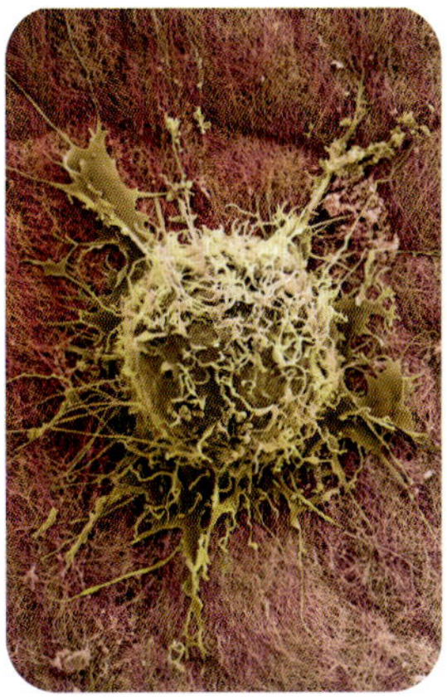

干细胞
被称为干细胞的神奇细胞是人体的原材料。干细胞具有独特的能力，它们能变成其他类型的细胞。这张高倍放大的图像显示了成年人软骨组织（粉红色）上的骨髓干细胞（棕色）。

在动物界中，最大的细胞是鸵鸟蛋，它的长度达到15厘米！

最大和最小的细胞
下面的显微图像显示了一根针尖上的女性卵细胞。它是最大的人类细胞，刚刚能被肉眼看见。卵细胞的体积几乎是男性精子的1万倍。精子是人体最小的细胞，与大多数细胞一样，只有在显微镜下才能被观察到。

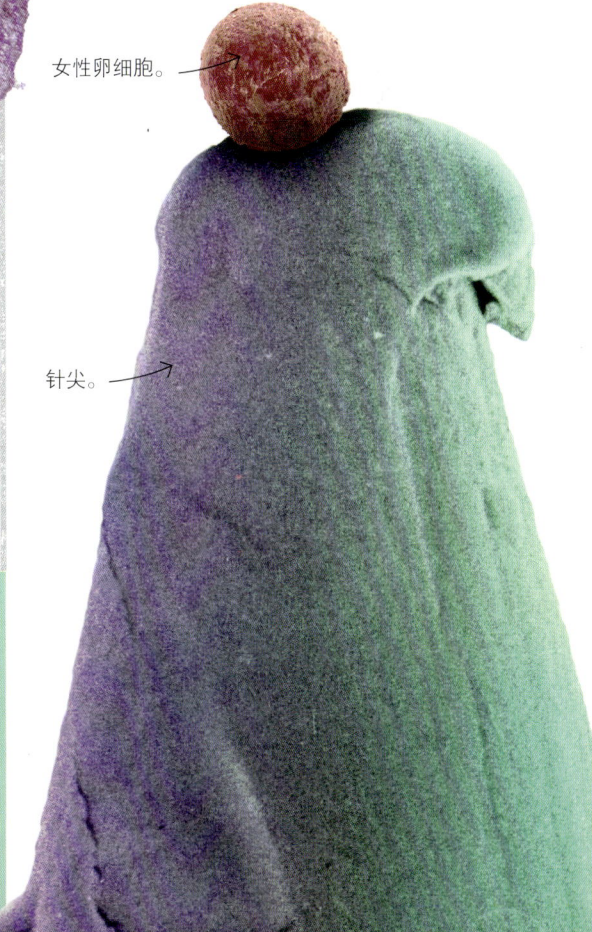

女性卵细胞。

针尖。

最长的人体细胞是神经细胞，其中一些神经细胞长达1米！

许多神经细胞具有长尾，用于传递信号。

174　人体

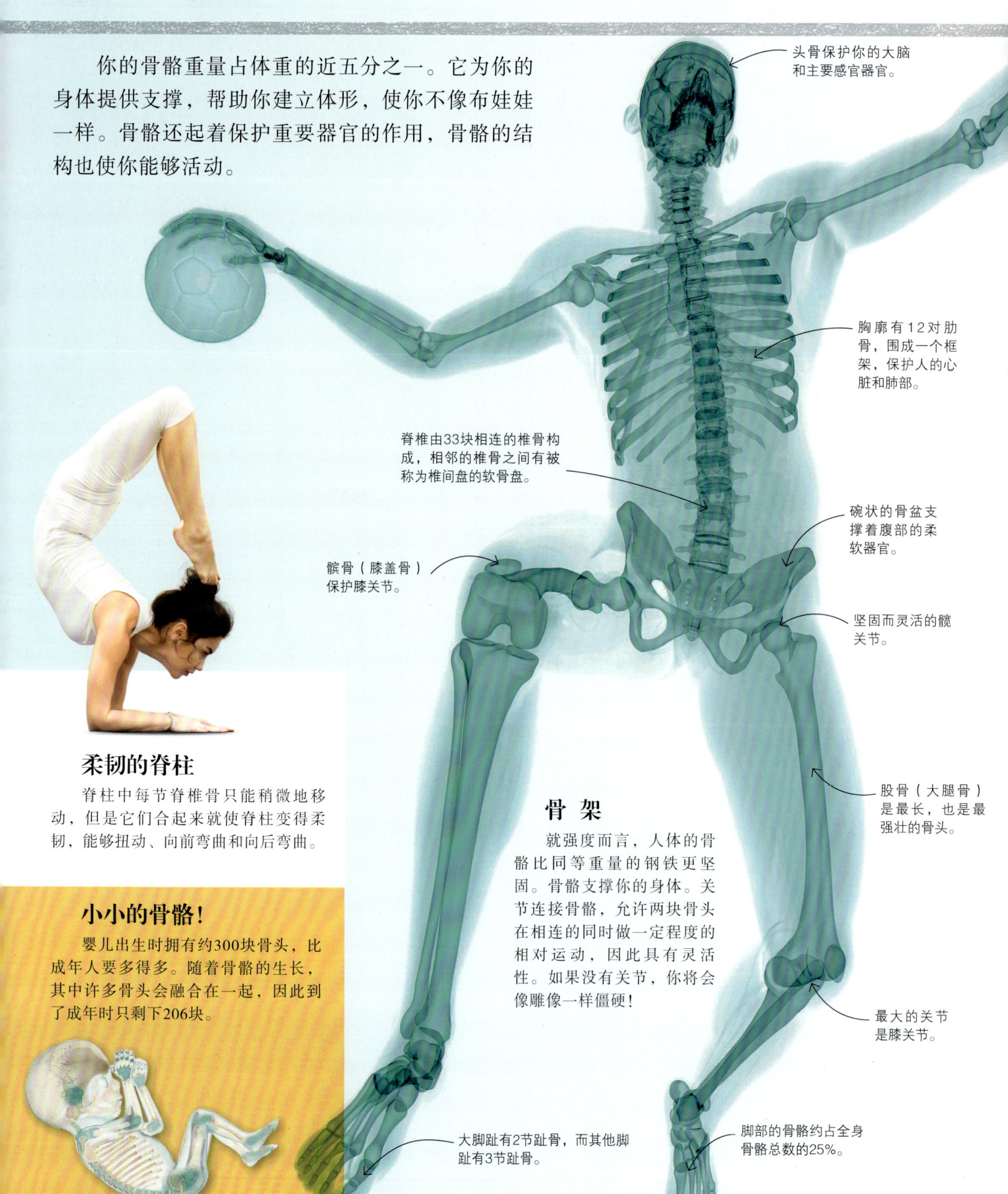

骨骼

你的骨骼重量占体重的近五分之一。它为你的身体提供支撑，帮助你建立体形，使你不像布娃娃一样。骨骼还起着保护重要器官的作用，骨骼的结构也使你能够活动。

头骨保护你的大脑和主要感官器官。

胸廓有12对肋骨，围成一个框架，保护人的心脏和肺部。

脊椎由33块相连的椎骨构成，相邻的椎骨之间有被称为椎间盘的软骨盘。

碗状的骨盆支撑着腹部的柔软器官。

髌骨（膝盖骨）保护膝关节。

坚固而灵活的髋关节。

股骨（大腿骨）是最长，也是最强壮的骨头。

最大的关节是膝关节。

脚部的骨骼约占全身骨骼总数的25%。

大脚趾有2节趾骨，而其他脚趾有3节趾骨。

柔韧的脊柱

脊柱中每节脊椎骨只能稍微地移动，但是它们合起来就使脊柱变得柔韧，能够扭动、向前弯曲和向后弯曲。

小小的骨骼！

婴儿出生时拥有约300块骨头，比成年人要多得多。随着骨骼的生长，其中许多骨头会融合在一起，因此到了成年时只剩下206块。

骨架

就强度而言，人体的骨骼比同等重量的钢铁更坚固。骨骼支撑你的身体。关节连接骨骼，允许两块骨头在相连的同时做一定程度的相对运动，因此具有灵活性。如果没有关节，你将会像雕像一样僵硬！

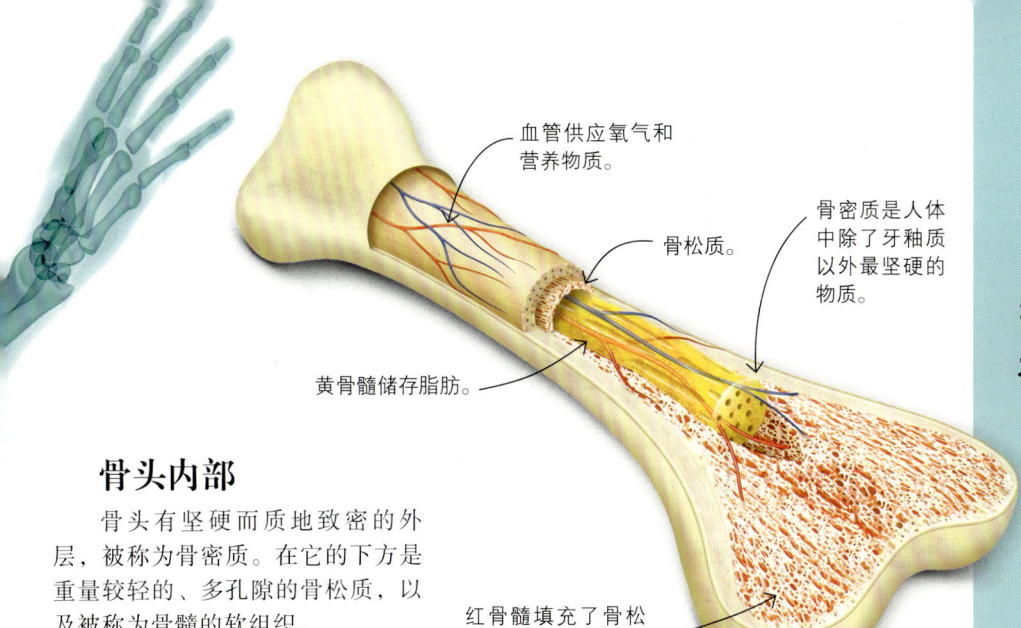

骨头内部

骨头有坚硬而质地致密的外层，被称为骨密质。在它的下方是重量较轻的、多孔隙的骨松质，以及被称为骨髓的软组织。

- 血管供应氧气和营养物质。
- 骨松质。
- 骨密质是人体中除了牙釉质以外最坚硬的物质。
- 黄骨髓储存脂肪。
- 红骨髓填充了骨松质的空间，负责制造红细胞。

人类和长颈鹿拥有相同数量的颈椎骨！

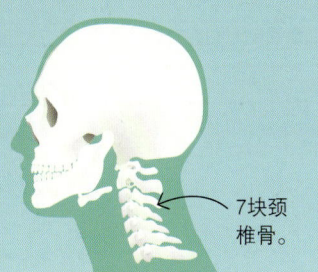

- 7块颈椎骨。
- 7块颈椎骨。

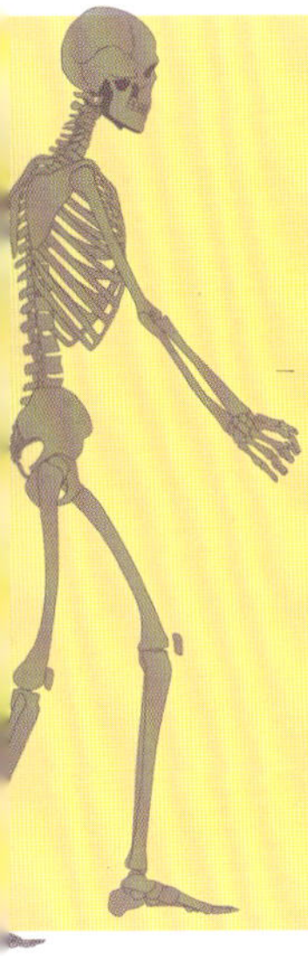

你的身高在早晨比睡前稍微高一点，这是因为在睡觉时，脊椎会伸展！

坚固的头骨

头骨由22块骨头构成。唯一能够活动的是下颌骨，其余的骨头通过缝合连接在一起，形成了一个具有保护性的坚固结构。

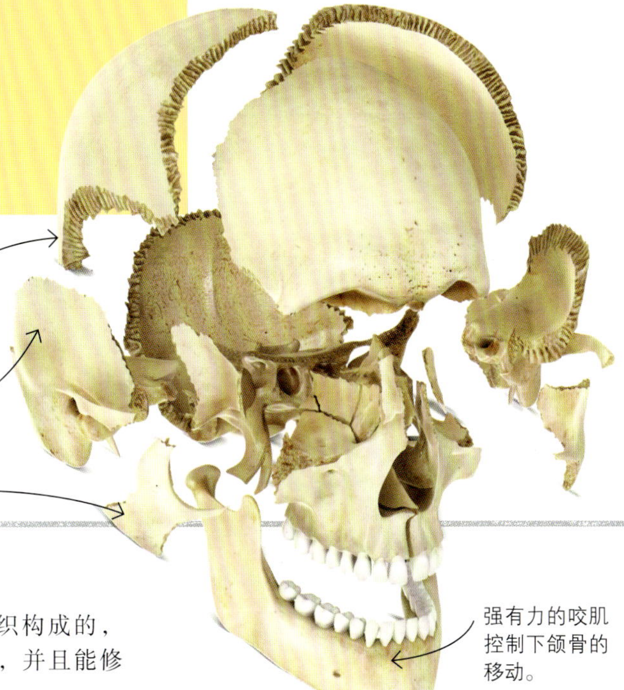

- 8块骨骼形成了圆顶状的颅骨。
- 颞骨是人体密度最高的骨骼。
- 14块面部骨骼。
- 强有力的咬肌控制下颌骨的移动。

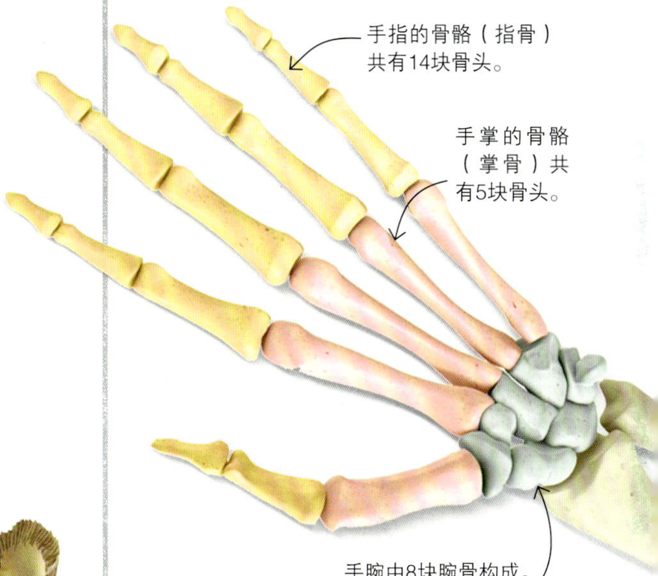

独特的手

- 手指的骨骼（指骨）共有14块骨头。
- 手掌的骨骼（掌骨）共有5块骨头。
- 手腕由8块腕骨构成。

人类的手有多个关节，拇指能触摸到其他手指的指尖，因此能够牢牢地抓握，还能做出许多精确细致的动作。其他任何哺乳动物都没有如此灵活而且多功能的手。

修复骨折

骨骼是由有活性的组织构成的，它们能生长，能自我更新，并且能修复骨折和骨裂。

最初几小时
骨折后，血块会在骨折周围形成，以封闭伤口。

几天后
新骨纤维开始在骨折断面处形成。

几星期后
骨松质替代纤维，血管也重新生长。

几个月后
骨密质替代骨松质，骨折愈合。

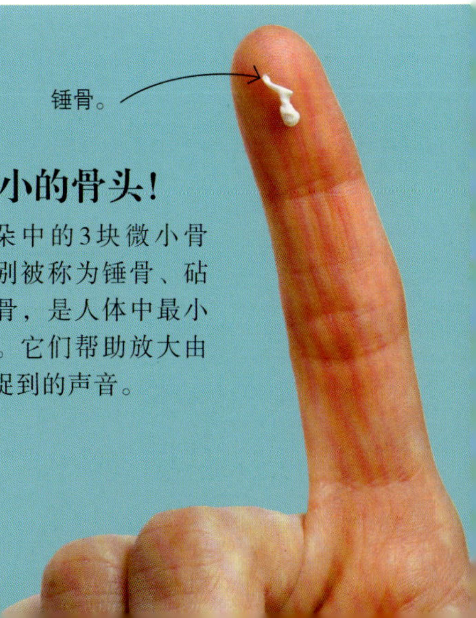

最小的骨头！

- 锤骨。

耳朵中的3块微小骨头，分别被称为锤骨、砧骨和镫骨，是人体中最小的骨头。它们帮助放大由鼓膜捕捉到的声音。

中耳的骨骼

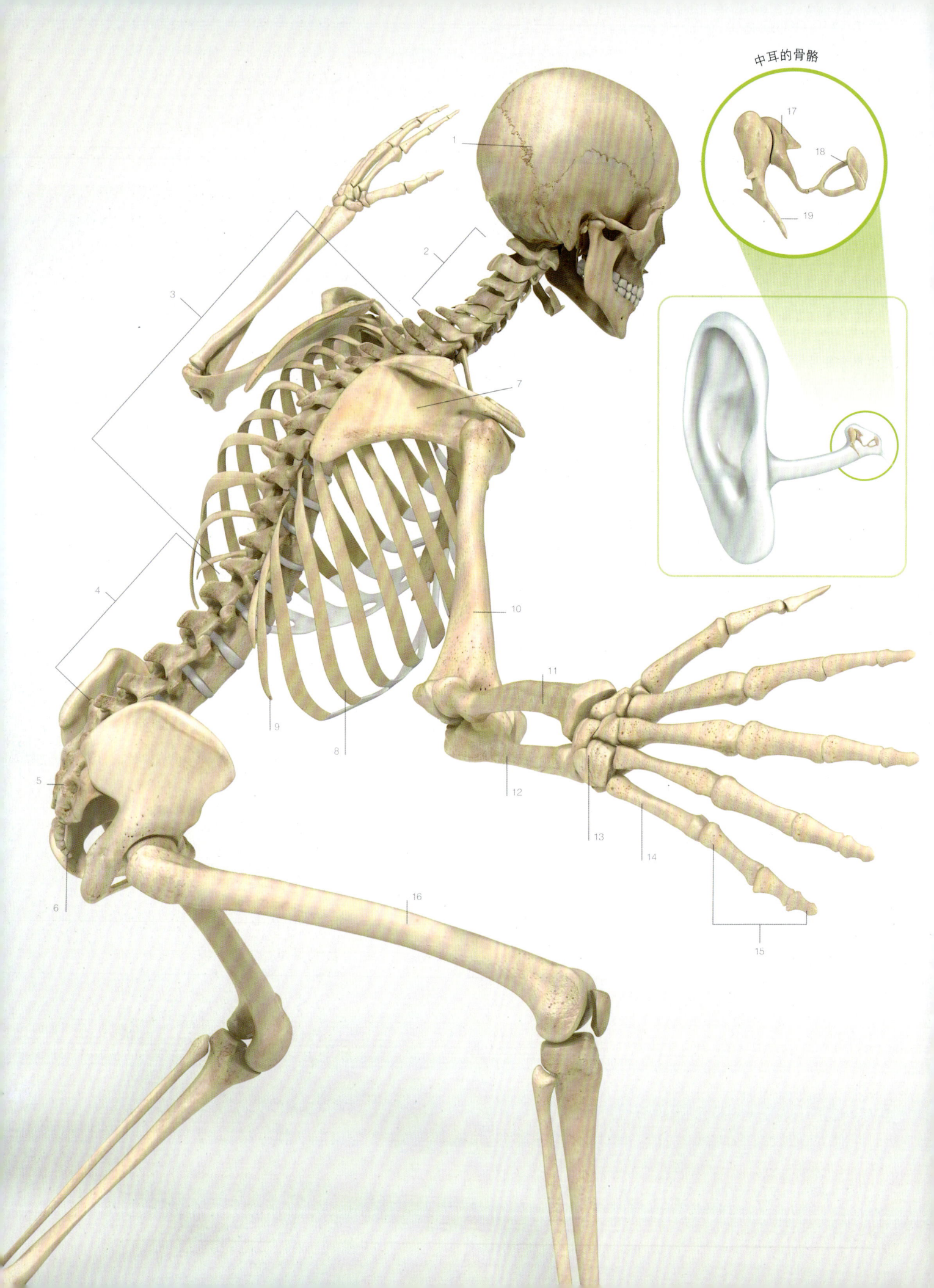

看图识别 骨 骼

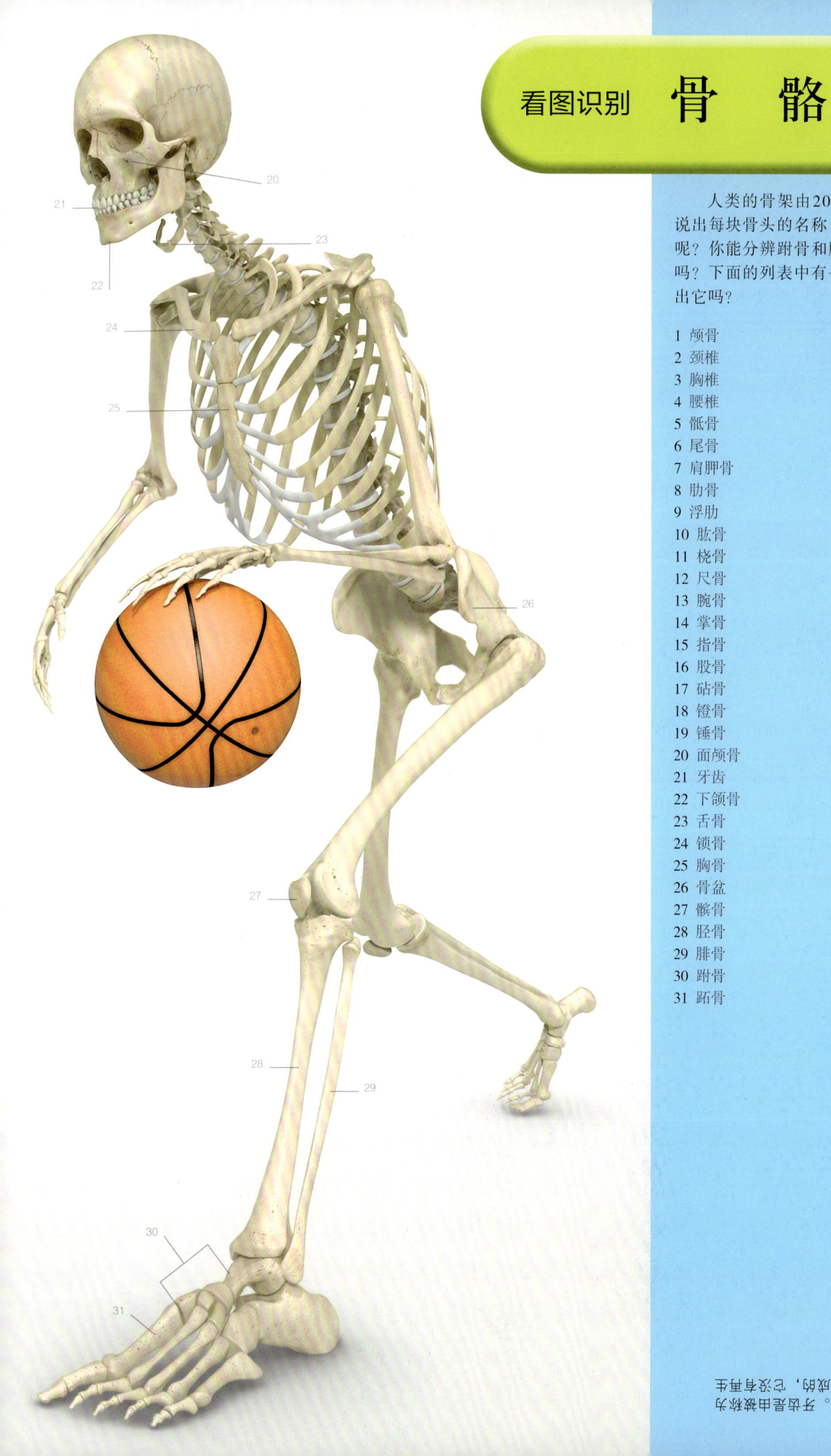

人类的骨架由206块骨头构成。医生能说出每块骨头的名称，但是你能认出多少块呢？你能分辨跗骨和腕骨，还有胫骨和腓骨吗？下面的列表中有一种不是骨头，你能找出它吗？

1 颅骨
2 颈椎
3 胸椎
4 腰椎
5 骶骨
6 尾骨
7 肩胛骨
8 肋骨
9 浮肋
10 肱骨
11 桡骨
12 尺骨
13 腕骨
14 掌骨
15 指骨
16 股骨
17 砧骨
18 镫骨
19 锤骨
20 面颅骨
21 牙齿
22 下颌骨
23 舌骨
24 锁骨
25 胸骨
26 骨盆
27 髌骨
28 胫骨
29 腓骨
30 跗骨
31 跖骨

"21"，牙齿不是骨头，牙齿是由釉质构成的，它没有其他骨所具有的修复能力。

肌肉的力量

你超级强壮的身体中有600多块肌肉，它们与你的骨骼相连，占据你体重的40%，参与你的每一个动作。肌肉也让你能够说话、推动食物通过消化道，并且将血液输送到身体各处。

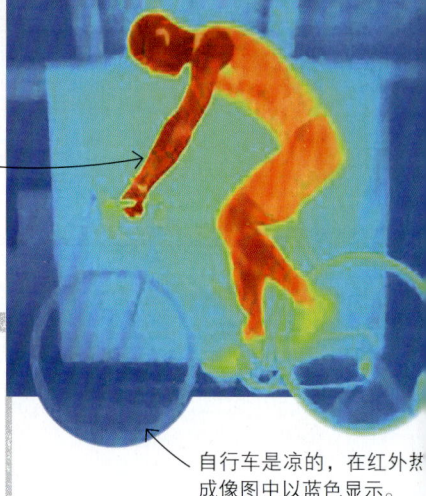

热图上显示为红色的区域是温度最高的区域。

自行车是凉的，在红外热成像图中以蓝色显示。

身体的热量

当你的肌肉进行剧烈运动时，例如骑自行车，就会产生热量。这张红外热成像图中的红色区域显示了释放大量热量的身体部位。

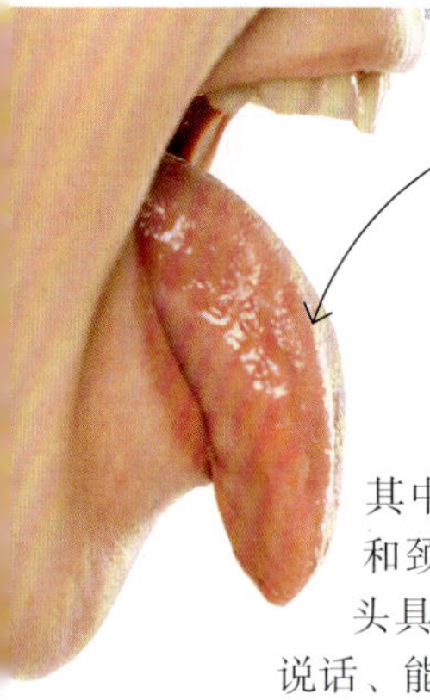

舌肌帮助你说话、进食和咽下食物。

强韧的舌头

你的舌头有8块肌肉，其中4块将舌头连接到头部和颈部，另外4块使你的舌头具有灵活性，能伸展、能说话、能在口腔中移动。

就相对其尺寸来说，最有力量的肌肉是咬肌（咀嚼肌），它能够产生90千克的力！

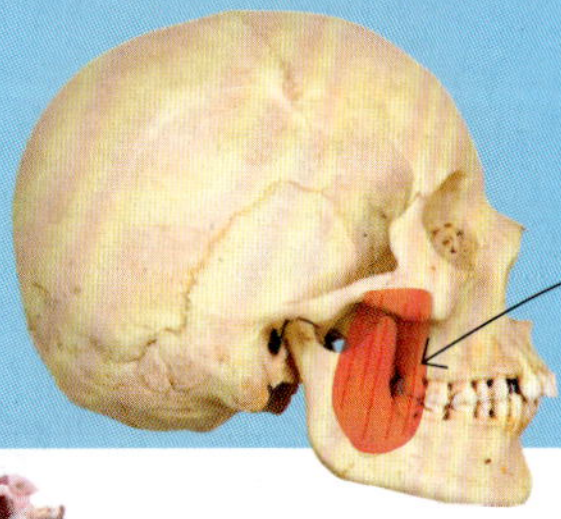

肌肉如何工作

肌肉只能拉动骨骼，而不能将骨骼推回原位。肌肉通常成对排列，能分别沿着两个相反的方向移动骨骼。例如，你上臂的两块肌肉共同协作，使你的手臂弯曲和伸展。

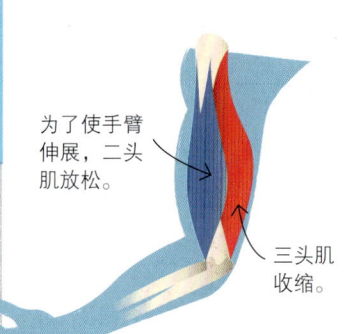

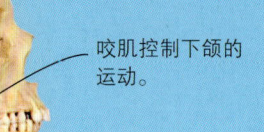

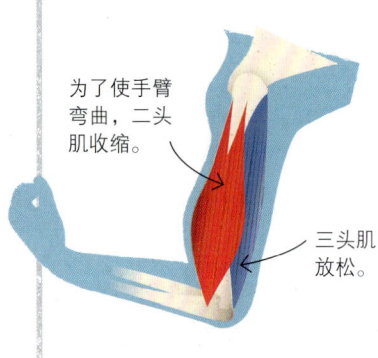

咬肌控制下颌的运动。

为了使手臂伸展，二头肌放松。

三头肌收缩。

肌肉内部

肌肉类似于电缆，由数百根挤在一起的被称为肌纤维的细长单元构成。每根肌纤维均由肌原纤维（可放松和收缩的细丝）构成。血管提供的氧气和能量使肌肉能够运动。

为了使手臂弯曲，二头肌收缩。

三头肌放松。

含肌纤维（红色）等组成的结缔组织（白色）的显微图。

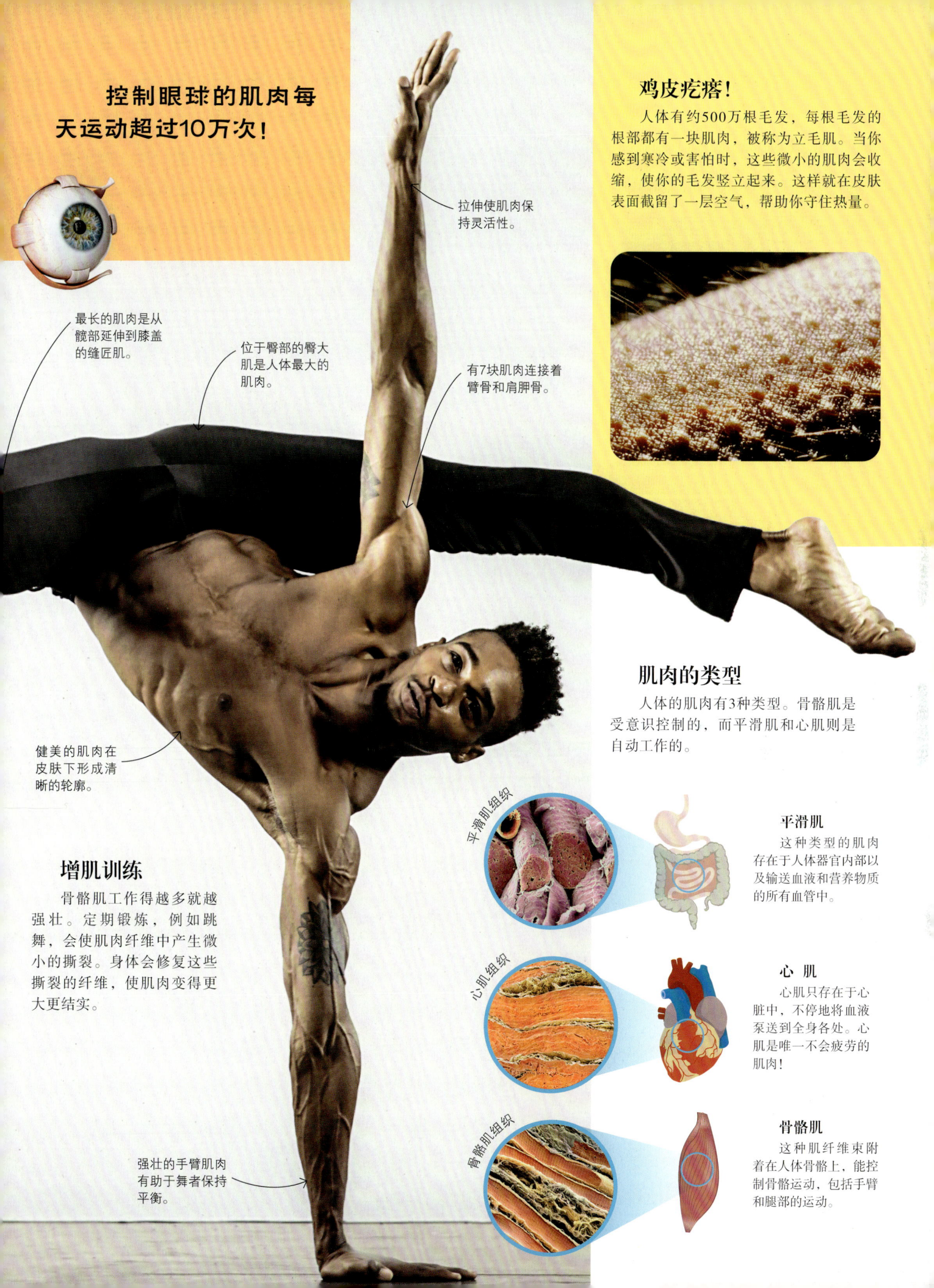

控制眼球的肌肉每天运动超过10万次！

鸡皮疙瘩！

人体有约500万根毛发，每根毛发的根部都有一块肌肉，被称为立毛肌。当你感到寒冷或害怕时，这些微小的肌肉会收缩，使你的毛发竖立起来。这样就在皮肤表面截留了一层空气，帮助你守住热量。

拉伸使肌肉保持灵活性。

最长的肌肉是从髋部延伸到膝盖的缝匠肌。

位于臀部的臀大肌是人体最大的肌肉。

有7块肌肉连接着臂骨和肩胛骨。

健美的肌肉在皮肤下形成清晰的轮廓。

增肌训练

骨骼肌工作得越多就越强壮。定期锻炼，例如跳舞，会使肌肉纤维中产生微小的撕裂。身体会修复这些撕裂的纤维，使肌肉变得更大更结实。

强壮的手臂肌肉有助于舞者保持平衡。

肌肉的类型

人体的肌肉有3种类型。骨骼肌是受意识控制的，而平滑肌和心肌则是自动工作的。

平滑肌组织

平滑肌
这种类型的肌肉存在于人体器官内部以及输送血液和营养物质的所有血管中。

心肌组织

心肌
心肌只存在于心脏中，不停地将血液泵送到全身各处。心肌是唯一不会疲劳的肌肉！

骨骼肌组织

骨骼肌
这种肌纤维束附着在人体骨骼上，能控制骨骼运动，包括手臂和腿部的运动。

盘绕的大肠

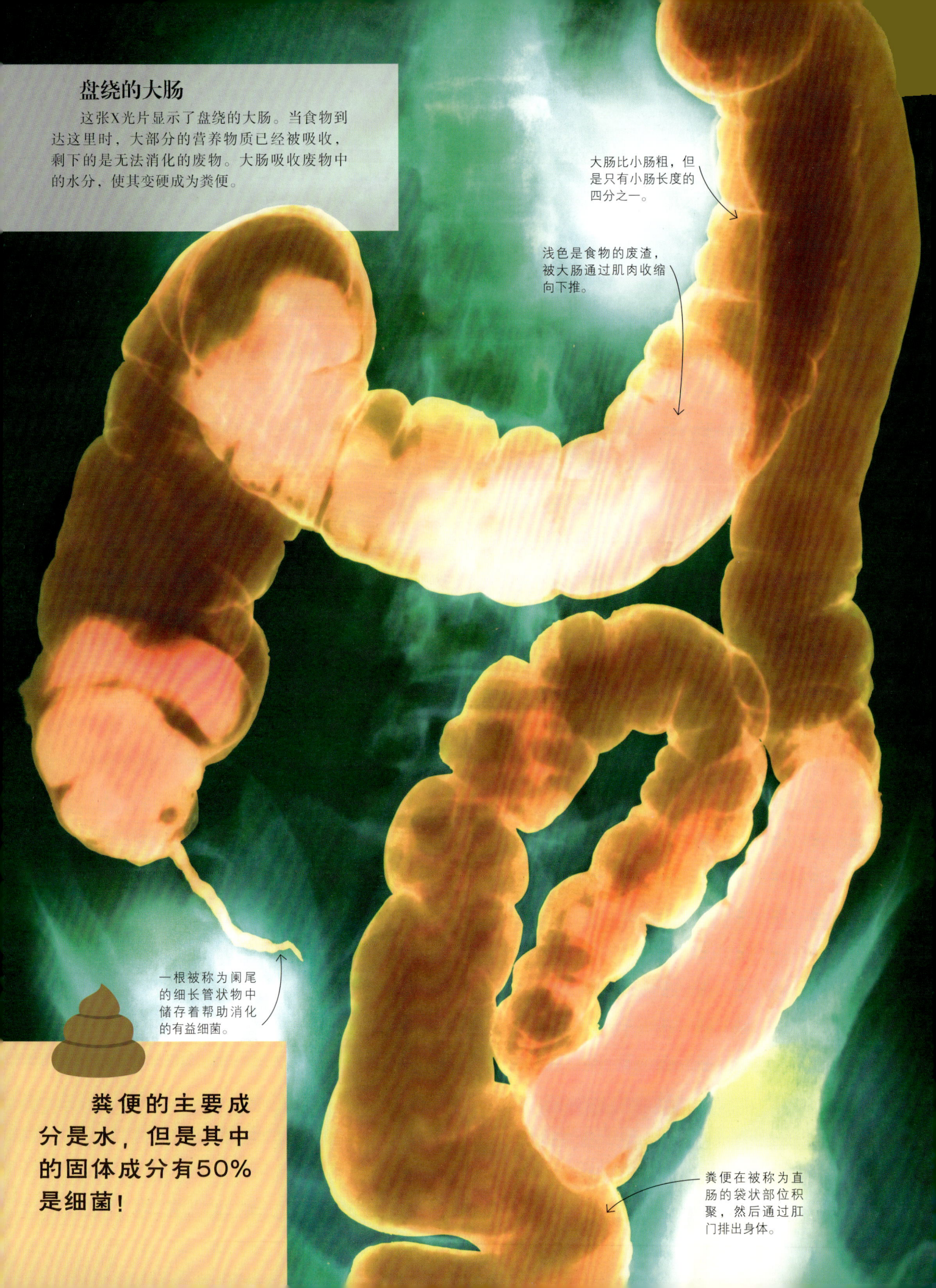

这张X光片显示了盘绕的大肠。当食物到达这里时，大部分的营养物质已经被吸收，剩下的是无法消化的废物。大肠吸收废物中的水分，使其变硬成为粪便。

大肠比小肠粗，但是只有小肠长度的四分之一。

浅色是食物的废渣，被大肠通过肌肉收缩向下推。

一根被称为阑尾的细长管状物中储存着帮助消化的有益细菌。

粪便的主要成分是水，但是其中的固体成分有50%是细菌！

粪便在被称为直肠的袋状部位积聚，然后通过肛门排出身体。

食物处理器官

在人的一生中，消化系统要处理吃下的数万顿食物。食物要经过大约9米长的消化器官，在此过程中被转化为营养物质和能量。

你每天产生的唾液多达1.5升！

一天分泌的唾液量足以装满一只大瓶子。

胃酸攻击

由肌肉构成的胃将食物搅拌，使它们与消化液混合，来消化食物。消化液含有强酸性物质，能杀灭细菌。

厚厚的胃壁有3层肌肉。

每天产生4升胃液。

厚厚的黏液层能防止胃被自身消化！

在口腔中，食物经由咀嚼被分解成较小的碎块。

唾液使食物变软，方便咽下。

食道。

肌肉在食物后方收缩，推动食物前进。

蠕动

喉咙和肠道中的肌肉有节奏地收缩和松弛，推动食物前进。这被称为蠕动。

肝脏释放胆汁，胆汁是一种能够分解脂肪的液体。

胃将食物消化为一种叫做食糜的粥状物。

小肠吸收营养物质。

消化系统

食物需要24—72小时的时间才能通过消化系统。在这个过程中，食物被分解，重要的营养物质和水被吸收，剩下的废物作为粪便被排出体外。

大肠。

肛门。

平均而言，全世界每人每年吃掉约675千克食物！

我们为什么打嗝？

当你喝汽水后，空气被困在食道中。身体对此的反应是通过打嗝来将这些多余的空气从嘴里排出。每天打嗝多达30次是正常现象！

尖锐的虎牙有助于咬住和撕裂食物。

前磨牙和磨牙被用来研磨和咀嚼食物。

坚固的牙齿

牙齿通过咀嚼将食物咬碎，进而开始消化过程。口腔中的唾液腺产生的唾液有助于软化食物。

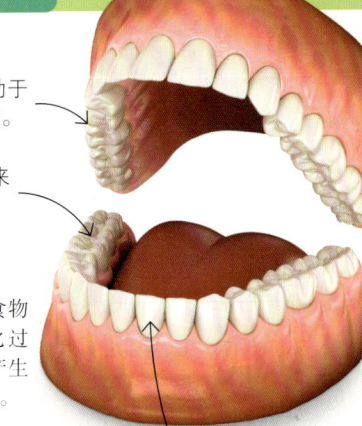

门牙用于切割食物。

你每天释放多达2.2升气体！

心脏和血液

你的心脏是一台强大的泵，使血液在全身不间断地循环。每天，你的心脏跳动约10万次，将5升血液通过异常复杂的血管网络输送到你的器官和肌肉。

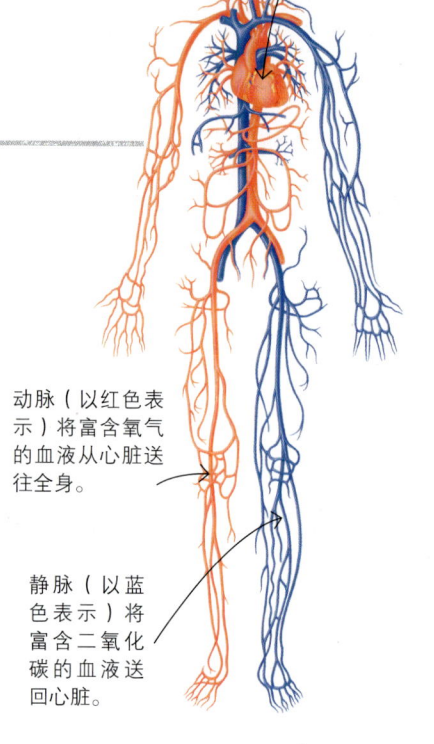

心脏收缩以泵出血液。

人体中的血管总长度为10万千米，足够绕地球两圈！

血管

血管有3种类型。动脉将血液从心脏输送到全身各处，静脉将血液送回心脏，而很细的毛细血管将静脉和动脉连接在一起。

动脉 这种血管具有厚实的肌肉壁。

静脉 这种血管具有薄壁。

毛细血管 这种血管是最细的血管。

静脉瓣膜能阻止血液倒流。

血管壁只有一层细胞的厚度。

动脉（以红色表示）将富含氧气的血液从心脏送往全身。

静脉（以蓝色表示）将富含二氧化碳的血液送回心脏。

血液循环系统

血液循环系统是由心脏和复杂的血管网络构成的。心脏将携带氧气和营养的血液输送到身体的每个细胞、组织和器官。

血液的成分

血浆是血液中的液体部分，占血液的55%，红细胞占44%，剩下的1%是白细胞和血小板。

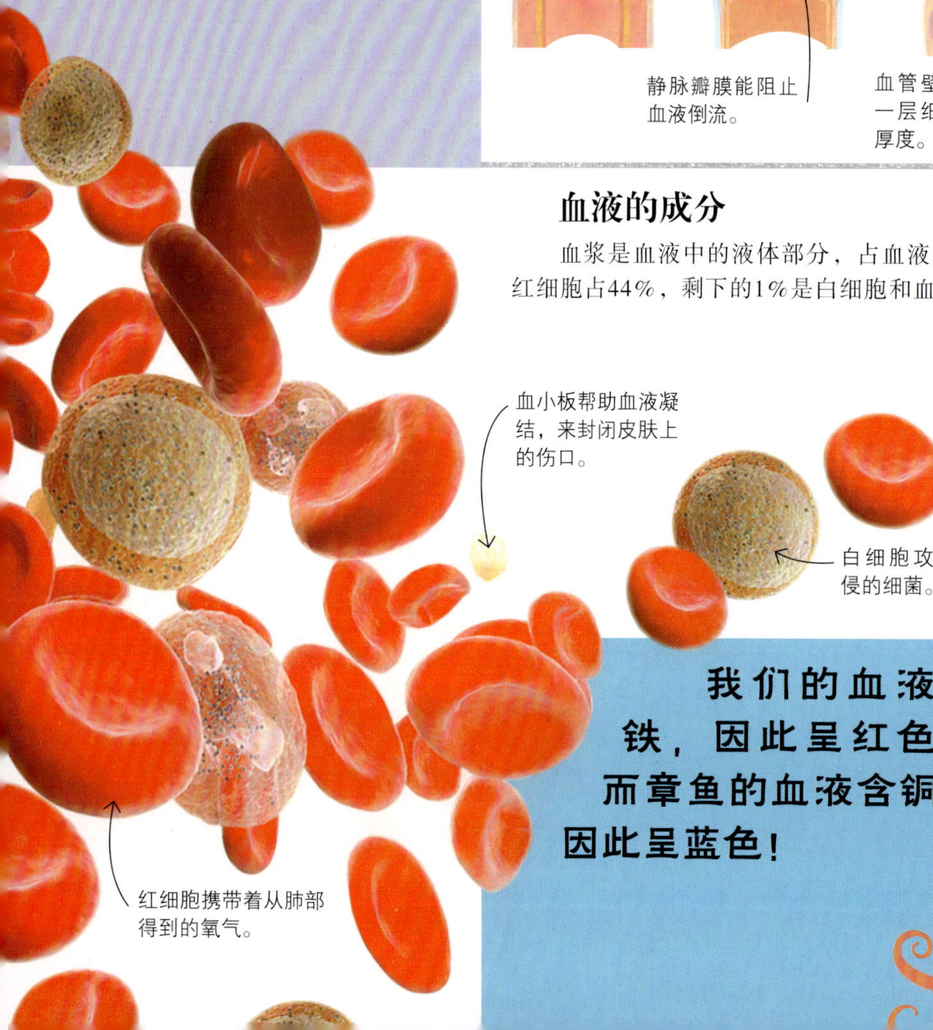

血小板帮助血液凝结，来封闭皮肤上的伤口。

白细胞攻击入侵的细菌。

红细胞携带着从肺部得到的氧气。

我们的血液含铁，因此呈红色，而章鱼的血液含铜，因此呈蓝色！

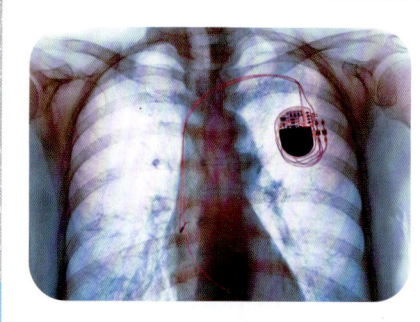

救命的心脏起搏器

起搏器是一种小型电子设备，植入胸部后可控制心跳。这张X射线照片显示起搏器连着一根导线，这根导线通过静脉血管进入心腔。

人体　183

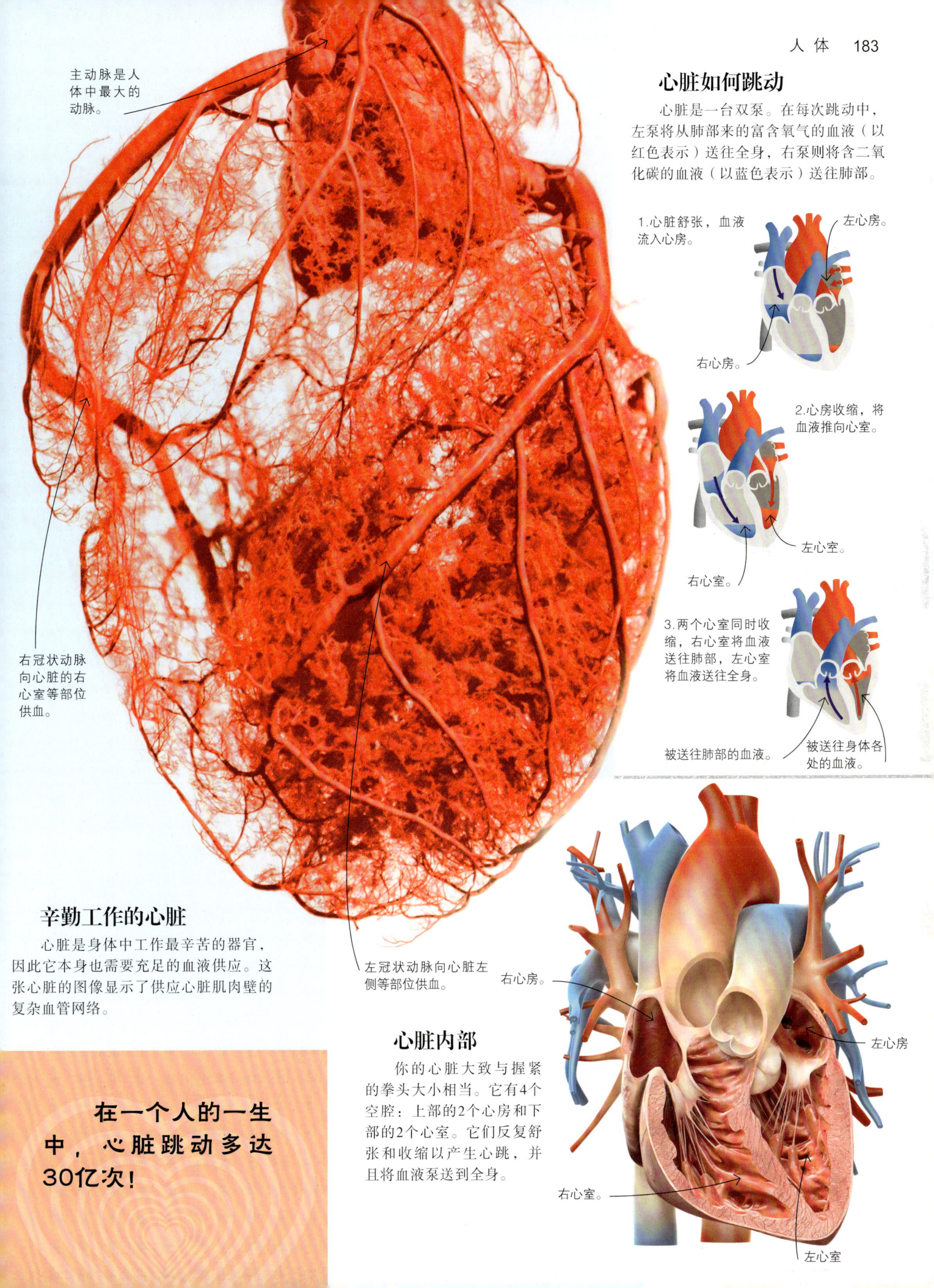

主动脉是人体中最大的动脉。

右冠状动脉向心脏的右心室等部位供血。

左冠状动脉向心脏左侧等部位供血。

辛勤工作的心脏
心脏是身体中工作最辛苦的器官，因此它本身也需要充足的血液供应。这张心脏的图像显示了供应心脏肌肉壁的复杂血管网络。

在一个人的一生中，心脏跳动多达30亿次！

心脏如何跳动
心脏是一台双泵。在每次跳动中，左泵将从肺部来的富含氧气的血液（以红色表示）送往全身，右泵则将含二氧化碳的血液（以蓝色表示）送往肺部。

1. 心脏舒张，血液流入心房。

左心房。
右心房。

2. 心房收缩，将血液推向心室。

左心室。
右心室。

3. 两个心室同时收缩，右心室将血液送往肺部，左心室将血液送往全身。

被送往肺部的血液。
被送往身体各处的血液。

心脏内部
你的心脏大致与握紧的拳头大小相当。它有4个空腔：上部的2个心房和下部的2个心室。它们反复舒张和收缩以产生心跳，并且将血液泵送到全身。

右心房。
左心房。
右心室。
左心室。

人 体

人体能够做出令人惊讶的事情。人体能不断地更新细胞，还能在人们无意识的情况下同时控制许多身体功能。这里是一些关于人体的有趣事实和数据。

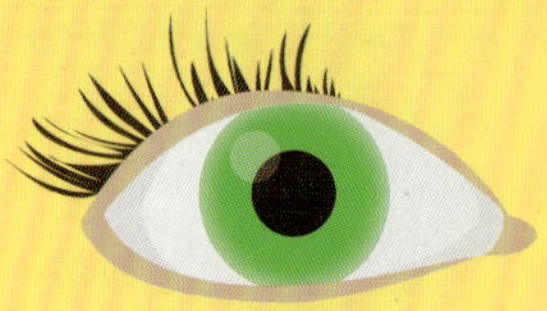

最罕见的眼睛颜色

绿色是世界上最罕见的眼睛颜色。仅有2%的人口拥有绿色的眼睛。而约80%的人有褐色眼睛，占绝大多数。

细胞的寿命

人体内的各种细胞具有不同的寿命，取决于它们的功能。皮肤细胞不断更替，寿命可能只有一天。而其他细胞，例如脑细胞，能维持一生的时间。

70多年
脑细胞

15年
骨骼肌细胞

10年
脂肪细胞

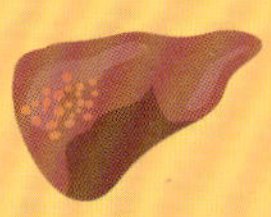

6—9个月
肝细胞

3—5天
肠上皮细胞

1—3天
白细胞

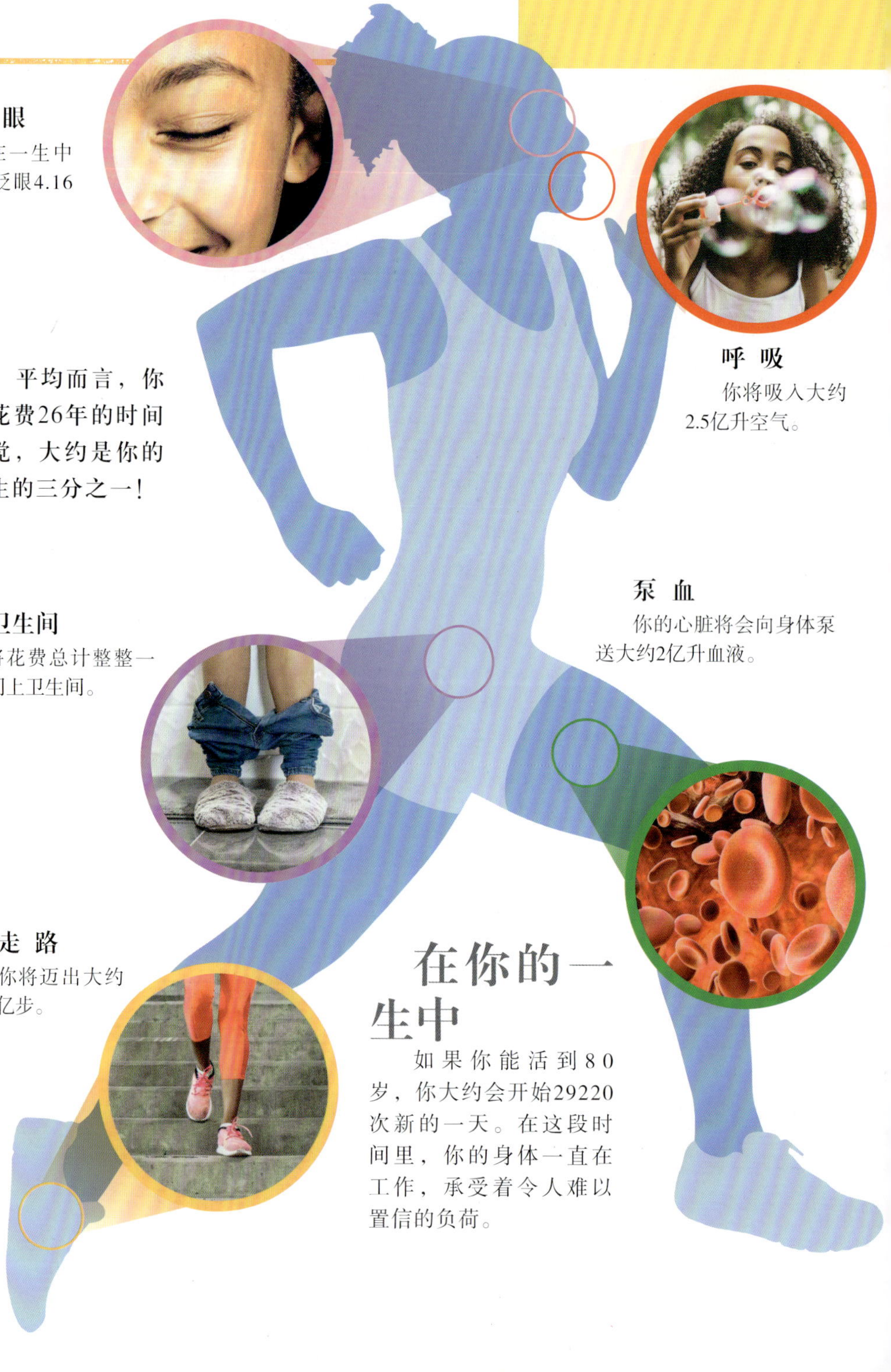

眨眼
你在一生中也许会眨眼4.16亿次。

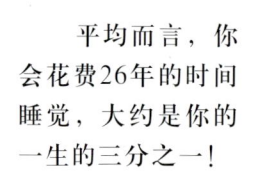

平均而言，你会花费26年的时间睡觉，大约是你的一生的三分之一！

上卫生间
你将花费总计整整一年的时间上卫生间。

走路
你将迈出大约1.46亿步。

呼吸
你将吸入大约2.5亿升空气。

泵血
你的心脏将会向身体泵送大约2亿升血液。

在你的一生中

如果你能活到80岁，你大约会开始29220次新的一天。在这段时间里，你的身体一直在工作，承受着令人难以置信的负荷。

创纪录生长

有些人精心照料和关注自己的头发和指甲，让它们长到了令人瞩目的长度。以下是一些创世界纪录的人。

最长的指甲
美国的戴安娜·阿姆斯特朗拥有世界上最长的指甲，长度达到1.38米。

最长的头发
2004年，中国的谢秋萍的头发长度达到了5.62米，几乎与成年长颈鹿的身高相当。

最长的胡子
美国的保罗·斯洛萨的胡子长度达到了63.5厘米。

最长的睫毛
中国的尤建霞的睫毛长度达到了20厘米，延伸到了她的下巴。

最长的寿命

法国的让娜·路易丝·卡尔芒保持着有史以来最长寿命的世界纪录。她于1997年去世时，年龄为122岁零164天。

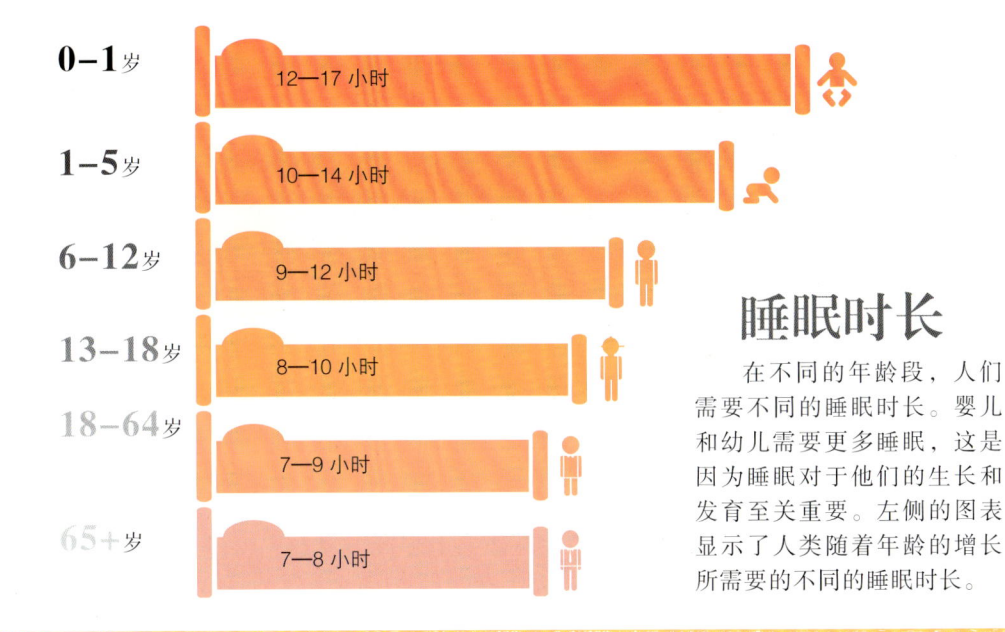

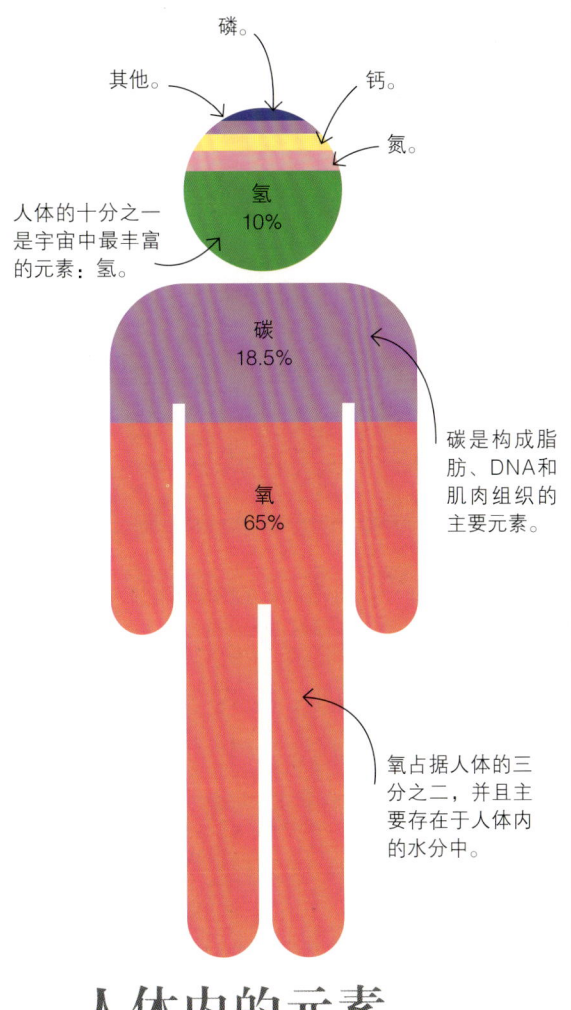

年龄	睡眠时长
0–1岁	12—17 小时
1–5岁	10—14 小时
6–12岁	9—12 小时
13–18岁	8—10 小时
18–64岁	7—9 小时
65+岁	7—8 小时

睡眠时长

在不同的年龄段，人们需要不同的睡眠时长。婴儿和幼儿需要更多睡眠，这是因为睡眠对于他们的生长和发育至关重要。左侧的图表显示了人类随着年龄的增长所需要的不同的睡眠时长。

人体内的元素

- 磷
- 其他
- 钙
- 氮
- 氢 10%
- 碳 18.5%
- 氧 65%

人体的十分之一是宇宙中最丰富的元素：氢。

碳是构成脂肪、DNA和肌肉组织的主要元素。

氧占据人体的三分之二，并且主要存在于人体内的水分中。

人体主要由6种元素构成，这些元素以不同的方式组合形成了成千上万种化合物。上图显示了构成我们身体的元素的大致比例。

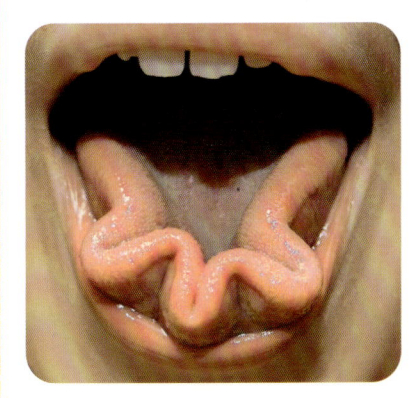

能够卷舌的人

我们大多数人，都能卷起舌头的两边。然而只有少数人可以将他们的舌头控制成折叠状，而上图这种将舌头卷成三叶草形状是最罕见的舌头控制能力之一。

流汗

身体根据我们锻炼的强度以及天气的情况来排出不同量的汗水。在炎热的天气里进行大量锻炼的人一天能排出多达12升汗水！

控制呼吸

呼吸是自动进行的，但是当你进行锻炼时，大脑会意识到你需要更多氧气，因此使你更努力、更快地呼吸。你也能有意识地控制自己的呼吸。游泳运动员会训练自己有规律地呼吸，以使肌肉能够得到稳定的氧气供应。

游泳运动员在水下呼气，产生一串气泡，然后抬起头来在水面上吸入空气。

强健的腹肌能协助膈肌和肋间肌，使游泳运动员得到良好的呼吸控制能力。

通往肺部的路径

空气通过气管进入肺部。这根管道像一棵倒置的树一样展开，它有两个大分支，被称为支气管，以及很多小分支，被称为细支气管。在细支气管的末端是被称为肺泡的微小气囊。

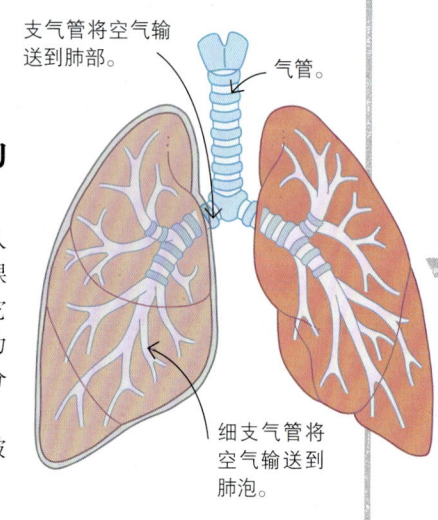

支气管将空气输送到肺部。
气管。
细支气管将空气输送到肺泡。

吸气

你胸腔中的两叶海绵状肺使你每天能呼吸大约22000次。每次呼吸时肺部都会进行重要的气体交换。吸入的空气中的氧气通过肺部进入你的血液。同时，你体内细胞产生的废弃二氧化碳被血液携带到肺部，然后被呼出体外。

有些自由潜水者通过学习如何更长时间地屏住呼吸，能在没有氧气罐的情况下潜入水下100多米！

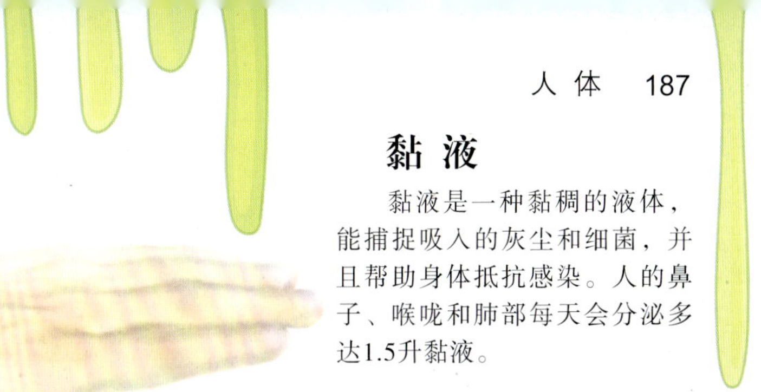

人体 187

黏液

黏液是一种黏稠的液体，能捕捉吸入的灰尘和细菌，并且帮助身体抵抗感染。人的鼻子、喉咙和肺部每天会分泌多达1.5升黏液。

← 肌肉需要持续的氧气供应，以保持在比赛期间高强度的工作状态。

肺的内表面积是皮肤表面积的35—45倍！

气体交换

肺部进行的气体交换是在被称为毛细血管的微小血管中进行的，这些毛细血管环绕着大约4.8亿个充满空气的囊泡，被称为肺泡。

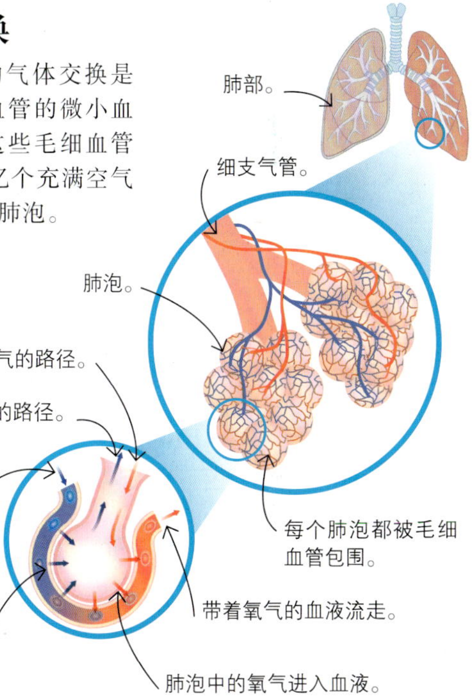

肺部。
细支气管。
肺泡。
氧气的路径。
二氧化碳的路径。
含二氧化碳的血液到达毛细血管。
血液中的二氧化碳进入肺泡。
肺泡中的氧气进入血液。
每个肺泡都被毛细血管包围。
带着氧气的血液流走。

吸气和呼气

膈肌是位于肺部下方的一层肌肉组织。当你吸气时，膈肌收缩变平，胸腔内的容积增大，使得你的肺能够充满空气。而在呼气时，膈肌松弛回到原位，将空气排出肺部。

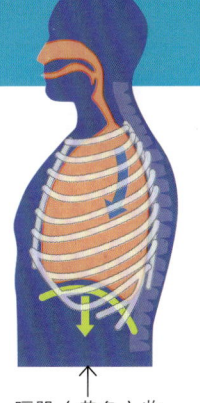

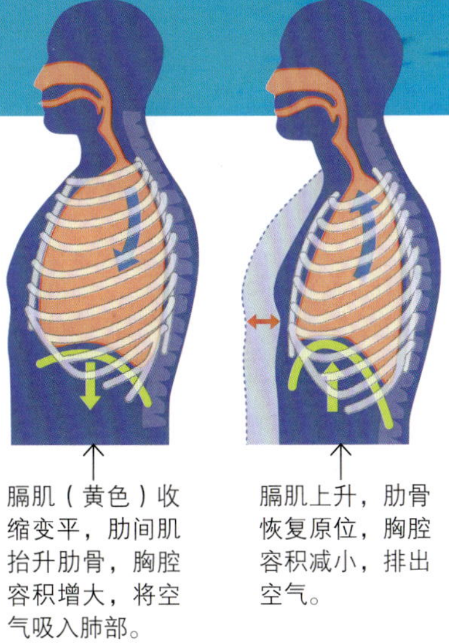

↑ 膈肌（黄色）收缩变平，肋间肌抬升肋骨，胸腔容积增大，将空气吸入肺部。

↑ 膈肌上升，肋骨恢复原位，胸腔容积减小，排出空气。

有的肺泡比沙粒还要小！

高山上的空气

在高海拔地区，空气中的氧气含量较低，因此大部分人会感到呼吸比较困难。而像尼泊尔的夏尔巴人这样的山区居民能够应对稀薄的空气，是因为他们的身体利用氧气的效率比较高。

肺活量

肺部可以通过训练来容纳比平常更多的空气。吹奏管乐器（例如小号）的人通常具有比较强大的肺功能和比较好的呼吸控制能力。

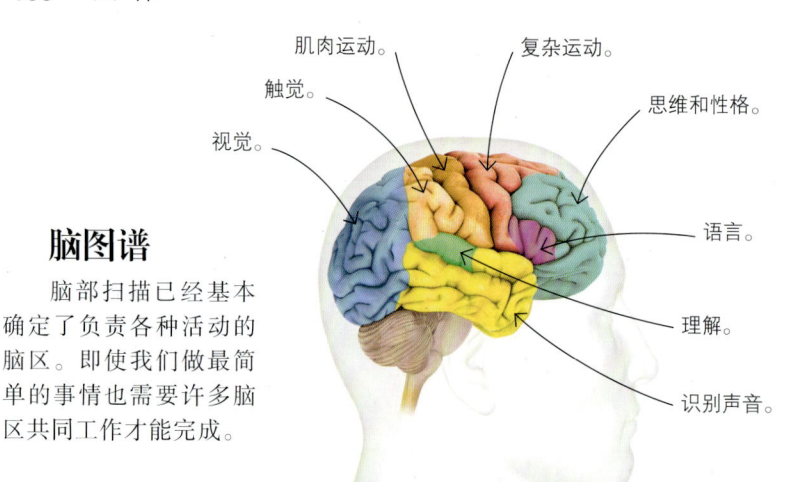

脑图谱

脑部扫描已经基本确定了负责各种活动的脑区。即使我们做最简单的事情也需要许多脑区共同工作才能完成。

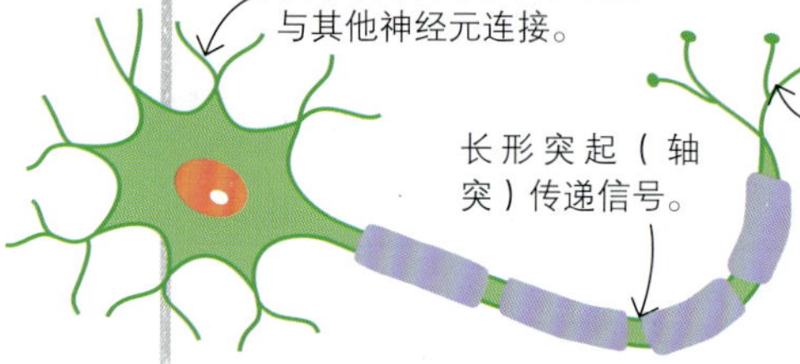

- 肌肉运动。
- 触觉。
- 视觉。
- 复杂运动。
- 思维和性格。
- 语言。
- 理解。
- 识别声音。

发送信号

- 被称为树突的细长突起与其他神经元连接。
- 长形突起（轴突）传递信号。
- 这里的树突终端将信号传递给其他神经元。

神经系统是由神经元这种神经细胞的网络构成的。神经元像信使一样将信息以电信号的形式传递。仅大脑就含有860亿个神经元。

有些神经信号的传递速度能达到一辆一级方程式赛车的速度！

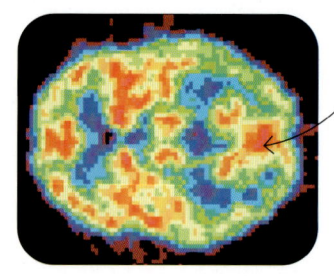

忙碌的大脑

大脑的活跃区域以红色显示。

脑部扫描揭示了大脑哪些部分最为活跃。上图显示，在快速眼动睡眠期，大脑处于活跃状态，开始做梦，其忙碌程度与清醒时一样。

控制中心

大脑是人体中最复杂的器官，它控制着人的行动、生理过程、思维、感情和记忆！它与脊髓和神经一起构成了人的神经系统。

大脑非常柔软且有弹性，就像果冻一样！

- 大脑是神经系统中最大的器官。
- 脊髓是身体和大脑之间信息传递的通道。

反射动作

并非所有的动作都是由大脑控制的。如果你触摸到尖锐的物体，你的手会在不到半秒钟的时间内自动移开，比信号被传递到大脑还要快。这被称为反射，由脊髓直接控制。

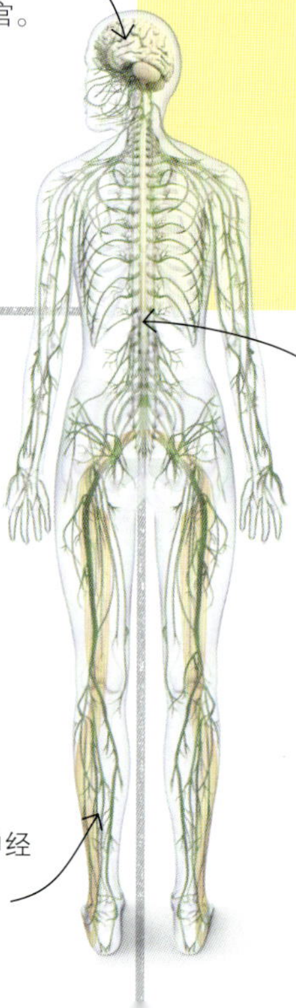

神经是由很多被称为神经元的神经细胞构成的。

神经系统

神经系统使人能够感知周围的环境，并且做出反应。神经将来自感觉器官的信号传递到大脑，然后，神经将来自大脑的指令传递到身体各部分，告诉肌肉、器官和腺体该做什么。

颅骨内部

大脑的重量约为1.3千克，是身体的最大器官之一，占据了颅骨内的大部分空间。它直接与颅骨内的神经网络连接，帮助人品尝食物、闻气味、听声音，以及控制面部表情。

人的数十亿个脑神经元一起产生的电力足以点亮一只灯泡！

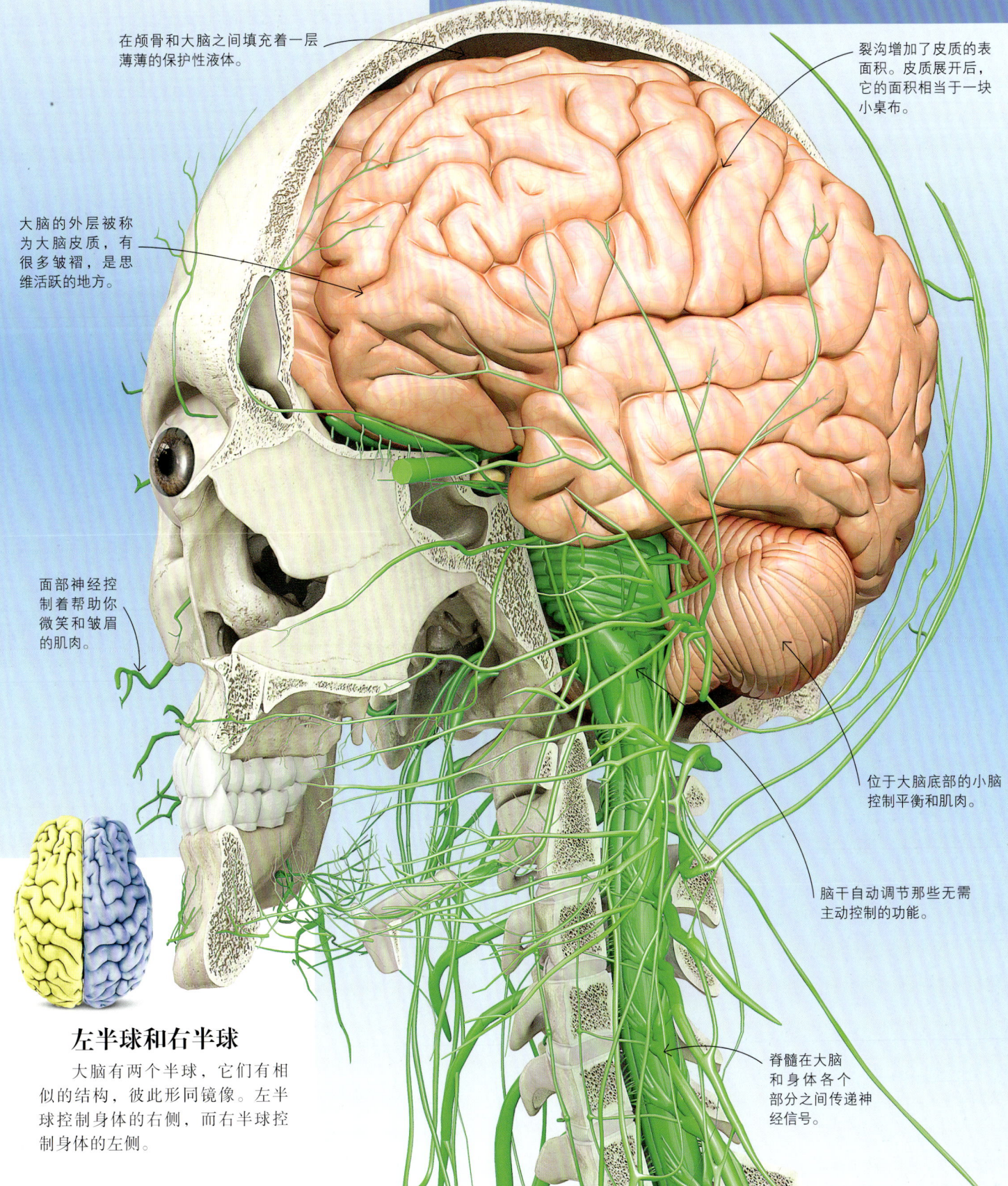

在颅骨和大脑之间填充着一层薄薄的保护性液体。

裂沟增加了皮质的表面积。皮质展开后，它的面积相当于一块小桌布。

大脑的外层被称为大脑皮质，有很多皱褶，是思维活跃的地方。

面部神经控制着帮助你微笑和皱眉的肌肉。

位于大脑底部的小脑控制平衡和肌肉。

脑干自动调节那些无需主动控制的功能。

脊髓在大脑和身体各个部分之间传递神经信号。

左半球和右半球

大脑有两个半球，它们有相似的结构，彼此形同镜像。左半球控制身体的右侧，而右半球控制身体的左侧。

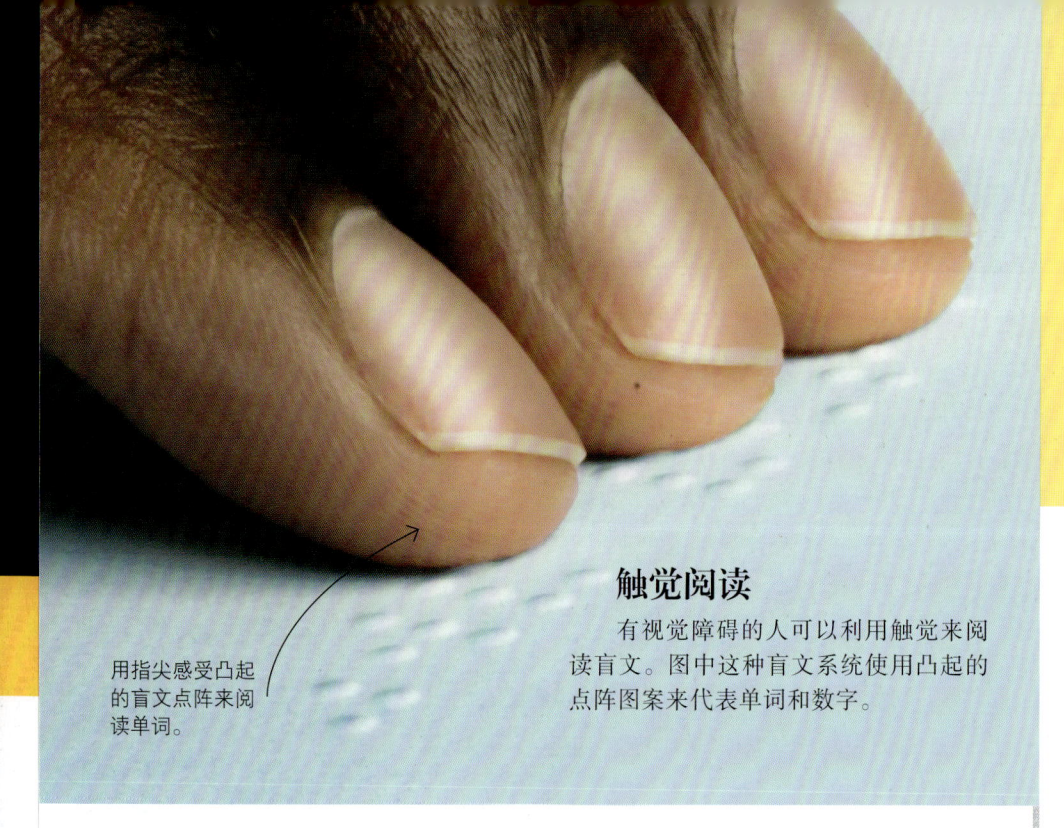

成年人的舌头上有 2000—4000个味蕾！

触觉阅读
有视觉障碍的人可以利用触觉来阅读盲文。图中这种盲文系统使用凸起的点阵图案来代表单词和数字。

用指尖感受凸起的盲文点阵来阅读单词。

超级感官

人的感官向大脑传达外部世界的信息。大脑处理这些信息，使人能够体验周围的环境。如果没有感官，人的生活将会变得非常单调乏味！

五 官
每个感官在帮助你理解周围的环境并与之互动方面都发挥着特殊的作用。

触觉
皮肤的感觉神经末梢能对疼痛、压力、触摸和温度做出反应。

视觉
双眼共同工作，接收可见光信号以帮助大脑创建三维图像。

味觉
味蕾能够帮助我们识别咸、甜、酸、苦和鲜的味道。

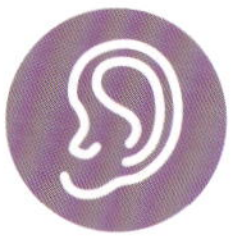

听觉
耳朵能听到声音，也就是收集并传递通过空气传播的振动波。

嗅觉
鼻子能感知气味，包括香味和臭味。

人眼能看见至少100万种颜色！

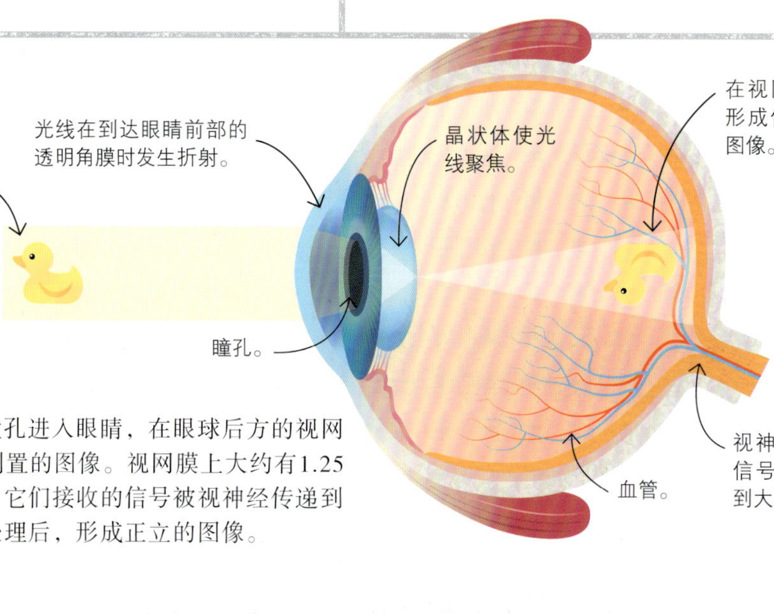

人 眼
光线通过瞳孔进入眼睛，在眼球后方的视网膜上形成一个倒置的图像。视网膜上大约有1.25亿个光敏细胞，它们接收的信号被视神经传递到大脑，被大脑处理后，形成正立的图像。

光线从物体上反射，进入眼睛。

光线在到达眼睛前部的透明角膜时发生折射。

晶状体使光线聚焦。

在视网膜上形成倒置的图像。

瞳孔。

视神经将信号传递到大脑。

血管。

人体 193

独特的虹膜
虹膜是使你的瞳孔变大或变小的有色肌肉环。它的图案非常复杂，世界上没有完全相同的两个虹膜。即使是同卵双胞胎的虹膜图案也是不同的。

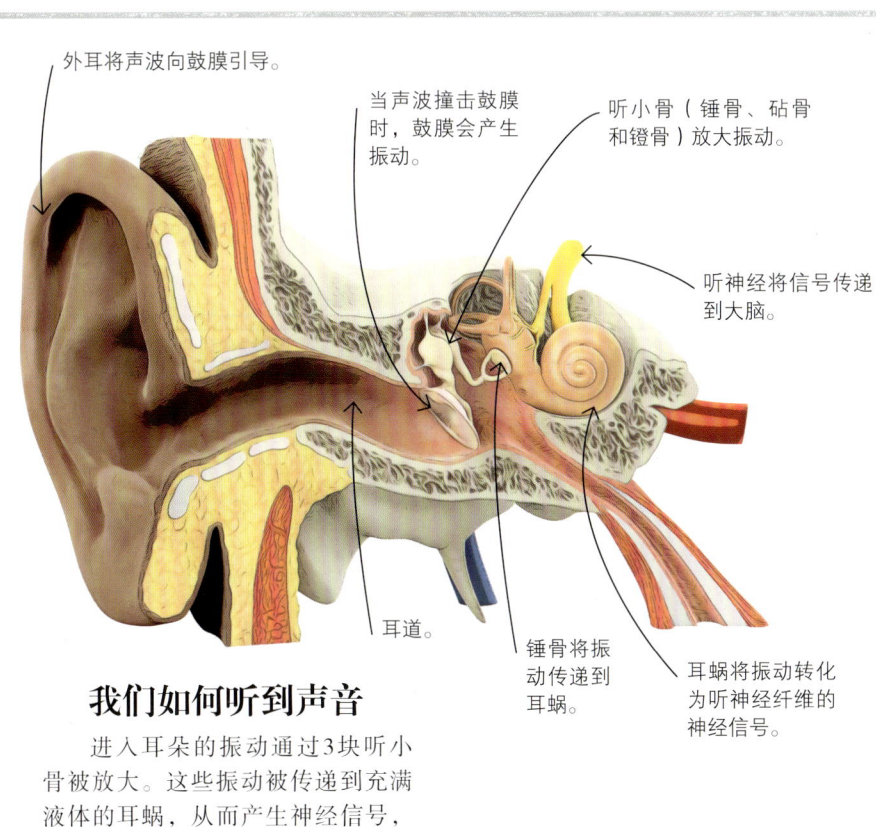

舞者不需要看到自己的脚就能够将脚移到正确的位置。

第六感
人的肌肉和关节中的感受器不断地向大脑报告身体各个部位的位置。这种意识被称为本体感觉。这就是为什么有些人不看着自己的手臂和腿的动作也能跳舞。

外耳将声波向鼓膜引导。

当声波撞击鼓膜时，鼓膜会产生振动。

听小骨（锤骨、砧骨和镫骨）放大振动。

听神经将信号传递到大脑。

耳道。

锤骨将振动传递到耳蜗。

耳蜗将振动转化为听神经纤维的神经信号。

我们如何听到声音
进入耳朵的振动通过3块听小骨被放大。这些振动被传递到充满液体的耳蜗，从而产生神经信号，并且被传递到大脑。

有些人具有联觉。他们不仅仅听到音乐，还能闻到音乐的味道，感受到音乐的触碰，或看到音乐的颜色！

视错觉
人的大脑需要快速工作。如果它在理解眼睛所看到的事物有困难，就会猜测并且自行填补空白。这就是视错觉的原理，它让大脑看见并不存在的事物。

当从某个角度观察时，这只手上的阴影会欺骗大脑，让它以为眼睛看见了一个深深的洞。

大象是动物界中怀孕期最长的动物，可长达22个月！

精子的鞭毛状尾巴帮助它以每分钟5毫米的速度游动。

卵子锦标赛

当精子穿透卵子的外膜，其细胞核与卵子的细胞核融合后，这个卵子就受精了。正如右侧的显微图像所示，许多精子竞相争取使卵子受精，但是只有一个精子能够成功。

当一个精子进入卵子后，卵子内会发生化学变化，阻止其他精子进入。

每天全球有超过35万个婴儿诞生！

从细胞到婴儿

受精卵包含了来自父母双方的遗传物质，也就是接收了制造一个新人类个体的指令。它在起初的发育过程中被称为胚胎。从怀孕第9周开始直到出生，它被称为胎儿。

精子的头部携带着遗传物质。

第一次分裂形成两个细胞。

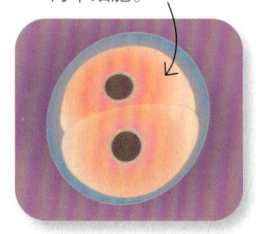

这个细胞团很像覆盆子。

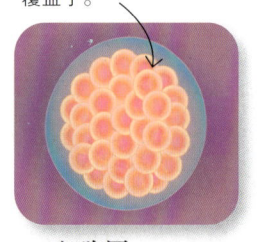

外层细胞扎根在子宫内膜中。

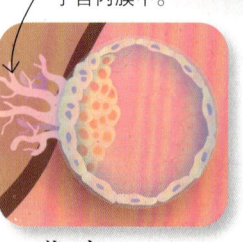

卵黄囊提供营养。

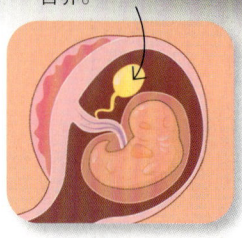

分裂
受精卵不断地分裂，每次分裂都形成新的细胞。

细胞团
受精卵继续分裂，逐渐形成了一个类似浆果的细胞团。

着床
经过1周，细胞团变成一个中空的球状体，附着在子宫上。

胚胎
到了第5周，胚胎的大脑、心脏和脊髓开始发育。

胎儿
到了第8周，胳膊和腿已经发育完全，头部变得圆润。

人类繁殖

每个人的生命始于两个微小的生殖细胞：一个女性卵细胞和一个男性精子细胞，它们在受精过程中融合在一起，成为受精卵。在随后的9个多月的时间内，受精卵分裂并且生长，最终发育成一个完整的人类个体。

厚厚的保护性外包层。

双胞胎

卵子受精后不久，大约有二百五十分之一的可能性会分裂成两个受精卵，形成同卵双胞胎，也就是两个具有相同基因因此长得很像的婴儿。而异卵双胞胎是指母体内同时有两个卵子分别被两个精子受精。

不停歇的精子！

从青春期开始，精子在男性生殖器官，即睾丸中产生。精子的寿命很短暂，所以睾丸不断地制造精子，每秒钟制造1500个，每天超过1亿个！相比之下，女性生殖器官，即卵巢，在女性出生后就不再制造新的卵子了。

子宫内

医生用超声波扫描来检查子宫内的胎儿的健康状况和器官状况。有些扫描图像显示了胎儿似乎在挥手或竖起大拇指！

一个女婴在出生时，她的卵巢中就已经有超过100万个卵子了！

生命支持系统

在怀孕期间，胎儿在母亲的子宫内发育大约40个星期。在这个期间，子宫内会形成一个叫做胎盘的器官，还有一根脐带连接着胎盘和胎儿。母亲的血液通过胎盘给胎儿提供营养和氧气，并且清除废物。

子宫会长到西瓜大小。
胎盘。
脐带。
胎儿漂浮在羊水中。羊水能保护胎儿免受突然冲击的伤害。

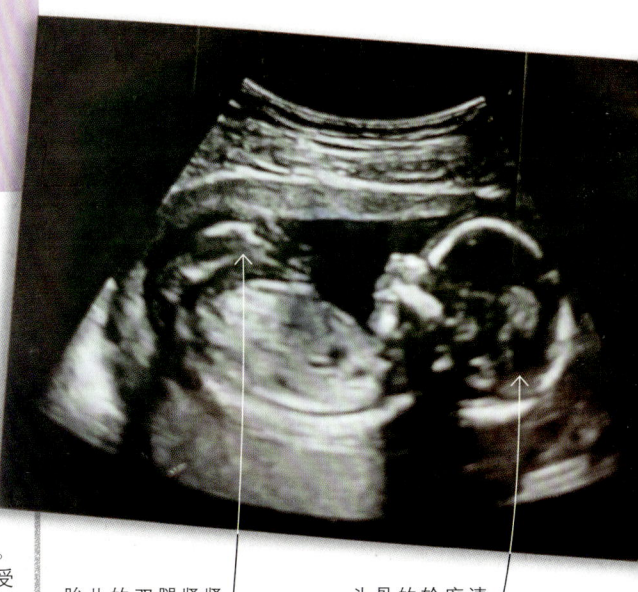

胎儿的双腿紧紧地盘在一起。
头骨的轮廓清晰可见。

196　人体

大脑的发育

婴儿出生时几乎拥有所需的所有神经元（脑细胞）。但儿童的大脑在早期仍然在快速发育，这是因为儿童正在学习新的技能，而学习过程促使神经元之间建立连接。到了青春期初期，青少年的大脑已经长到了成人的大小，但是它仍然会在接下来的很多年里继续发展。

出生时
大脑的大小约为成年人的四分之一。

青春期
在11岁到14岁之间，大脑达到了成人的大小，但是它仍然在不断变化。

> 骨组织会随着时间的推移进行再生，每隔10年就会给你一副新的骨骼！

水中的婴儿

婴儿具有自动的水下反射能力。当他们被浸入水中时，他们本能地屏住呼吸，并且摆动手臂，就像在游泳一样。随着年龄的增长，人们会逐渐失去这种反射能力。

生长

在人的一生中，身体会经历巨大的变化。开始时人是很小而且无助的婴儿，然后在整个童年和青春期不断成长，成为成年人。到了晚年，随着身体的老化，人继续逐渐变化。

倒立时保持双腿伸直需要经过大量的练习！

保持活力

2012年，德国的约翰娜·夸斯以86岁的年龄成为世界上最年长的体操选手。年老时，人的肌肉和骨骼会变弱，但是坚持锻炼有助于减缓这个过程。

平行杠练习有助于建立和保持上肢的力量。

强壮的躯干肌肉有助于保持平衡和稳定性。

从出生到满周岁，婴儿的身高大约增长25厘米！

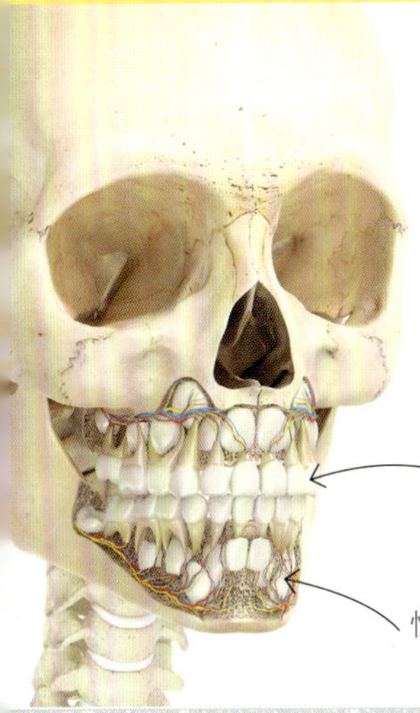

骨骼的生成

骨骼刚生成时，是由软骨构成的。在之后的骨化过程中，软骨逐渐转变为硬骨。这些X光片展示了3岁儿童与成年人的手部骨骼之间的差异。

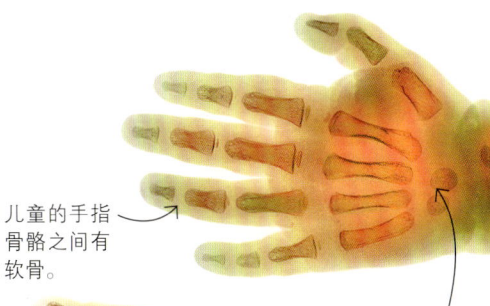

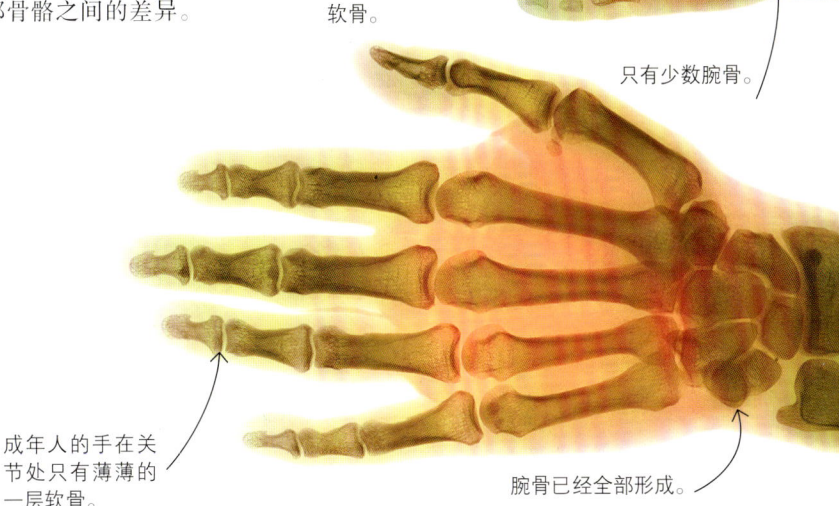

儿童的手指骨骼之间有软骨。

只有少数腕骨。

成年人的手在关节处只有薄薄的一层软骨。

腕骨已经全部形成。

小乳牙

婴儿出生时有20颗小乳牙，这些乳牙在生命的早期逐渐从牙龈中长出来。随着年龄的增长，乳牙逐渐被恒牙替代。

这张图片展示了一名7岁孩子的乳牙。

恒牙隐藏在乳牙下面的颌骨中。

保持健康

多样化的饮食和定期锻炼可以让你保持身体健康。大多数医生建议摄入各种类型的食物，尤其是水果和蔬菜。锻炼有助于保持心脏、肌肉和骨骼的健康，甚至能改善你的情绪。

白 发

当人们变老时，他们的头发大多会变成白色。实际上头发没有变色，而是失去了颜色。随着年龄的增长，使头发有颜色的色素细胞会死亡并且不再生成。随着色素细胞的减少，头发会变成灰色、银色或白色。

一个儿童的大脑每秒钟会产生超过100万个新的神经连接！

青少年在一年中平均能长高8厘米。

随着年龄的增长，我们的关节和脊柱会发生变化，因而变矮。

生命的阶段

在生命的每个阶段，人的体型和身体力量都在变化。在晚年，随着细胞的老化，身体开始衰老。

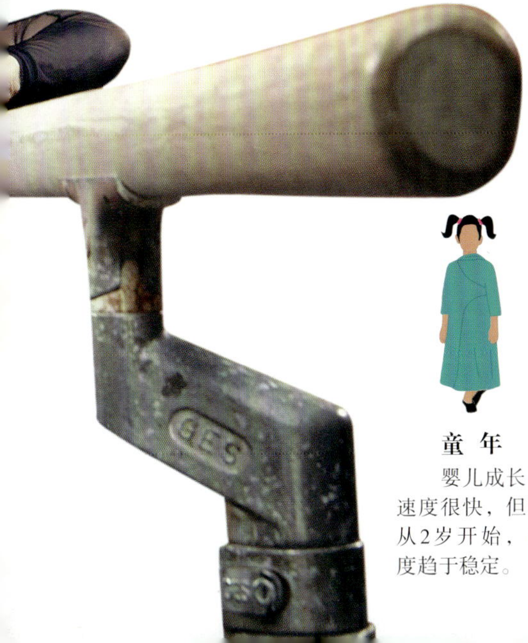

童 年
婴儿成长的速度很快，但是从2岁开始，速度趋于稳定。

青春期
在青春期，生长发育突然加快，性特征也在这个时期出现。

成 年
在成年早期，也就是我们完全成熟的时候，骨骼最为坚固。

中老年
皮肤会变薄，而且弹性减弱，出现皱纹。

老 年
随着年龄的增长，肌肉和骨骼会衰弱，关节也会不灵活。

人体 197

艾伦·威廉姆斯是一位英国的撑竿跳运动员，曾参加过包括英联邦运动会在内的国际比赛。他现在是一名田径教练，负责指导下一代运动员。

采访
田径教练

问：你是如何开始参与田径运动的？

答：有一天，我很惊喜地得知我将要代表学校参加撑竿跳比赛。那天，另一位撑竿跳选手意外缺席，我不战而胜。从此我对这项运动产生了兴趣。4年后，经过大量的努力，我成了一名英国的世界级选手。

问：田径教练的工作是什么？

答：教练的作用是帮助年轻的运动员成长，提高身体指标、技术能力和心理素质，帮助他们在关键的时刻，尤其是在比赛中，有效地发挥身体潜力和技术能力。

问：除了训练，最重要的是什么？

答：除了身体和技术，强大的心理素质是应对竞技运动中必然会遇到的挫折和失望的关键。对于运动员来说，营养当然是重要的，而休息和睡眠也是至关重要的。训练带来的身体效益并非发生在训练过程中，而是发生在运动员进食、休息和恢复的过程中。

问：是否需要具备特定的体型才能成为撑竿跳运动员？

答：撑竿跳运动员的体型可以有很多不同的类型：高、矮、肌肉发达、苗条等。我不会基于体型而打击或阻碍任何人参与这项运动。毕竟，如果根据身体重量和翅膀大小以及飞行强度来推测，有的人会认为蜜蜂是无法飞行的，但幸运的是，从未有人告诉过蜜蜂它们不能飞！

问：为什么撑竿跳运动员不使用非常长的撑竿来帮助他们跳得更高呢？

答：这是一个很好的问题，我经常被问到。其实关键不在于撑竿的长度，而在于运动员能够握住的撑竿高度。如果撑竿太长，他们将无法在起跳后使撑竿达到竖直的位置，这样也就无法越过横杆落到安全垫上。

撑竿跳

撑竿跳运动员需要结合运用短跑、跳高和体操运动的技能。他们在助跑和跳跃过程中利用强壮的背部和肩部肌肉控制撑竿，然后利用撑竿的弹性将身体拉升到接近横杆的高度，与此同时运用腹部的肌肉将身体翻转成类似倒立的姿势，在达到最高点时转身越过横杆。

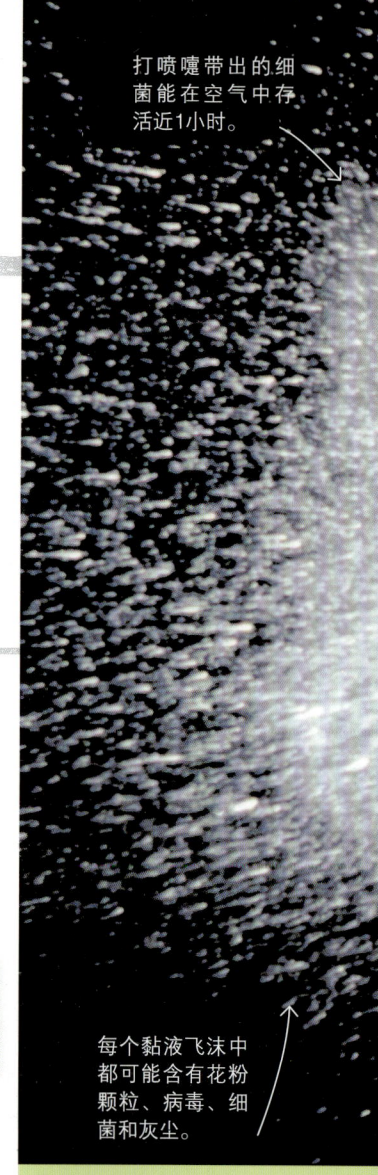

对抗细菌

人的身体每天都面临来自细菌和病毒等病原体的威胁。幸运的是，人体内的防御系统会追踪并且消灭它们，维持身体健康。

大约有200种病毒能引起感冒！

出色的屏障

人的身体有多重自然屏障的保护，使人免受细菌入侵和致病。

皮肤
皮肤处于身体防御的第一线。皮肤是一层坚韧而且防水的屏障。

胃酸
人的胃中有强酸，能杀死食物和饮料中的细菌。

眼泪
眼泪是咸的，有助于杀灭细菌和清除污垢。

鼻涕
鼻腔中黏稠的黏液层能吸附进入鼻孔的细菌。

唾液
口腔内产生的唾液能冲走细菌和保持牙齿清洁。

耳垢
黏稠的耳垢能困住灰尘和污垢，保持耳内清洁，从而保护耳朵。

饥饿的猎手

有一种特殊的白细胞，被称为巨噬细胞，是人的防御团队中的关键角色。它们会追捕任何有害物质，例如细菌、受损组织和病变细胞，然后将它们消化掉。

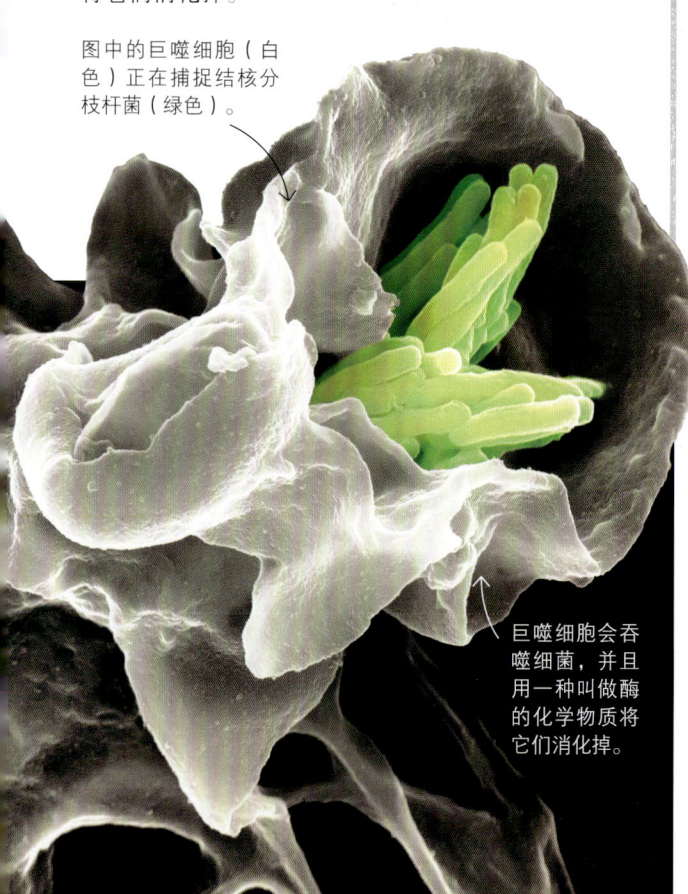

图中的巨噬细胞（白色）正在捕捉结核分枝杆菌（绿色）。

巨噬细胞会吞噬细菌，并且用一种叫做酶的化学物质将它们消化掉。

打喷嚏带出的细菌能在空气中存活近1小时。

每个黏液飞沫中都可能含有花粉颗粒、病毒、细菌和灰尘。

神奇的疫苗！

疫苗是一种药物，它在人遭遇某种病原体之前就先针对性地训练人的身体，使人有能力对抗这种病原体。在新型冠状病毒大流行期间，疫苗的运用在第一年就拯救了约2000万人的生命！

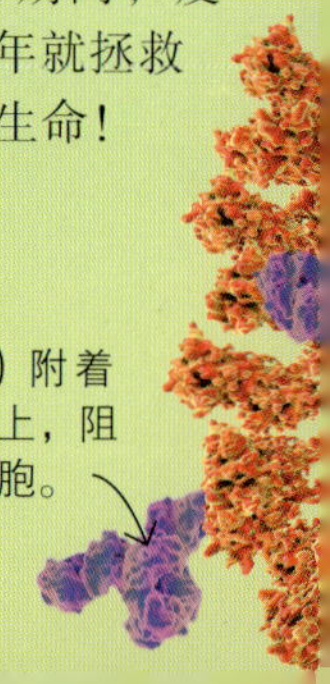

抗体（粉红色）附着在冠状病毒颗粒上，阻止它进入人体细胞。

喷嚏会将空气、唾液和黏液从你的鼻子和嘴巴中喷射出来。

一次喷嚏能产生多达4万个微小的唾液飞沫。

阿嚏！

喷嚏是对鼻腔内花粉、灰尘或病毒感染引起的瘙痒刺激的自动反应。这幅典型喷嚏的图像显示了液体以近每小时160千米的速度被喷射出来。

产生抗体

有些白细胞会产生被称为抗体的蛋白质，这些抗体能使病原体失去活性，或者能标记病原体以便将它们消灭。如果这种病原体再次入侵，带有抗体的细胞就会认出并且消灭它们。人体能产生数十亿种抗体，每种抗体都针对特定类型的病原体。

抗体是Y形蛋白质，能黏附在病原体上。

痂的形成过程

当血管被割伤后，血细胞会立即开始修复伤口。白细胞会攻击进入伤口的细菌，而其他细胞会封闭伤口。这些行动共同造成了痂的形成。

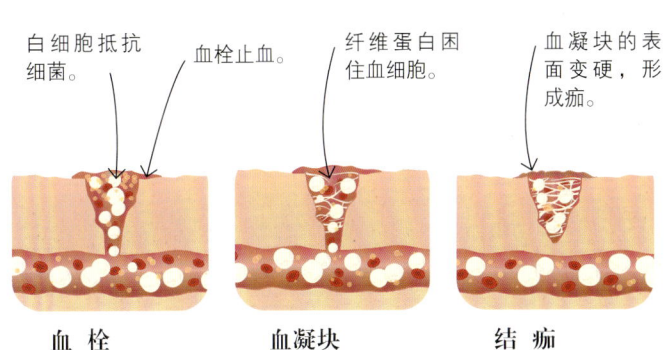

白细胞抵抗细菌。

血栓止血。

纤维蛋白困住血细胞。

血凝块的表面变硬，形成痂。

血 栓
有凝血功能的血小板聚集，形成血栓，堵塞伤口。

血凝块
纤维蛋白将红细胞绑在一起形成血凝块。

结 痂
血凝块变成硬壳痂，创口在其下愈合。

新型冠状病毒

新型冠状病毒会引起呼吸道疾病。这种冠状病毒是一种主要通过飞沫、接触，气溶胶传播的病毒，能进入人体细胞内进行复制增殖。

每平方厘米大小的皮肤上生活着10亿个细菌！

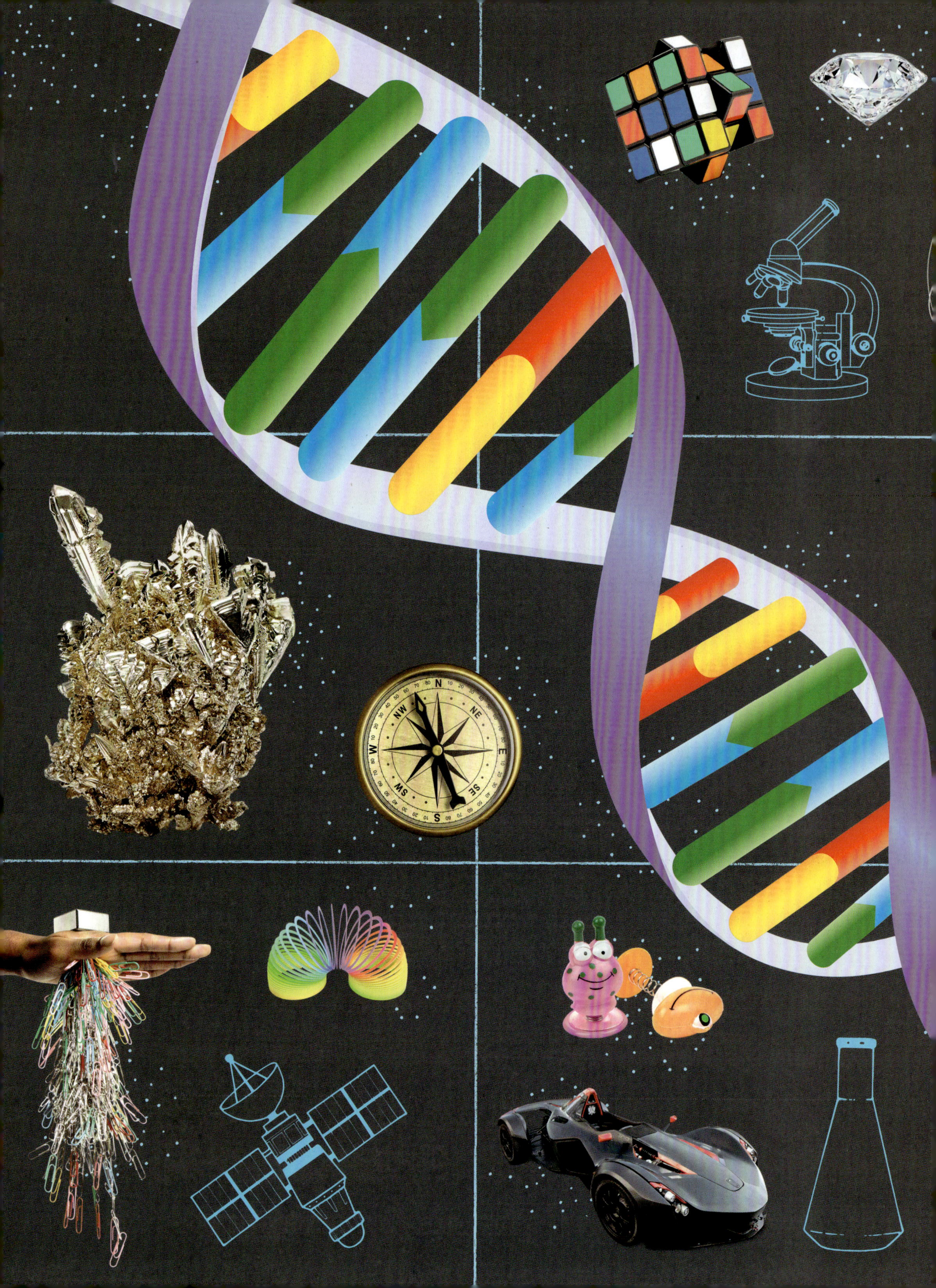
N
NE
E
SE
S
SW
W
NW

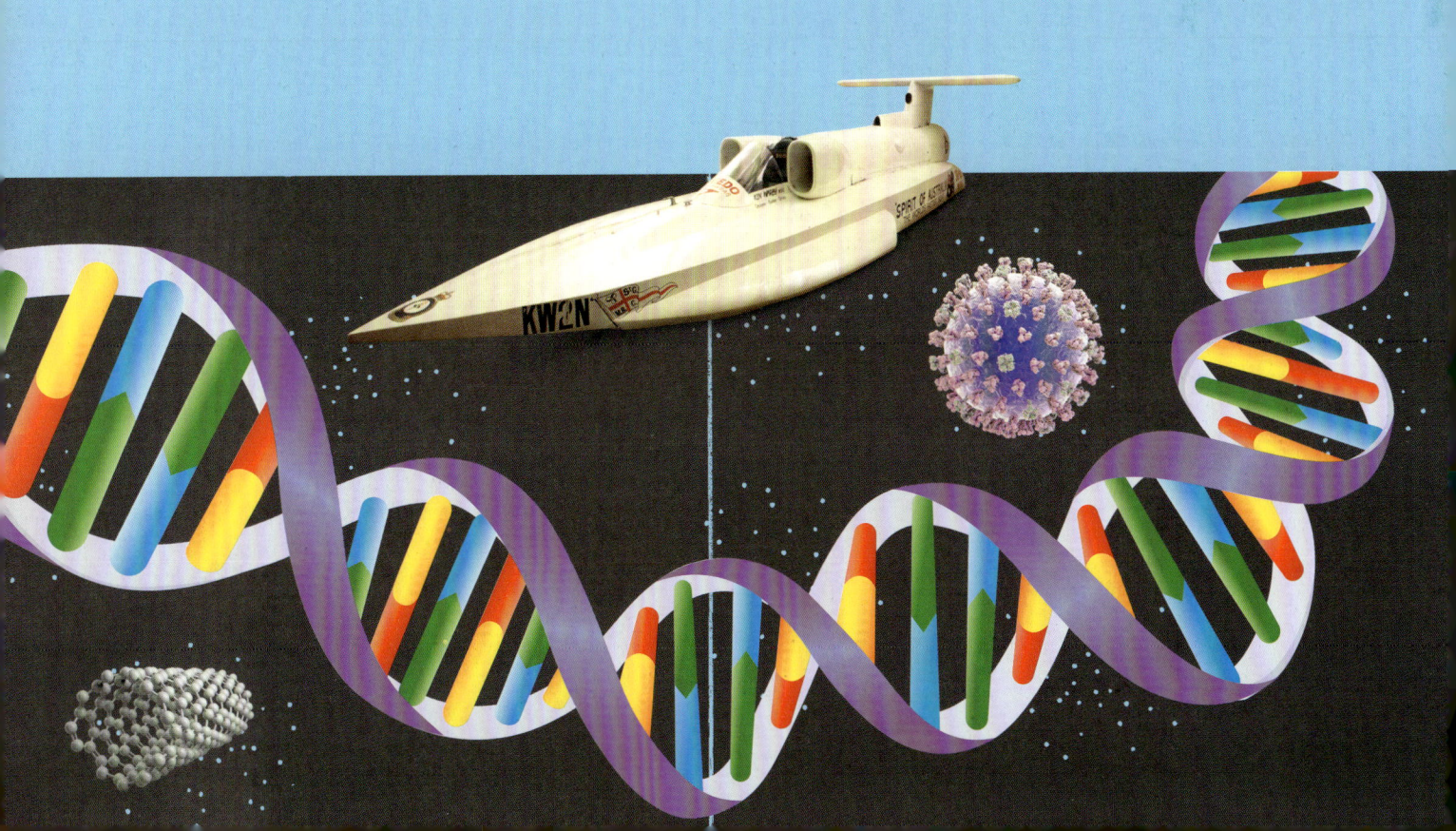

科 学

什么是科学？

科学的核心是提出问题，检验想法，然后形成结论。科学家研究一切事物的运作规律，包括人的身体，以及周围的世界。

科学的领域

科学涵盖了数百个不同的领域，其中的主要领域包括材料、物质、生命、能量和力等。科学家专注于非常具体的研究，例如微生物学中的微小生物，以及天文学中的庞大的天体。

熔融的玻璃能被制成各种形状的器皿。

水被加热后，它的状态会发生变化。

材料
材料科学家研究各种材料的性质，并且开发新材料。

物质
化学家研究原子如何构成不同的物质，以及物质之间如何发生化学反应。

公民科学

有些科学项目是非常简单的，例如观察当地环境的变化，因此每个人都可以参与其中。图中的这些志愿者正在澳大利亚悉尼寻找微塑料，以便了解塑料污染的范围和程度。

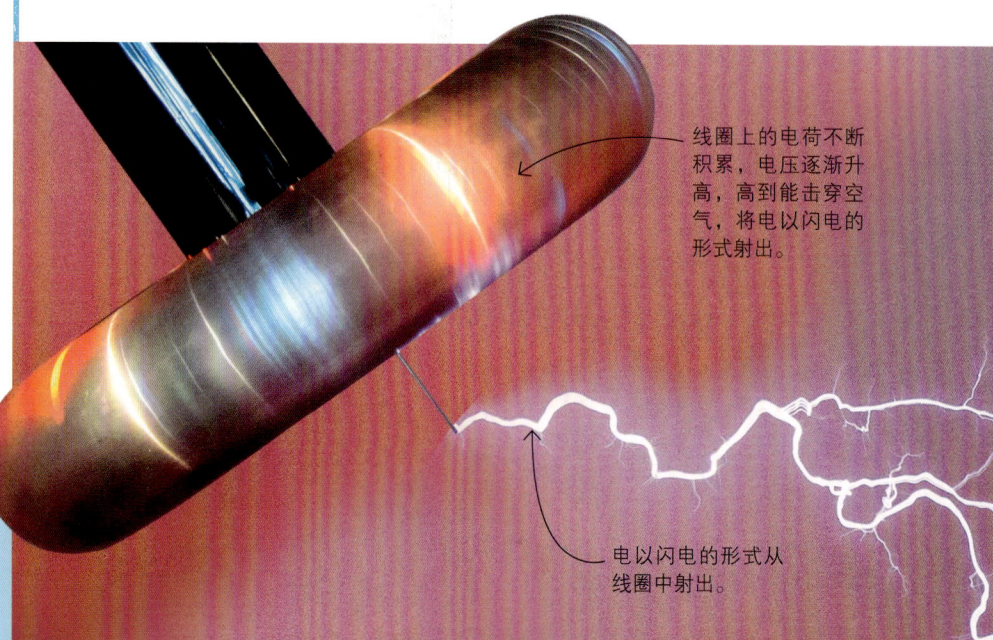

线圈上的电荷不断积累，电压逐渐升高，高到能击穿空气，将电以闪电的形式射出。

电以闪电的形式从线圈中射出。

世界上有超过880万名科学家从事研究工作！

闪电发生器

在德国沃尔夫斯堡的费诺科学中心，一位勇敢的演示者展示了一项研究高压电的实验，凸显了特斯拉线圈的强大威力。高压电在演示者的服装上流过，但是演示者没有受到电流的伤害，这是因为这套特殊服装是由良导体制成的，并且接地，这意味着电流有一条流向地面的通路，因此不会进入他的身体。特斯拉线圈是由美国科学家尼古拉·特斯拉于1891年发明的。

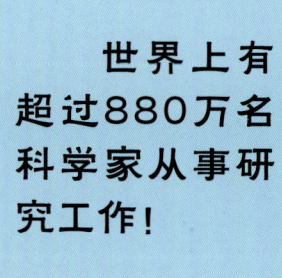

科 学　205

对撞机
欧洲大型强子对撞机于2008年启用，用来使亚原子粒子相互高速碰撞，以供科学家测试粒子物理学理论。这座对撞机位于一条周长为27千米的环形隧道内。

科学方法
科学家从一个假设开始，也就是从一个还没有被验证的理论开始，然后用各种方式对该理论进行验证，包括科学实验和计算机模型。最后，其他科学家会审查他们的验证结果是否成立。

水蚤是微生物，它们的体内携带着卵。

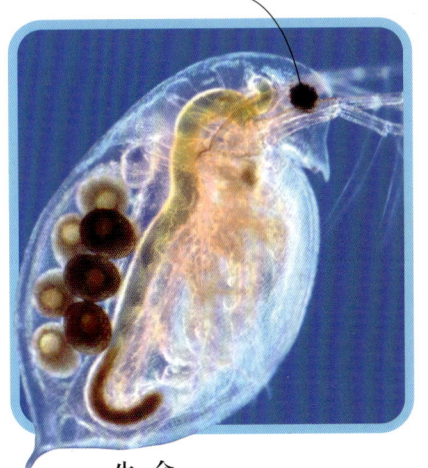

烟花会释放很多光能。

有许多力作用在旋转的摩天轮上。

生 命
生命科学家研究使生物生存和繁衍的复杂的生命系统。

能 量
物理学家研究各种能量，包括热能和光能以及运动物体的动能等。

力
人、行星以及各种物体之间的引力是物理学家研究的另一个重要领域。

演示者身穿类似于中世纪骑士盔甲的外套。

物质的状态

我们周围的一切都是由物质构成的，而物质是由人眼无法看见的微小粒子构成的。物质有3种常见的状态：固态、液态和气态。

等离子态！
宇宙中大部分的物质都处于第4种物质状态：等离子态。恒星就是由这种处于带电的、类似气体状态的物质构成的。在地球上，你可以在上图这样的彩色等离子球中看见等离子态。

冰层之下
这座覆盖着一层冰的灯塔位于美国明尼苏达州的德卢斯市。德卢斯市是一个位于苏必利尔湖畔的港口城市。

深度冰冻
在暴风雨中，寒冷的天气将降落在这座灯塔上的雨水冻结。由于冻结的速度比较快，有些滴下来的雨水被冻结成了尖锐的冰凌。

物态变化

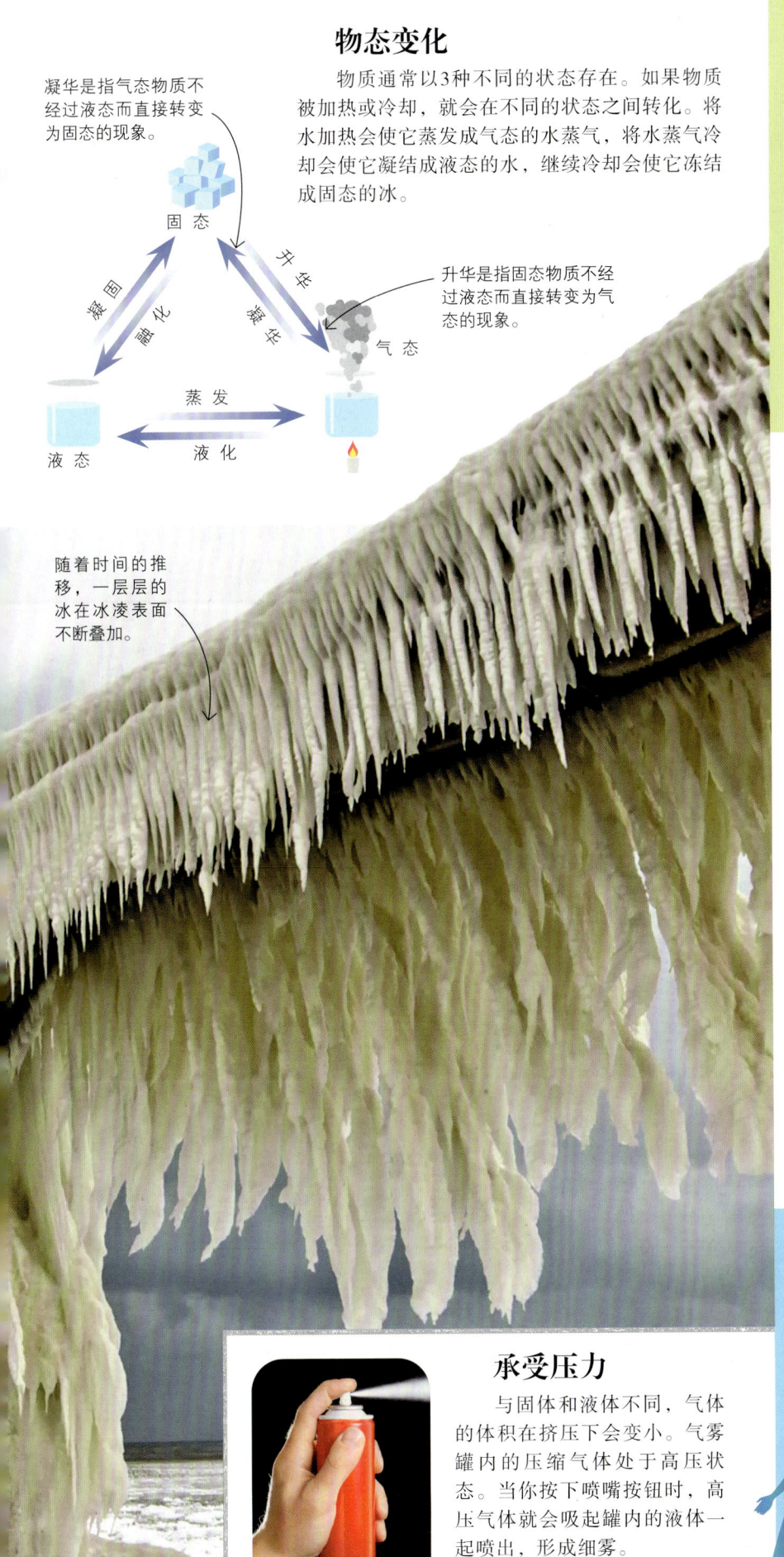

物质通常以3种不同的状态存在。如果物质被加热或冷却，就会在不同的状态之间转化。将水加热会使它蒸发成气态的水蒸气，将水蒸气冷却会使它凝结成液态的水，继续冷却会使它冻结成固态的冰。

凝华是指气态物质不经过液态而直接转变为固态的现象。

升华是指固态物质不经过液态而直接转变为气态的现象。

随着时间的推移，一层层的冰在冰凌表面不断叠加。

超棒的史莱姆！

你用手挤压过史莱姆吗？有没有发现它在被挤压时会变得更加液态化？这是因为它是一种非牛顿流体。在被挤压时，有些种类的非牛顿流体会变得更加液态化，也有些种类的非牛顿流体会变得更加固态化。

固体
固体中的分子之间通过化学键相互作用，以固定的方式排列在一起。

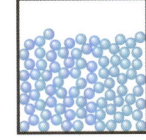

液体
液体中分子之间的相互作用力比固体中的弱。分子之间能相互滑动，因此液体能流动和变形。

气体
气体中的分子之间的相互作用力更弱，没有形成键合，因此气体能够自由流动和扩散。

分子运动

地球上的大部分物质都是由粒子（原子或分子）构成的。虽然物质中的粒子在3种物质状态中都是相同的，但是它们的行为不同：气体和液体中的粒子比固体中的粒子活动范围大。

承受压力

与固体和液体不同，气体的体积在挤压下会变小。气雾罐内的压缩气体处于高压状态。当你按下喷嘴按钮时，高压气体就会吸起罐内的液体一起喷出，形成细雾。

卡仕达酱是一种非牛顿流体，它在受压时会变得更加固态化。因此，如果有足够多的卡仕达酱，你就可以在它上面行走！

原子能

宇宙中的一切，从微小的昆虫到巨大的星系，都是由原子构成的。这些微小的粒子是整个宇宙的构建单元。

原子结构

尽管原子很小，但是构成原子的粒子更小。原子的核心是原子核，是由质子和中子构成的。绕着原子核高速运动的是电子。每种元素的原子核都有不同数目的质子。右图是一个碳原子，它的原子核有6个质子。

原子核

质子带正电荷。

中子不带电荷。

电子带负电荷。原子中的质子数和电子数相同，因此整个结构是电中性的。

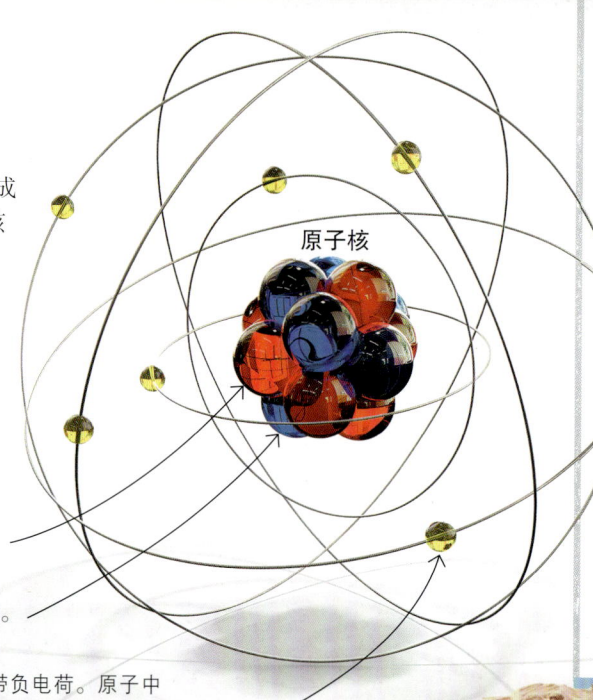

恒星内的碰撞

太阳的能量来源于核聚变。太阳核心的氢原子核互相碰撞，形成新的氦元素，同时产生光和热。太阳每秒钟将5.44亿吨氢转化为氦。

古代的原子概念！

最早关于原子的概念可以追溯到古希腊时代。古希腊人提出了一种理论，认为一切物体都能被分割成不可再分割的微粒。古希腊哲学家德谟克利特在公元前约430年将这种微粒命名为atoms（原子），源自希腊语atomos（不可分割的）。

解锁原子

强力使得原子核内的粒子保持在一起。分裂原子核，即所谓的核裂变，会释放出巨大的能量。核电站利用这种核反应来发电。

一枚别针的头上能容纳大约一千万个氢原子！

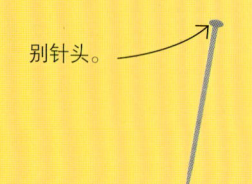

别针头。

构成分子

多个原子可以结合在一起形成更大的结构，被称为分子。例如，1个水分子是由2个氢原子和1个氧原子构成的。

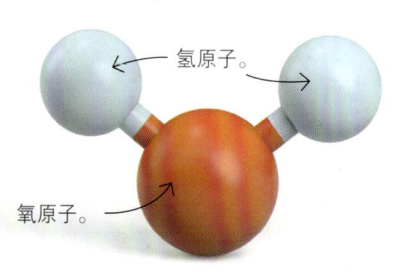

氢原子。

氧原子。

水分子

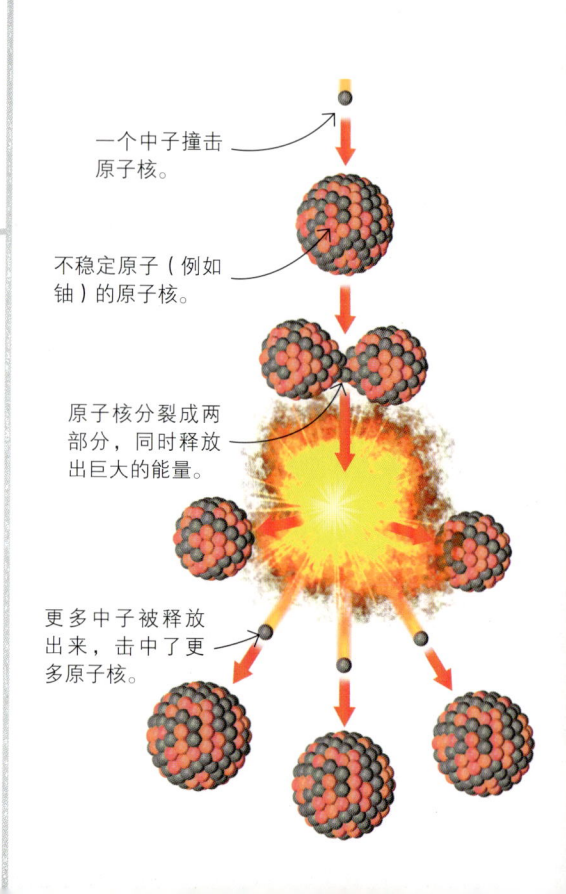

一个中子撞击原子核。

不稳定原子（例如铀）的原子核。

原子核分裂成两部分，同时释放出巨大的能量。

更多中子被释放出来，击中了更多原子核。

科学 209

全球有400多座利用原子能发电的核电站！

爆炸产生的烟雾形成了一个蘑菇状云团。

滚滚的浓烟下面是碎片和废墟。

核爆炸
原子核分裂会释放出巨大的能量。在第二次世界大战期间，科学家团队制造了利用这种能量的原子弹，并且在试验场地进行了测试。

化学元素

元素是同一种原子的总称。1869年，俄国化学家德米特里·门捷列夫将各种元素排列成一张表，称为元素周期表（第一代元素周期表）。

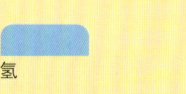

元素周期表

周期表中有118种元素，按照它们的原子序数横向排列，并且按照化学性质的相似性，例如它们与其他元素反应的容易程度，纵向排列。

图例
元素的主要类别由下列颜色表示。

- 氢
- 碱金属
- 碱土金属
- 过渡金属
- 镧系
- 锕系
- 硼族
- 碳族
- 氮族
- 氧族
- 卤素
- 惰性气体

这只玻璃球中装有无色气体氢。

镭是从铀矿石中提取的矿物质。

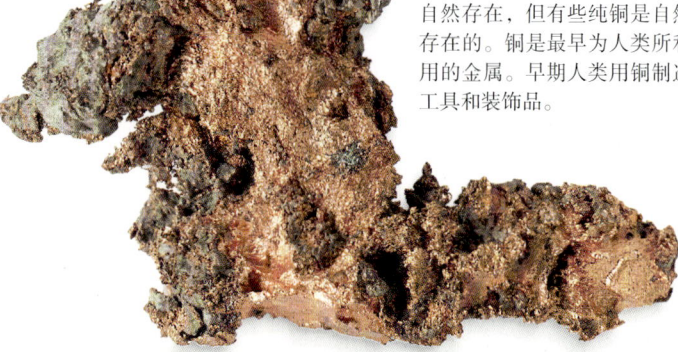

自然铜

元素通常不会以纯净形式自然存在，但有些纯铜是自然存在的。铜是最早为人类所利用的金属。早期人类用铜制造工具和装饰品。

镧系元素和锕系元素在周期表中紧挨着碱土金属，但是因为这两个系列有多种元素，所以被单独排列在周期表下方。

铀被用于生产核燃料和核武器。

科学　211

原子序数

每种元素都具有独特的原子结构，也就是具有不同数量的质子、中子和电子。科学家根据原子核中的质子数量（即原子序数）对元素进行排序。

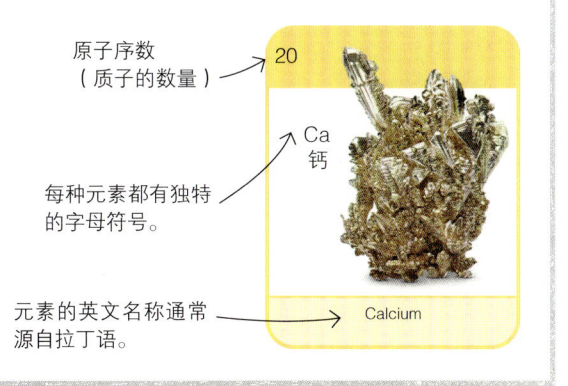

人工元素

大多数元素可以从地球上的自然材料中提取。但有些元素只存在于太空中，或者在地球上的数量非常稀少以至于无法分离出来。科学家已经在实验室中用粒子对撞的方法生成了这些元素。

这个符号表明该元素是人工元素。

2 He 氦 Helium

原子序数（质子的数量）→ 20
每种元素都有独特的字母符号。→ Ca 钙
元素的英文名称通常源自拉丁语。→ Calcium

| 5 B 硼 Boron | 6 C 碳 Carbon | 7 N 氮 Nitrogen | 8 O 氧 Oxygen | 9 F 氟 Fluorine | 10 Ne 氖 Neon |
| 13 Al 铝 Aluminium | 14 Si 硅 Silicon | 15 P 磷 Phosphorus | 16 S 硫 Sulfur | 17 Cl 氯 Chlorine | 18 Ar 氩 Argon |

27 Co 钴 Cobalt	28 Ni 镍 Nickel	29 Cu 铜 Copper	30 Zn 锌 Zinc	31 Ga 镓 Gallium	32 Ge 锗 Germanium	33 As 砷 Arsenic	34 Se 硒 Selenium	35 Br 溴 Bromine	36 Kr 氪 Krypton
45 Rh 铑 Rhodium	46 Pd 钯 Palladium	47 Ag 银 Silver	48 Cd 镉 Cadmium	49 In 铟 Indium	50 Sn 锡 Tin	51 Sb 锑 Antimony	52 Te 碲 Tellurium	53 I 碘 Iodine	54 Xe 氙 Xenon
77 Ir 铱 Iridium	78 Pt 铂 Platinum	79 Au 金 Gold	80 Hg 汞 Mercury	81 Tl 铊 Thallium	82 Pb 铅 Lead	83 Bi 铋 Bismuth	84 Po 钋 Polonium	85 At 砹 Astatine	86 Rn 氡 Radon
109 Mt 鿏 Meitnerium	110 Ds 鿏 Darmstadtium	111 Rg 𬬭 Roentgenium	112 Cn 鎶 Copernicium	113 Nh 鉨 Nihonium	114 Fl 鈇 Flerovium	115 Mc 镆 Moscovium	116 Lv 鉝 Livermorium	117 Ts 鿬 Tennessine	118 Og 鿫 Oganesson

| 62 Sm 钐 Samarium | 63 Eu 铕 Europium | 64 Gd 钆 Gadolinium | 65 Tb 铽 Terbium | 66 Dy 镝 Dysprosium | 67 Ho 钬 Holmium | 68 Er 铒 Erbium | 69 Tm 铥 Thulium | 70 Yb 镱 Ytterbium | 71 Lu 镥 Lutetium |
| 94 Pu 钚 Plutonium | 95 Am 镅 Americium | 96 Cm 锔 Curium | 97 Bk 锫 Berkelium | 98 Cf 锎 Californium | 99 Es 锿 Einsteinium | 100 Fm 镄 Fermium | 101 Md 钔 Mendelevium | 102 No 锘 Nobelium | 103 Lr 铹 Lawrencium |

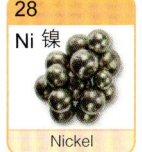

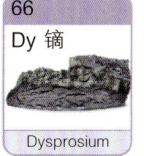

这种元素的英文名称是以美国命名的，这是因为它最初是在美国的实验室中生成的。

锔元素的英文名称是以科学家居里夫妇的姓氏命名的。

有15种元素是以著名科学家的名字命名的！

看图识别　化学元素

你能识别出多少种化学元素呢？每种化学元素旁边都有化学符号给你提示。看看你能否找出其中的异类！

1 H
2 Fe
3 As
4 CuSn
5 Cu
6 Au
7 Cl
8 Ni
9 Mg
10 Ag
11 Br
12 K
13 I
14 Tl
15 Eu
16 Bi

1 氢
2 铁
3 砷
4 青铜
5 铜
6 金
7 氯
8 镍
9 镁

10 银	18 碳	26 氦	34 钚
11 溴	19 钛	27 钙	35 氖
12 钾	20 氮	28 铂	36 硅
13 碘	21 铅	29 氧	37 锌
14 铊	22 铝	30 钴	38 磷
15 铕	23 锂	31 钠	39 汞
16 铋	24 硫	32 钕	
17 铀	25 钨	33 锡	

碳循环

碳在水、空气、土壤和生物之间进行着永无止境的循环。循环中的有些转化过程在很短的时间内就能完成，而有些转化过程，例如有机物的分解，可能需要很多年的时间。

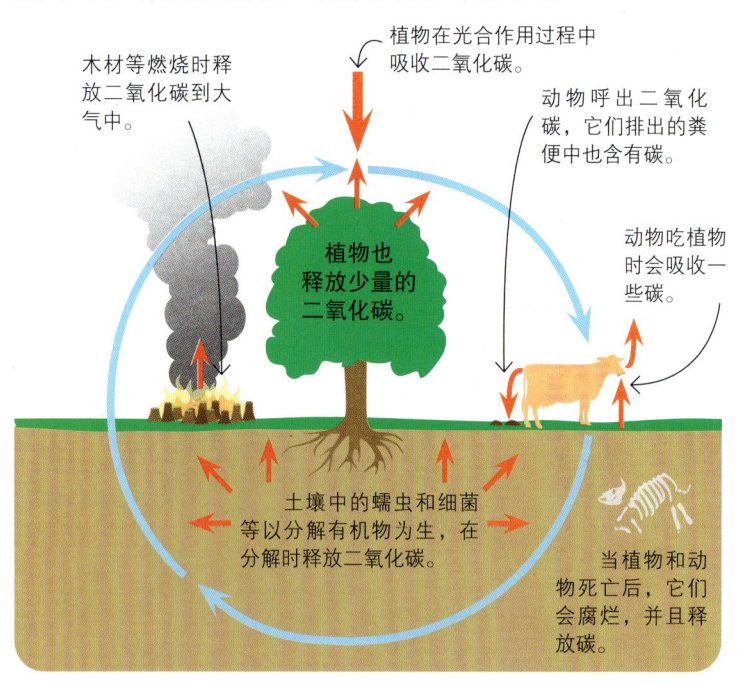

木材等燃烧时释放二氧化碳到大气中。

植物在光合作用过程中吸收二氧化碳。

动物呼出二氧化碳，它们排出的粪便中也含有碳。

植物也释放少量的二氧化碳。

动物吃植物时会吸收一些碳。

土壤中的蠕虫和细菌等以分解有机物为生，在分解时释放二氧化碳。

当植物和动物死亡后，它们会腐烂，并且释放碳。

压缩成煤炭

当植物腐烂时，其中的碳通常会释放到空气中。然而在某些情况下，腐烂的植物会沉入水浸的沼泽中，被压在一起，经历数百万年，形成煤炭，这是一种富含碳的化石燃料，可以为人类世界提供能源。

树叶开始腐烂。

植 物

在沼泽中，死去的植物在压力下最终形成泥炭。

泥 炭

褐煤（软煤）

进而形成了坚硬的煤炭。

煤 炭

逐渐增加的深度和压力将碳进一步压缩。

这种煤炭有光泽，触摸后手不黑。

最硬的煤炭中的含碳量可以超过90%。

无烟煤（硬煤）

天文学家发现了一颗遥远的、由钻石构成的行星，估计它的钻石含量可达100亿亿亿克拉！

石 墨

石墨是由碳原子层层叠加而构成的，层与层之间很容易相对滑动。

笔尖雕刻

石墨是纯碳的一种形式，它很软而且呈片状。这意味着它很容易被雕刻，如图中这些用铅笔尖雕刻的、小巧的石墨作品所示。石墨中碳原子的排列方式和结合方式使它能够导电。

石墨比较软，因此很容易雕刻。

石墨常常被用来制作铅笔的"铅"芯。

科 学　215

微型碳管！
科学家们研制出了多种新的纯碳材料，例如这种微小的碳纳米管。它们非常小，1立方毫米内能容纳成千上万个碳纳米管！它们在医学和制造高强度材料方面具有许多潜在用途。

碳基生命形式
碳化合物存在于所有生物体中，它们构成了植物和动物的糖类、脂肪和蛋白质。动物从食物中获取身体所需要的碳，而植物则从空气中吸收二氧化碳。

青蛙的每个细胞都由碳化合物构成。

植物的细胞也含碳。

酷炫的碳

碳是用途最广泛的元素之一。纯碳在自然界中以两种主要的形式存在：钻石和石墨。钻石是最坚硬的天然物质之一，而石墨则是最软的天然物质之一。

钻石
在钻石内部，每个碳原子都与其他4个碳原子相连，形成了坚固的三维结构。

坚韧的纤维！
碳纤维是由碳构成的长链，它们很细，也很轻，但它们的强度是钢的5倍！当它们编织成网状并且与树脂结合后，能形成非常坚固的板材，是制造汽车覆盖件的理想材料。

昂贵的碳
钻石是地球上最坚硬的天然物质之一。它们耐久、冰冷、几乎不会被刮花，并且完全由碳构成。钻石经过切割和抛光后可以用来制成珍贵的珠宝。钻石还被用于机械中。

柔软的钠

大多数金属都很硬，但是钠却非常软，用普通餐刀就能很容易地将钠切开。钠属于碱金属，非常容易与其他物质（如水和空气）发生化学反应。

自由电子

纯金属中的原子形成了一个紧密结实的晶格结构，而电子可以在其中自由移动。这种电子的自由运动是电流能够在金属中流动的原因。

金属原子核。

可以自由地移动的电子。

奇妙的金属

元素周期表中有很多金属元素，占元素总数的四分之三以上。除了具有光泽和冰冷的触感外，它们通常还具有很高的硬度和强度。金属被广泛地用于制造各种日常物品。

架设桥梁

将铁与碳混合可以炼成钢。钢是一种强度很高的合金，非常坚硬，因此被大量地用于建造大型承重结构。图为澳大利亚的悉尼港湾大桥。

将液态金倒入模具中。冷却后，它就会被模具铸造成形。

锇是密度最大的金属。一块微波炉大小的锇的质量与一辆汽车的质量相当！

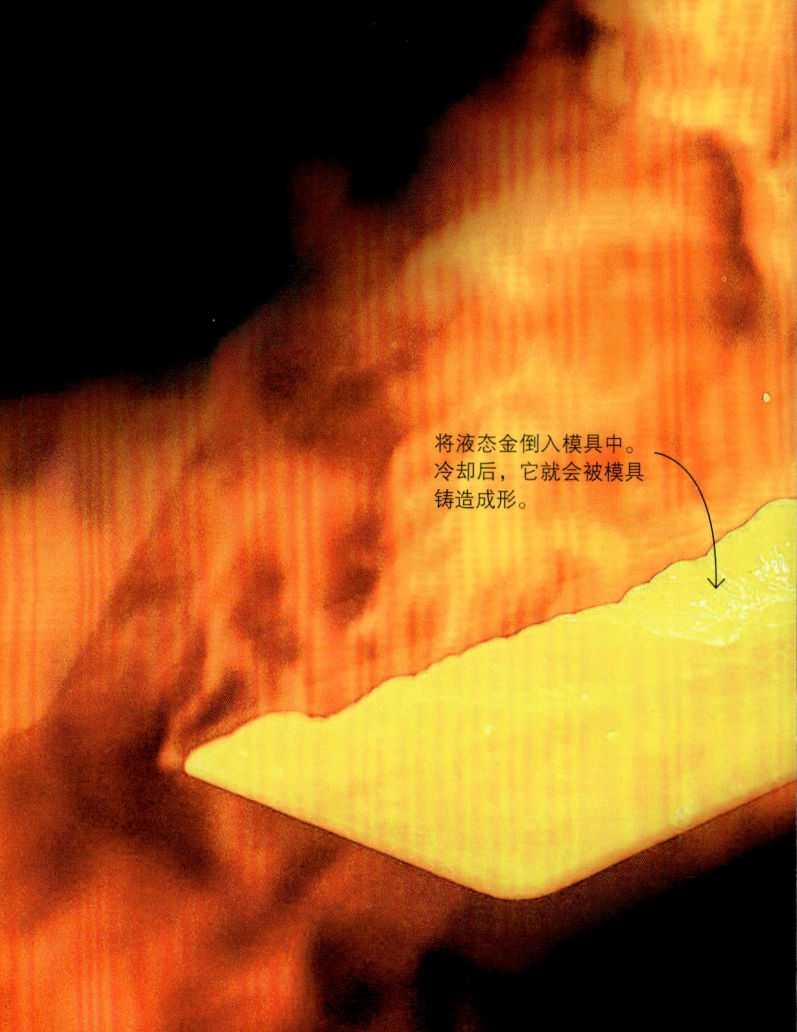

科 学　217

金属的性质
金属有很多种，物理性质并非都相同，然而大部分金属都具有一些共同的重要物理性质。

有光泽
大多数金属都具有良好的光反射性，也就是说，它们的表面光滑具有光泽，能反射光。

固体
几乎所有金属在室温下都是固体。汞是唯一的一种在室温下是液体的金属。

有延展性
大多数金属都具有延展性，它们可以被锤打成条状或片状。

导电
金属具有良好的导电性，也就是说，金属能传导电流。

导热
金属还具有良好的导热性，这是因为金属中的自由电子有助于热量在金属中传递。

这块立方体比美国的白宫还要高。

如果将迄今为止所有已开采的黄金浇铸在一起，就能形成一块边长为22米的立方体！

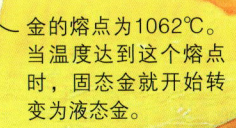

金的熔点为1062℃。当温度达到这个熔点时，固态金就开始转变为液态金。

金锭

液态金
大多数金属在室温下是固体。当被加热时，它们会变软，从而可以被加工成不同的形状。如果进一步加热，它们将熔化。此时可以将它们倒入模具中，铸成所需要的形状，例如图中的金锭。

冷却后，金又变成固体。

金属合金
金属可以与其他金属和非金属元素混合，炼成合金。一些合金比纯金属更坚硬，强度更大，重量更轻，并且不易被磨损。

许多乐器是由黄铜制成的。黄铜是铜和锌的合金。

混合物

如果多种物质被放在一起，但是它们之间不发生化学反应，就会形成混合物。在混合物中，两种或更多种物质被混合在一起，但它们之间不形成化学键，因此可以很容易地再次将它们分离。

墨会逐渐与水混合，但是通过蒸发就可以使这种混合物中的墨和水再次分离。

瞬间化学反应！

烹饪甚至只是切食物都可能很快引起化学反应。刚刚切开的苹果接触了空气就开始变成褐色，这是因为它与空气中的成分发生了化学反应！

化学反应

化学反应在我们周围到处发生，有的化学反应缓慢无声，有的化学反应瞬间就完成，并伴随着闪光和巨响。这些过程通过形成和破坏化学键将涉及的物质转变为其他的物质。

化学反应的原理

当化学反应发生时，参与反应的每种物质中的原子重新排列，原来的化学键断裂，新的化学键形成。生成物是指化学反应产生的新物质。

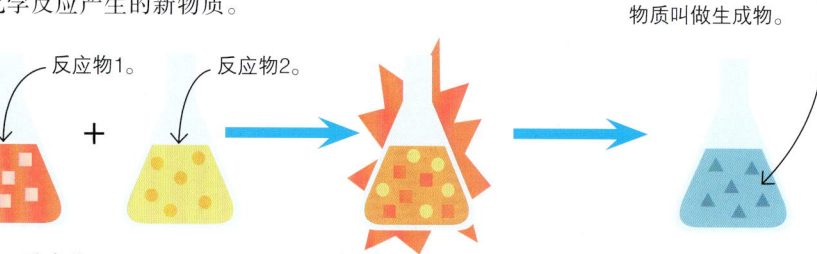

从化学反应得到的物质叫做生成物。

反应物1。　　反应物2。

反应物
参与反应的物质叫作反应物。上图的化学反应有两种反应物。

反 应
在上图的化学反应中，分子分解为原子，这些原子重新排列，形成新的分子。

生成物
生成物是新物质，可能具有与反应物不同的性质。

氢和碳形成的化合物比任何其他元素都多！

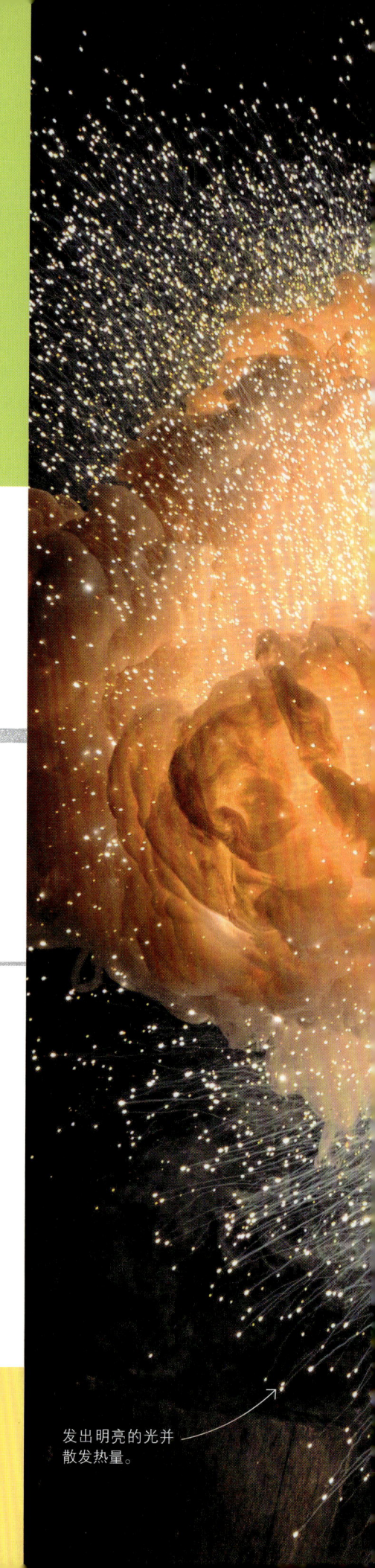

1 H 氢 Hydrogen　　6 C 碳 Carbon

发出明亮的光并散发热量。

爆 炸

当铝热剂（铝粉和氧化铁的混合物）被点燃时，会发出一声巨响！这是一个放热反应的例子。放热反应是释放热量的一类化学反应。铝热剂发生反应时产生的温度可以达到2000℃。也有一类化学反应会吸收热量，被称为吸热反应。

微小的火花飞向四面八方。

人体内每秒钟都会发生数十亿次化学反应！

产生化合物

化合物是由多种元素构成的物质，与形成它们的纯元素非常不同。当具有光泽的金属钠与氯气发生反应后，会结合在一起形成白色的盐（氯化钠）。

钠　　　氯气　　　盐（氯化钠）

熊熊烈火

火是一种被称为燃烧的化学反应的现象。当燃料与空气中的氧气发生反应时，会产生大量的热和光。有的燃烧是快速的化学反应，会迅速蔓延。

锈蚀反应

有些化学反应发生得非常缓慢。例如，铁与水和空气中的氧气之间的反应可能需要几个星期的时间才能完成，最终金属表面会形成一层红褐色的片状物质。

锈斑（氧化铁）是这种反应的生成物。

材料世界

我们周围有各种材料。你可能不太关注它们，那是因为它们非常成功。想象一下，如果生活中没有柔软暖和的衣服和坚固耐用、防风防水的建筑物，该有多遗憾！

塑料瓶需要花几百年才能降解！

冻结的烟

气凝胶是一种人造材料，具有惊人的特性。它们由硅胶制成，有很多微小的孔洞，超过95%的成分是空气，因此非常轻，并且具有非常好的电、热绝缘性，如下图所示。

花朵被隔热。
气凝胶。
火焰。

聚苯乙烯

聚苯乙烯常用于制造包装材料。下图是聚苯乙烯泡沫，含有大量气泡，因此非常轻。

聚苯乙烯饭盒
气泡。

镍

镍是一种硬度和可塑性都比较高的金属，通常被用来与其他金属混合制成合金。镍合金粗看起来很平滑，但在显微镜下观察，就会发现它的表面是有裂纹的。

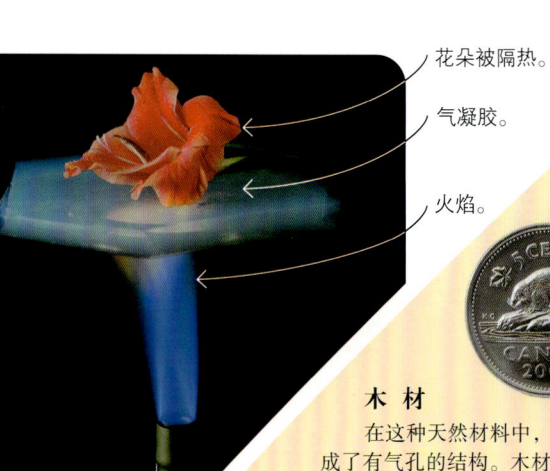

镍币

放大倍数：185

木材

在这种天然材料中，纤维形成了有气孔的结构。木材是一种相对较轻的建筑材料。

木材

放大倍数：24000

棉花

棉花是一种从植物上采集的天然材料，由纤维素构成。棉花可以被用来织成布料。

棉质T恤
纤维素。
放大倍数：100
放大倍数：80

塑料链

塑料发明于20世纪初。现在有许多类型的塑料，但是它们的分子结构都是多个单体连接在一起形成的长链条，称为聚合物。由于不同类型的塑料是由不同类型的单体构成的，因此有很多不同的性能和用途。

单体。
由许多单体构成聚合物。

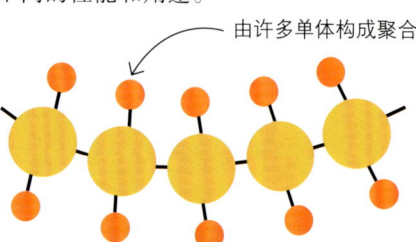

科学 221

微观结构

我们根据材料的硬度或柔软度和弹性或刚性来决定它们的用途。而在显微镜下，它们通常看起来非常不同！

水泥砖块

混凝土

混凝土由水泥、碎石和沙子混合而成，凝固后具有类似岩石的特性。它可以与聚合物涂层混合，变得比较光滑，就像下面的图片所示。

尼龙片

尼 龙

尼龙是最早被发明的合成纤维塑料之一，常被用于制作服装，也被用于制作坚韧轻便的长纤维，比天然纤维更耐用。

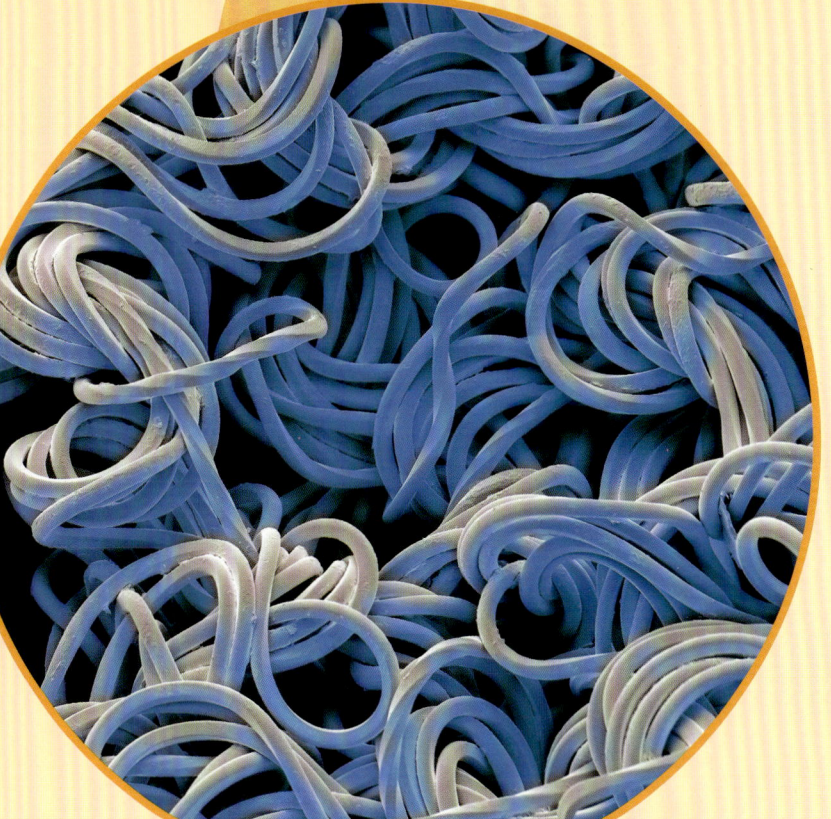

放大倍数：400

放大倍数：90

凯夫拉

凯夫拉是一种非常强韧但重量又轻的合成纤维材料，由美国化学家斯蒂芬妮·科沃勒克于1965年发明。它可以用于制造防弹背心等防护用品，供士兵、警察和消防员使用。

凯夫拉背心。

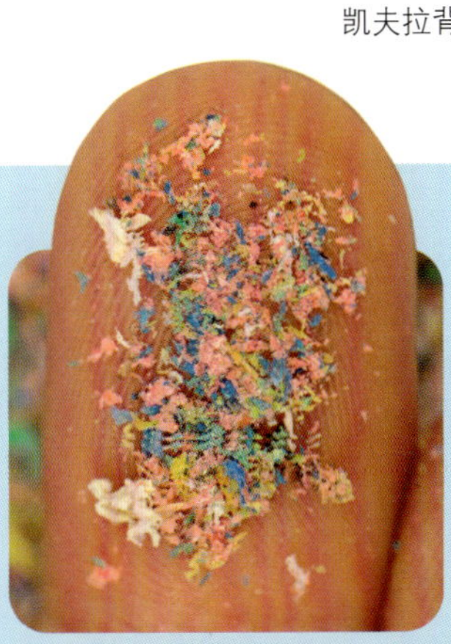

微塑料！

塑料无处不在。当它们被分解成小于5毫米的微小颗粒时，就被称为微塑料。目前有难以计数的微塑料漂浮在海洋中，甚至存在于人体中。据估计，一个人每星期摄入约5克微塑料！

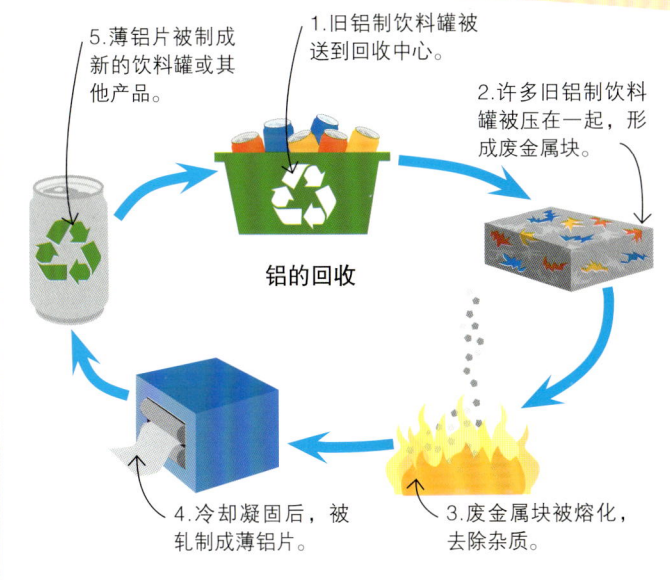

铝的回收

1.旧铝制饮料罐被送到回收中心。

2.许多旧铝制饮料罐被压在一起，形成废金属块。

3.废金属块被熔化，去除杂质。

4.冷却凝固后，被轧制成薄铝片。

5.薄铝片被制成新的饮料罐或其他产品。

材料回收

有许多物品我们用过就扔了，但这样做很浪费，因为有些材料是可以被回收利用的。例如，铝制饮料罐可以被回收并再次制成薄铝片，用于制造新的饮料罐或其他产品。

材　料

人们在现代生活中使用许多材料，有些材料取自大自然，而有些材料则是在工厂和炉子中制造出来的。以下是关于材料世界的一些令人惊讶的事实。

外包装由海藻制成的茶包

可食用的包装

塑料包装保护我们的许多食品和饮料，但是在被丢弃后会产生大量垃圾。为了解决这个问题，有些公司设计了由天然材料制成的、可食用的新包装。

牛　奶
牛奶可以用来制作可食用的、具有弹性的薄膜包装，看起来就像塑料一样。

小麦麸皮
通常被丢弃的小麦麸皮可以被制成可食用的外卖容器。

马铃薯皮
干燥的马铃薯皮可以用来制造快餐店里盛炸薯条的锥形容器。

海　藻
海藻可以用来制成辅助包装的保护性缓冲材料和包装液体的薄膜。

能自行修复的材料

即使是耐磨的材料也会在使用过程中产生损耗，而科学家正在研发可以克服这个问题的材料。一种开创性的新塑料可以在破裂或被切割后自行修复。只需将破口推挤在一起，它们就能自行粘合修复。

能自行修复的塑料

腐　烂

许多废弃的材料最终都会自然地分解，但是有些材料会比较快速地分解（生物降解），而有一些材料则很慢。

纸　张
由树木制成的纸张可以在2—5个月内自然分解。

尼　龙
用人工合成纤维尼龙制成的衣物需要30—40年才能分解。

铝　罐
金属需要80—100年才能完全分解。

塑料袋
薄薄的塑料袋可能需要花500年甚至更长时间才能完全分解。

玻璃瓶
坚硬的玻璃可能需要花大约100万年才能完全分解。

受自然界的启发

动物和植物拥有惊人的自然属性，例如它们的保护性皮肤，以及它们产生的化学物质。人类发明家的许多灵感来源于动物和植物的属性。

壁虎脚趾
壁虎能爬墙是因为它们脚趾上的微小毛发。科学家据此设计了一种能产生附着力的胶水。

鲨鱼的鳞片
鲨鱼的重叠鳞片被认为能减少水流阻力，有些游泳运动员的泳装就是模仿鲨鱼的鳞片而设计的。

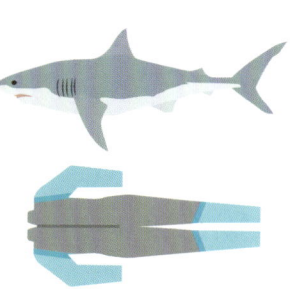

人造物品的重量

2020年，人类制造的所有物品的总重量首次超过了地球上所有生物的总重量。目前人类每年生产的物品数量每20年翻一番。

坚固的材料

自然界中存在许多坚硬的材料。有一种叫做帽贝的生物，它的微小牙齿被认为是最坚硬的生物材料之一。

一只帽贝准备附着在岩石上。

冰旅馆

建筑物通常是由木材和混凝土等材料建造的，但是有些伟大的设计师比较有创意。瑞典冰旅馆的墙壁是由巨大的冰块雕刻而成的！这个旅馆每年冬天建造，在春季融化。

材料的年产量

世界上每年生产大量的材料，被运输到全球各地并且投入使用。其中许多材料是用于建筑的材料，塑料和玻璃也被用来制造大量常见的家居物品。以下是每种材料的年产量。

300 亿吨混凝土
用于建造房屋、道路和其他基础设施。

18 亿吨钢铁
坚韧耐用的建筑材料

3.54 亿吨塑料
主要用于包装。

4 亿吨纸张
用于制作书籍，还用作包装材料或绝缘材料。

2340 万吨玻璃
通常用于住房、包装以及制作日常用品，例如玻璃杯。

草籽
有些植物种子有微小的钩子，帮助它们附着在物体上。草籽的这个特性启发人们发明了尼龙搭扣（维克罗搭扣）。

荷叶
荷叶具有排水性。有些用于雨衣的防水材料使用了相同的原理。

224　科学

能量的各种形式

能量可以通过不同的方式存储和传递。光、热和声音都是能量从一个地方传递到另一个地方的例子。

动能
运动的物体具有动能，质量一定的物体，运动速度越快，动能就越大。

电能
被称为电子的粒子在流动时传递能量，也可以作为电荷存储能量。

光能
光是一种我们的眼睛能看见的能量。它以波的形式传递。

声能
声音是以振动波的形式穿过介质的能量。

热能
构成物质的粒子的振动能量称为热量。

化学能
这种能量储存在分子里的原子和原子之间的化学键中。

核能
原子中心的原子核内储存着巨大的能量。

势能
由于物体所处的位置或弹性形变而具有的能。如水的落差和发条做功的能力都是势能。

人体供电技术！

人体的大部分能量最终会以热的形式转移到周围环境中。而有一种名为热电发生器的微型可穿戴设备能利用身体的热量发电。这项技术可以为手表、健康监测器，甚至心脏起搏器提供能量！

永恒的能量

宇宙中能量的总量是保持不变的，但是它们不断地转换成不同的形式，也不断地从一个物体转移到另一个物体。能量使一切发生，包括点亮你家的电灯，以及驱使你的肌肉运动。

看见热量

热量从不停留，它会移动到较冷的物体，或者散发到周围环境中。热像仪能检测物体释放的热量。较热的区域为粉红色和红色，其次是绿色和蓝色，黑色是最冷的区域。

被浪费的能量

能量被使用的过程中，总会有一部分会被浪费掉，这是因为它转移到了周围环境中。例如，冲向球瓶的保龄球会将它的一部分动能转化为声能，当撞上球瓶时，更多的动能会转化为声能而被"浪费掉"！

有史以来最响亮的声音是1883年喀拉喀托火山喷发的声音，在4800千米外都能听到，可见该火山喷发释放了多么巨大的能量！

科学 225

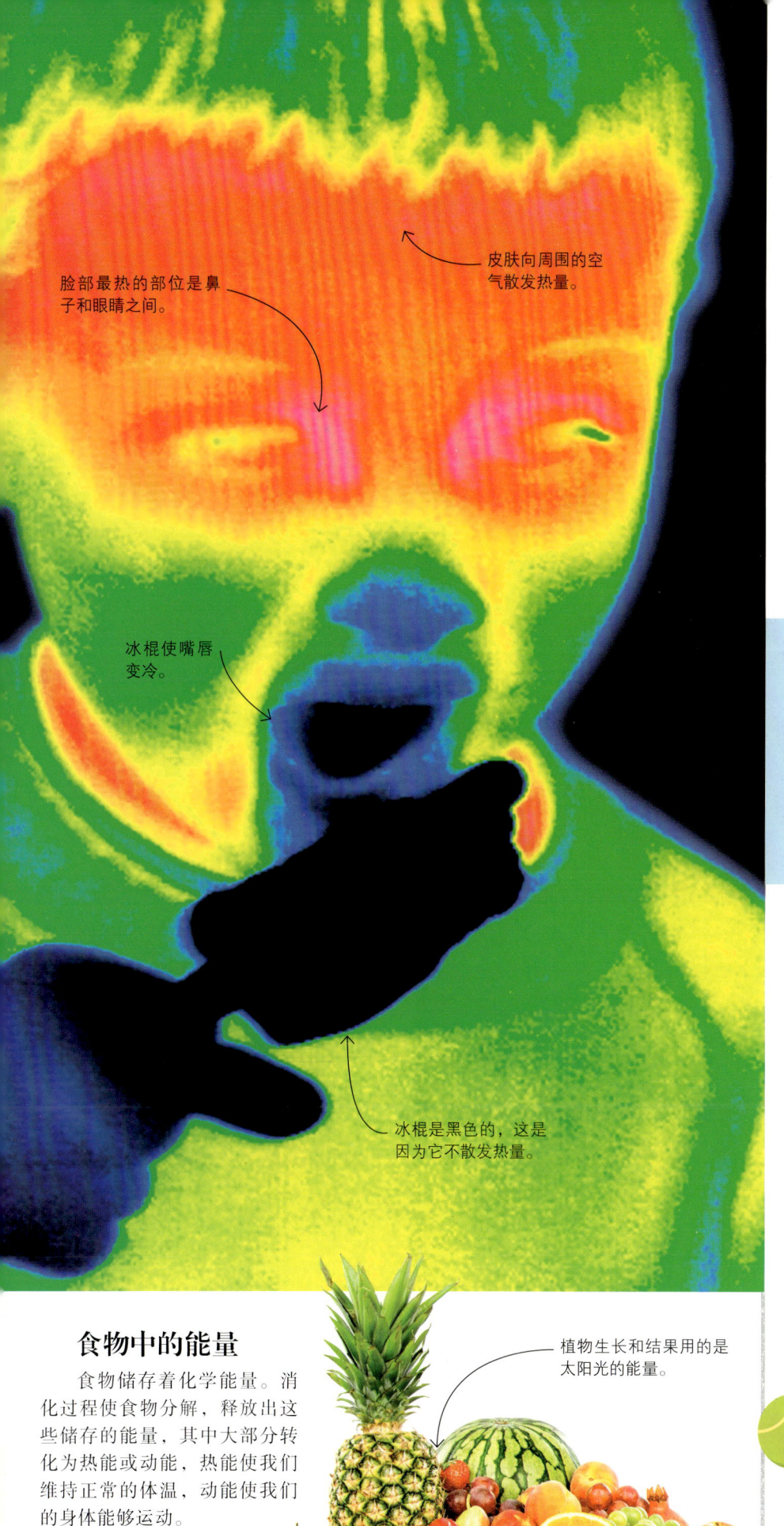

脸部最热的部位是鼻子和眼睛之间。

皮肤向周围的空气散发热量。

冰棍使嘴唇变冷。

冰棍是黑色的，这是因为它不散发热量。

弹簧的势能

能量以多种形式储存，电池中的化学能就是其中的一种。图中的弹簧玩具将能量储存为弹性势能。当吸盘失去了吸附力时，能量就会被释放，使弹簧玩具弹起来！

势能转化为动能。

吸盘。

储存着弹性势能的弹簧。

如果用电池为一个人提供一天所需要的能量，则需要500多节5号电池！

能量的转化

无论发生什么事情，事后的能量总和与事前的相等。能量不会消失，只会转化。下面是一只球反弹时发生的情况。

1. 一只处于高处的球具有重力势能。

2. 重力势能在球下落时转化为动能。

3. 当球砸在地面变扁时，它获得弹性势能。

4. 弹性势能的释放使球弹跳起来，转化为动能。

食物中的能量

食物储存着化学能量。消化过程使食物分解，释放出这些储存的能量，其中大部分转化为热能或动能，热能使我们维持正常的体温，动能使我们的身体能够运动。

植物生长和结果用的是太阳光的能量。

挪威的电能90%以上是由水力发电产生的！

为我们的世界提供能源！

我们生活的各个方面都需要使用能源，包括照明、取暖和出行等。然而，所有能源都有缺点。化石燃料对环境有害，而可再生能源的利用也有各种困难。

化石燃料

古代生物的遗骸被压在层层沉积物下，历经数百万年，转化为天然气和石油。我们目前为了获取能量而消耗的许多燃料是用化石燃料制成的，但是化石燃料是不可再生的，并且在燃烧时会释放出有害的气体。

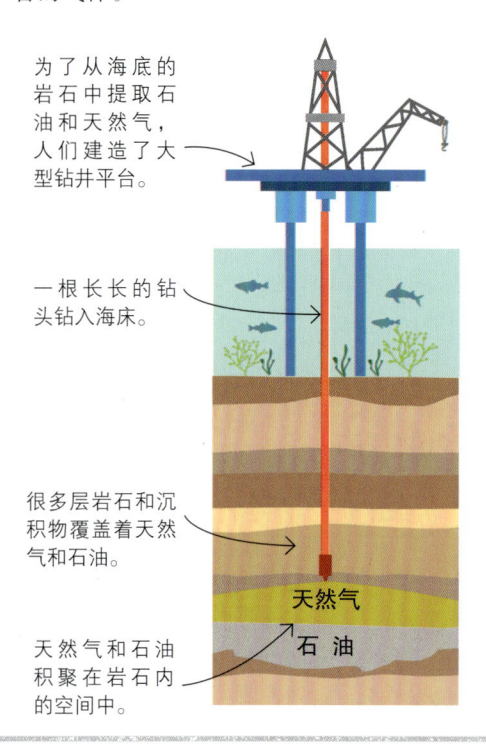

为了从海底的岩石中提取石油和天然气，人们建造了大型钻井平台。

一根长长的钻头钻入海床。

很多层岩石和沉积物覆盖着天然气和石油。

天然气和石油积聚在岩石内的空间中。

天然气

石油

为了减少阻力，驾驶舱很狭小。

这辆汽车的太阳能电池板由232块能将太阳光转化为电能的小太阳能电池组成。

科 学 227

地热发电

用泵将水送到地下深处，水流过地壳下的天然热岩时被加热，产生蒸汽，用来驱动涡轮机，这就是地热发电。右图为冰岛的斯瓦特森吉地热发电站，在地热发电过程中附带建造了一个室外热水池，非常适合人们在寒冷的天气泡澡！

太阳镜圈

太阳能电池板不是利用太阳能的唯一方法。还有一种方法是将很多镜子排列成圆圈状，将太阳的热量反射到装着水的中心结构，使水沸腾，变成蒸汽，用来驱动涡轮机。

风力涡轮机

通过风吹动大型涡轮机的叶片旋转来发电。风能是一种可再生能源，这是因为它产生于风这种永远不会枯竭的自然资源。

与1950年相比，现今全球每年使用的能源总量是那时的400%以上！

太阳能速度

这辆太阳能汽车是众多参加2019年在澳大利亚举行的布里奇斯通世界太阳能挑战赛的汽车之一。它以完全依靠太阳能以每小时130千米的速度行驶了1500千米。

气候危机

自19世纪以来，人类大量燃烧化石燃料，将二氧化碳等气体释放入大气层，使地球的气候变暖，导致冰川融化和极端天气的发生，例如火山喷发和干旱。

能 源

人类过去在很大程度上依赖化石燃料（煤炭、石油和天然气）。近年来，可再生和更环保的能源的产量有所增加。

能源从哪来？

- 煤炭 27%
- 石油 31%
- 天然气 24%
- 其他可再生能源 7%
- 核能 4%
- 水电 7%

采访
气候科学家

山姆·哈迪是一位气候科学家，他致力于帮助人类和企业适应气候变化。他曾在英国利兹大学工作，主要研究东南亚地区的热带气旋。

问：我们如何确切地知道气候正在发生变化？
答：有许多可靠的测量方法表明，自从1850年以来，地球表面温度已上升1℃以上。这种变暖无法用太阳活动等自然过程来解释。我们也知道在同一时期，人类活动增加了大气中温室气体的含量。我们可以看到它对环境产生的效应：海洋变暖、海平面上升，以及冰盖和冰川融化。

问：你对气候变化影响最担心的是什么？
答：我最担心的是世界上大片地区，特别是热带地

冰川退缩

气候变化导致冰川融化。过去几十年来，流动的冰川快速退缩，正如这里的挪威布里克斯达尔冰川的2002年和2019年对比照片显示的变化。融化的冰川也导致海平面上升，并且对当地的水资源和生态系统产生了影响。

区，将变得无法居住。这可能会迫使数亿人离开家园。

问：你是否亲眼见过气候变化带来的影响？

答：我居住在英国，我们在2022年7月见证了破纪录的热浪。英国部分地区首次达到40℃。令人担忧的是，这种极端热浪在世界各地变得越来越频繁。

问：你在气候方面研究的是哪个领域？

答：我的研究重点是热带气旋的加剧。热带气旋是一种大型风暴系统，会带来具有极大破坏性的强风和暴雨。科学家认为气候变化可能会使热带气旋的频率减少，但是强度增加。我的研究将帮助我们为应对最极端的气旋做好准备。

问：你认为我们能够阻止气候变暖吗？我能提供什么帮助？

答：在全球范围采取行动一定能够应对气候变暖，但是我们的时间不多了！有一种提供帮助的方法是从自己做起，从身边事做起：你可以减少食物浪费，并且绿色出行！

看见光

无论是太阳光还是灯光，它们都是一种电磁辐射，也就是以每秒约30万千米的速度、以波的形式向外传播的能量。

透明的身体有助于乌贼在水中隐身，避免被捕食它们的动物发现。

乌贼的触腕上有一排发光器。

生物发光
深海中有许多动物会闪烁或发光，以此来迷惑捕食者、引诱猎物或吸引配偶。这些动物拥有被称为发光器的器官，通过化学反应产生光。

激光切割
激光能产生能量高度集中的细光束。有些激光的强度非常高，能切割钢铁。医生使用低功率激光进行眼科手术和其他精细的手术。

隐藏的颜色
白光实际上是由多种颜色的光构成的。你可以让白光穿过一块被称为棱镜的玻璃来分离白光中各种颜色的光。每种颜色的光在通过棱镜时折射的程度不同，因此会形成扇形光谱。

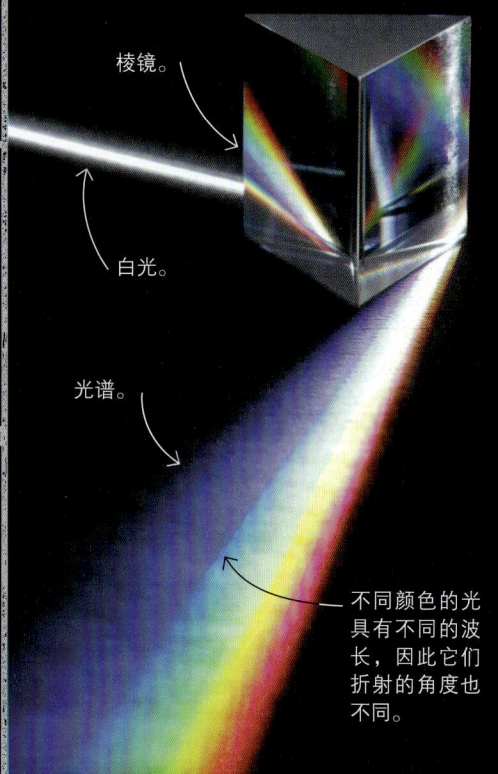

棱镜。
白光。
光谱。
不同颜色的光具有不同的波长，因此它们折射的角度也不同。

如果你能以光速飞行的话，你就可以在1秒钟内绕地球飞行7.5圈！

被"折断"的铅笔
水杯中的铅笔看起来像被折断了，但实际上这只是一个错觉。发生这种现象是因为光在从空气进入水或玻璃时会减速，导致了光被折弯，也就是发生折射，所以水中的那部分铅笔看起来有位移。棱镜能分离光也是因为光被折射。

观察者。
铅笔看起来的位置。
一杯水。
铅笔的实际位置。

光之秀

即使天空中没有太阳，这座挪威渔村的天空也是一片光辉灿烂。在闪烁的星空中出现了璀璨的极光，而建筑物的照明和路灯则在宁静的海面上映照出光影，形成了一幅壮丽的景观。

星光是由恒星核心中的核反应产生的。

极光产生在极地附近。来自太阳的带电粒子流撞击大气中的分子，使它们发光。

电流流通灯丝或灯管中的气体，使灯丝或气体发光。

光被水面反射。

电磁波谱

我们的眼睛能感知可见光，但是无法看见其他类型的电磁辐射。每种类型的电磁辐射都有不同的波长。无线电波的波长范围是几米到几千米，而伽马射线的波长则比一个原子的直径还要小。

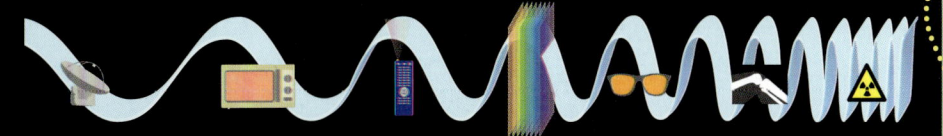

无线电波　　微波　　红外线　　可见光　　紫外线　　X射线　　伽马射线

许多动物能看见人类看不见的部分光谱。蜜蜂能看见紫外线，而蛇能感觉到红外线！

令人惊叹的电

没有什么比电这样的自然力量更能激发人们的兴趣了。电通过长长的高架电缆或埋在地下的电缆被传送到千家万户，用来驱动各种设备，包括计算机和汽车。

什么是电流？

电流是名为电子的微小带电荷粒子的运动。电子是原子的一部分，但是金属中的一些电子是可以自由移动的。当金属被连接到电源时，电子就会沿着一个方向流动。

断开开关会切断电路，使电子停止流动。

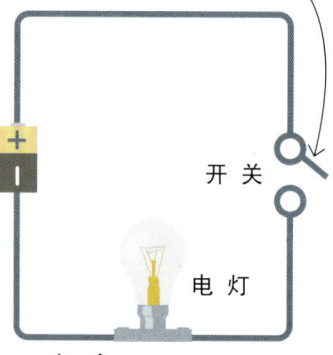

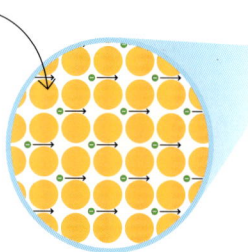

电池

开关

电灯

自由电子在带正电的原子核之间流动，形成电流。

电子流
带负电荷的电子从电源的负极流向正极。

电路
电流需要一条连续不中断的导电环路才能流动。

一道闪电的温度大约为29730℃，比太阳表面还要热！

使人毛发竖立

当物体相互摩擦时，电子就可能会在它们之间转移，电荷会在物体表面积累起来，称为静电。气球摩擦头发会获得电子，因此带负电荷，而头发则带正电荷，两者相吸使头发直立。

电子转移到气球上，使气球带负电荷。

头发带正电荷。

闪 电

闪电是一种强大的电能形式，是由云中积聚的静电引起的。一次普通的闪电足以为一只灯泡供电6个月！

高压电猎手

动物界的捕食者巧妙地利用电来探测它们的食物。例如，鲨鱼等动物能感知鱼类和其他猎物所释放出的微小电流，并且利用这些信息来追踪它们。

鲨鱼头部的电感受器。

隐藏的猎物。

导体与绝缘体

有些材料能够传导电流，我们称之为导体。金属是良好的导体。自来水也能导电。不能导电的材料则被称为绝缘体。

为了防止人们受到电流的伤害，导线被塑料绝缘层包裹。

导线通常由铜制成。铜是一种良好的导体。

民用电

从太空看，夜晚的地球最亮的地区是建设完善的城市和其他大型居民区。电灯的使用使我们能够在天黑后活动。全球有近20%的电力被用于城市照明。

全球有28%的电能是由可再生能源产生的！

诺贝尔奖

诺贝尔奖是年度奖项，由瑞典化学家阿尔弗雷德·诺贝尔于1901年设立，表彰在许多领域中获得成就的科学家。波兰科学家玛丽·居里是第一位两次获得诺贝尔奖的人，并且是唯一的一位在两个不同科学领域获奖的人！

搞笑诺贝尔奖

搞笑诺贝尔奖奖励科学的搞笑的一面，授予做出奇怪而搞笑的科学发现的人。获奖者中有研究香蕉和鞋底之间的摩擦力的研究人员！

改变世界的发明

从最早期的工具到今天的高科技装置，人类一直在创造使自己的生活更加便利的发明，其中一些具有里程碑意义的发明不仅对科学，也对社会产生了广泛的影响，改变了历史的进程。

1436 印刷机
使思想的传播变得非常容易。

1590 显微镜
使科学家能看见微小的生命形态。

1831 发电机
为广泛地使用电能铺平了道路。

1860 内燃机
这种发动机的许多版本驱动着交通运输。

1942 核能
用原子核释放的能量来发电。

1946 计算机
开启了数字革命。

大创意

自从最早期的科学家开始研究世界如何运作以来，伟大的思想家和实验家一直提出大胆的新理论，并且做出令人兴奋的发明。以下是一些科学领域中最聪明和最不寻常的创意！

艺术家对国际热核聚变实验堆的设想

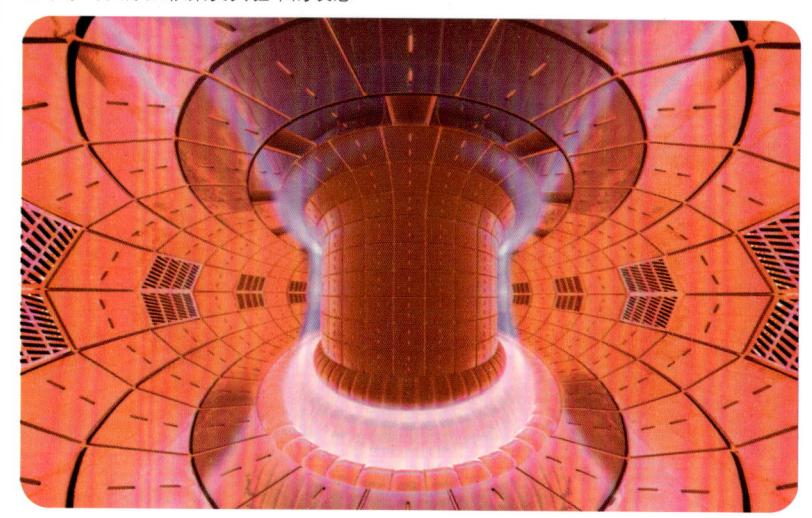

未来的核聚变

科学家目前正在建造国际热核聚变实验堆。这个反应堆是一个能产生大规模核聚变反应的装置，它需要非常高的温度才能产生核聚变反应，核聚变完成后能使温度达到1.5亿摄氏度，是太阳核心温度的10倍。恒星释放的能量就是通过核聚变反应产生的。

聪明的科学家

偶尔会有聪明的思考者提出一种崭新的看待世界的方式。这些科学的智者提出了独特的理论，永远改变了科学！

直到17世纪，科学家才意识到地球是围绕着太阳运行的！

1879—1955 阿尔伯特·爱因斯坦
出生于德国的爱因斯坦展示了时间和空间是如何相互关联的。

1643—1727 艾萨克·牛顿
这位英国科学家发现是一种力（引力）使物体下落。

1809—1882 查尔斯·达尔文
英国的博物学家达尔文提出了进化论，解释了地球上生命的进化过程。

1834—1907 德米特里·门捷列夫
这位俄罗斯化学家想出了如何将元素排列成周期表的方法。

意想不到的玩具

发明创造并不一定会成功，但不成功的发明也并不一定全盘失败。有些发明没有达到预期的设想，但却成了受欢迎的玩具！

超级水枪
超级水枪是20世纪80年代美国航空航天局喷气推进实验室的一位工程师制作的。他研究在制冷系统中如何使用水，结果他的研究成果变成了非常受欢迎的水枪玩具。

橡皮泥
这种柔软的黏土最初是作为壁纸清洁剂而发明的，但是在1956年，它成为一种颜色鲜艳的玩具。

彩虹圈（机灵鬼）
这款有弹性的玩具是由一位机械工程师于1943年发明的，他想用它来测量船只的运动，结果它变成了一种受欢迎的儿童玩具。

魔方
1974年设计的魔方最初是一种几何教学辅助工具，后来成为一种非常流行的玩具。

彩带喷罐
这种喷绘玩具于1972年发明，最初是用于给断肢打石膏的。

偶然的发现

许多伟大的发现是偶然发生的，是科学家在研究其他东西时偶然发现了它们。这些意外的发现有时会为科学界带来重大突破。

1895 X射线
德国物理学家威廉·伦琴在研究电子时，偶然发现了X射线。这一发现对医学和科学领域产生了深远的影响。

1928 青霉素
苏格兰科学家亚历山大·弗莱明没有及时清洗脏培养皿，结果发现了一种能治疗感染的真菌。

1945 微波炉
美国工程师珀西·斯宾塞在操作机器时发现他口袋里的零食被融化了，于是他意识到这种技术可以用于烹饪。

年幼的发明家

英国的儿童塞缪尔·托马斯·霍顿在3岁时就想出了双头扫帚的创意。2008年，在他5岁时，他获得了这项发明的专利，成为世界上最年轻的发明家之一！

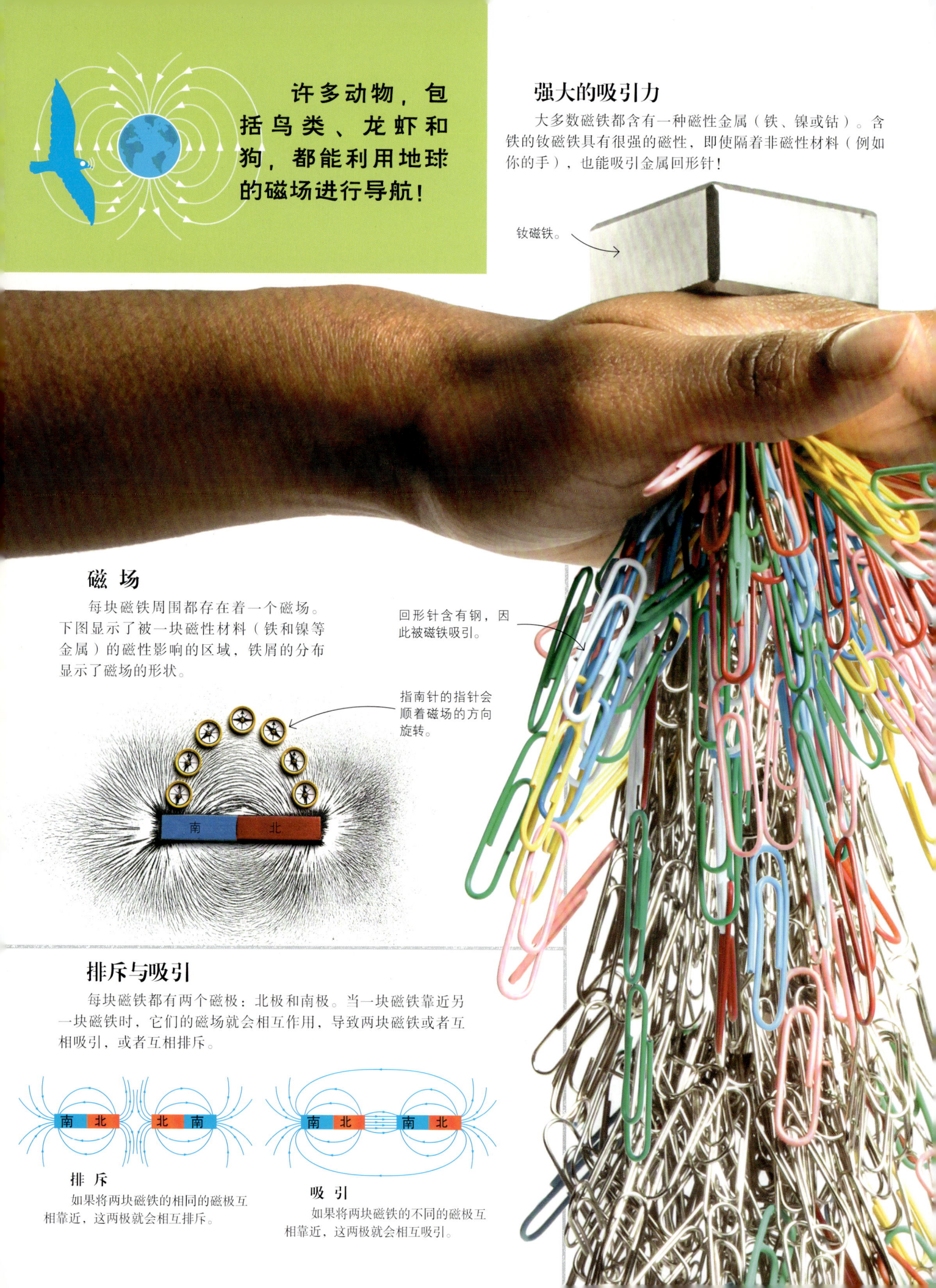

许多动物，包括鸟类、龙虾和狗，都能利用地球的磁场进行导航！

强大的吸引力

大多数磁铁都含有一种磁性金属（铁、镍或钴）。含铁的钕磁铁具有很强的磁性，即使隔着非磁性材料（例如你的手），也能吸引金属回形针！

钕磁铁。

磁 场

每块磁铁周围都存在着一个磁场。下图显示了被一块磁性材料（铁和镍等金属）的磁性影响的区域，铁屑的分布显示了磁场的形状。

回形针含有钢，因此被磁铁吸引。

指南针的指针会顺着磁场的方向旋转。

排斥与吸引

每块磁铁都有两个磁极：北极和南极。当一块磁铁靠近另一块磁铁时，它们的磁场就会相互作用，导致两块磁铁或者互相吸引，或者互相排斥。

排 斥
如果将两块磁铁的相同的磁极互相靠近，这两极就会相互排斥。

吸 引
如果将两块磁铁的不同的磁极互相靠近，这两极就会相互吸引。

强大的磁铁

虽然肉眼看不见磁力，但是磁力会对其他物体产生作用。即使是最小的磁铁之间也有非常强大的吸引力，能使它们"啪"的一声合在一起！

电磁铁

将一根导线缠绕在一块铁上，导线通电后这块铁就会变成一种磁铁，称为电磁铁。增大电流或者增加导线缠绕的圈数，会使磁性更强，甚至比永磁铁更强。

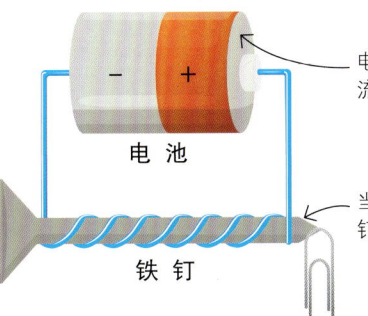

- 电池驱使电流流过导线。
- 电池
- 当电流通过时，铁钉就有了磁性。
- 铁钉

宇宙中具有最强磁性的物体是被称为磁陀星的密度极高的坍缩恒星！

指南针

地球就是一块巨大的磁体，拥有自己的磁场。指南针被设计用来指示地球磁北极的位置，帮助我们辨别方向。

- 指南针的表盘边缘有方向标记。
- 指南针的指针两端始终指向北和南。将针尖与N（北）标记对齐，就可以帮助你确定方向。
- 指南针的指针是一根磁针，可以自由转动。

极光！

当太阳的带电粒子进入地球的磁场时，就会在天空中形成绚丽多彩的奇观。这种现象在北极被称为北极光，而在南极则被称为南极光。

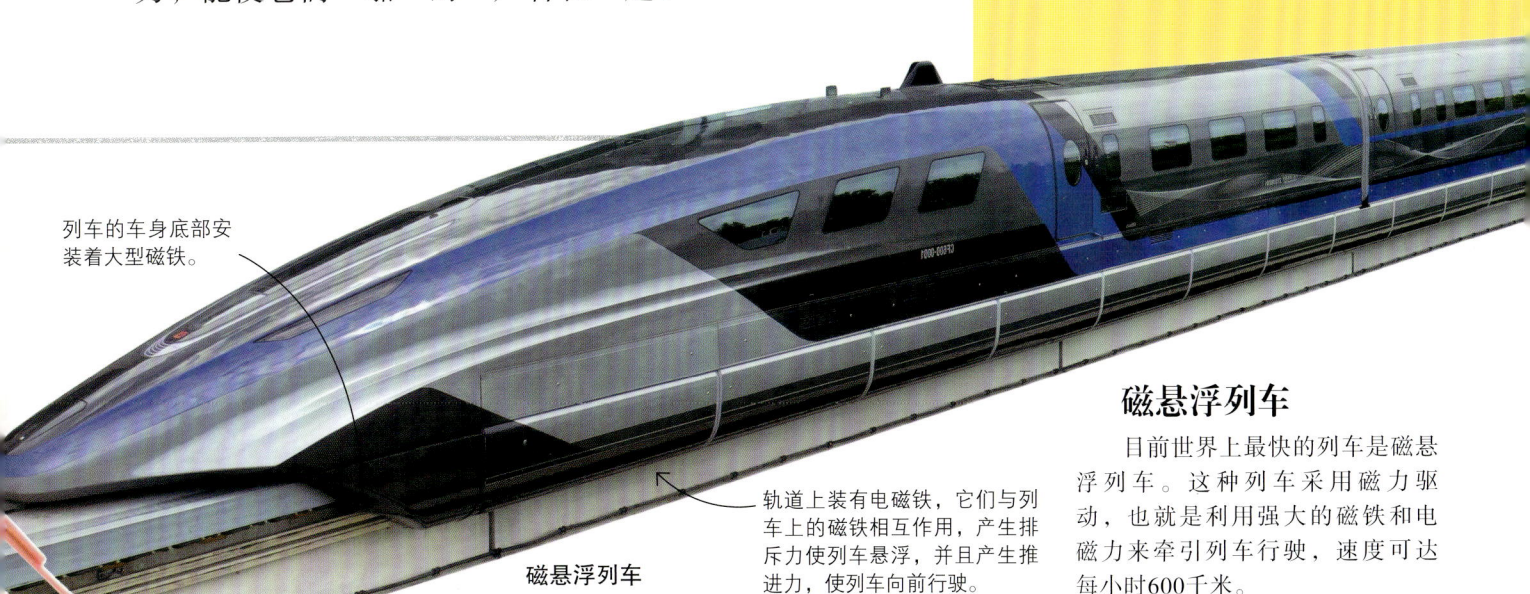

磁悬浮列车

目前世界上最快的列车是磁悬浮列车。这种列车采用磁力驱动，也就是利用强大的磁铁和电磁力来牵引列车行驶，速度可达每小时600千米。

- 列车的车身底部安装着大型磁铁。
- 磁悬浮列车
- 轨道上装有电磁铁，它们与列车上的磁铁相互作用，产生排斥力使列车悬浮，并且产生推进力，使列车向前行驶。

跳台滑雪的世界纪录为253.5米，由奥地利选手斯特凡·克拉夫特保持！

形变力

力不仅仅能使物体移动，还能挤压、弄弯、拉伸和扭曲物体，使物体改变形状，甚至断裂。这只球被狗咬在嘴里，已经发生了形变。

力的来源

力似乎很神秘。你的肉眼看不见它们，但是你经常看见或感觉到它们产生的效果。实际上，力只是推或拉的作用。它们能使物体移动、改变速度、停止运动、改变方向和改变形状。

减少摩擦力

当一个物体在另一个物体的表面上移动时，摩擦力会减缓移动的速度。粗糙的表面会产生较大的摩擦力，这就是在平滑的雪地上滑动比在粗糙的碎石上滑动容易的原因！

这支拔河队的拉力比较大。

平衡或不平衡？

当作用在一个物体上的力平衡时，物体的运动状态就会保持不变。两支拔河队以相等的力向相反的方向拉绳子，他们的力互相抵消，因此作用在绳子上的力是平衡的，所以绳子不动。但是当一方施加较大的力时，就会在这一方的方向上产生合力，因此绳子会向这一方移动。

当卡车在空中飞跃时，空气阻力（卡车与空气之间的摩擦力）会减缓卡车的速度。

卡车发动机的驱动力有一部分用于克服摩擦力和空气阻力所带来的减速效应。

行动中的力

当这辆怪兽卡车冲上坡道，然后飞跃到一排汽车的上空时，多种力在发挥作用。当卡车发动机的推力驱动卡车前进时，车轮利用摩擦力抓紧道路。一旦离地，空气阻力就会试图让卡车慢下来，伴随着"哐当"一声巨响，重力最终将卡车拉回地面！

轮胎上凸起的花纹增加了轮胎与道路之间的摩擦力，以使轮胎获得更好的抓地力。

宇宙中最强的力是将原子核内的粒子结合在一起的力！

第一定律
如果作用在火箭上的各种力平衡（合力为0），火箭将保持静止状态；如果火箭已经在运动中，那它将保持匀速直线运动。

重力向下拉（红色），而地面以相等的力向上推（蓝色），因此力是平衡的。

第二定律
不平衡的力（合力大于0）会导致火箭加速，加速度的大小取决于力的大小和火箭的质量。

合力。
推力。
重力。

第三定律
对于每个作用力，都有一个大小相等而方向相反的反作用力。当热气体被火箭向下喷射出来时，火箭会受到大小相等的向上的推力。

反作用力。
作用力。

运动定律
三大运动定律描述了物体的运动状态与作用于其上的力之间的关系。上图以火箭为例解释了这些运动定律。

蛇利用腹部的鳞片与地面之间的摩擦力推动自己蜿蜒前进！

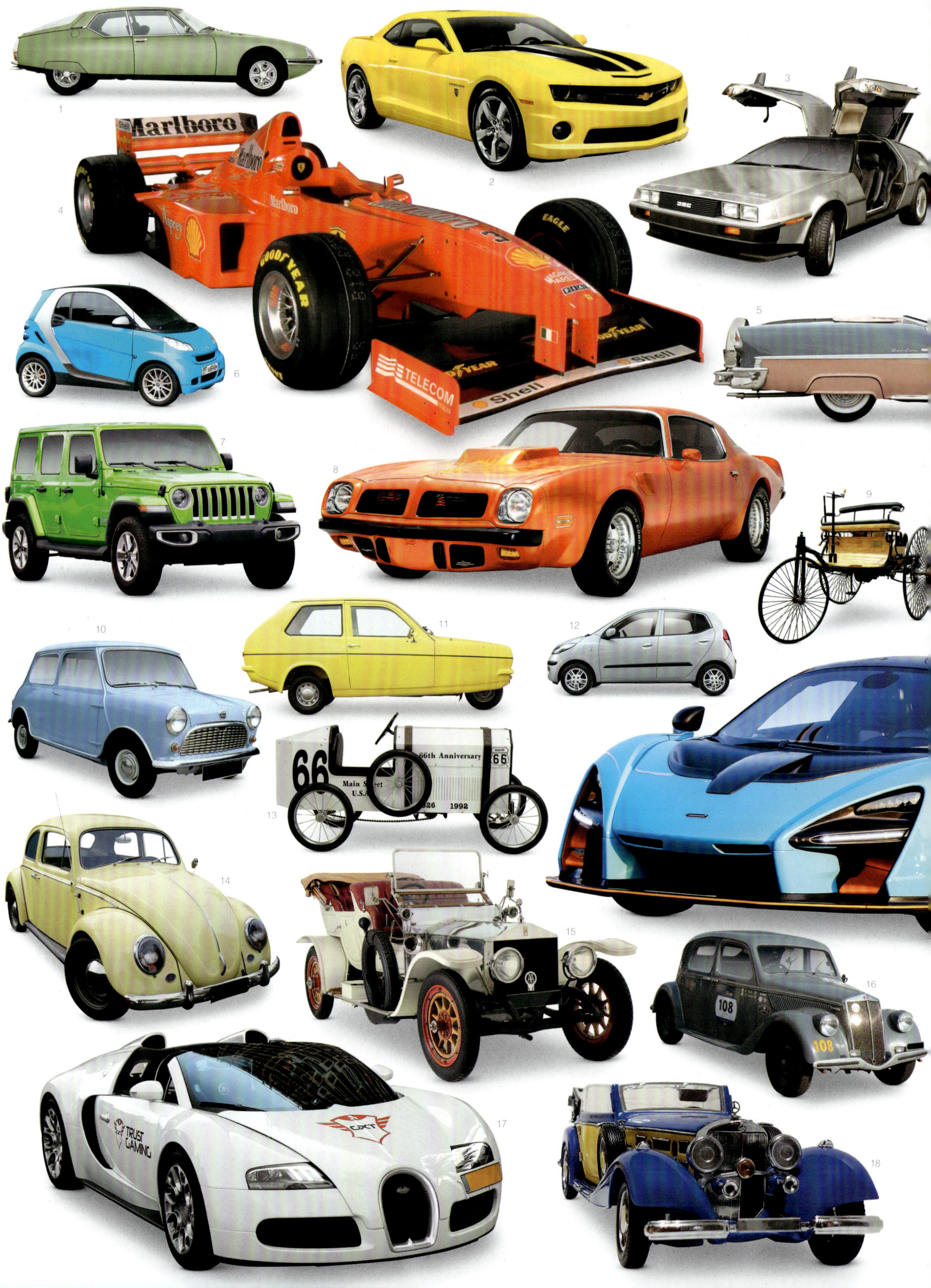
1
2
3
4
5
6
7
8
9
10
11
12
13
14
15
16
17
18

看图识别 汽 车

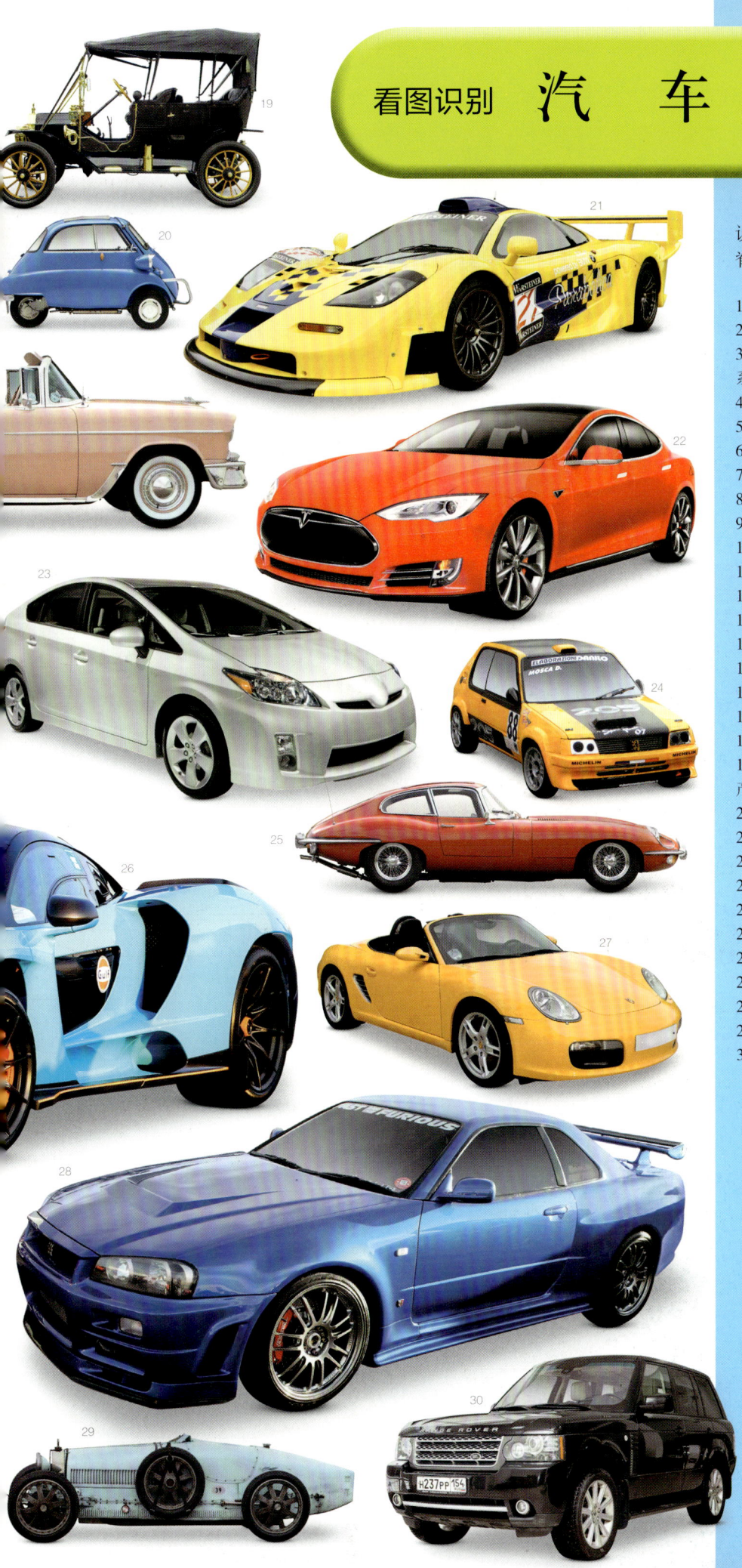

你是汽车迷吗？调整你的思维模式，试着说出这些不同年代的汽车的名称。小心减速路脊：其中有一辆是异类！

1 雪铁龙SM：20世纪70年代时尚法国轿跑车
2 雪佛兰科迈罗（2010年）：美国跑车
3 德罗宁DMC：20世纪80年代的海鸥翼跑车，出现在系列电影《回到未来》中
4 法拉利F300：1998年的一级方程式赛车
5 雪佛兰Bel Air：20世纪50年代的美国敞篷车
6 Smart Fortwo：电动双座极小型车
7 吉普牧马人：运动型多功能车
8 庞蒂亚克火鸟：20世纪60年代的美国高速轿车
9 奔驰专利1号车：首辆于1885年发明的汽车
10 奥斯汀迷你7型：20世纪60年代的小型汽车
11 Reliant Robin（1975年）：英国的三轮掀背轿车
12 现代i10：2007年开始生产的小型掀背车
13 肥皂盒德比赛车（1992年）自制无动力重力赛车
14 大众甲壳虫（1968年）：经典小型轿车
15 劳斯莱斯银魅：1906年的英国豪华轿车
16 蓝旗亚Aprilia：20世纪30—40年代的家用轿车
17 布加迪威龙超级跑车（2010年）：超级跑车
18 奔驰500K：20世纪30年代的大型敞篷车
19 福特T型汽车：1908年发布的世界上首辆大规模生产的汽车
20 宝马Isetta：20世纪50年代末期的微型汽车
21 迈凯伦F1（20世纪90年代）：经典超级跑车
22 特斯拉Model S：高性能电动轿车
23 丰田Prius：第一款大规模生产的混合动力汽车
24 标致205 GTi：20世纪80年代的掀背轿车
25 捷豹E-Type：20世纪60年代的英国跑车
26 迈凯伦塞纳（2017年）：超级跑车
27 保时捷Boxster（1998年）：双座敞篷跑车
28 日产Skyline GTR R34（20世纪90年代）：轿跑车
29 布加迪T39（20世纪20年代）：赛车
30 路虎揽胜运动版：运动型多功能车

答案是"13"，即肥皂盒德比赛车。这是唯一一辆没有发动机的汽车，所以要靠比赛车道的倾斜度制胜，由于是动力依靠重力，它们只能从高处靠重力下来滑动。

242　科学

牛顿测力计能测量以牛顿为单位的力。

称重量

当我们谈论一个物体重多少千克时，我们实际上指的是它的质量，也就是物体所含物质的多少。重量是重力，也就是地球引力作用在物体上的力，以牛顿为单位。

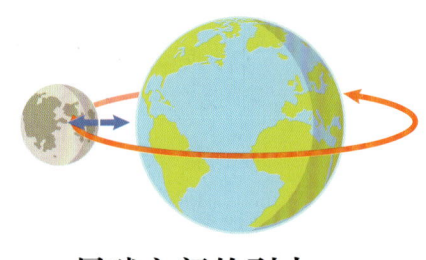

星球之间的引力

引力是使太阳系中所有行星围绕太阳运行的力，也是使月球保持在围绕地球的轨道上运行的力。

烟雾罐释放烟雾，用于标记下落过程。

万有引力

万有引力是宇宙中最重要的力之一，它使我们的脚能踩在地面上，也使地球能围绕太阳运行。

跳伞者在接近地面时才会打开准备好的降落伞。

引力原理

引力是一种物体之间相互吸引的力。它是双向的。地球的引力吸引你，你的引力也吸引地球。引力的强弱取决于物体的质量和它们之间的距离。

双向引力
任何有质量的物体都有引力，都会吸引其他有质量的物体，而其他物体的引力也会吸引这个物体。

越大就越强
物体的质量越大，引力就越强。

越远就越弱
两个物体之间的距离越远，它们之间的引力就越弱。

下落到地面

这些胆大的跳伞者选择通过进行世界上最高的定点跳伞（从高建筑物上跳下）来感受重力。他们从哈利法塔的顶部跳下，下落了828米，才到达地面。

黑洞

当一颗大质量恒星走到生命的尽头时，它会在自身引力的作用下坍缩，形成一个黑洞。黑洞的引力非常强大，甚至连光都无法逃脱，任何靠近的物质都会被吸入。

画家笔下物质被黑洞吸入的情景。

哈利法塔位于阿拉伯联合酋长国的迪拜，是世界上最高的建筑物。

2014年，艾伦·尤斯塔斯从地球上方41.3千米的高空一跃而下，创造了高空跳伞的新世界纪录。

艾伦·尤斯塔斯穿着特殊的保护服。

感受重力

极端的加速度能产生比地球引力（1G）更大的重力，也被称为G力。在过山车上承受的力能达到3G，也就是身体重量的3倍。在飞行器快速变速时，飞行员和宇航员可能会承受更大的G力，甚至有晕厥的危险。

安装在头盔上的摄像机记录这次创纪录的下降过程。

虽然重力看起来很强，但在宇宙的四种基本力中，重力是最弱的一种！

飞行中的力

飞机在飞行过程中受到4种力的作用：推力、升力、重力和阻力。重力将飞机向下拉，阻力（空气阻力）将飞机向后推。发动机产生的推力使飞机能够克服这些力向前飞行。与此同时，流过机翼上的气流对飞机产生升力。

推力
发动机燃烧燃料，向后喷出热气体，从而推动飞机向前飞行。

升力
当发动机推动飞机向前飞行时，空气滑过形状特殊的机翼的上方和下方，从而产生升力。

重力
升力至少需要与飞机的重量即飞机所受到的重力相等，才能抵消向下拉的重力。

阻力
当飞机在空气中前进时，空气对飞机施加阻力，减慢它的速度。

这架飞机的机翼截面是对称的，因此能正置飞行，也能倒置飞行。

飞行的奇妙之处

物体在空中飞行是各种力之间互相较量的结果。大型喷气机等飞行器必须装备强大的发动机，才能持续地在高空中飞行。

普通楼燕能连续飞行长达10个月而不休息，甚至能在途中一边飞行一边睡觉！

产生升力

下面的剖面图显示机翼的上部边缘更为弯曲，而前部向上倾斜，这使得空气在机翼上方流过时加速，而机翼下方的空气则流动得比较慢，因此压力较大，从而产生升力。

空气在机翼上方流动得比较快，因此压力比较小。

空气在机翼下方流动得比较慢，因此压力比较大。

在你坐飞机飞行期间，你距离地面约12千米！

令人兴奋的特技飞行

一架鲜红色的双翼飞机（具有两副机翼的飞机）在数架美国海军飞机上空翱翔，它们飞得非常近，以至于看起来就像只有一架飞机！特技飞行员在飞行表演中，熟练地展示紧密编队飞行技巧，齐头并进。当几架飞机如此近距离地飞行时，任何错误的操作都可能是致命的。

两副机翼能提供更多升力，因此机翼可以短一些，使飞机比较容易控制。

这架飞机旁边还有另外两架飞机在飞行。

尖形机头和流线型的机身减小了飞机所受到的阻力。

高空飞行者

空中每一时刻通常有多达约1万架飞机在飞行。为了避免相撞，它们都在各自特定的航线上飞行。另外，空中防撞系统会告知飞行员是否有其他物体靠近。

最快飞行时速！

在1976年，军用飞机洛克希德SR-71黑鸟创造了每小时3529.6千米的飞行速度纪录。这是有史以来喷气动力飞机达到的最快速度，几乎是声速的3倍！

灵活机动的无人机

无人机是一种不需要人类驾驶员，而被远程控制的飞行器。它们通常使用旋翼（螺旋桨）来飞行，最初由军方使用，但是现在也被用于农作物喷洒、物资运送和救援任务。

与其他无人机不同，具有旋翼的无人机能悬停在空中。

无人机的摄像机能捕捉地面发生的事件，拍下鸟瞰图。

旋翼通过向下推动空气来产生升力。

看图识别 飞行器

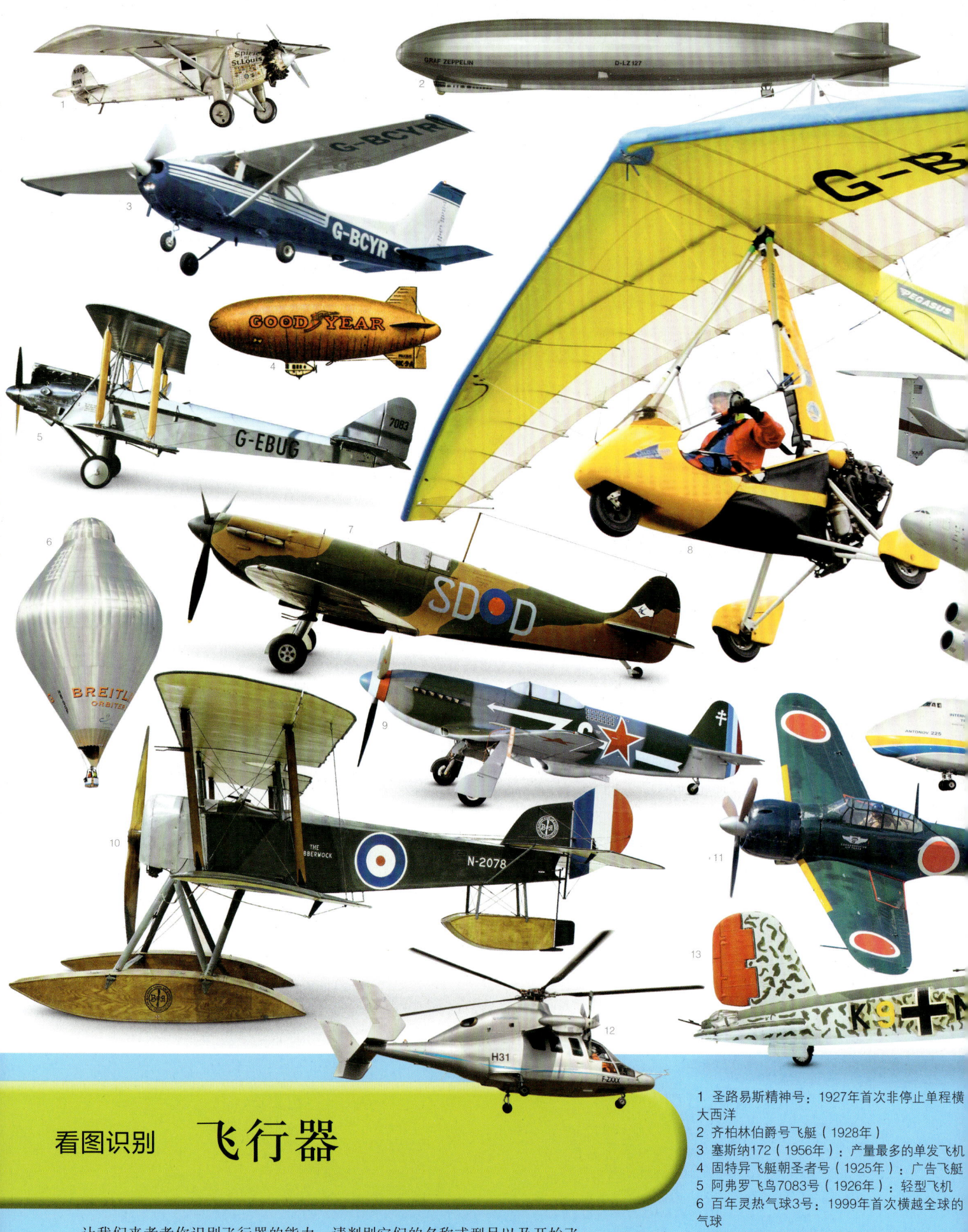

让我们来考考你识别飞行器的能力。请判别它们的名称或型号以及开始飞行的日期。请找出无法离开地面的那一架飞行器。

1 圣路易斯精神号：1927年首次非停止单程横大西洋
2 齐柏林伯爵号飞艇（1928年）
3 塞斯纳172（1956年）：产量最多的单发飞机
4 固特异飞艇朝圣者号（1925年）：广告飞艇
5 阿弗罗灵鸟7083号（1926年）：轻型飞机
6 百年灵热气球3号：1999年首次横越全球的气球
7 超级海军陆战队喷火式战斗机（1936年）：二次世界大战战斗机
8 飞马量子（1996年）：超轻型动力滑翔机

9 雅克-9战斗机（1942年）：第二次世界大战战斗机
10 索普威斯"婴儿"水上飞机（1915年）：第一次世界大战战斗机
11 零式战斗机（1940年）：第二次世界大战战斗机
12 X3型高速直升机（2010年）：高速直升机
13 德国HE-177重型轰炸机（1939年）：第二次世界大战轰炸机
14 "蝉翼信天翁"号人力飞机（1976年）：人力飞行器
15 U-2侦察机（1955年）：侦察飞机
16 蒙戈菲尔热气球：1783年首次热气球飞行
17 波音747（1970年）：喷气式客机
18 太阳驱动号（2010年）：太阳能飞机
19 协和式飞机（1976年）：超音速客机
20 波音ch-47奇努克（1961年）：军用运输直升机
21 太空船一号（2004年）：实验性太空飞机
22 空中客车A380（2007年）：喷气式客机
23 大疆御3无人机（2021年）
24 达·芬奇的螺旋升空装置（15世纪）
25 全球鹰（1998年）：无人机
26 安-22运输机（1965年）：重型运输飞机
27 白鲸运输机（1996年）：大型运输机
28 蝙蝠飞机Velis electro（2020年）：首款取得型号合格证的电动飞机
29 梅塞施米特Me262：第二次世界大战飞机
30 莱特飞机（1903年）：首次成功自身动力飞机

最大的集装箱船长达400米，是一架巨型喷气式飞机长度的5倍！

物体会浮在水面上吗？

如果物体的密度小于水的密度，物体就会浮在水面上，反之则会沉没。密度是物体所含物质的量与它的体积的比值。

橡木塞密度比水小，所以能浮在水面上。

鱼的密度大致与水相同，所以能停在水中的任何位置。

金属硬币的密度比水大，所以会沉下去。

让你的船浮起来

所有船都能浮在水面上，这是因为它们的密度比水小，包括小小的藤编船和配备着游泳池等设施的巨大游轮。

三体赛艇

像图中这样的三体赛艇能以每小时48千米的速度破浪前进。它们的三体结构使它们能够在水上穿行，也有助于船体保持直立。

风可能会使船体倾斜，所以船员必须不畏高！

三体赛艇的主船体位于中央，两侧各有一只辅助船体。

世界上最快的船名为"澳大利亚精神号",它的速度可达每小时511.11千米!

船只如何浮起来

钢块在水中会下沉,但是一只重量相同的钢质船则会浮起来。这是因为船体包含了空气,所以密度比较小。船只浸在水中的部分会将那一部分的水排开,而水会以一个向上的力(浮力),将船往上推。浮力等于被排开的水的重量。

钢块下沉是因为它的重量大于浮力。

浮力和重量达成平衡。

渔船队

全球约有400万艘渔船。尽管其中有不少大型船只,但是80%以上的渔船的长度不超过12米。

据估计,海底大约有300万艘沉船!

三只船体都呈细长的流线型,有利于船在水上穿行。

最早的简单机械是石手斧。人类使用手斧已经有超过100万年的历史了！

挖掘机

有些机械的规模是空前巨大的。世界上最重的陆地机械之一是巴格尔288挖掘机。它是一台重达11800吨的采矿机，有巨大的长臂，机身能转动，挖斗能深入土堤，每天挖土量超过241000立方米。

长缆绳使主臂上下移动。

配重防止机身倾倒。

宽履带支撑机器的重量。

简单机械

简单机械有6大类，每一类都可以用来改变作用在它们上面的力，使力变大、变小或改变方向。

斜面
斜面也被称为斜坡，它使向上运送物体变得比较容易，但是物体需要被推行比较远的距离。

楔形
楔形是一种有两个斜面的形状。像斧头这样的楔形工具可以用来将物体劈成两半。

螺旋形
转动螺旋形工具会产生向下的运动，使尖锐的前端钻入下面的物体。

杠杆
绕一个支点转动的杆就是杠杆。我们可以用简单的杠杆撬起重物。

轮轴
轮子围绕着中心杆（轴）旋转。用较大的力使轴旋转较短的弧长就可以使轮的边缘转较长的弧长。

滑轮
用滑轮可以改变力的方向：将绳子向下拉时，负载就被向上拉起。

科 学 251

单滑轮
单滑轮能改变力的方向。拉绳子所用的力与负载的重量相等。

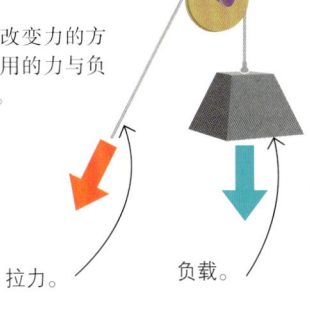

拉力。 负载。

双滑轮
使用双滑轮时，拉绳子所用的力是负载的一半，但是拉动绳子的长度加倍。

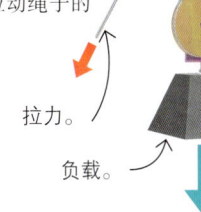

拉力。 负载。

省 力
简单机械可以用来增大或减小所需要的力，使有些工作比较容易。在滑轮系统中增加轮子的数目可以使负载比较容易被拉起来，但是同时必须将绳子拉动更长的距离。

巨大的履带式运输车
专为美国航空航天局设计的、用于将火箭运输到发射台的履带式运输车十分巨大，它的长度是一个板球场长度的两倍，但是行驶速度只有每小时1.6千米。

泥土被传送带运走。

这些桶状凹凸结构能深入泥土中。

极限机械

机械是我们创造出来的工具，用于帮助我们完成任务。简单机械有6种类型，它们可以结合起来组成复杂的机器和设备。

最大的卡车能承载重达450吨的货物，大约相当于90头大象的质量！

壮观的隧道

在我们的脚下,大地被一条条隧道洞穿。有些隧道用于供水,而有些隧道则供火车和汽车穿越山脉、丘陵,甚至海底。

最长的公路隧道:
莱达尔隧道(挪威),长24.5千米

最长的海底隧道:
英法海底隧道(英格兰—法国),长50.5千米

最长、最深的铁路隧道:
圣哥达基线隧道(瑞士),长57千米

最长的供水隧道: 特拉华渡槽(美国纽约),长137千米

有11台钻孔机被用于挖掘英法海底隧道,它们的总重量为12000吨,比埃菲尔铁塔还要重。

建筑物

世界上的新奇迹是壮观的人造结构。它们有的高耸入云,有的跨越惊人的距离,将工程和技术推向了新的高度。

令人惊叹的桥梁

最长的桥梁
中国丹昆特大桥的长度为164.851千米。

最高的桥梁
中国的北盘江第一桥横跨一条幽深峡谷,桥面至江面的垂直高度为565.4米。

最古老的桥梁
土耳其伊兹密尔的大篷车大桥横跨梅莱斯河,建于公元前850年左右,至今仍在使用。

桥塔最高的桥梁
法国的米约大桥(下图)的最高点到底座的垂直距离为343米。

米约大桥

最高的建筑物

世界最高建筑的纪录很少能够保持很长时间。目前的纪录保持者是哈利法塔,它自2010年以来一直是这一纪录保持者。

哈利法塔使用了总长1万千米的钢筋。塔的外表覆盖着26000块玻璃面板。

哈利法塔 阿联酋迪拜,高828米

默迪卡118 马来西亚吉隆坡,高678.9米

上海中心大厦 中国上海,高632米

麦加皇家钟塔饭店 沙特阿拉伯麦加,高601米

人工岛屿

下面这些壮观的工程建筑通常是在土地有限的地方建造的。这些岛屿是防御要塞、机场、居民社区或豪华度假胜地。

关西国际机场

1 弗莱福兰岛
荷兰弗莱福兰
970平方千米

2 亚斯岛
阿联酋阿布扎比
25平方千米

3 关西国际机场
日本大阪
10.7平方千米

4 香港国际机场
中国香港
12.55平方千米

5 港湾人工岛
日本神户市中央区
4.43平方千米

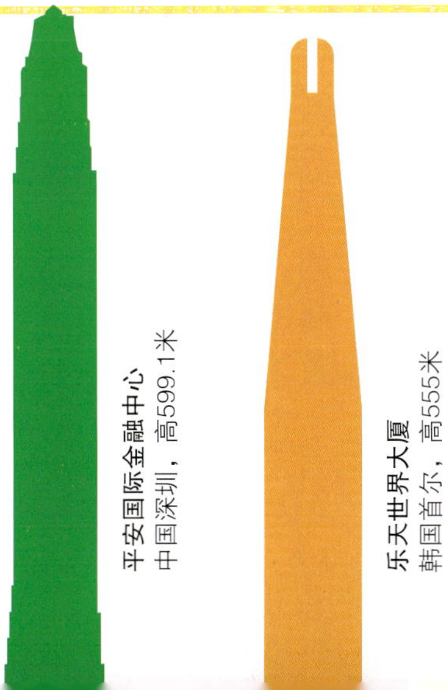

最重的建筑物

吉萨大金字塔是有史以来最重的建筑物，估计重达600万吨。最重的现代建筑是位于布加勒斯特市的罗马尼亚议会宫，重约410万吨。

最高的雕像

中原大佛位于中国河南省平顶山市，是世界上最高的雕像。中原大佛总高208米，身高108米，莲花座高20米，金刚座高25米，须弥座高55米。

中原大佛

平安国际金融中心 中国深圳，高599.1米

乐天世界大厦 韩国首尔，高555米

最大的城堡

波兰的马尔堡城堡是世界上占地面积最大的城堡。它由13世纪的条顿骑士团建造，占地21公顷，相当于26个足球场的面积。

互联网

> 谷歌在云端存储了超过4万亿张照片！

互联网是一个庞大的网络，将全球各地的数据终端连接在一起。如今，数十亿台设备连接到互联网，能够在几秒钟内将信息传递到任何一台设备！

互联网服务提供商
这些公司提供基础设施，使设备能够通过电缆、拨号网络或卫星连接到互联网。

智能手机
现代智能手机可以通过Wi-Fi（无线网络通信技术）或移动基站连接到互联网。在全球范围内，使用手机上网的人数已超过使用计算机上网的人数。

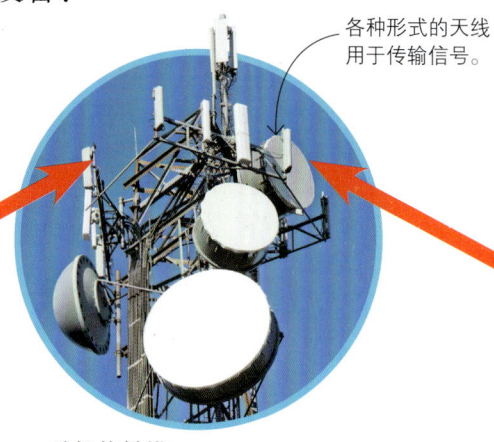

手机信号塔
各种形式的天线用于传输信号。
这些塔通常位于高处，它们从移动设备接收信号，并且用无线电波将信号发送给互联网服务提供商。

无线路由器
这台路由器被插入电缆，由此与互联网服务提供商连接。
路由器将计算机和其他设备连接到互联网服务提供商。

计算机
笔记本电脑和台式计算机可以通过 Wi-Fi（移动热点）连接到本地路由器，或者有线连接到电缆调制解调器。

互联网的工作模式
本地设备通过路由器形成一个局域网络，并且通过路由器与互联网服务提供商连通，后者将这个局域网络与世界各地的其他网络联通，并且发送和接收信息。这样，世界各地的设备就都互相联通了。

一排排服务器占据了整个房间，甚至整座建筑物。

数据中心
互联网上的信息被存储在位于庞大的数据中心、被称为服务器的计算机中。这些服务器也被称为"云"。

据估计，高达60%的互联网流量是由机器人产生的！也就是说，这些流量是由计算机或其他设备自动产生的，而不是由自然人类输入而产生的。

越大的城市往往有越多的互联网连接数。

互联网连接

互联网使全球通信比以往任何时候都更容易。现在有超过60%的人口使用互联网，城市地区的接入更普遍。

卫星信号

尽管大部分互联网数据都是通过电缆传输的，但是还有一部分是通过围绕地球运行的卫星传输的。卫星连接对于偏远地区（无法接入电缆的地区）尤为有用。有些新公司计划在国家范围内推出卫星宽带服务。

图像被分割成几个较小的部分，被称为数据包。

每个数据包通过不同的路由在互联网上传输。

用户通过互联网发送图像。

数据包被重新组合成原始图像。

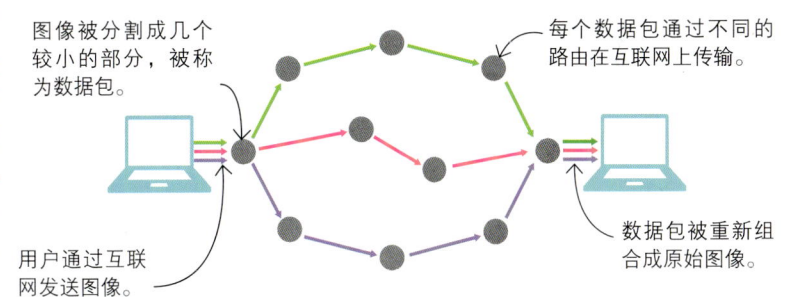

信息传递

每天都有大量信息通过互联网发送。连接的设备将文件通过分组交换的方式进行发送，也就是将文件分割成小部分，然后通过最佳可用路由分别发送每个小部分，在接收端再合成完整的文件。

在海底

大部分互联网数据通过光纤和电缆在全球范围内传输，其中许多电缆被铺设在海底，横跨海洋，因此存在着被船只甚至被鲨鱼破坏的风险。

操作员慢慢地将光纤电缆展开，放入海洋中。

万维网

互联网将你的设备与其他设备连接，而万维网则是无数个网络站点和网页的集合。万维网只是使用互联网的一种方式，我们也用其他方式使用互联网，例如电子邮件和文件传输服务。

97%的互联网流量通过140万千米的海底光纤电缆传输！

聪明的机器人

在21世纪，我们使用机器人来完成许多任务。机器人活跃在工厂、医院，有些智能机器人甚至能自主做出决定！

早期发明

早期的机器人之一是沙基（Shakey），制造于1966年。它能利用摄像头和传感器在房间中导航，还能推动物体。它身上的人工智能应用为今天的许多机器人铺平了道路。

电子设备被安装在中心位置。

2021年，全球的工厂中有约300万台工业机器人在运行。

机器人的构件

为了执行复杂任务，机器人需要传感器来观察周围的环境。这些传感器收集到的信息可以由机器人内部的计算机进行处理，有时也由人类操作员进行处理。机器人的机械臂或被称为执行器的部件用于执行具体动作。下图的拆弹机器人利用收集到的信息来解除爆炸装置。

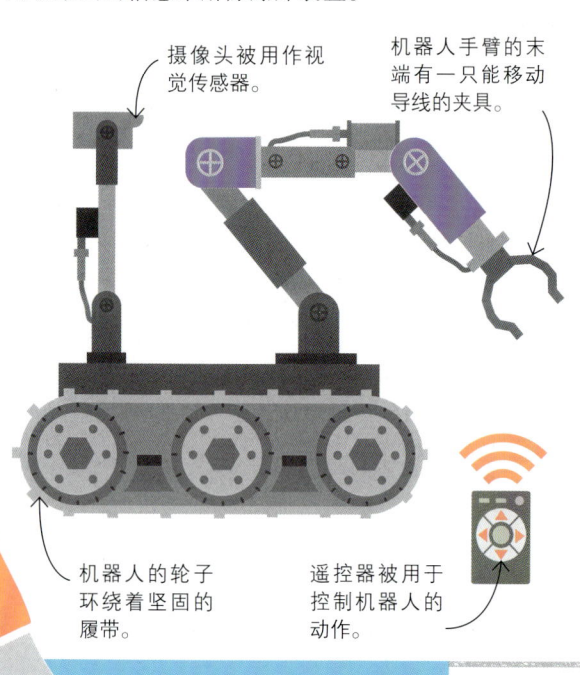

摄像头被用作视觉传感器。

机器人手臂的末端有一只能移动导线的夹具。

机器人的轮子环绕着坚固的履带。

遥控器被用于控制机器人的动作。

智能化手术

达芬奇手术系统利用手术精度比人类更高的机械臂进行外科手术，而外科医生则通过控制台来指挥机械臂和摄像头的行动。全球范围内已经有超过5000台这样的系统在医院工作。

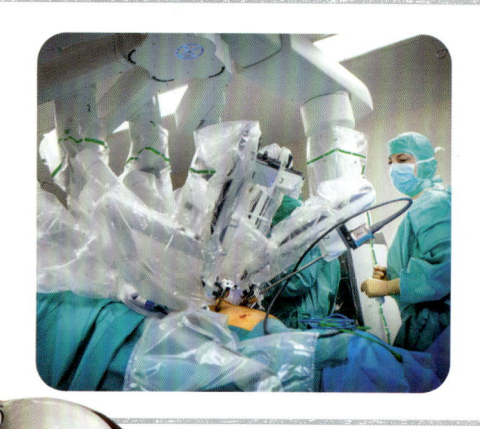

捷克作家卡雷尔·恰佩克在1921年的戏剧《罗素姆万能机器人》中创造了"robot"（机器人）一词。

Aibo能够感知到自己的身体被触摸了，并且做出反应。

Aibo的眼睛内有摄像头。

人工智能

许多机器人都使用某种形式的人工智能。人工智能是一种计算机程序，能够像人类一样根据所发生的事情做出决定，并且从中学习。图为机器宠物狗Aibo，它使用人工智能来适应环境，并开发与人类主人互动的新方式。

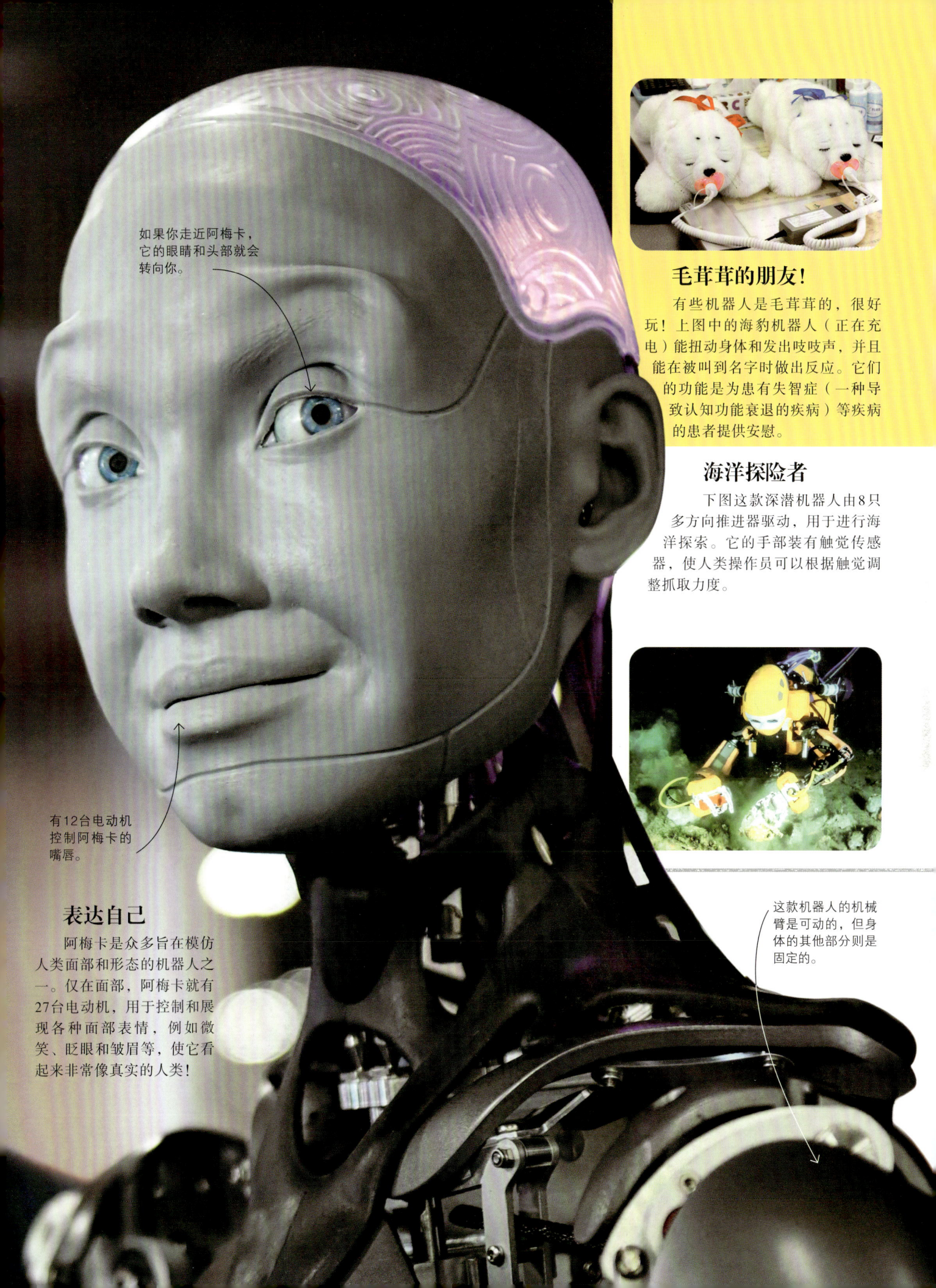

如果你走近阿梅卡，它的眼睛和头部就会转向你。

毛茸茸的朋友！

有些机器人是毛茸茸的，很好玩！上图中的海豹机器人（正在充电）能扭动身体和发出吱吱声，并且能在被叫到名字时做出反应。它们的功能是为患有失智症（一种导致认知功能衰退的疾病）等疾病的患者提供安慰。

海洋探险者

下图这款深潜机器人由8只多方向推进器驱动，用于进行海洋探索。它的手部装有触觉传感器，使人类操作员可以根据触觉调整抓取力度。

有12台电动机控制阿梅卡的嘴唇。

这款机器人的机械臂是可动的，但身体的其他部分则是固定的。

表达自己

阿梅卡是众多旨在模仿人类面部和形态的机器人之一。仅在面部，阿梅卡就有27台电动机，用于控制和展现各种面部表情，例如微笑、眨眼和皱眉等，使它看起来非常像真实的人类！

258　科 学

微小的动物

微小的生命形式并不都是单细胞的,有些是微小的动物。图中的水生桡足类动物的长度不到2毫米,它们与虾和其他甲壳动物有亲缘关系,存在于世界各地的海洋和淡水中。

游泳用的极小的腿。

细菌内部

世界上有超过3万种细菌,而每个细菌只是一个简单的细胞。它们具有不同的形状,包括球形、螺旋形等。

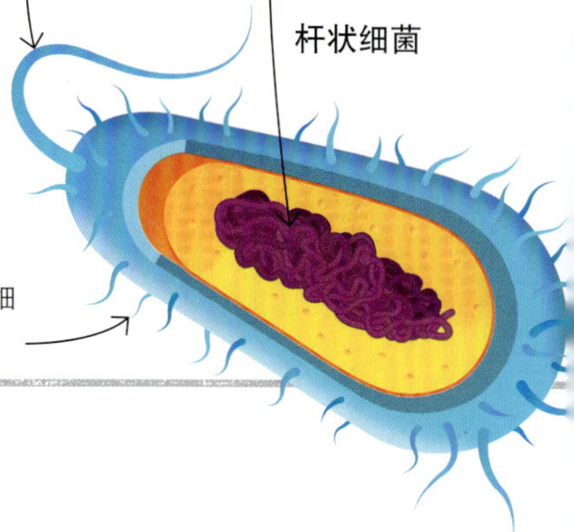

细菌用尾巴推动自己前进。

细菌中心的DNA中存储着所有遗传信息。

杆状细菌

被称为纤毛的毛细结构使细菌能够附着在物体表面上。

极限生存!

许多微生物能够在其他生物无法生存的极端条件下存活,例如在海底,被熔岩加热的高温沸水从深海热液喷口中喷出,那里也缺乏阳光,而有些微生物仍然能在这种环境中生存繁衍。

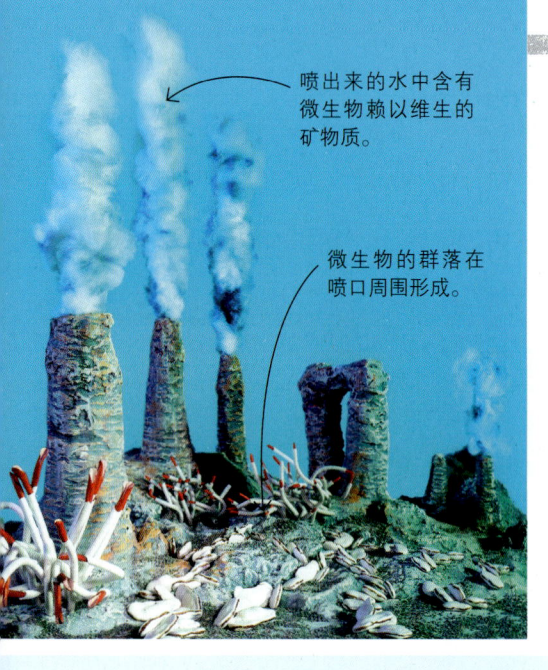

喷出来的水中含有微生物赖以维生的矿物质。

微生物的群落在喷口周围形成。

显微镜下

我们周围有一个肉眼看不见的微生物世界。从微小的类似植物的藻类到细菌群,无数微生物存在于我们周围,甚至存在于我们的身体内部。

微小的世界

虽然我们能用显微镜清晰地观察那些小生物,但它们实际上是难以想象的微小。下列是一些微米尺度的生物(1微米是1毫米的千分之一)!

鞭毛帮助藻类在水中游动。

病毒外部的尖刺帮助它们侵入被感染生物的细胞。

圆球状的孢子。

被称为菌毛的微小毛发覆盖了大肠杆菌的外膜。

流感病毒
这种微小但可能致命的病毒的直径只有0.1微米,每年冬天都会导致很多人生病。

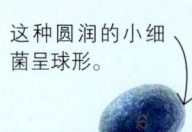

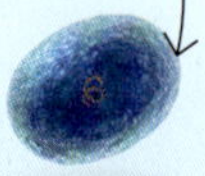

葡萄球菌
葡萄球菌常见于人体皮肤上。金黄色葡萄球菌能引起感染。

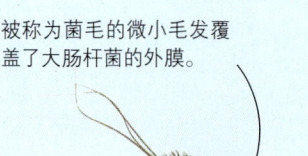

这种圆润的小细菌呈球形。

大肠杆菌
人体肠道中常见此类细菌,其中有些菌种对人体有益,而有些则对人体有害。

青霉菌
这种微小的真菌已经成为一种用于治疗细菌感染的救命药物。

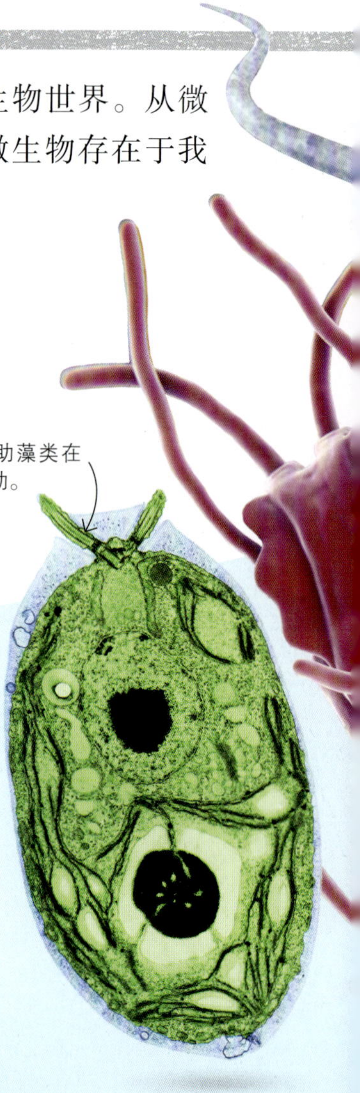

微 藻
藻类是微小的水生生物。难以计数的藻类在池塘、河流和海洋中漂浮着。

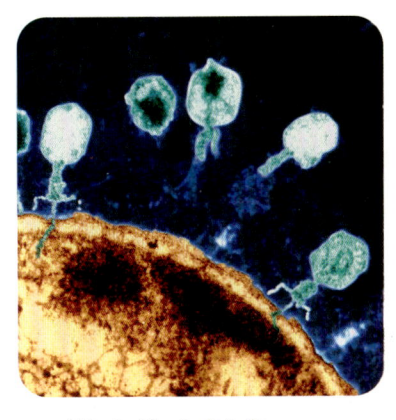

使用显微镜

光学显微镜利用玻璃透镜来聚焦光线，使物体通过目镜被观察时看起来很大。光学显微镜能将物体放大数千倍。利用电子束的新型电子显微镜能将物体放大高达5000万倍。

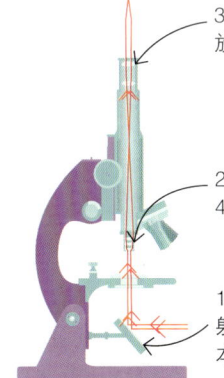

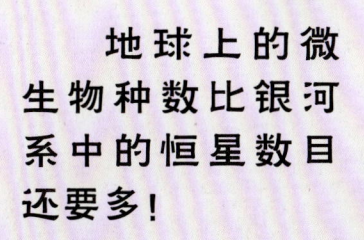

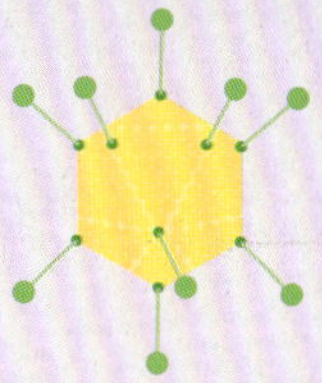

地球上的微生物种数比银河系中的恒星数目还要多！

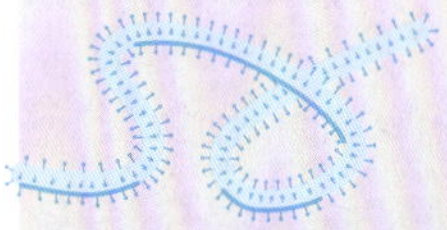

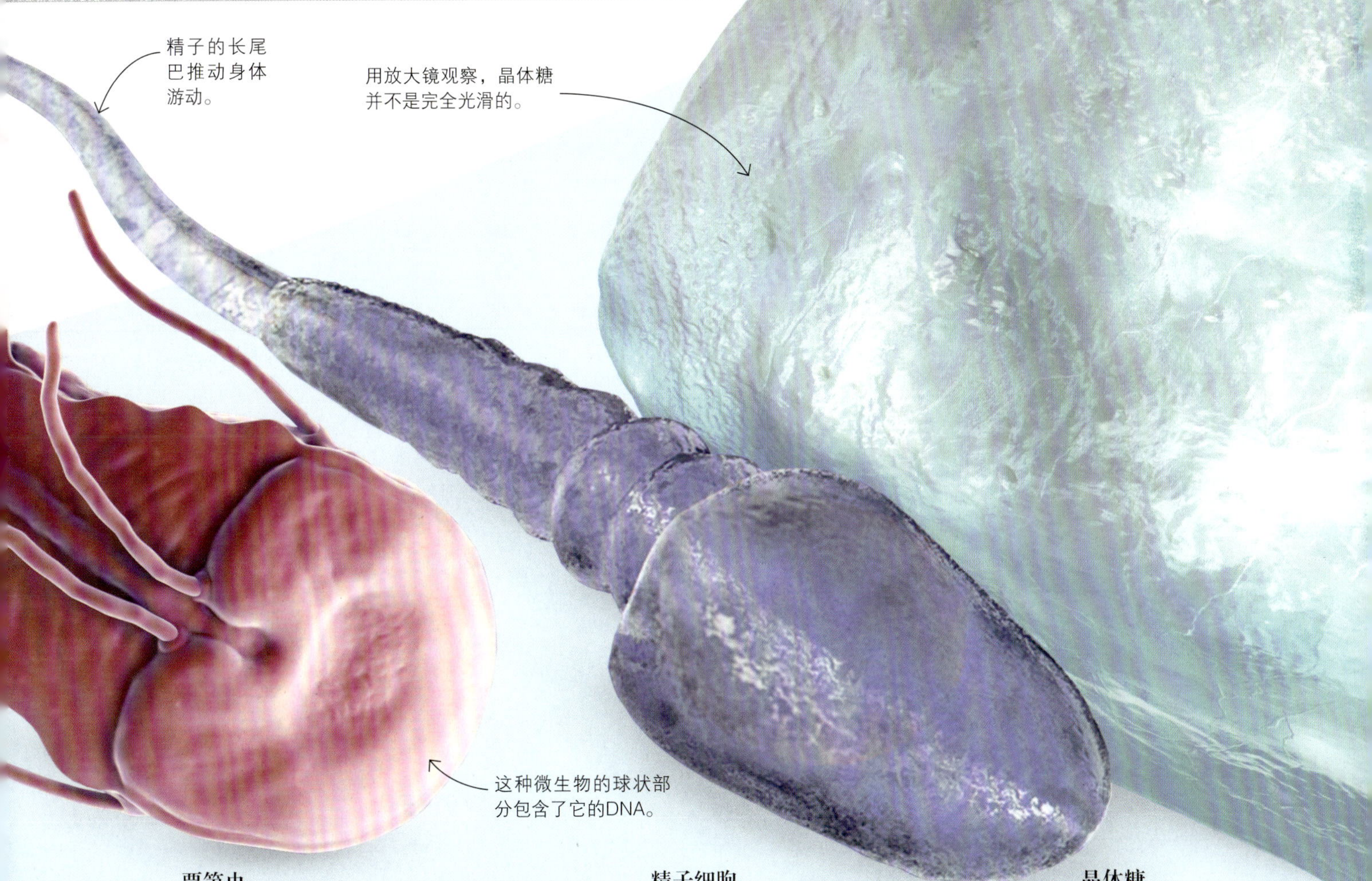

微小的入侵者

大多数科学家将病毒归类为非生物，这是因为它们无法自行繁殖，必须利用其他生物才能繁殖。它们将自己的DNA插入宿主细胞的细胞核中，从而复制自己的DNA，来繁殖下一代病毒！

3. 目镜进一步增加放大倍数。

2. 物镜将物体放大4倍至100倍。

1. 反射镜将光线反射到玻璃片上的标本上。

光学显微镜

精子的长尾巴推动身体游动。

用放大镜观察，晶体糖并不是完全光滑的。

这种微生物的球状部分包含了它的DNA。

贾第虫
贾第虫属于原生动物界，是一种能对人类造成严重伤害的微生物。

精子细胞
成年男性每天可以产生超过一亿个这种游动细胞。它们是最小的人类细胞，但是比许多微生物要大得多。

晶体糖
许多家用食品，例如糖、盐和大米，都由微小的颗粒构成。但即使是最小的晶体糖也比大多数微生物要大得多。

活跃的DNA

有一种长螺旋楼梯状分子隐藏在我们每个细胞中，被称为DNA（脱氧核糖核酸）。DNA包含了我们个人的所有遗传信息。正是我们之间的DNA差异赋予了我们每个人不同的身体和心理特征。

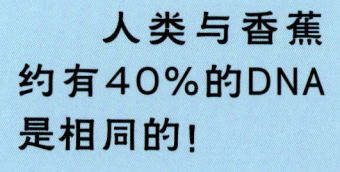

双螺旋结构

如果将DNA展开，就会发现它的结构像扭曲的楼梯，这被称为双螺旋结构。这个结构的边缘是两条扭曲的骨架，中间横向连接着名为碱基的4种不同的化学物质的配对。这些碱基的不同组合形成了一种编码，保存了每个人的遗传信息。

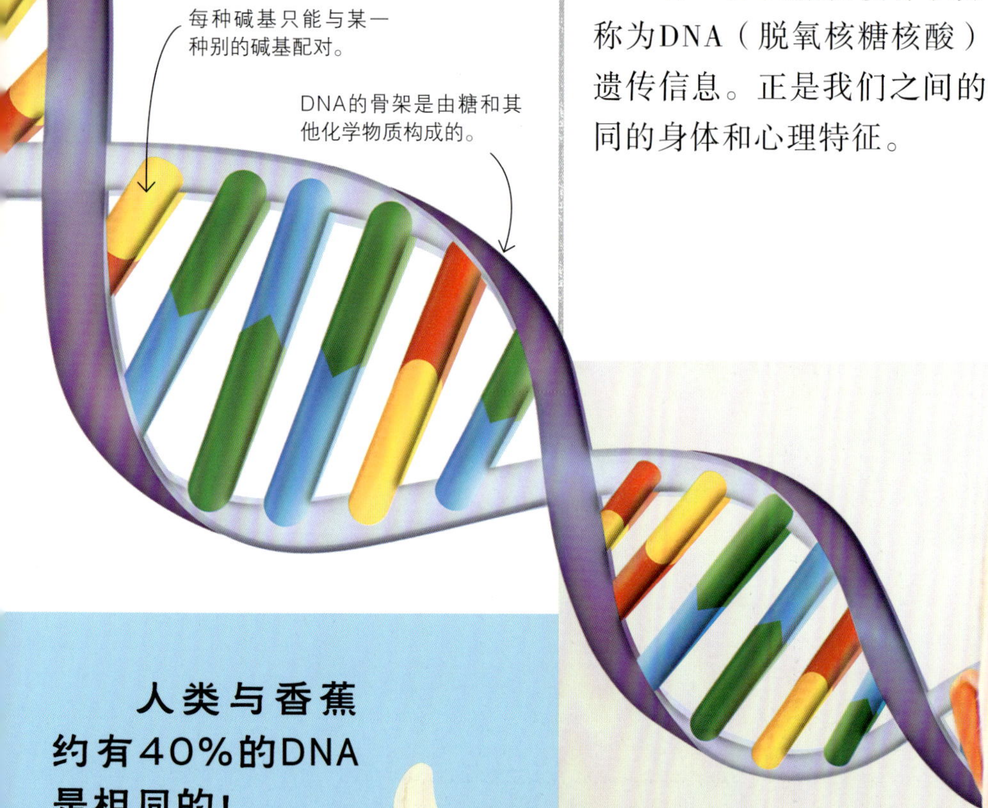

每种碱基只能与某一种别的碱基配对。

DNA的骨架是由糖和其他化学物质构成的。

人类与香蕉约有40%的DNA是相同的！

聪明的染色体

每个人都从父母那里继承了DNA，这些DNA组成了被称为染色体的结构。每人的细胞中都有46条染色体，其中23条来自母亲，另外23条来自父亲。

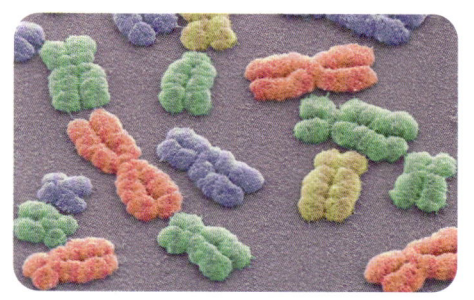

基因是什么？

DNA分子中有许多特定序列，被称为基因。每个基因都指示身体制造一种蛋白质。蛋白质是一种可以构建身体部分或执行任务的化学物质。这些蛋白质共同构成了你的独特特征。

由许多基因产生的许多蛋白质决定了你的某一个特征，例如你的眼睛的颜色。

通过基因中的编码，可以指导制造一系列蛋白质。

一个基因是DNA的一段特定序列。

蛋白质是由氨基酸连接形成的长链分子。

基因编辑！

科学家现在有能力编辑DNA。他们已经在蚊子身上试验了这项技术。他们给蚊子注入了一个基因，来阻止雌性蚊子（叮咬人类的蚊子）发育到成年期，这样就不能将疾病，例如疟疾，传给人类。

共享DNA

同卵双胞胎看起来一模一样，这是因为他们拥有完全相同的DNA。然而，你的基因并不是决定你将来会成为什么样的人的唯一因素，环境和生活方式也会产生影响，所以双胞胎也会有不同之处。他们甚至有不同的指纹！

同卵双胞胎的眼睛颜色、肤色和脸型都是相同的。

编码突变

人体不断复制自己的DNA，但是在这个过程中可能会发生随机突变。白化病，也就是皮肤和眼睛色素减少的疾病，就是因为DNA突变而引起的。只有当后代从父母那里各继承一个能引起白化病的基因副本时，才会患这种疾病。

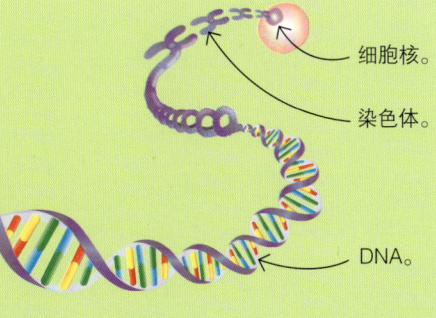

细胞核。
染色体。
DNA。

如果将一个细胞中的DNA完全展开，它的长度可达到大约2米！

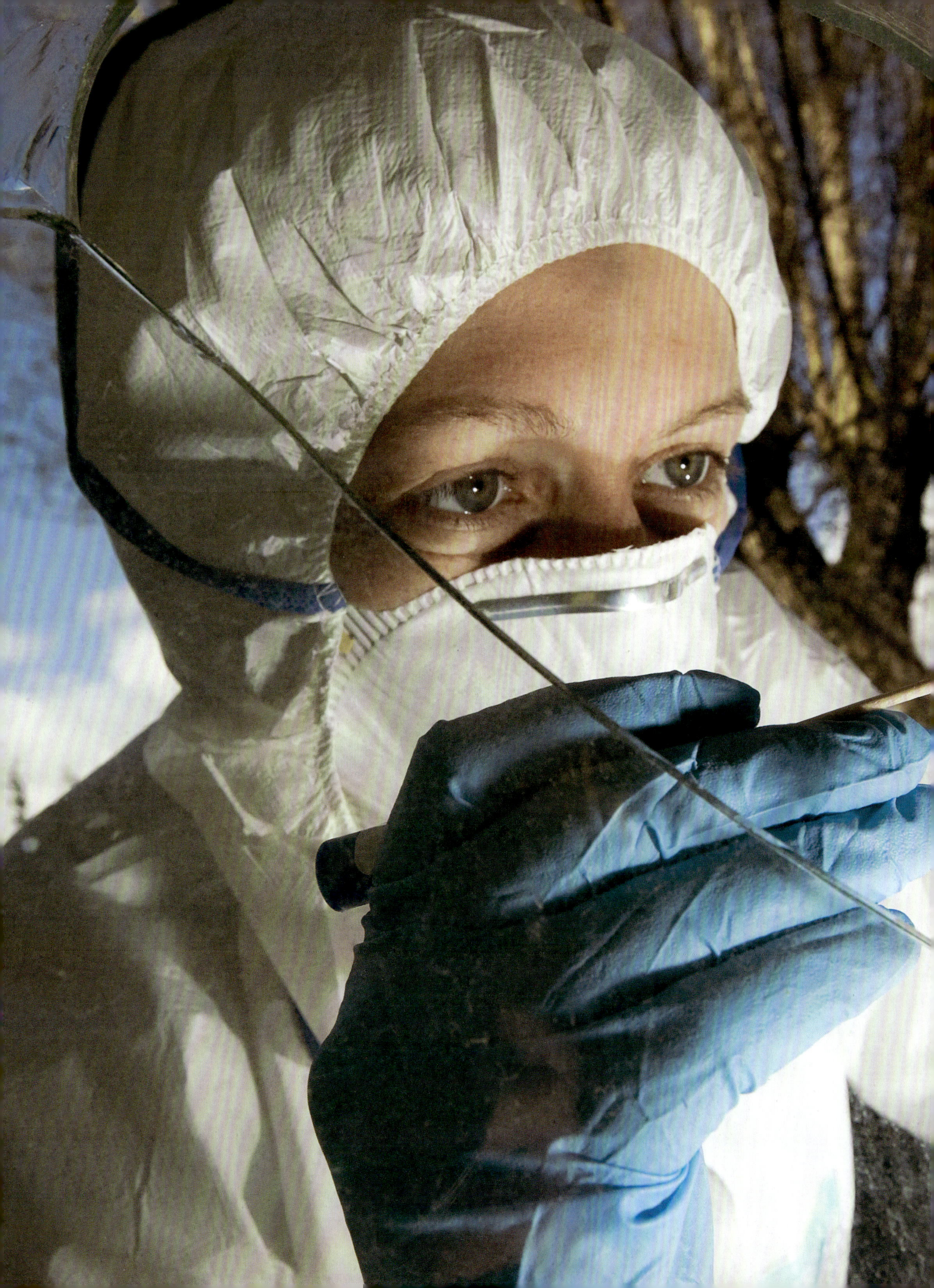

莱莎·尼科尔斯–德鲁是英国莱斯特郡的德蒙福特大学的副教授，也是一名特许法医从业者。她既从事教学工作，也参与案件调查。

采访
法医学家

收集证据

犯罪现场调查员仔细地搜索现场，不放过一丝可能提供犯罪信息的证据。为了避免干扰现场，他们都穿戴着手套和防护装备，将收集到的每件物品都小心地分装在单独的容器或袋子中，以防止污染。即使是最小的样本，例如图中从破裂的窗户上采集的血拭子，也可能会很有用。

问：你工作中的哪一部分最有趣？
答：我喜欢与其他专家合作，也喜欢用科学技术来确定案件的要素：何人、何事、何地、何时以及如何，从而破解犯罪案件和维护社区安全。

问：法医学有哪些不同的领域？
答：法医学有许多不同的专业领域，包括毒理学（研究药物和毒物）、技术学（分析计算机和手机）、生态学（检查土壤和花粉）等。

问：在犯罪现场你能找到什么？
答：犯罪现场可能存在许多类型的证据，例如鞋印、轮胎痕迹、衣物纤维、玻璃和油漆碎片、文件，以及人体留下的证据，例如头发和唾液。所有被发现的证据都会被送往实验室进行检查。

问：DNA如何帮助破案？
答：DNA存在于人体的每个细胞中（红细胞除外）。从犯罪现场的生物材料（例如血液）中提取的DNA经过检查后，有助于排除或确定与犯罪案件有关的人。

问：你有可以帮助你寻找证据的特殊设备吗？
答：法医学家现在用紫外线和红外线查看以前无法看见的证据。紫外线能显示皮肤掉下来的细胞物质，因此被用来查看谁触摸过某件物品。红外光能显示一个人是否洗掉了手背上的笔迹。这两种光也可用于确定文件是不是真的，例如护照和货币。

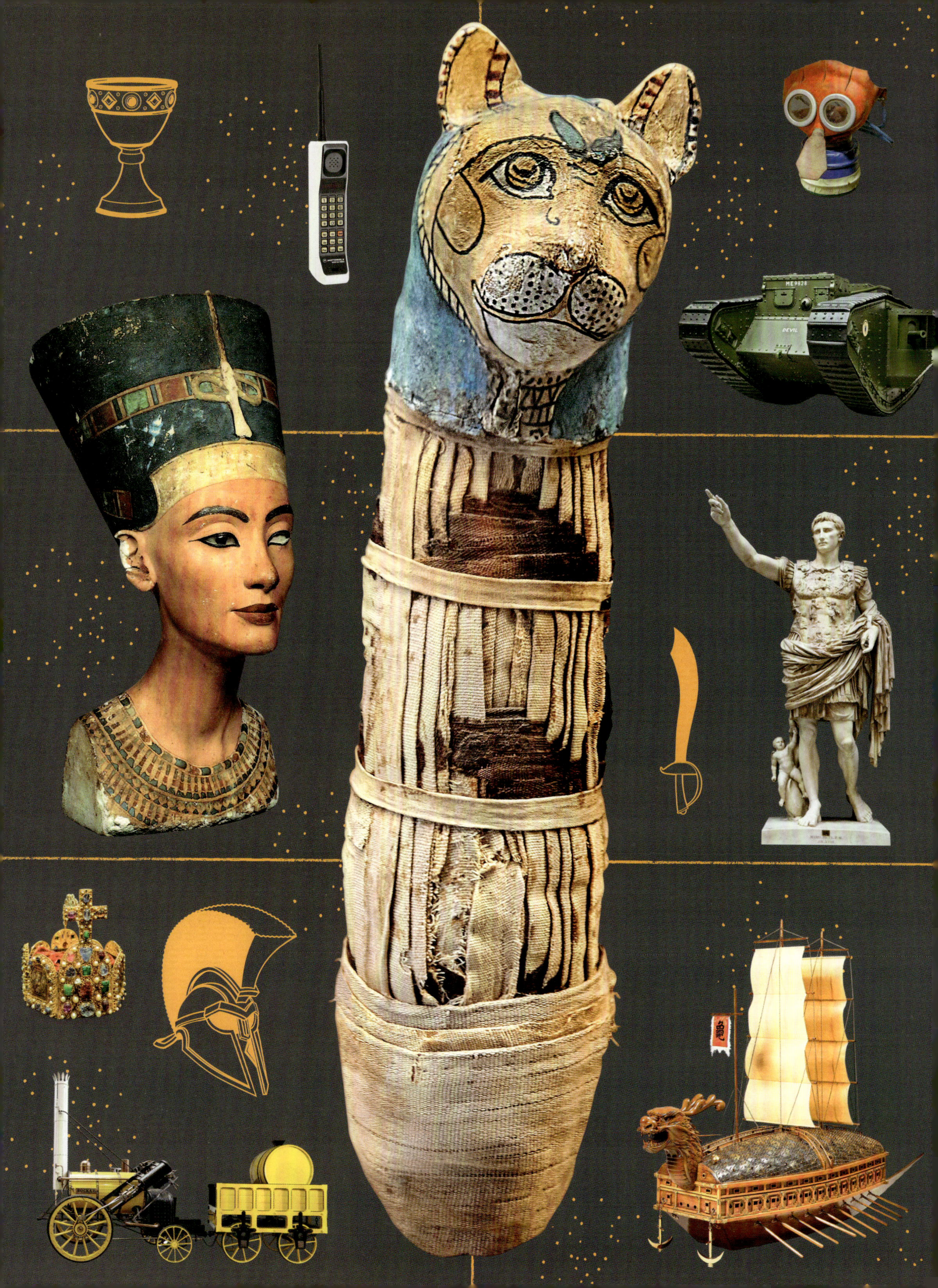

历史

什么是历史？

世界上迄今为止发生过的一切都构成了历史。了解历史能帮助我们理解今天正在发生的事情，也能帮助我们欣赏不同文化背景的故事。

透视过去

人们创作艺术品的方式以及描绘和表达的主题，从洞穴艺术到照片，都让我们得以窥探当时的世界。

动物

这些法国拉斯科洞穴中的牛和马壁画绘制于约2万年前。艺术家描绘的是野生动物，还是驯养动物呢？

权力

统治者利用艺术来炫耀他们的财富和权力。乌尔王军旗是一幅有着4500年历史的马赛克镶嵌艺术品，凸显了苏美尔人的军事实力。

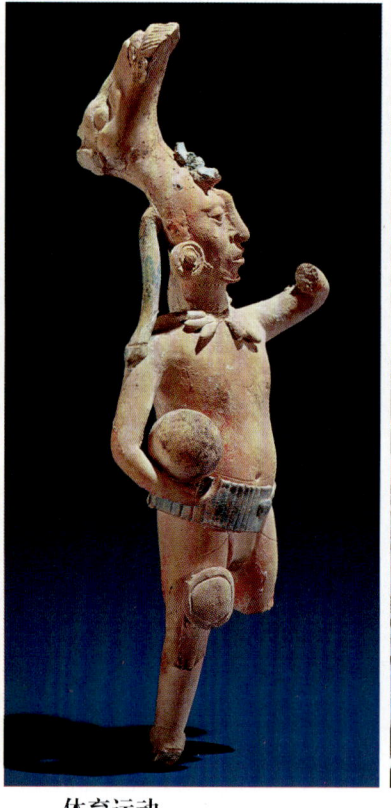

体育运动

这座雕塑是一位7世纪的玛雅球赛选手。体育题材出现在各个时代的绘画、浮雕和雕塑中，表明人们一直喜爱体育运动。

宗教

许多宗教的神、圣徒和信仰一直是各个时代的艺术作品中常见的主题。这扇中世纪的彩色玻璃窗画中是一位基督教圣徒。

澳大利亚原住民的口述历史可以追溯到6万年前！

谁的历史？

在历史的发展过程中，各种文化背景的人们都为自己的文化感到自豪，但是容易忽视其他文化的知识和传统。缺乏文字记录在过去常常被视为缺乏历史，但是今天我们知道，文物、艺术和代代相传的故事同样讲述着历史。

斯基泰人的装饰精美的金梳。斯基泰是一个没有已知书写语言的古代文明。

克利奥帕特拉七世是古埃及的最后一任法老，她与苹果手机的年代距离比与吉萨金字塔建造的年代距离还要近！

历 史　267

神秘的历史

有些历史的谜团仍未被破解。历史学家发现了印度河流域（位于今天的印度和巴基斯坦西北地区）文明的文字记录，但至今仍然无法解读这些文字。历史学家正在努力尝试破解它们，但是它们也可能永远是一个谜。

印章上印度河流域的文字。

我们如何了解历史

历史知识有许多来源。文字资料告诉我们人们如何看待他们所经历的事件，而考古学挖掘出实体证据。另一个来源是口述历史，也就是人们口口相传的故事。

文字记录

第一手记录，包括日记、信件和文件，例如这份2500年前的结婚证书，告诉我们当时的生活细节。之后的历史书籍则有对这些原始资料的评估和分析。

日常生活

这幅18世纪绘画描绘了两位印度少女放风筝的场景，让我们一睹过去人们的日常生活。

历史时刻

重大的历史事件可能会在歌颂参与者的画作中表现出来，例如这幅描绘1830年法国7月革命的作品。

战 争

历史上一直有描绘战争的绘画。自从19世纪50年代起，战争的恐怖就被摄影记录下来。这张照片来自第一次世界大战。

考古学

考古学家在历史遗址发现的物品告诉我们很多过去人们生活方式的信息。图中这位考古学家正在一处古希腊贸易中心的遗址（位于今天的保加利亚）挖掘一只双耳细颈瓶。

娱乐与游戏

有些事情永远不会改变。即使在3300年前，孩子们也喜欢玩游戏。年幼的法老图坦卡蒙的陵墓中陪葬了这张游戏桌，希望他可以在来世玩古埃及的塞尼特棋。

30个方格的棋盘。
象牙棋子。

口述历史

许多文化没有留下文字记录，但口述历史记录的文化同样丰富和充满细节。阿沃尔·洛金·霍斯是一位美国夏延河的拉科塔族原住民说故事人，他给年轻一代讲述自己部落的历史，使它得以流传。

人类的祖先

人类的历史始于数百万年前，当时非洲的一群类人猿开始直立行走。随着时间的推移，这群类人猿逐渐进化出比较大的大脑，最终进化成智人。

可以将食物放在火上烹饪。

火焰提供光明和温暖。

生 火

大约100万年前，直立人学会了如何点燃和控制火焰。这意味着他们可以在恶劣的气候条件下保暖，并且吓跑捕食性动物。烹饪过的食物比较容易消化，而更富有营养的食物促进了人类的大脑发育得更大。

最早的艺术

左图是法国的拉斯科洞穴的壁画，大约有两万年的历史。而最早的洞穴绘画可以追溯到大约45000年前。洞穴艺术通常使用红色、黄色和棕色颜料描绘动物。这种艺术可能是一种讲故事的方式，也可能具有宗教意义。

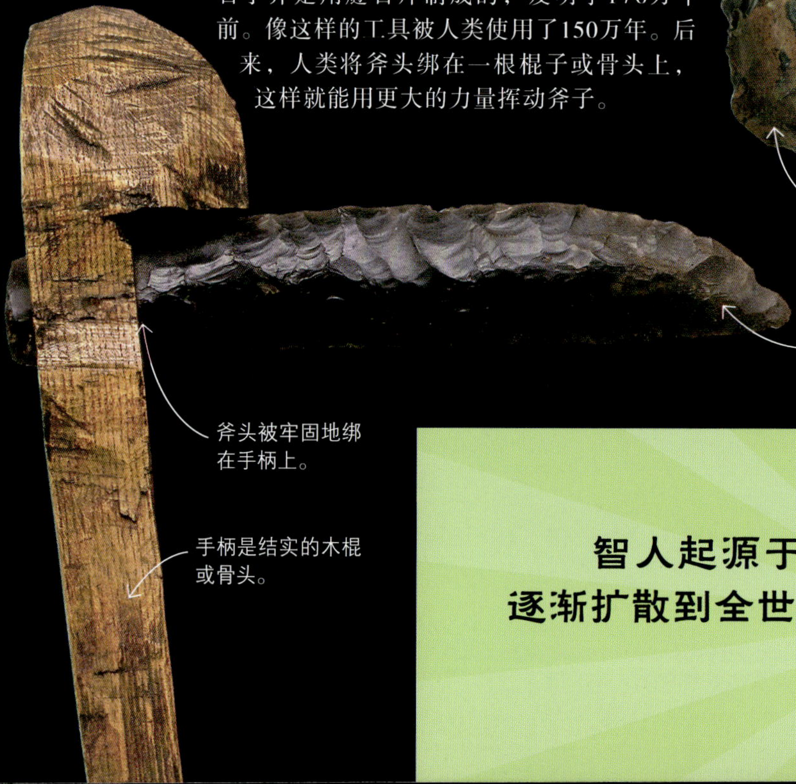

这座由猛犸象牙雕刻的古老的狮人像已有4万年的历史！

制作工具

早期人类已经能够熟练地制造工具。燧石手斧是用燧石片制成的，发明于176万年前。像这样的工具被人类使用了150万年。后来，人类将斧头绑在一根棍子或骨头上，这样就能用更大的力量挥动斧子。

宽大的底部是钝的，因此可以安全地用手握住。

石头被磨出致命的尖端。

斧头被牢固地绑在手柄上。

手柄是结实的木棍或骨头。

智人起源于非洲，逐渐扩散到全世界！

像类人猿一样的突出的眉骨。

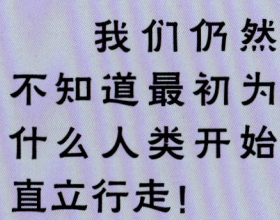

我们仍然不知道最初为什么人类开始直立行走！

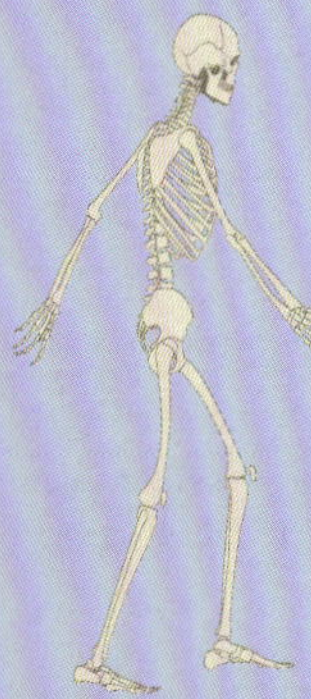

大家族

科学家已经发现了大约20种人类物种，其中一些与我们这种物种同时存在过，但是他们全都灭绝了。下面是5种人类物种，以及他们存在的时期。

非洲南方古猿，320万至200万年前

非洲南方古猿主要用两条腿行走，但是仍保留了树栖动物的长臂特征。他们的体型比现代人类小很多。

能人，240万至170万年前

能人是最早开始使用工具的物种之一。他们适应了直立行走，但是仍然具有像类人猿一样宽大的下颌和浓密的毛发。

直立人，190万至11万年前

直立人的体型与现代人类相似。他们在非洲和亚洲的广大区域生活，徒步数千米去狩猎和采集食物。

尼安德特人，40万至4万年前

尼安德特人很强壮，大脑很大，并且适应了寒冷的气候。他们与智人共同生活过。

智人，30万年前至今

现代人类大约在30万年前出现在非洲。他们进化出了更大的大脑，使他们能够进行团队合作和解决问题。

古代的亲属

非洲南方古猿是最早直立行走的人类物种之一，距今已有约300万年的历史。上图是基于在南非发现的骨骼而复原的头部，显示了一张混合了人类和类人猿特征的面孔。

下颚宽大，有适合咀嚼生植物的牙齿。

狩猎

最早期的人类是食腐动物。随着工具改进和发展，他们开始狩猎。约在50万年前，人类发明了用石头作矛尖的长矛，因此能够猎杀大型动物。他们齐心协力甚至能够猎杀最大的动物。

第一座城镇

最早期的人类以狩猎和采集食物为生，他们常常从一个地方迁移到另一个地方寻找新的食物来源。之后，大约在1.2万年前，人类开始种植农作物，首次在一个地方长期定居。

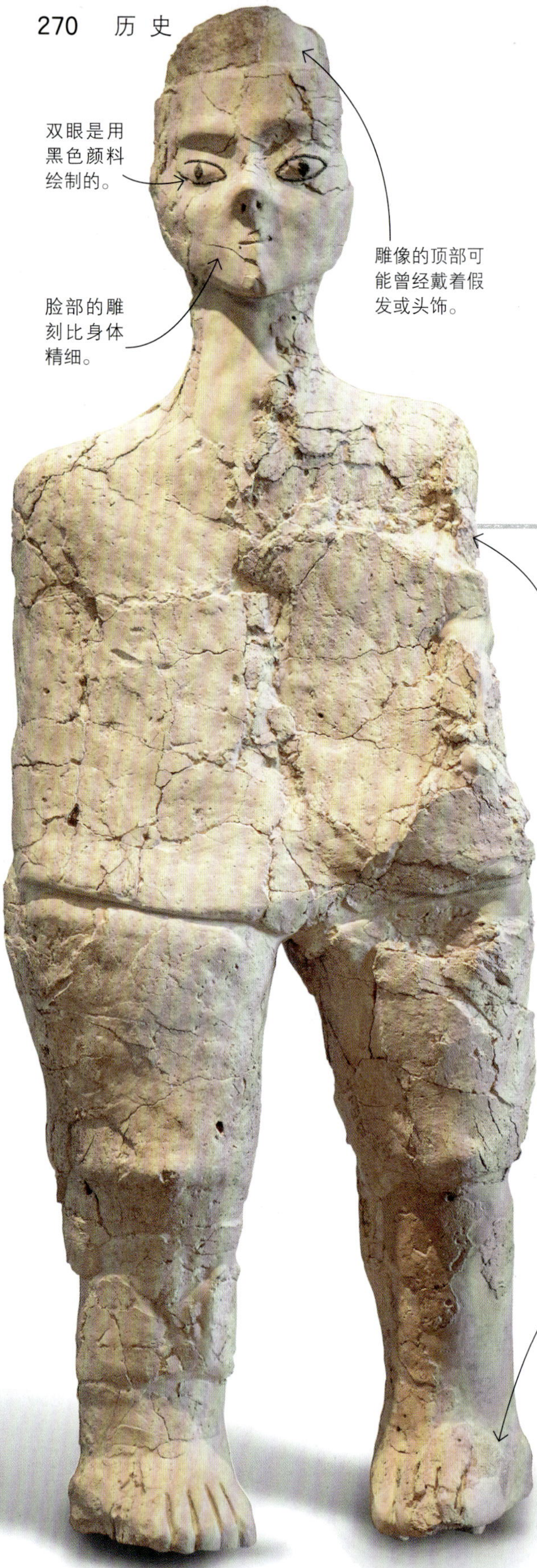

双眼是用黑色颜料绘制的。

雕像的顶部可能曾经戴着假发或头饰。

脸部的雕刻比身体精细。

雕像没有手臂，这表明它当初可能穿着衣服。

脚比较小，但是脚趾的标记很清晰。

芦苇被麻线紧紧地捆绑，以保持稳定。

安加扎勒雕像

安加扎勒地处今天的约旦，是世界上最早的城镇之一。大约9000年前就有人类在这里定居。考古学家在这处遗址发现了30多座大型人物雕像。它们可能被用于宗教仪式，但是没有人确切地知道。

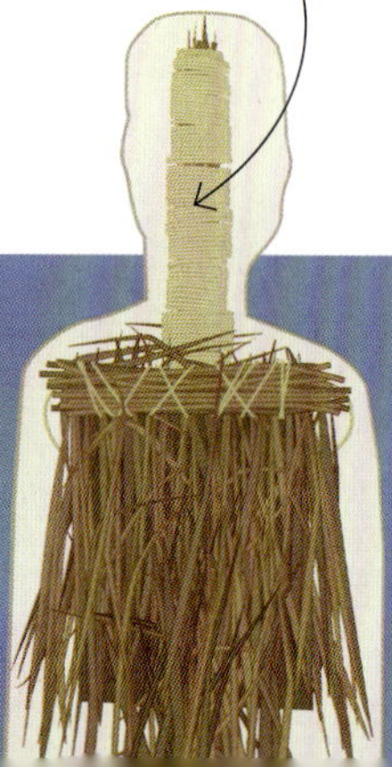

肥沃的农田

"新月沃地"是一片环绕着3条大河的肥沃土地。两河流域第一个已知的定居点就建在这一片土地上，这个地区被称为美索不达米亚。

图例：新月沃地

地处幼发拉底河和底格里斯河的美索不达米亚

最早的文字

早期的文字常用于占卜、誓约或记账。美索不达米亚的早期文字是象形文字，用来代表实际物体，后来逐渐发展成为简化的符号。

我们能看出来这个象形字是一只鸟。

简化后的形状是飞行中的翅膀。

"鸟"字最终变成一个符号。

安加扎勒雕像是用石灰泥包裹着捆扎在一起的芦苇雕刻而成的，它们已经有约9000年的历史！

历史 271

世界上第一只轮子的发明是为了制作陶器，而不是为了交通运输！

王都乌尔
在美索不达米亚南部的苏美尔土地上，出现了第一批城市，其中的乌尔是首都，也是国王和女王统治的贸易中心。城墙内矗立着右图中的巨大的阶梯金字塔，也被称为塔庙，用于举行宗教仪式。

拨动琴弦来演奏这种乐器，就像演奏竖琴一样。

琴的前部装饰着牛头。

乌尔的牛头竖琴

青铜时代
青铜是铜和锡熔化在一起形成的合金，它比骨头或石头更坚硬，而且容易成型。这项技术可能出现在公元前3500年左右，为制造更好的工具和武器奠定了基础。

通过捶打被加热的青铜形成的锋利刀刃

青金石是一种比黄金还珍贵的蓝色宝石，被用来制作这头牛的眼睛和胡须。

头部由木材雕刻而成，覆盖着一层金箔。

王室的牛
在城市中，专业工匠使用来自遥远土地上的原材料创造出珍品。图中这枚金牛头是4000多年前埋葬在乌尔附近的王族坟墓中的竖琴上的装饰品。

拥挤的加泰土丘
加泰土丘位于今天的土耳其，是一座9000多年前建造的城镇，非常独特。它的房屋之间没有街道，人们在胶土屋顶上行走。这座城镇存在了2000多年。

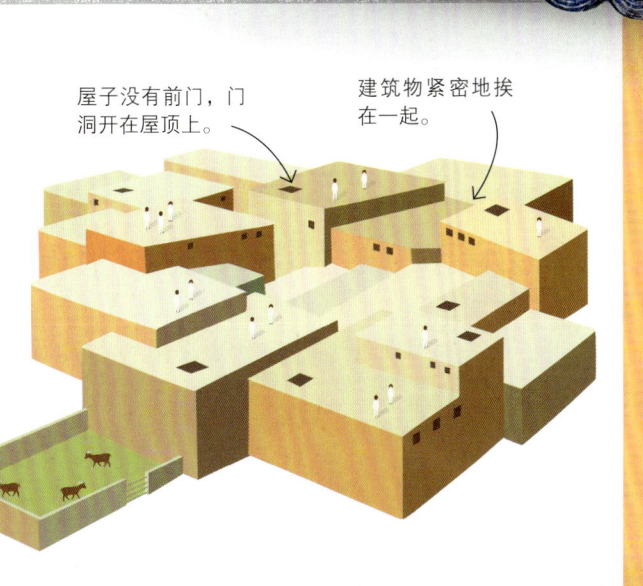

屋子没有前门，门洞开在屋顶上。

建筑物紧密地挨在一起。

家畜被圈养在旁边的围栏中。

大约在15000年前，狗成为最早被驯化的动物！

尼罗河两岸

埃及的大部分地区都是贫瘠荒凉的荒漠，但是尼罗河沿岸却有适合农耕而使埃及变得富裕强大的肥沃土地。右侧的地图显示了埃及王国在最辉煌时期的疆域。

地中海　吉萨　孟菲斯　帝王谷　底比斯　红海　阿布辛贝　尼罗河

图例　公元前1570年—1085年的埃及

女性统治者

尽管大多数法老都是男性，但是埃及的女性也可以成为摄政王，辅佐她们的孩子，或者与丈夫一起统治国家。图中的纳芙蒂蒂王后就是与她的丈夫阿肯那顿一起统治埃及。尽管我们尚不清楚她的确切角色，但她显然是一位有强大权势的女性，因为那个时期的艺术作品描绘了她击败敌人的情景。

纳芙蒂蒂王后雕像的右眼瞳孔是一块由蜂蜡固定并且涂有黑色颜料的石英，但是左眼的镶嵌物不见了。

死者的内脏被存放在卡诺匹斯罐中！

包裹起来

富有的埃及人在死后有盛大的葬礼，他们的尸体会被制成木乃伊，包裹起来，然后被装殓入一套棺材中，为来世生活做准备。

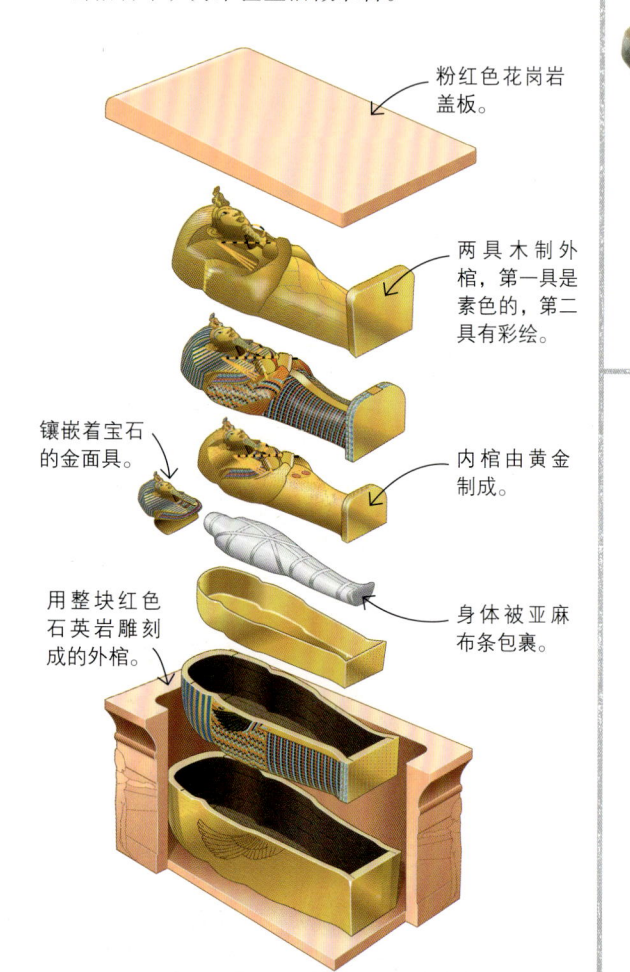

粉红色花岗岩盖板。
两具木制外棺，第一具是素色的，第二具有彩绘。
镶嵌着宝石的金面具。
内棺由黄金制成。
身体被亚麻布条包裹。
用整块红色石英岩雕刻成的外棺。

瞭望者留意危险。
这名男子正在用长矛捕鱼。
刚捕到的大鱼。

神圣的猫

埃及人相信猫会给家里带来好运，因此他们给猫戴珠宝，吃美味的食物。当猫死后，它们会被制成木乃伊，而它们的主人们会剃掉眉毛以示哀悼。杀害猫的人都会被判处死刑！

猫木乃伊可能会被放置在家族的坟墓里或寺庙里。

尼罗河王国

公元前3000年左右,非洲尼罗河沿岸出现了一个名为埃及的伟大文明,它成为当时世界上最富有的王国。

世界奇迹!

大金字塔由约200万块石块构成,每块石块重约2.3吨。它是法老胡夫的陵墓,由狮身人面像守护着。

生命之河

尼罗河是埃及所有生命的中心。洪水每年都会淹没河流周围平原的肥沃土壤。驳船沿河运送货物和人。左图中的拥有4000年历史的模型展示了一个贵族家庭在尼罗河上游玩时的情景。

刚捕获的水鸟。

用于遮挡阳光的遮篷。

船尾的长桨被用于操纵驳船。

备用桨。

埃及被法老们统治了3000多年!

眼镜蛇象征着法老的统治。

法 老

法老是古埃及至高无上的统治者,被认为是活着的神。只要不是收获季节,法老就有权调用普通埃及人,其中大多数是农民,来建造像金字塔这样的宏伟建筑。

法老图坦卡蒙的黄金面具装饰着精美的宝石。

门纳特–阿拉·埃尔多里博士是一位专门研究植物的埃及学家。她利用自己的专业工具（例如显微镜）以及墓葬绘画来了解祖先们所吃的食物。

采访
埃及学家

问：你的工作是什么？

答：我研究古代植物。想想看：你正在准备你最喜欢的饭菜，你可能会剔除种子并且把它们扔掉。如果我翻看你的垃圾，发现了这些种子，我就能推断出你在做什么菜。

问：古埃及人最喜爱的食物是什么？

答：他们喜欢吃面包、小扁豆、生菜、青葱，以及鸭、鹅、猪和鱼。他们每天都会喝啤酒，这是因为啤酒是一种浓稠的、有营养的饮料。富人吃的食物也类似，但是会倾向于更昂贵的牛肉和葡萄酒。

问：古埃及人吃甜食吗？

答：是的！他们喜欢吃甜食。他们用干无花果和干枣制作蛋糕般的甜面包。富人还用蜂蜜制作甜蛋糕和糕点。

问：他们是如何冷藏食物的？

答：我们对此没有确切的了解。他们可能会使用不同的方法保存食品，包括将食物晾干、腌制和熏制，而不是用冷藏的方法。他们可能每天准备食物，将需要保存的食物放在房子的阴暗凉爽的角落里。

问：你研究过哪些不寻常的东西？

答：粪便！事实上，人类和动物的粪便都含有大量他们吃过的食物的残渣，因此可以帮助我们了解古代的饮食习惯。

问：为什么寻找过去的痕迹很重要？

答：作为一名埃及人和埃及学家，了解我的祖先对我很重要，而食物是一个完美的窗口，可以让我了解他们的生活。我还希望研究从古延续至今的美食史。许多世界各地的传统食品正在消失，我们有必要将它们记录下来。

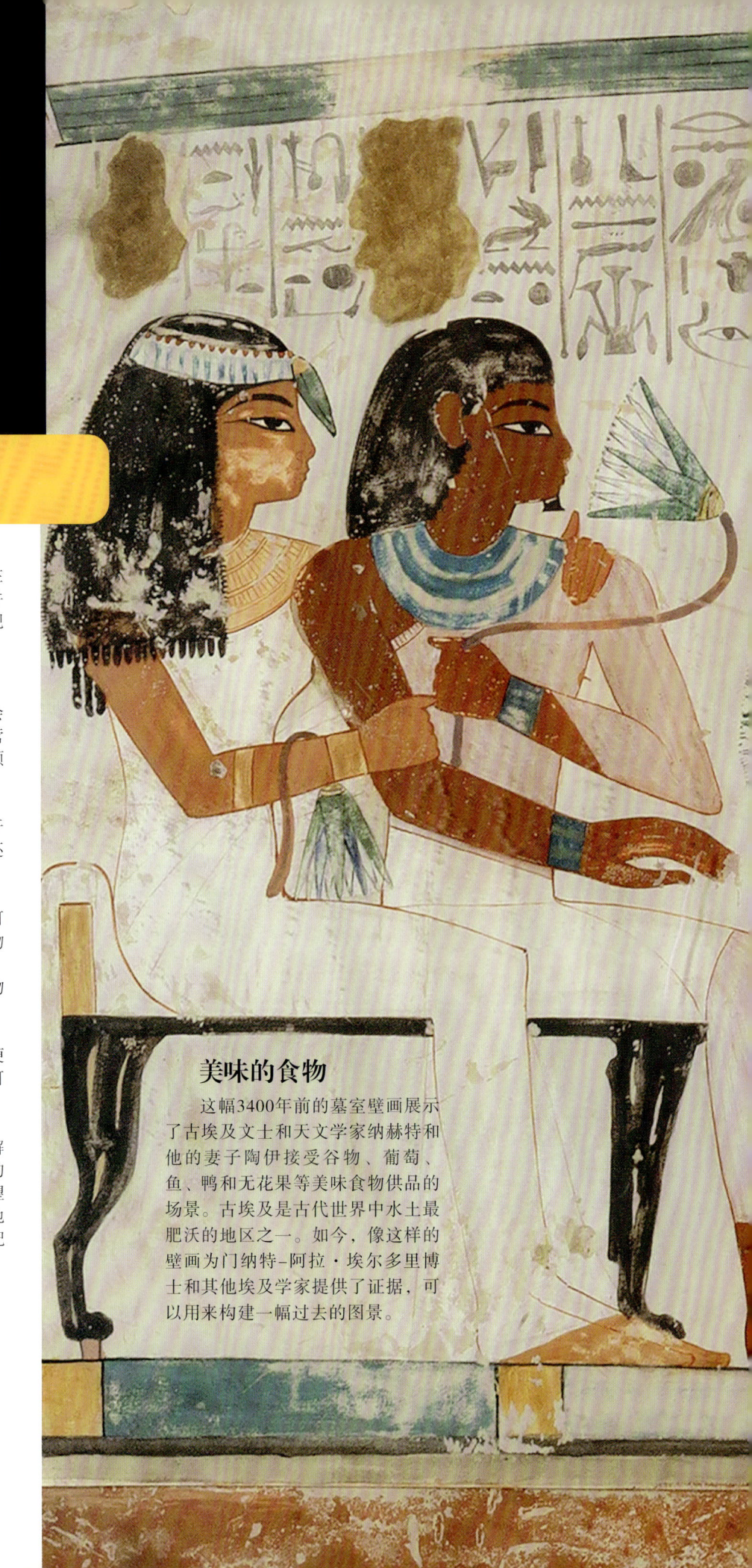

美味的食物

这幅3400年前的墓室壁画展示了古埃及文士和天文学家纳赫特和他的妻子陶伊接受谷物、葡萄、鱼、鸭和无花果等美味食物供品的场景。古埃及是古代世界中水土最肥沃的地区之一。如今，像这样的壁画为门纳特–阿拉·埃尔多里博士和其他埃及学家提供了证据，可以用来构建一幅过去的图景。

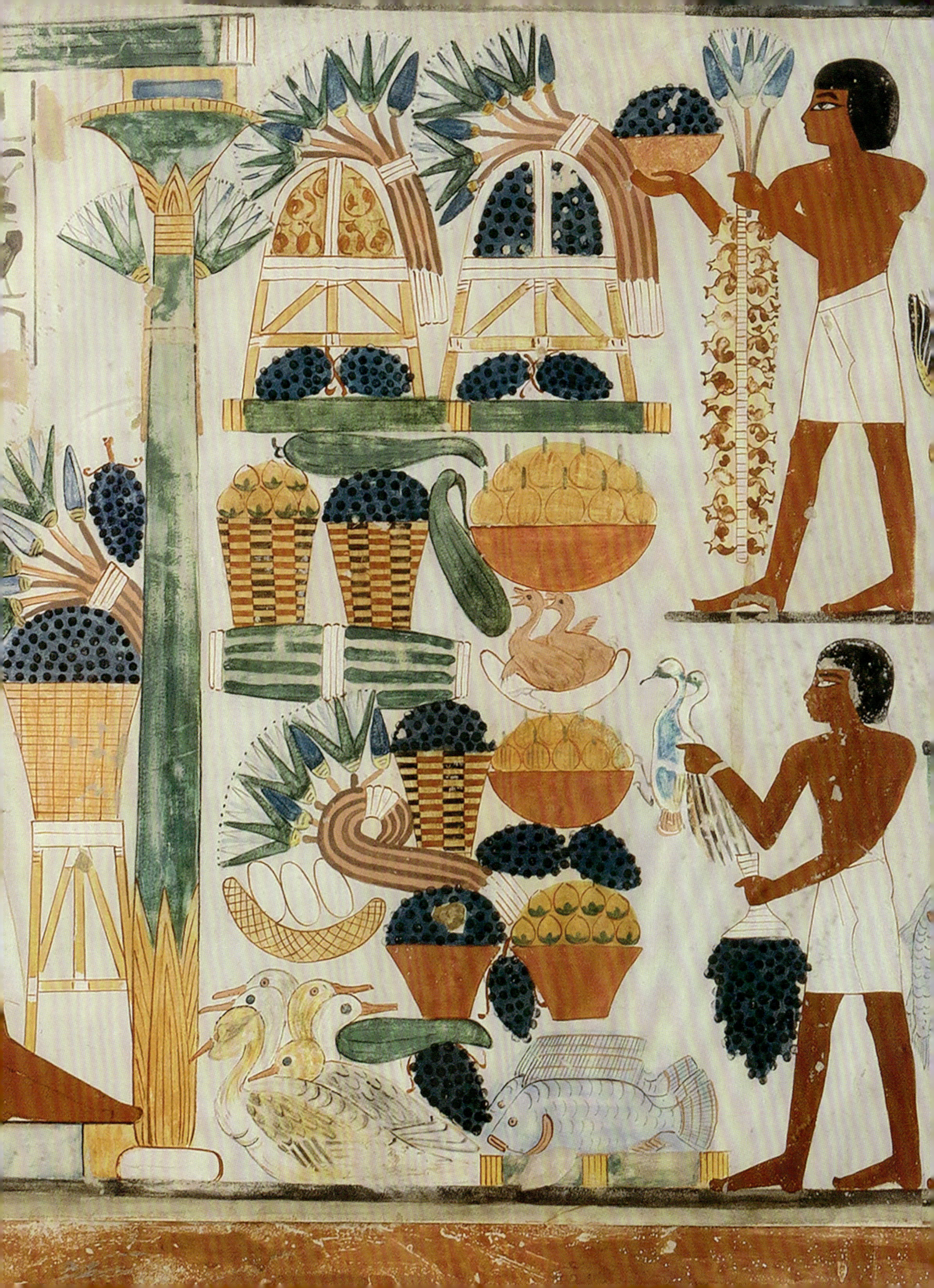

古希腊曾经有数百个城邦，其中包括雅典和斯巴达。

合唱团用唱词解释剧情。

神从高处出现，经由升降器降临到台上。

依着山坡而建的石座位。

精彩的戏剧

古希腊戏剧很可能起源于纪念酒神狄俄尼索斯的节日，其中的喜剧嘲笑统治者和众神，而悲剧则描述悲伤的故事，通常是家庭剧。演员戴着面具扮演各种角色。

赫拉克勒斯准备用石头击打这条蛇。

英勇的赫拉克勒斯

古希腊人有许多神话故事，其中最著名的故事之一是赫拉克勒斯的故事。他天生就力大无穷。赫拉克勒斯的故事启发了许多艺术作品的创作。下图为赫拉克勒斯与蛇搏斗的19世纪雕塑。

崇高的众神

古希腊文化中有许多神，每位神负责不同的生活领域。人们相信，如果他们向众神献祭，就会得到祝福。

宙 斯
这位众神之王的武器是闪电。

雅典娜
这位智慧和战争女神保护雅典。

赫尔墨斯
这位神引导灵魂进入冥界。

古希腊雕像最初是涂了鲜艳颜色的，但是今天已经褪成白色。

辉煌的古希腊

古希腊人创造了一个独特、先进而且有影响力的文明。古希腊不是一个国家，而是数百个自治的城邦，它们都用同一种语言，也信奉同一种宗教。

贺浦力特战士穿着青铜护胫来保护腿部。

这条蛇是河神阿刻罗俄斯在与赫拉克勒斯战斗时的化身。

锋利的尖牙能刺入人体。

这条蛇竭力挣扎，企图挣脱赫拉克勒斯的控制。

赫拉克勒斯用铁钳般的手牢牢地握住这条蛇。

贺浦力特战士

古希腊的城邦之间经常发生战争。他们的士兵被称为贺浦力特战士。贺浦力特是希腊语"盾牌"的意思。只有富有的人才能成为贺浦力特战士，这是因为他们必须自费购买武器和盔甲。

赤身裸体并非无礼！

古希腊人脱掉衣服进行锻炼。"Gymnasium"（体育馆）一词的原意为"裸体锻炼"。即使是参加奥林匹克运动会的跑步运动员也完全赤裸地参加比赛。

人民的权力

早期的古希腊城邦由国王统治，例如右图面具塑造的是迈锡尼的国王阿伽门农。但是在公元前6世纪初，雅典人推翻了他们的统治者，赋予每位自由男子在重要问题上进行投票的权力，并且称这种方式为民主。"Democracy"（民主）一词源自希腊语"demos"（人民）和"kratos"（统治）。

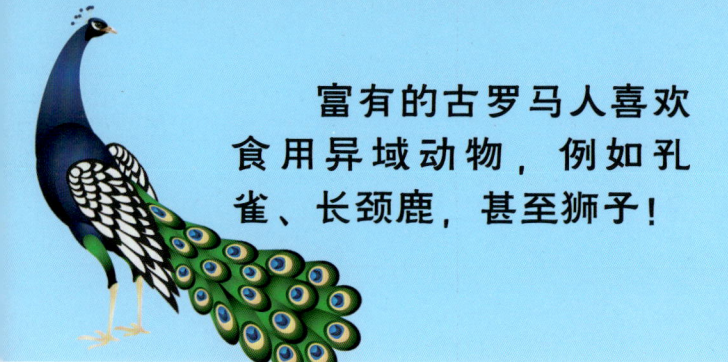

富有的古罗马人喜欢食用异域动物，例如孔雀、长颈鹿，甚至狮子！

教 育
这幅来自庞贝城的壁画中的女子一手持蜡板，一手持用于在蜡板上做记号的笔。受教育是最富裕的古罗马人才能负担得起的。

古罗马的崛起

大约2000年前，古罗马人利用纪律严明的军队和工程技能建设了前所未有的最庞大的帝国之一。

野生动物，例如这只黑豹，来自帝国各地。

强大的颚部能一口咬死敌人。

上身的盔甲保护胸部，但是不保护颈部。

这名角斗士的武器是长矛。有的角斗士使用剑。

鲜血洒落在竞技场的沙地上，很快被吸干。

生死战！
角斗士是受过训练的勇士，他们用比赛来为公众提供娱乐。他们在竞技场进行一对一决斗，或者重演战斗场面，甚至与凶猛的动物较量。角斗士大多数是奴隶，最优秀的角斗士可以赢得财富和名誉，甚至获得自由。

庞大的帝国

罗马帝国不断扩张，它的疆域于公元117年达到最大，西起不列颠，东至伊拉克，拥有7000万人口。为了连接帝国的边远地区，古罗马人修建了总长度为8万千米的道路，用于军队调动、贸易运输和信息传递。

大西洋
罗马城
地中海

图例
■ 在公元117年扩张至最大的罗马帝国疆域

厕所幽默！

大多数古罗马家庭没有厕所，所以人们使用公共厕所。这些厕所没有隔间，因此成为受人们欢迎的交谈和开玩笑的社交场所。但是清洁卫生方面则没那么有趣：大家公用一根裹着海绵的木棍。

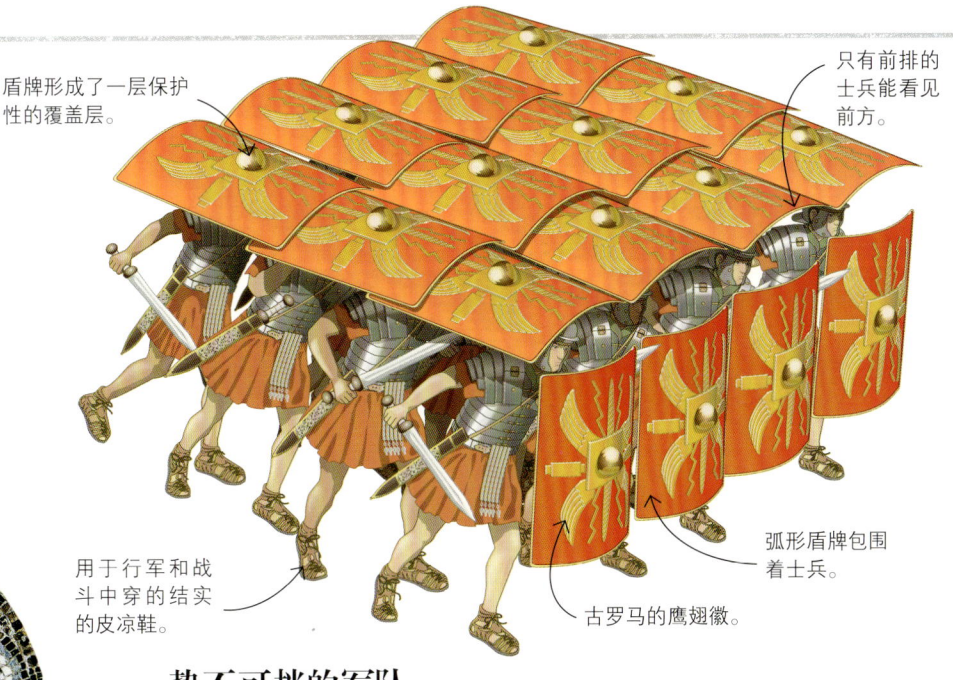

盾牌形成了一层保护性的覆盖层。

只有前排的士兵能看见前方。

用于行军和战斗中穿的结实的皮凉鞋。

古罗马的鹰翅徽。

弧形盾牌包围着士兵。

奥古斯都被塑造成年轻人。

伸展的手臂表示奥古斯都正在发表演讲。

罗马爱神丘比特紧靠着这位皇帝。

只有神是赤足的。

势不可挡的军队

古罗马军队被分为30个军团，每个军团有4800名士兵，被称为军团兵。军团兵在战场上使用复杂的队形，例如图中的名为乌龟的队形，来保护自己并且在战斗中取得优势。

古罗马人用尿液洗衣服，这是因为尿液中的氨能去除污渍！

首位皇帝

在将近500年的时间里，古罗马一直是一个共和国，但是公元前49年内战爆发后，将军屋大维自封为皇帝，取名奥古斯都（意为神圣伟大），并且被当作神来崇拜。在接下来的近500年里，古罗马一直被皇帝统治着。

令人惊叹的工程

图中的加尔桥是一条引水渡槽的一段。这条引水渡槽全长约50千米，将泉水运送到位于现在法国尼姆市的地区。它建于公元1世纪，是众多经受了2000多年时间考验依然耸立的古罗马建筑之一。

凶猛的掠夺者

维京人从8世纪开始袭击西欧沿岸地区。在公元865年，一支庞大的维京军队抵达英格兰东部的海岸，发起了全面攻击。左侧的中世纪手稿描绘了这次入侵。许多维京人在被他们袭击过的地区定居了下来。

← 龙头装饰让他们显得威猛可怕。

农场之家

维京人生活在如今的挪威、丹麦和瑞典的沿海地区。他们中的许多人是农民和工匠。他们居住的房屋很大，里面既有人的生活空间，也有圈养动物的空间。

珍藏的宝藏

维京人将一些抢掠来的财物埋藏在地下，有时藏宝地点被遗忘，没有人回去挖掘。波罗的海的一座岛屿上有一处维京藏宝地被发现了，内有总计重达600克的黄金制品，图为其中的一件黄金吊坠。

一名维京战士手持长矛，经过跳板登陆。

维京人非常注重外表整洁，每个人都带着自己的梳子！

用鹿角雕刻成的维京梳子。

远航的维京人

在8世纪至11世纪期间,维京人从斯堪的纳维亚半岛启航,一路上在许多地方强占土地。客观上促进了贸易和文化的交流。

刻在木柄上的卢恩语。

蓝牙(一种短距离无线通信技术)是以维京国王哈拉尔德的绰号命名的,左侧的蓝牙徽标由他的卢恩语名字中的两个首字母合成。

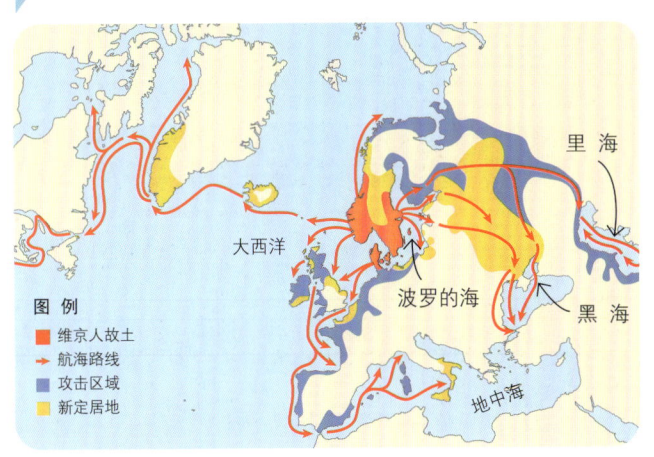

可靠的武器

有些维京人拥有价值不菲的剑,但是斧头和长矛则更为常见,这是因为它们所需的钢材较少。不管是什么武器,维京人都视它们为宝贵财产,有些人甚至将自己的卢恩语名字刻在武器的木柄上。

维京世界

维京人从他们的居住地斯堪的纳维亚半岛出发,向东、向西和向南航行。有些维京人为了获取土地和财富而进行抢劫和杀戮,而有些维京人则远航探索新的土地。许多维京人是商人,他们沿着东欧的河流和海洋建立了贸易路线。

里海
大西洋
波罗的海
黑海
地中海

图例
- 维京人故土
- 航海路线
- 攻击区域
- 新定居地

北欧众神

维京人信奉神,每位神都有独特的能力和个性。众神居住在位于巨大的世界树顶端的阿斯加德,而人类和巨人则居住在较低的地方。

雷神索尔
索尔是一位战士,也是雷神,他用锤子与巨人和蛇作战。

顶级交通工具

维京人善于建造船舶。他们有不同类型的船舶,其中最著名的是维京长船。这种快速、细长的船能用划桨驱动,也能用风帆驱动。扁平的船体吃水浅,因此能靠近岸边,也能在内陆河流中航行。

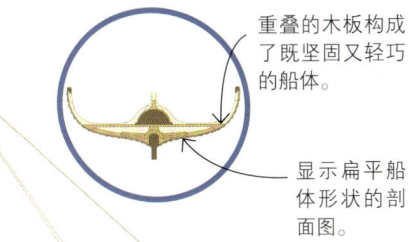

重叠的木板构成了既坚固又轻巧的船体。

显示扁平船体形状的剖面图。

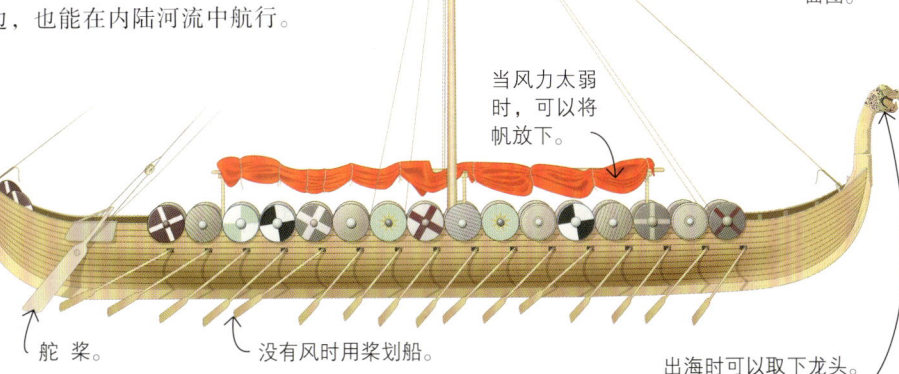

当风力太弱时,可以将帆放下。

舵桨。
没有风时用桨划船。
出海时可以取下龙头。

主神奥丁
奥丁是有智慧而且强大的主神。他的坐骑是一匹八足马。

芙蕾雅
芙蕾雅是爱与生育之女神,拥有主宰生与死的力量。

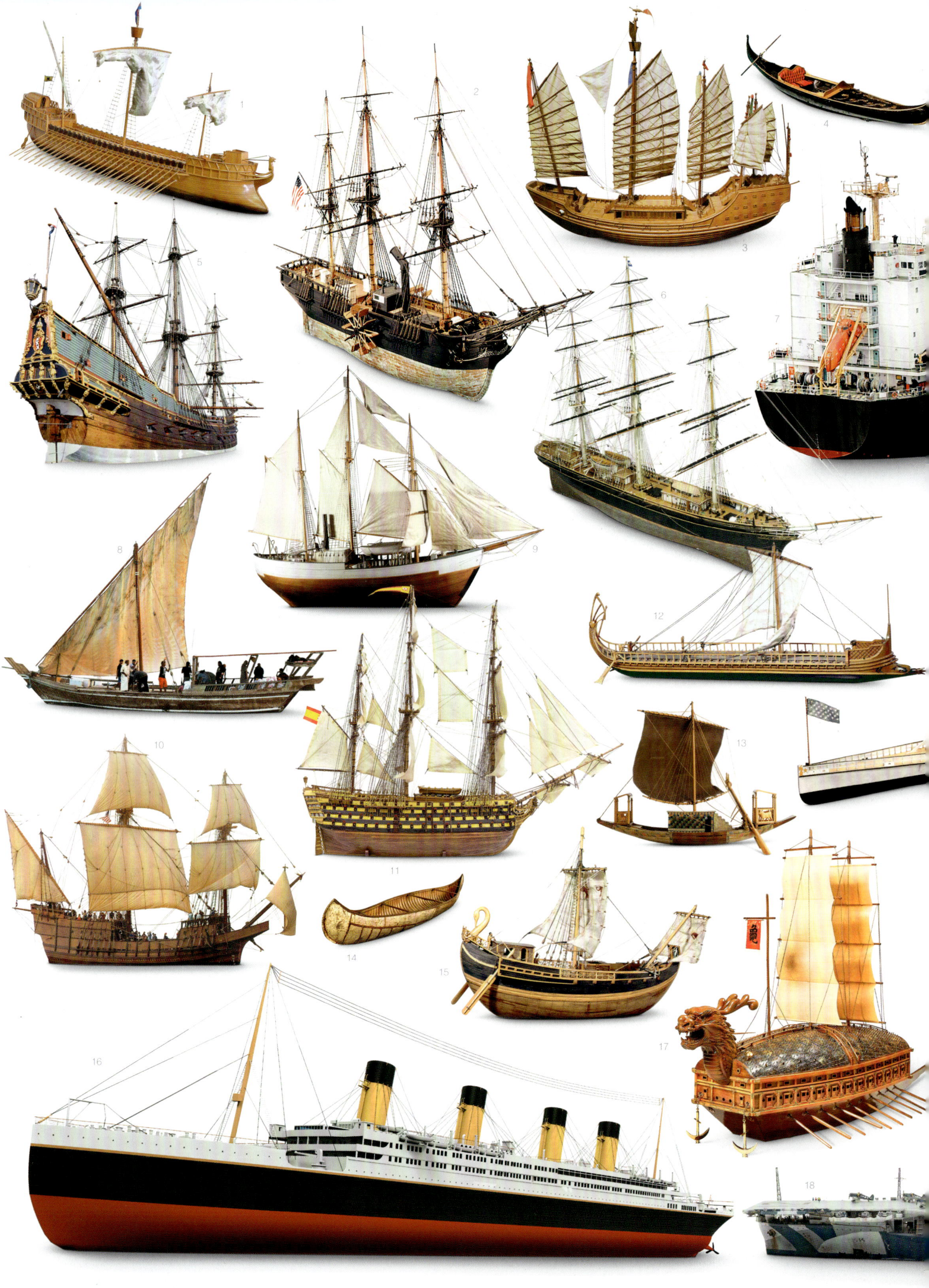
1
2
3
4
5
6
7
8
9
10
11
12
13
14
15
16
17
18

看图识别 **海上交通工具**

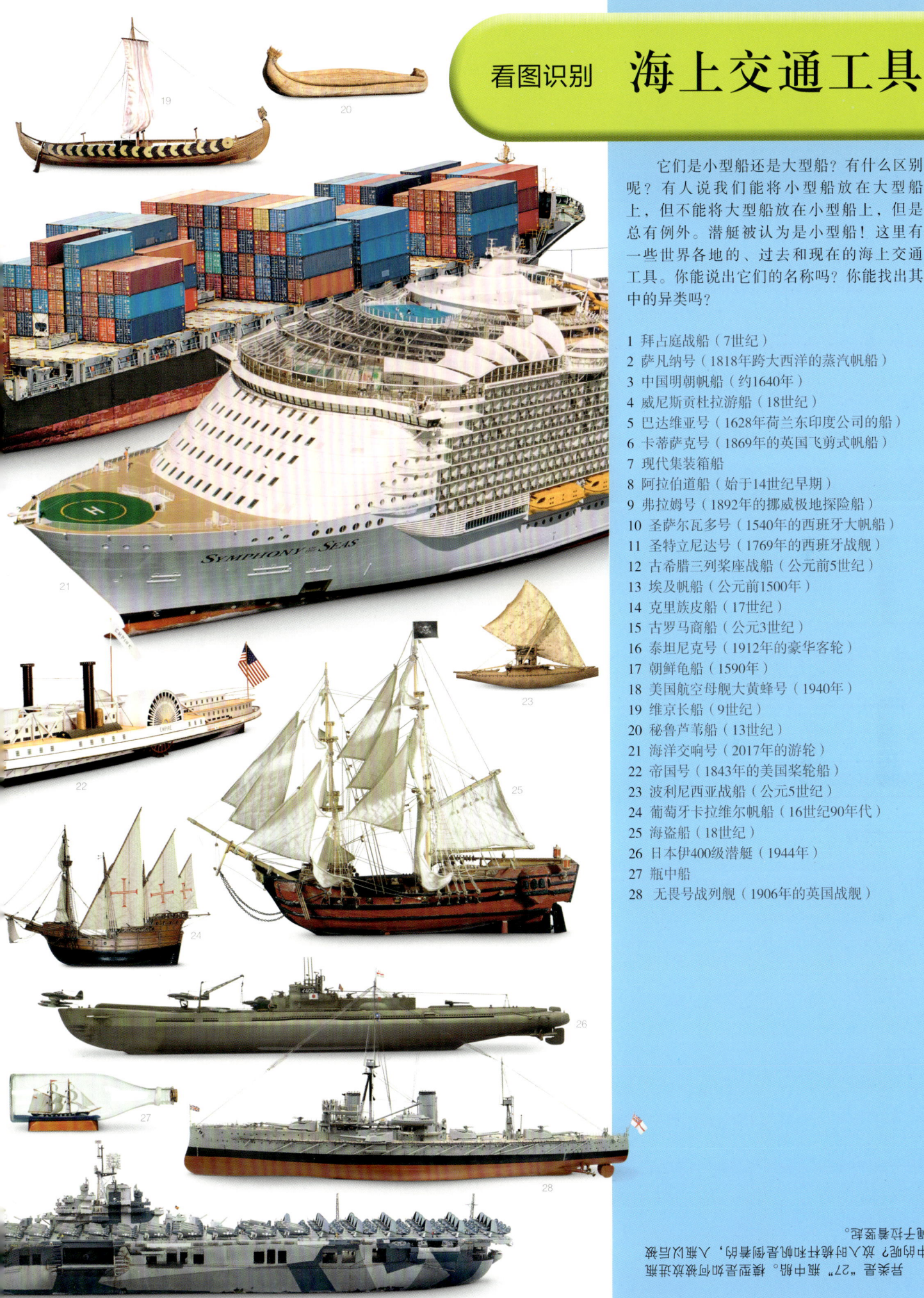

它们是小型船还是大型船？有什么区别呢？有人说我们能将小型船放在大型船上，但不能将大型船放在小型船上，但是总有例外。潜艇被认为是小型船！这里有一些世界各地的、过去和现在的海上交通工具。你能说出它们的名称吗？你能找出其中的异类吗？

1. 拜占庭战船（7世纪）
2. 萨凡纳号（1818年跨大西洋的蒸汽帆船）
3. 中国明朝帆船（约1640年）
4. 威尼斯贡杜拉游船（18世纪）
5. 巴达维亚号（1628年荷兰东印度公司的船）
6. 卡蒂萨克号（1869年的英国飞剪式帆船）
7. 现代集装箱船
8. 阿拉伯道船（始于14世纪早期）
9. 弗拉姆号（1892年的挪威极地探险船）
10. 圣萨尔瓦多号（1540年的西班牙大帆船）
11. 圣特立尼达号（1769年的西班牙战舰）
12. 古希腊三列桨座战船（公元前5世纪）
13. 埃及帆船（公元前1500年）
14. 克里族皮船（17世纪）
15. 古罗马商船（公元3世纪）
16. 泰坦尼克号（1912年的豪华客轮）
17. 朝鲜龟船（1590年）
18. 美国航空母舰大黄蜂号（1940年）
19. 维京长船（9世纪）
20. 秘鲁芦苇船（13世纪）
21. 海洋交响号（2017年的游轮）
22. 帝国号（1843年的美国桨轮船）
23. 波利尼西亚战船（公元5世纪）
24. 葡萄牙卡拉维尔帆船（16世纪90年代）
25. 海盗船（18世纪）
26. 日本伊400级潜艇（1944年）
27. 瓶中船
28. 无畏号战列舰（1906年的英国战舰）

答案是："27"瓶中船，模型是启动后向着放进瓶中的吗？放入的模样抑制的原真的，入瓶以后再拉竖起来。

宋朝时的中国

公元960年，一位名叫赵匡胤的将军统一了当时的中国，建立了一个新的皇朝：宋朝。宋朝的统治延续了300多年。

一枚蚕茧能生产长达900米的丝线，这是一根连续不断的丝线！

大象是异域的象征。它的出现是皇帝财富的展示。

建造古塔

宋朝时期兴建了许多高耸的古塔。这种细高的多层建筑被用于存放神圣的物品或被用作瞭望台。图中这座13层的宋代开元寺塔，又名"料敌塔"，建成于1055年，塔高83.7米，有"中华第一塔"之称。

科举考试

宋朝时，为了能够在官府中获得职位，人们必须通过科举考试。成千上万的人参加这种考试，只有少数人才能通过。这意味着官府的官员都是全国聪明的人，而不仅仅是最富有或与权贵关系最紧密的人。

快速连发弩！

如图所示的中国手持式弩的射程可达370米。有些快速连发弩每两秒就能射出一支弩箭。

华丽的丝绸

图中的妇女正在拉伸和熨烫丝绸。在过去非常长的一段时间内，只有中国人知道如何用桑蚕的茧制造丝绸。贸易商将这种供不应求的织物从中国一路运往欧洲。

火药被装入空心竹管中，制成能爆炸的炮仗！

皮影戏

皮影戏在宋朝时期变得非常普遍，并且在之后的时期继续盛行。这出皮影戏展示了中国皇帝带侍卫出行的华丽场面，来自中国西部的甘肃省，制作于清朝，距离宋朝约900年。

皇家侍卫手持名为关刀的长刃武器。

技术进步

在宋朝，中国的工匠和发明家做出了许多创新，不仅改变了中国，还影响了整个世界。这些发明中的每一项至今仍在以某种形式被使用！

指南针
指南针发明于12世纪。它的针尖总是指向南方，可以帮助水手导航。

纸币
最早的纸币被称为"交子"，最初由商人使用，后来成为官方货币。

活字印刷术
工匠毕昇使用胶泥发明了活字印刷术。

运河水闸
公元983年，中国开始通过修建水闸来提高和降低水位，使运河得以延伸至多山地区。

火药
火药发明于宋朝建立之前，而宋朝时首次用火药制造了爆炸物。

这个有婴儿塑像的瓷器可以用作枕头或枕托。

瓷器

中国瓷器花瓶、瓶罐和其他装饰品由于高质量而备受推崇。瓷器是用被称为高岭土的白色黏土与研磨过的含有闪亮的石英和云母的石料混合物制成的。

中世纪的日本

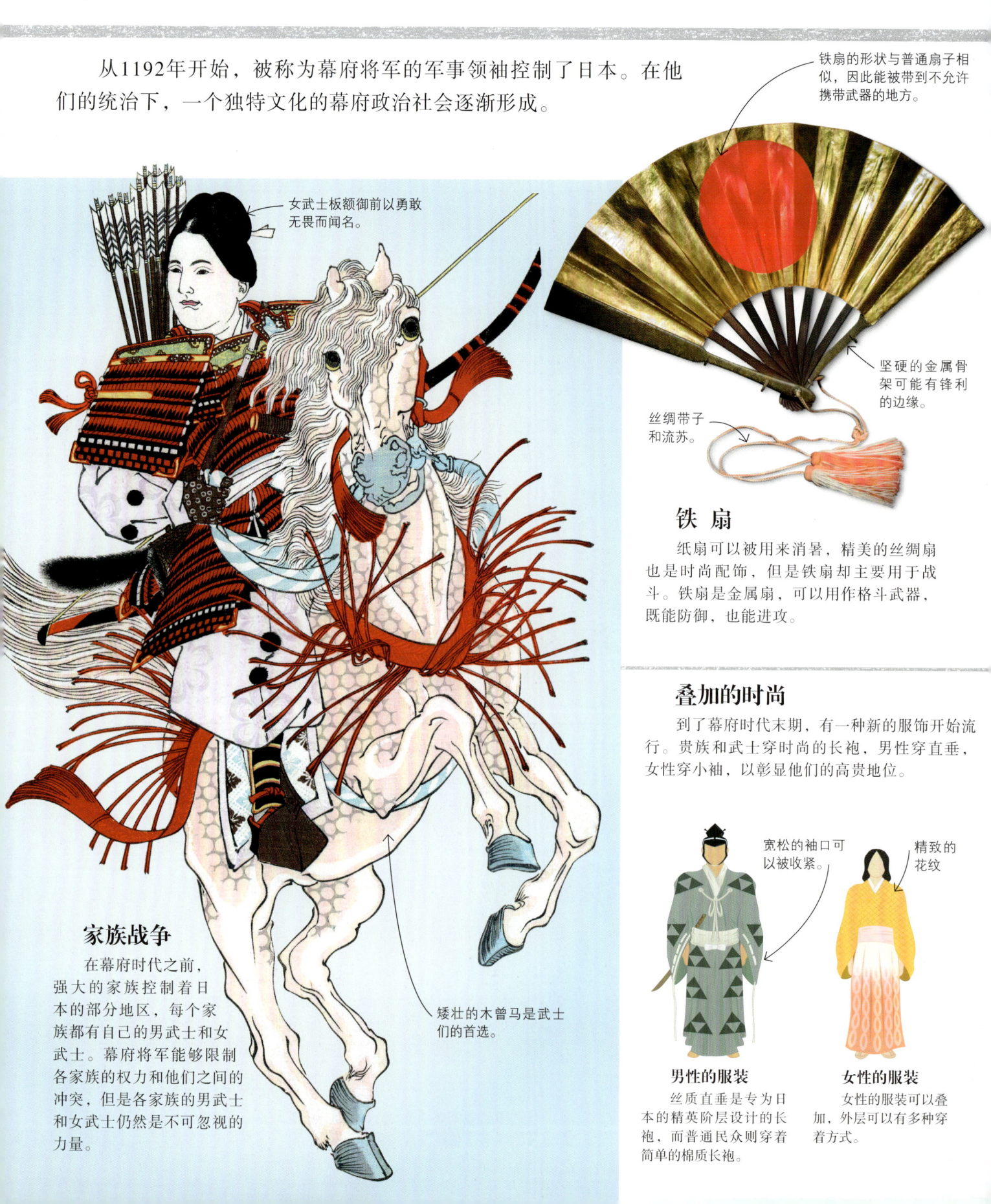

从1192年开始，被称为幕府将军的军事领袖控制了日本。在他们的统治下，一个独特文化的幕府政治社会逐渐形成。

女武士板额御前以勇敢无畏而闻名。

铁扇的形状与普通扇子相似，因此能被带到不允许携带武器的地方。

坚硬的金属骨架可能有锋利的边缘。

丝绸带子和流苏。

铁 扇

纸扇可以被用来消暑，精美的丝绸扇也是时尚配饰，但是铁扇却主要用于战斗。铁扇是金属扇，可以用作格斗武器，既能防御，也能进攻。

叠加的时尚

到了幕府时代末期，有一种新的服饰开始流行。贵族和武士穿时尚的长袍，男性穿直垂，女性穿小袖，以彰显他们的高贵地位。

家族战争

在幕府时代之前，强大的家族控制着日本的部分地区，每个家族都有自己的男武士和女武士。幕府将军能够限制各家族的权力和他们之间的冲突，但是各家族的男武士和女武士仍然是不可忽视的力量。

矮壮的木曾马是武士们的首选。

宽松的袖口可以被收紧。

精致的花纹

男性的服装

丝质直垂是专为日本的精英阶层设计的长袍，而普通民众则穿着简单的棉质长袍。

女性的服装

女性的服装可以叠加，外层可以有多种穿着方式。

历 史 287

战斗之余，有的将军们通过插花来放松身心！

有权势的幕府将军
1192年，家族领袖源赖朝被任命为幕府将军，由此成为首位全面掌控日本的人，他拥有的权力甚至超过了天皇。从那时开始，幕府将军统治着日本，直到1868年。

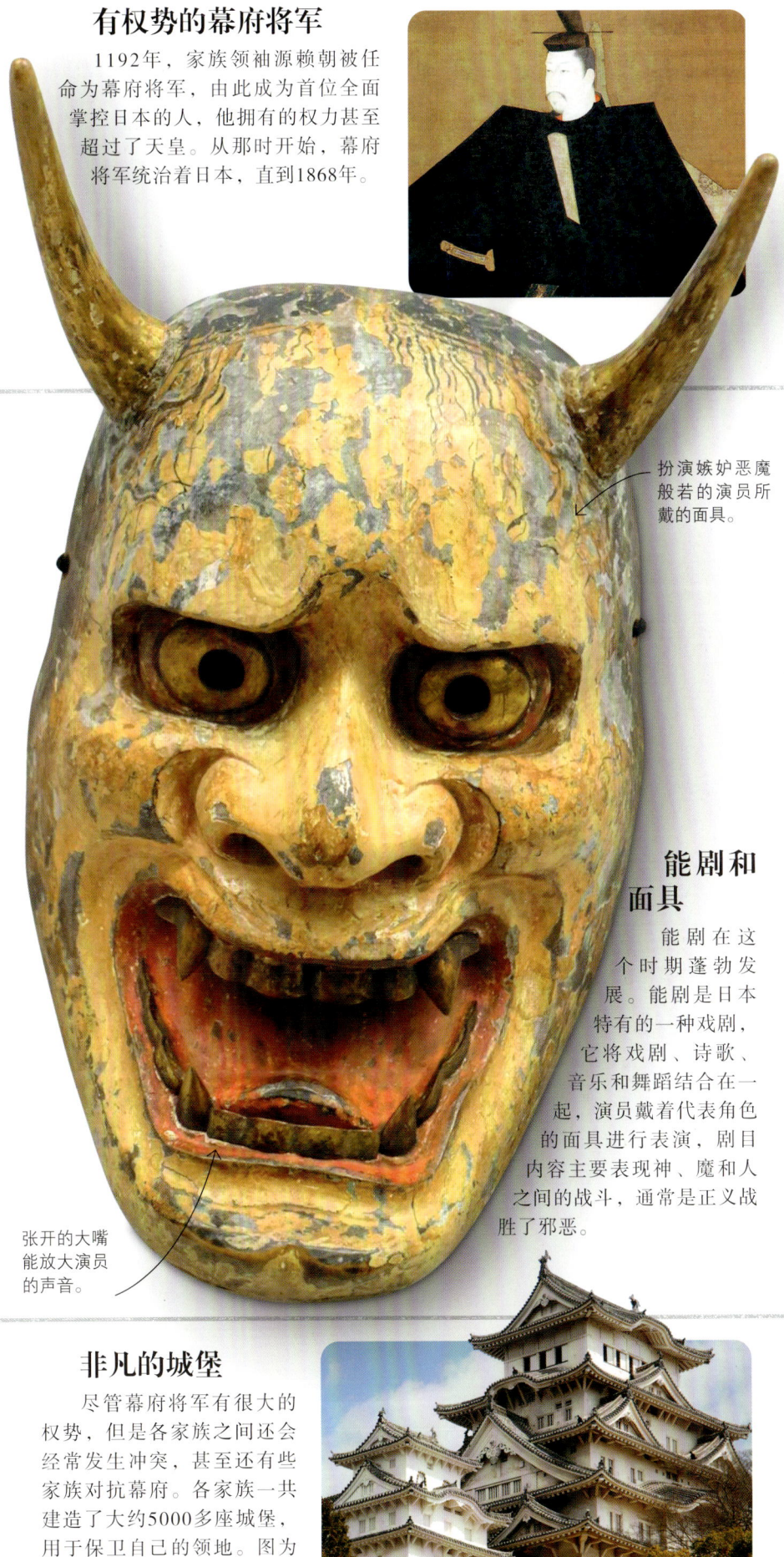

佛教护法
佛教起源于公元前6世纪至前5世纪的古印度，传入日本后，它以新的形式受到武士家族的欢迎。图中的日本佛教护法神像雕塑看起来就像一位将军。

传统神道
日本的传统宗教被称为神道，认为万物都有灵。

这是一只被称为"稻荷神神使"的神狐雕像，它是最受欢迎的神灵之一。

扮演嫉妒恶魔般若的演员所戴的面具。

能剧和面具
能剧在这个时期蓬勃发展。能剧是日本特有的一种戏剧，它将戏剧、诗歌、音乐和舞蹈结合在一起，演员戴着代表角色的面具进行表演，剧目内容主要表现神、魔和人之间的战斗，通常是正义战胜了邪恶。

张开的大嘴能放大演员的声音。

日本有18种武术，其中一种是全副武装地在水下潜泳！

非凡的城堡
尽管幕府将军有很大的权势，但是各家族之间还会经常发生冲突，甚至还有些家族对抗幕府。各家族一共建造了大约5000多座城堡，用于保卫自己的领地。图为著名的姬路城。

288 历史

这里面隐藏着一些使时钟运转的机械装置。

这里显示小时。

阿尔贾扎里的《巧妙机械知识书》中的大象时钟插图。

这幅图画有阿拉伯语标注。

机械装置驱使龙口吐出一只球，落入下面的花瓶中，从而引发时钟的敲击声。

大象钟

伊斯兰工程师阿尔贾扎里是众多伊斯兰发明家之一，他制造了各种各样的物品，包括实用的水车和好玩的机械钟。左图的精巧时钟是他的机械钟的现代复制品。他将自己的各项发明记录在一本充满详细插图的书中。

在每个半小时的点上，骑象人会敲击大象的头部。

知识中心

位于巴格达的著名的智慧宫收藏了成千上万本各种语言的书籍。来自伊斯兰世界各地的科学家、翻译家和作家聚集在这里交流思想。

伊斯兰的黄金时代

伊斯兰教于7世纪在阿拉伯半岛创立。伊斯兰世界迎来了科学与文化的黄金时代。

法蒂玛·菲赫利于公元859年在菲斯城创立了伊斯兰世界的第一所大学。

多亏了伊斯兰贸易商，食糖首次抵达北非和欧洲！

这把乌德琴有成对排列的琴弦。

科学进步

伊斯兰教鼓励学者进行发明和研究。除了继承古希腊和其他地区的知识外，他们还取得了巨大的科技进步，并且做出了许多新发现。

天文学
他们开发出被称为星盘的复杂仪器，用于计算恒星和太阳的视角高度。

化学
炼金术士致力于转化和熔解金属。他们记录了他们的发现，还发明了肥皂！

医学
他们在大型百科全书中发表了各种疾病和药用植物的详细描述。

工程学
为了对付干旱的气候，他们发明了许多巧妙的灌溉装置，以管理水资源。

建筑学
伊斯兰独特的建筑风格和技术，例如精美的瓷砖和马蹄形拱门，被用于清真寺和宫殿。

用于治疗牙床发炎的工具。

医学先驱
医生们积极寻找新的治疗方法，包括高级外科手术，以及如图所示的日常牙科治疗。

甜美的音乐
在伊斯兰黄金时代的大部分时间里，音乐蓬勃发展。在当时的各种乐器中，乌德琴是最受喜爱的一种。乌德琴的主要制作地是安达卢斯（今天的西班牙）。旅行音乐家将乌德琴带到邻近的欧洲王国，它在那里演变成了鲁特琴。

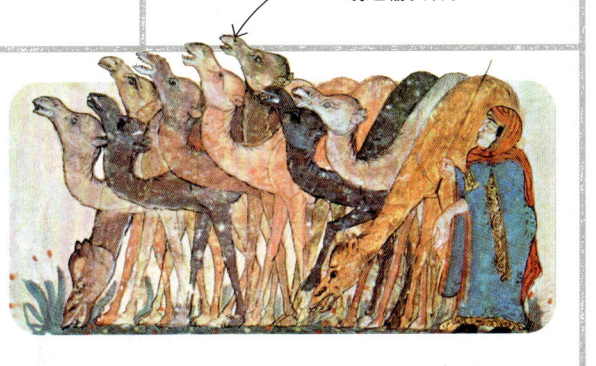

骆驼商队沿着贸易路线运输货物。

富有的商人
亚洲、非洲和欧洲之间有繁忙的贸易路线，沿线经过伊斯兰世界的主要贸易中心。随着黄金、盐、香料、食物和纺织品等商品在熙熙攘攘的市场中易手，商人变得越来越富有。

古代的奇迹

世界上的一些古老的，反映了当时最高工艺水平的建筑被称为世界奇迹。最早的七大奇迹名单是古希腊人提出的，有7座纪念性建筑物，通常被称为古代世界的七大奇迹。

吉萨金字塔群
吉萨金字塔群建于约4500年前，是埃及吉萨最古老的金字塔。其中，胡夫金字塔由200多万巨大的石块构成。

巴比伦空中花园
这座传说中的花园位于巴比伦城，被建造在多层平台上，有很多来自异国他乡的奇花异草。

以弗所阿尔忒弥斯神庙
这座神庙是为了崇拜希腊狩猎女神阿尔忒弥斯而建的，它的规模是雅典帕特农神庙的两倍。

摩索拉斯陵墓
这座巨大的陵墓位于土耳其，高达40米，它的顶部有一座巨大的大理石战车雕塑。

罗德岛太阳神巨像
这座巨大的青铜和铁制雕像被一场地震晃倒，在地上躺了800年之久。

亚历山大灯塔
位于埃及的亚历山大灯塔是一座高100米的灯塔，直到14世纪坍塌前，它一直是航海者的重要航标。

奥林匹亚宙斯巨像
这座巨大的象牙雕像曾经坐落在古希腊奥林匹克运动会的举办地奥林匹亚城。

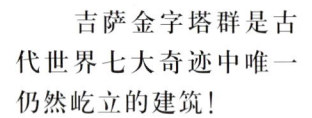

吉萨金字塔群是古代世界七大奇迹中唯一仍然屹立的建筑！

完美的金字塔

金字塔是古代纪念性建筑物的建造者常用的形状。以下是世界上不同地区的5座金字塔。

1 神塔
位于伊朗的恰高·占比尔的神塔是一座阶梯金字塔，建于公元前1250年。

2 左塞尔金字塔
这座阶梯金字塔是为公元前2648年去世的法老佐塞尔建造的，是埃及的第一座金字塔。

3 努比亚金字塔
苏丹的努比亚王国于公元前700年开始建造他们的金字塔。

4 太阳金字塔
位于墨西哥的这座金字塔是公元200年左右建造的，阿兹特克人在夺取统治权后为它命名。

5 玛雅金字塔
位于墨西哥的库库尔坎神庙是一座建于11世纪的阶梯金字塔。

王国首都

古代大津巴布韦王国的首都规模庞大，最多的时候居住了2万人，它的巨大的中心建筑有着高达10米的围墙，如上图所示。

最大的寺庙

柬埔寨的吴哥窟是12世纪建造的寺庙群，它是世界上最大的庙宇类建筑群，它的围墙内面积大约有227个足球场那么大。

不断更新的最高高度

随着工程技术的不断发展，建筑物的高度也不断增加。这些建筑物在被建造完成时都曾经是当时世界上最高的建筑物，其中胡夫金字塔是保持世界最高纪录时间最长的。

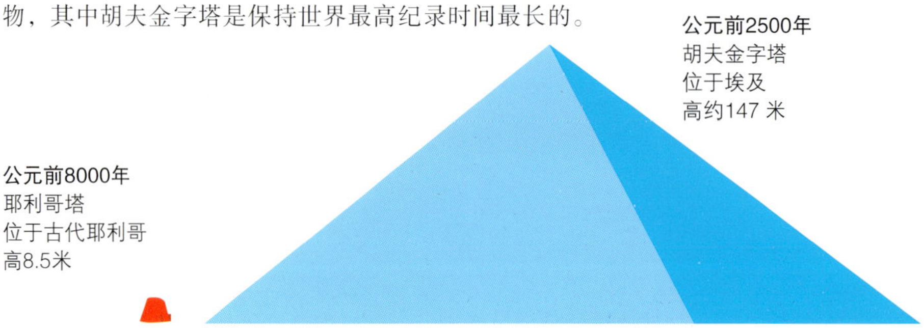

公元前8000年
耶利哥塔
位于古代耶利哥
高8.5米

公元前2500年
胡夫金字塔
位于埃及
高约147米

高处的寺院

寺院通常被建造在崎岖的高地，宁静又隐蔽。这里的4座寺院被建造在一些看似难以到达的地方。

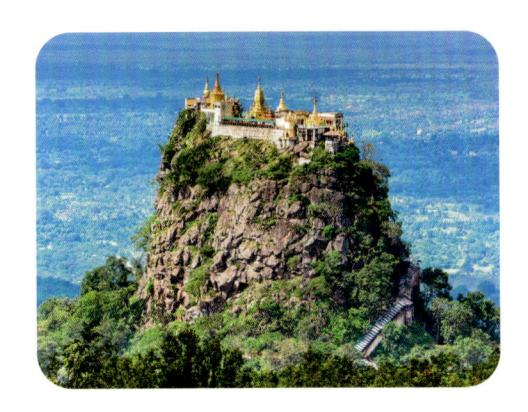

1 塔克桑寺
这座位于不丹的寺庙坐落在悬崖壁上，高出地面900米。

2 汤恩格拉德寺
这座位于缅甸的寺庙坐落在距离地面737米的高处。你需要爬777级台阶才能到达那里。

3 梅黛奥拉修道院
这些希腊修道院坐落在沙岩尖峰之上，有的高出地面400米。

4 悬空寺
这座位于中国的寺庙悬挂在峭壁上，高出地面50米，它的支撑结构是钻入岩石中的木梁。

汤恩格拉德寺坐落在缅甸的一座火山熔岩塞中，也就是一座已经被侵蚀的古老火山的熔岩核心！

骨骼教堂

捷克的塞德莱茨教堂有一个非常不寻常的附属教堂，内有由成千上万根人类骨骼和头骨制成的各种装饰。这盏骨头吊灯是其中心装饰。

纪念性建筑物

在历史上，世界各地的人们建造了令人惊叹的纪念性建筑物，以展示他们的力量，或者向统治者表示敬意，或者弘扬一种信仰。这里是一些最宏伟的、最大的或最引人瞩目的纪念性建筑物。

14世纪
林肯大教堂
位于英国
高160米

高耸的尖塔于1548年倒塌。

16世纪
博韦主教堂
位于法国
高153米（在林肯大教堂的尖塔倒塌后成为最高的建筑物）

19世纪
埃菲尔铁塔
位于法国
高300米

20世纪
吉隆坡石油双塔
位于马来西亚
高452米

了不起的阿兹特克人

阿兹特克人在公元14世纪—16世纪期间统治着如今墨西哥的大片区域。他们的邻国与他们有很多共同的文化，但是经常被迫向他们进贡。

刀柄的造型是跪着的鹰战士。

燧石刀片。

致命的工具

阿兹特克人用黑曜石、燧石等石头制作非常锋利的精美刀具，并且用矿石和贝壳在刀柄上镶嵌图案。

鳞片是用玉石和绿松石镶嵌的。

牙齿是用贝壳制成的。

珍贵的双头蛇

在阿兹特克人的信仰中，双头蛇可以在不同的世界之间穿梭，是强大力量的象征。图中的装饰品很可能曾经被一位重要人物佩戴在胸前。

蛇形装饰品。

历史 293

图画记录
阿兹特克人用纸或鹿皮制成的书作记录。他们的书写系统是用图画来代表词、词组、事件或声音。上图描绘了一位重要的阿兹特克神：托纳卡特库特利。

被征服的城镇必须向阿兹特克人进贡各种物品，包括黄金和可可豆！

球类运动
这些玛雅球员穿着厚厚的保护垫。

许多文化中都有中美洲蹴球。球员用除了手和脚之外的身体部分顶球，将橡胶球保持在空中。球落地就会失分。

美轮美奂的羽毛
鲜艳的鸟羽毛被用来装饰各种物品，如袋子、头饰、披风和盾牌。许多闪亮的羽毛来自颜色鲜艳的咬鹃的长尾。

礼仪头饰

制作这件头饰需要用250多只鸟的羽毛。

蒙特祖马二世是最后的阿兹特克统治者之一，他的宫殿里有一个野生动物园！

杰出的建筑
阿兹特克人是优秀的建筑师，他们将首都特诺奇蒂特兰建造在湖中的人工岛上。很多官方建筑，例如寺庙、官邸和宫殿，通常建在有阶梯的平台上，并且被仔细地用石材铺砌装饰。

仪式在寺庙举行。

居民区。

市场卖农产品和商品。

货物由船舶运入和运出城市。

木棍上面镶嵌着锋利的黑曜石片。

精英战士
阿兹特克人通过战争从对手那里获取财富，但是不屑于占领土地。最凶猛的阿兹特克战士是雄鹰战士和美洲虎战士，他们的训练项目包括俘虏敌方领主，用以交换赎金。

印加帝国

在15世纪，印加帝国是世界上最大的帝国之一。它的最高统治者被称为萨帕·印卡。这个社会拥有广泛的道路网络、税收制度和庞大的军队。

辽阔的领土

印加帝国的领土狭长，纵向绵延超过4000千米，几乎等于南美洲西部的整个长度。它的境内涵盖了多样的地理环境，包括海岸、森林和山区。

最长的印加大道全长超过3600千米。

印加跑手

为了在庞大的帝国中快速传递信息，印加人建立了一个由跑得快的跑手组成的传递网络。他们将信息用一种被称为奇普的结绳记事法记录，然后一位跑手将奇普用接力的方式传递给下一位跑手，以最快的速度将它传递到目的地。

第一位跑手
每位跑手都携带一只海螺壳，将它像喇叭一样吹响，宣告自己的到来。

接力
下一位跑手听到海螺壳声后就准备接过奇普奔向下一站。

送达
最后一位跑手到达目的地，将奇普交给接收者，让接收者读奇普的信息。

羽毛头饰。

这座雕像由银制成，衣着讲究，可能代表印加贵族女性。

这些衣服，例如带流苏的大羊驼毛斗篷，是印加贵族女性所穿的衣服的微型版本。

印加祭品

印加人崇拜各种各样的神，并且为他们建造寺庙。印加人也在墓地供奉祭品，例如下面这种小金银雕像。

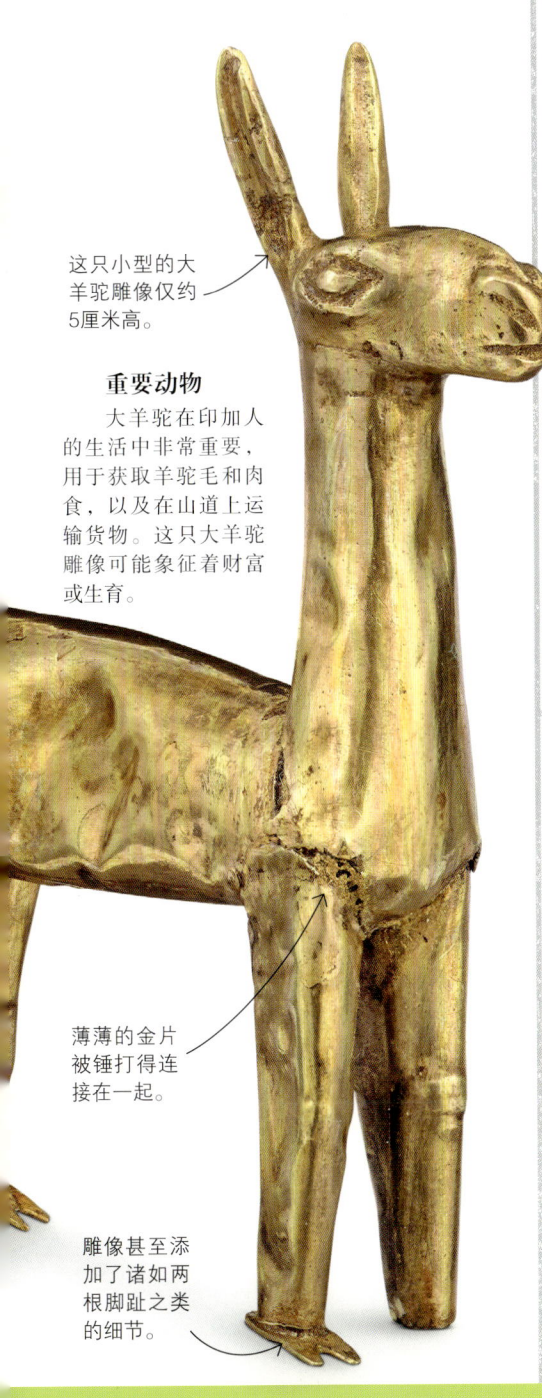

这只小型的大羊驼雕像仅约5厘米高。

重要动物

大羊驼在印加人的生活中非常重要，用于获取羊驼毛和肉食，以及在山道上运输货物。这只大羊驼雕像可能象征着财富或生育。

薄薄的金片被锤打得连接在一起。

雕像甚至添加了诸如两根脚趾之类的细节。

印加农民种植了超过3000种土豆！

绳结记事

印加人没有书写系统，但他们使用被称为奇普的方法作记录。奇普是一种由绳结构成的记事系统。不同颜色和不同的结代表不同的信息。

印加人相信他们的统治者是太阳神因蒂的后裔！

山地农业

因为可用的平地很少，所以印加农民在山腰上修建了梯田。他们种植多种作物，包括玉米、豆类、南瓜和土豆。

玉米。
农民。
人工修建的梯田。

绳 桥

为了渡河，印加人将草编成草绳，然后将草绳编成一条绳桥。类似的绳桥今天仍在使用中，但是为了安全，每年都会被翻新。

马丘比丘

印加人用石块建造了城市，这些石块被完美地切割，因此能被紧密地拼合在一起。如今最著名的城市遗址是马丘比丘，位于秘鲁的安第斯山脉高处，拥有大约200座建筑物和数千级台阶。

贝宁王国

贝宁城地处现今的尼日利亚，曾经是一个强大王国的首都和贸易中心。这座有城墙的城市以其华丽的宫殿和宽阔的街道而闻名。

奥巴的王冠是用珊瑚制成的，被认为是海洋之神的礼物！

精心打扮的奥巴。

宫殿的墙壁和柱子上装饰着数百块铭牌。

每块铭牌都记载着贝宁的统治者和历史事件。

威武的奥巴

贝宁王国的统治者被称为奥巴。左边这块铭牌上塑造了一位骑在马上的奥巴，旁边有侍从扶持。这块铭牌是由黄铜（铜和锌的合金）制成的。黄铜只被允许用于制造王室物品。

国际贸易

贝宁与其他王国进行产品贸易，包括棕榈油、胡椒和细布。从15世纪开始，他们与葡萄牙商人进行象牙交易，葡萄牙商人用黄铜手镯支付。贝宁工匠们将黄铜手镯融化，用于制作艺术品。

用来制作棕榈油的棕榈油果

贝宁城内外的城墙总长度达到了令人难以置信的16000千米！

职业行会

艺术家、工匠、奥巴的祭司和音乐家都属于各自的行会。他们的职务和技能都是通过家族传承的。例如，金属匠们都来自同一个大家庭。

这是一位王室音乐家的黄铜雕像。他是号角者行会的成员。

非洲肺鱼能在陆地上生活，也能在水中生活，是王室权力的象征。

王冠。

豹子是权力的象征。奥巴的宫殿里养着几只豹子！

王太后
这件象牙面具被认为是奥巴埃西吉的母亲伊迪娅的肖像。在15世纪末的内战之后，伊迪娅帮助奥巴使王国重新变得强大，因此被尊为第一位正式的"伊约巴"（王太后）。从此，历代王太后在宫廷中都拥有举足轻重的地位。

项圈上饰有葡萄牙商人的面孔。

被盗的文物
1897年，英国殖民者袭击了贝宁城。士兵们撬下了王宫墙上约900块铭牌，连同其他珍贵的艺术品一起，运到了外国的博物馆收藏。直到今天，英国才将其中一部分物归原主。

英国殖民者准备运走掠夺到的物品。

撒哈拉

非洲

大西洋

非洲历史上的王国
自古以来，许多不同的王国统治着非洲的不同地区。以下是西非的一些最强大的王国：

加瓦杜王国（迦纳王国）
公元4世纪至11世纪
这个盛产黄金的王国诞生于公元4世纪，通过控制跨撒哈拉贸易路线而变得异常富有。

伊费王国
公元8世纪至13世纪
这个贸易王国由约鲁巴人建立，以制作黄铜工艺品而闻名。它的金属铸造技术激发了贝宁艺术家的灵感。

贝宁王国
公元13世纪至18世纪
贝宁王国的起源可以追溯到10世纪，它在15世纪至18世纪达到了权力的巅峰。

马里帝国
公元13世纪至17世纪
这个庞大的伊斯兰帝国控制了瓦加杜的贸易路线，曾经一度由著名的曼萨·穆萨统治。

奥约帝国
公元14世纪至20世纪
这个约鲁巴人的王国在17世纪至18世纪处于鼎盛时期，军事实力雄厚，征服了许多邻国。

阿散蒂帝国
公元18世纪至20世纪
这个贸易帝国是阿坎人的后裔建立的，由强大的阿桑特赫内国王统治。

长 城

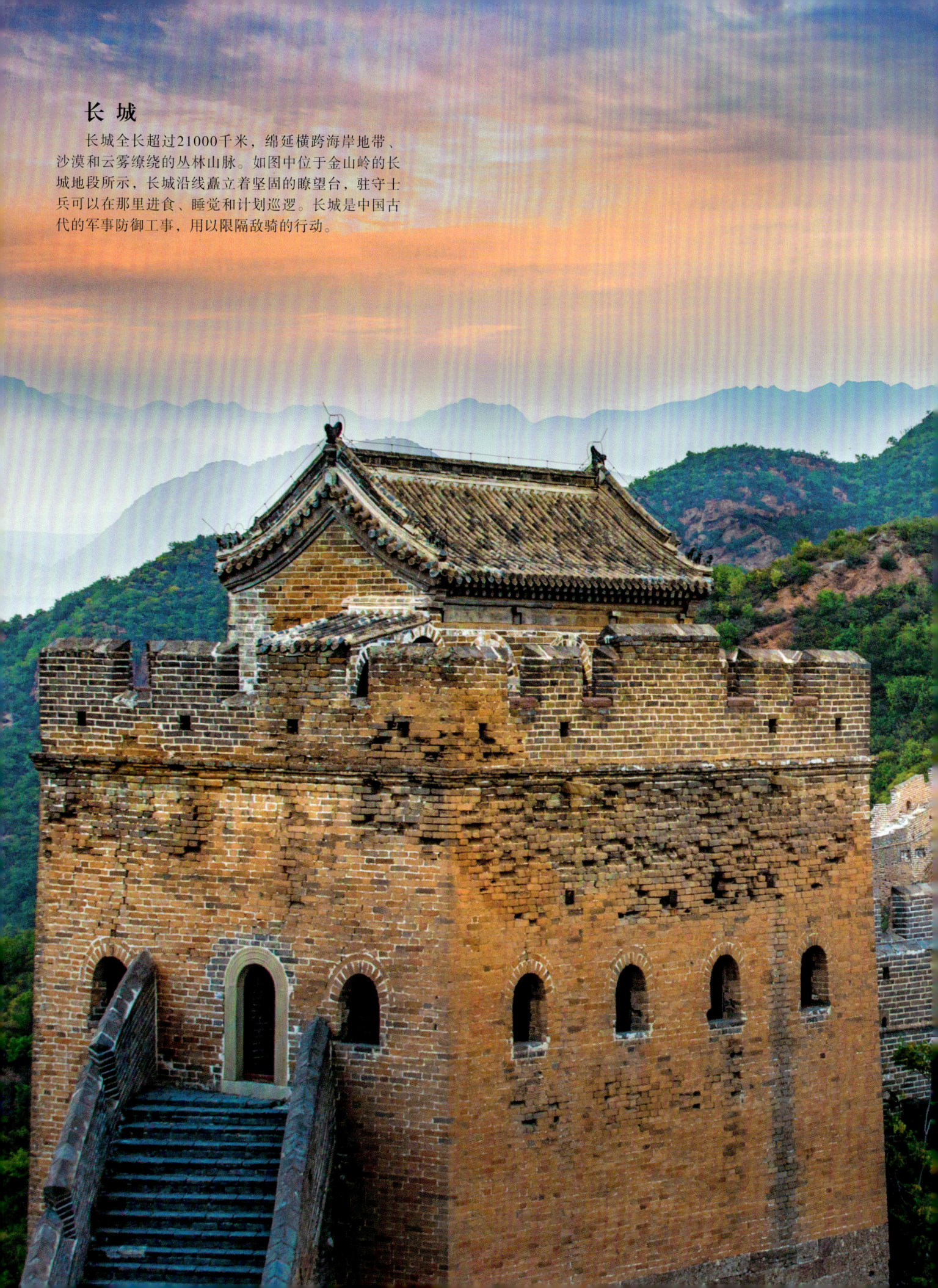

长城全长超过21000千米，绵延横跨海岸地带、沙漠和云雾缭绕的丛林山脉。如图中位于金山岭的长城地段所示，长城沿线矗立着坚固的瞭望台，驻守士兵可以在那里进食、睡觉和计划巡逻。长城是中国古代的军事防御工事，用以限隔敌骑的行动。

马科欣是一位专门研究中国清朝艺术史的学者。她通过研究陶器、瓷器、绘画卷轴以及其他各种艺术品来探索历史。

采访
历史学者

问：是什么让你想成为一名历史学者的？
答：当我还是个孩子的时候，我参观了秦始皇陵墓中的兵马俑。秦始皇是中国第一位称帝的君主，统治时期为公元前221年至公元前210年。我被兵马俑的生动形象所震撼，开始想知道：为什么他们有不同的面孔、发型和服饰？他们为什么会出现在皇帝的陵墓里？试图回答这些问题激发了我对学习历史的兴趣。

问：长城是谁建造的？
答：长城并非一次就完全建成的，而是在不同时期分段修建而成的。长城的修建开始于公元前7世纪。到了秦始皇时期，也就是那位制造兵马俑的皇帝，长城得到了连接和扩建。我们今天所看见的大部分长城是在明朝时期（1368年—1644年）修建的。

问：长城的建筑材料中真的有糯米吗？
答：有的！中国的建筑工匠将糯米浆与石灰混合制成一种特殊的胶合剂，被称为"糯米砂浆"。因此长城的城墙非常坚固，甚至经受了地震的考验。

问：人们以前能穿过长城吗？
答：以前穿过长城的交通很频繁，但是并非用爬上城墙走过去的方式。人们可以穿过长城上的门洞，但是他们需要一份通关文牒才能通行，就像现在的签证。在这些门洞附近，人们开辟了很多市场，使长城内的商人能够与长城以外的商人进行交易。

问：以前长城守卫士兵的生活是什么样的？
答：非常忙碌。他们每天在长城的总长约为95千米的地段上巡逻，还必须每天制作150块砖，以备长城的维修。我们发现了士兵的每日菜单，上面有鸡、鱼、羊肉、野牛肉、猪肉、豆类、大麦和小麦。我敢打赌，他们在辛苦了一天后都会非常渴望这些食物！

舞蹈狂热

1374年，德国亚琛镇爆发了一场持续了几个月的"舞蹈瘟疫"。这种病传播到了德国的其他城镇和城市，甚至蔓延到了其他国家。

洗 手

像图中这样的动物形水罐被用于在餐前洗手。餐前洗手很重要，这是因为当时人们经常用手进食，并且共用一只盘子。

当不需要保护眼睛时，可以将眼罩推上去。

木长枪。

护手套，也被称为铁手套。

威武的骑士

骑士是从小就接受训练的精锐战士，他们发誓在战争时为有权势的领主效命。作为回报，领主授予骑士土地。

马护面保护马的面部。

骑士与城堡

当时胡椒非常珍贵，你甚至能用它们代替现金来支付房租！

在公元6世纪到15世纪期间，欧洲经常处于战争状态。为了安全，人们向大领主效忠以获得保护。当时出现了许多新兴的王国，但是权势最大的是天主教会。

高墙城堡

在公元10世纪后期，用石料建造的城堡变得普遍。它们拥有厚实高大的城墙，并且位于战略要地，可以保护周围地区免受攻击。

- 用于抵御敌人的塔楼。
- 领主和女主人的起居室和宴会大厅。
- 多重又高又厚的城墙保护着城堡免受攻击。
- 城堡区内有马厩、洗衣房和厨房。
- 弓箭手可以通过箭缝向外射击。
- 护城河能延缓入侵者的进攻。
- 只有通过吊桥才能到达门楼。

医生在病人的头骨上钻孔，试图通过释放恶灵来达到治疗疾病的目的。

锋利的锯齿能切割骨头。

黑死病

人类历史上最严重的瘟疫之一，从1347年至1353年席卷整个欧洲。由于当时没有有效的治疗方法，这场瘟疫造成了大约2500万欧洲人死亡，约占这场瘟疫死亡总数的四分之一。

- 瘟疫引起的充满脓液的淋巴结肿块。
- 一位医生试图通过放出脓液来挽救一名患者。

欧洲文艺复兴

欧洲社会在14世纪至16世纪期间经历了一些巨大的变化，新的思维方式从意大利的城邦涌现，影响了文化、艺术和科学。我们称这一时期为文艺复兴时期。

在威尼斯，厚底鞋作为身份的象征，变得非常昂贵，因此威尼斯制定了法律来限制厚底鞋的高度！

在此之前，大多数欧洲人从未在餐桌上见过叉子！

不可思议的发明

列奥纳多·达·芬奇是意大利画家和发明家。他提出了许多超前于当时技术的设想。

这是按照达·芬奇素描本中的飞行器构想草图制作的现代模型。

印刷术

在中世纪的欧洲，书籍都是手工抄写的。这是一项耗时的工作，使得书籍成本昂贵。在15世纪，德国发明家约翰内斯·古腾堡设计了一台印刷机，使用活字排版，能多次印刷整个书页，这使得新思想能够比以往更快更远地传播。

坚固的木框支撑着印刷机。

纸被向下压在活字上，然后滑到印刷机下。

转动手柄将纸和沾墨的活字压在一起。

这个装置将纸往下压。

金属浇铸的字母。

用蘸满墨汁的皮革球将墨汁涂抹在活字上。

古老概念的新生

希腊和罗马神话在文艺复兴时期被重新发扬光大，成为艺术家们的热门题材。上图这幅由意大利艺术家桑德罗·波提切利创作的画作描绘了希腊女神雅典娜与一位上半身是人身，下半身是马身的半人马。

什么是文艺复兴？

文艺复兴是一场席卷欧洲的思想文化运动。各地都有类似的变化，但是发生的时间不同。

艺术
绘画和雕塑常常受到古希腊和古罗马的艺术的启发。

建筑
新技术和新思想被用来改进古代设计，例如大型圆顶建筑。

教育
新型的大学成立了，非宗教性的教科书通过印刷术得到传播。

贸易
不断扩张的贸易意味着更多的财富，而雄厚的资金促进了建筑项目和艺术创作。

天文学
新发明的望远镜使科学家能够观察天空并且了解宇宙。

梦幻之都佛罗伦萨

文艺复兴始于意大利城邦，特别是佛罗伦萨。佛罗伦萨主教堂的穹隆顶设计于1418年完成，是有史以来，包括现在，最大的砖砌穹隆顶。

疯狂的主张！

人们曾认为太阳绕地球运转。但是在1543年，波兰天文学家尼古拉斯·哥白尼声称事实恰恰相反！当时没有人相信他，而支持他的科学家遭到监禁或火刑处决。

美不胜收的艺术

在文艺复兴之前，欧洲艺术家主要绘制宗教题材的画像。现在，他们开始扩大创作领域，尝试新的主题。艺术家们通常受到富有的国王和城邦统治者的赞助。

这幅画是意大利艺术家朱塞佩·阿尔钦博托的作品，描绘了罗马季节之神威耳廷努斯。

所有面部特征都是由水果、花朵和蔬菜堆砌而成的。

甜玉米在欧洲并不为人所知，直到探险家将它从美洲带回来。

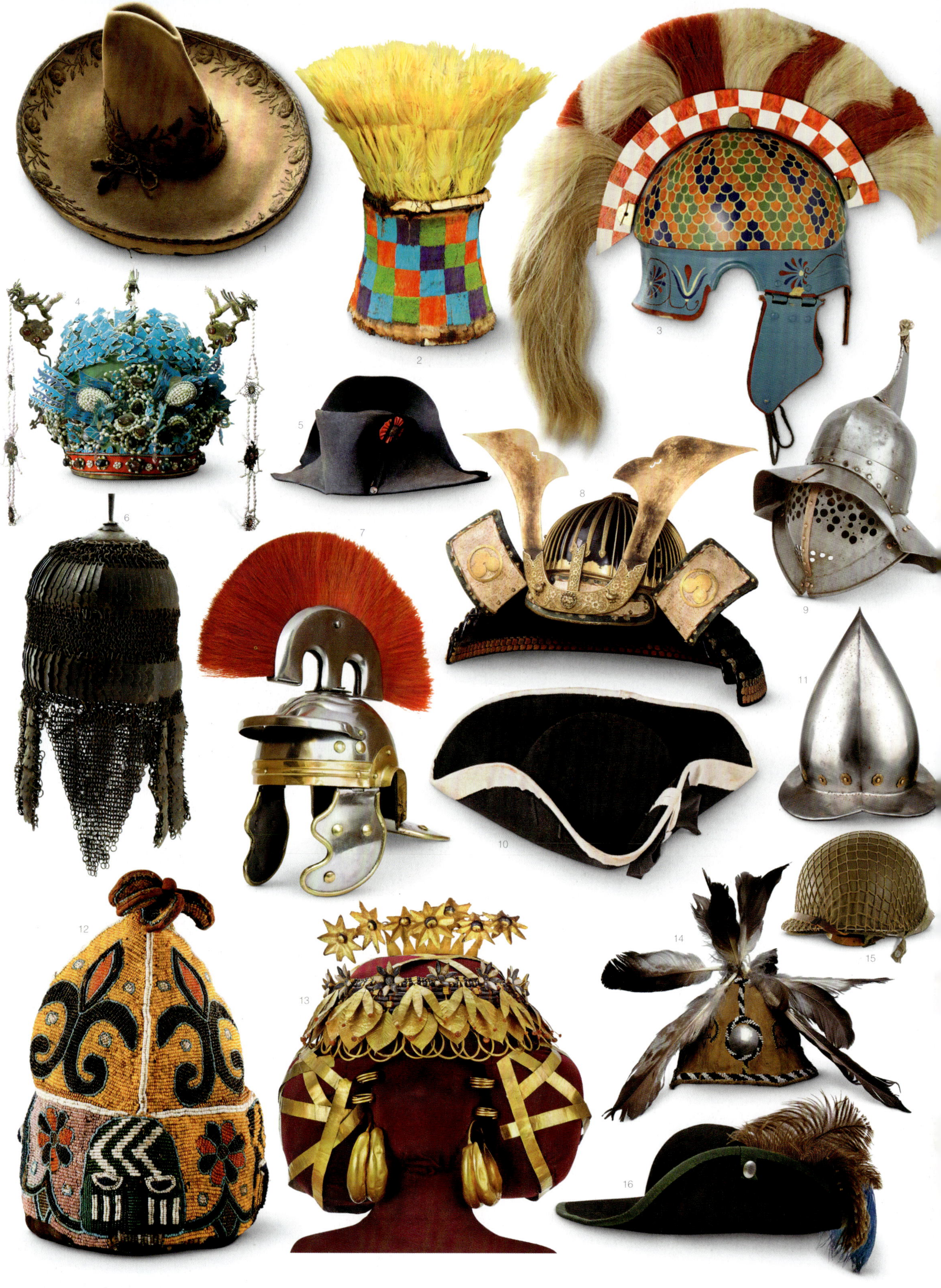
1
2
3
4
5
6
7
8
9
10
11
12
13
14
15
16

看图识别 这些帽子是谁戴的？

如果你是一名莫卧儿战士，你会戴什么帽子呢？如果你是古代美索不达米亚的王后呢？戴上你的"思考帽"，看看你能否辨认出哪顶帽子是谁戴的，并且找出其中不是帽子的那个异类。

1 梅斯蒂索牛仔，15世纪，墨西哥
2 奇穆贵族，14至15世纪，秘鲁
3 战士，公元前5至4世纪，希腊
4 明朝命妇，1368年至1644年，中国
5 拿破仑·波拿巴，1799年至1821年，法国
6 莫卧儿战士，16至17世纪，印度
7 士兵，公元1世纪，罗马帝国
8 武士，15世纪末至16世纪，日本
9 角斗士，公元前1世纪，罗马帝国
10 独立战争士兵，1775年至1783年，美国
11 西班牙士兵，16至17世纪，西班牙和南美洲
12 约鲁巴国王，20世纪，尼日利亚
13 普阿比王后，公元前2600年，美索不达米亚
14 阿帕奇战士，19世纪，美国
15 步兵，第二次世界大战时期，美国
16 海盗，17世纪50年代至18世纪20年代，加勒比海地区
17 神圣罗马皇帝，10世纪，德国
18 蒙古勇士，15至17世纪，中亚
19 将军，17至18世纪，中国
20 步兵，第一次世界大战时期，德国
21 维京战士，8至11世纪，欧洲
22 帽贝壳，2亿至1.45亿年前
23 革命者，1789年至1799年，法国
24 清教徒，16至17世纪，英格兰和美国
25 努比亚国王，公元3至4世纪，库什，东北非洲
26 联邦步兵，美国内战时期，美国
27 中世纪骑士，14至15世纪，欧洲
28 士兵，19世纪，不丹

答案是："22"帽贝壳，它不是帽子，而是一种古老的腹足动物的化石。

全球探险家

随着异国他乡的故事沿着贸易网络传播，许多国家的探险家开始启航，想亲自去看看。凭借更好的船舶和导航工具，他们跨越了大洋，有些人到达了以前无人知道的大陆和岛屿。

复活节岛上的巨大摩艾石像可能是由早期的波利尼西亚定居者制作的。

太平洋探险！

并非所有的探险都与贸易有关。早在公元前1500年，波利尼西亚人就开始探索太平洋，并且逐渐移民至一座又一座岛屿上定居。2000多年后，波利尼西亚的船舶首次抵达了拉帕努伊、夏威夷和奥特亚罗瓦（新西兰）。

志在远方

伊斯兰科学家开发了航海星盘等导航工具，使水手们可以大致确定他们所在的位置以及目的地的方位。这幅1410年的插图描绘了船舶在印度洋航行的情景。

航海星盘。

这是郑和舰队中的一艘较小船的模型。

1522年，一艘名为维多利亚号的西班牙帆船成为第一艘完成环球航行的船！

初次相遇

当不同国家或大陆的人们第一次相遇时，通常双方都会感到好奇。但是欧洲船舶到达北美后，例如画中北美原住民看见的船，经常会与当地原住民发生冲突。

郑和的航行

中国明朝外交官和航海家郑和（1377年—1433年）曾经7次率领庞大的舰队访问东南亚、印度和非洲斯瓦希里海岸的港口。他向当地居民赠送了瓷器等中国物品，并且将回赠给明朝皇帝的纪念品，包括一头长颈鹿，带回了中国。

历史 307

好奇的旅行者

摩洛哥的探险家伊本·白图泰于1325年前往麦加朝圣，由此发现了自己对旅行的热爱。后来他的足迹远达北京和非洲斯瓦希里海岸的基尔瓦。在《伊本·白图泰游记》中，他讲述了他所经历的种种令人惊奇的事情。

地图标注：丹吉尔、开罗、廷巴克图、撒马尔罕、北京、麦加、亚洲、非洲、基尔瓦、印度洋、大西洋

图例：
- 第一次旅行
- 第二次旅行
- 第三次旅行
- 第四次旅行

旅行者讲述的故事

探险家们经常想象未知的世界可能有各种奇妙的事物，他们有时也会夸张地讲述自己的见闻。这幅中世纪的画据称是在异国他乡发现的一条龙。

绘制世界地图

自古以来就有地图，随着人们的不断旅行和观察，地图变得越来越详细，但是仍然受限于每位地图绘制者的知识，常常有许多错误，甚至有些地图标记的地理特征不正确或根本不存在。右侧的地球仪是于1522年在德国制造的。

此时，欧洲人对加勒比地区已经相当熟悉了。

对于北美洲，地图只显示了当时欧洲人所熟知的沿海地区。

这座岛应该是日本，但它被画得太大了，而且距离北美太近。

这张现代地图显示了北美洲、中美洲和南美洲的实际大小和形状。

南美洲尚未被探索的西海岸在地图上被装饰性的云朵覆盖。

欧洲殖民

欧洲探险家到达其他大陆后不久，有关富饶土地的故事就传回了他们的本土，因此本土的统治者派遣队伍前去侵占这些土地，在那里建立殖民地，之后在长达几个世纪的时间内，从那里攫取原材料运回本土。

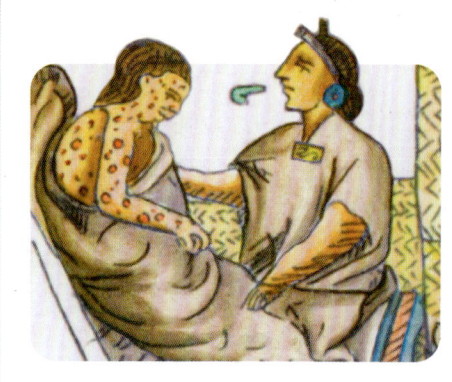

新疾病

欧洲人带来了一些对美洲大陆来说是新的疾病。原住民对这些疾病没有免疫力，也没有治疗方法，数百万人因此丧生。这幅阿兹特克的画描绘了一名患严重天花的人。

原住民的知识

原住民拥有成熟的社会和农耕技术。他们经常会将自己的技能传授给新来的人，例如北美洲原住民告诉新来的人如何将甜玉米、豆类和南瓜一起套种，以获取最佳收益。然而，外来的殖民者很快就把原住民赶出了他们的家园。

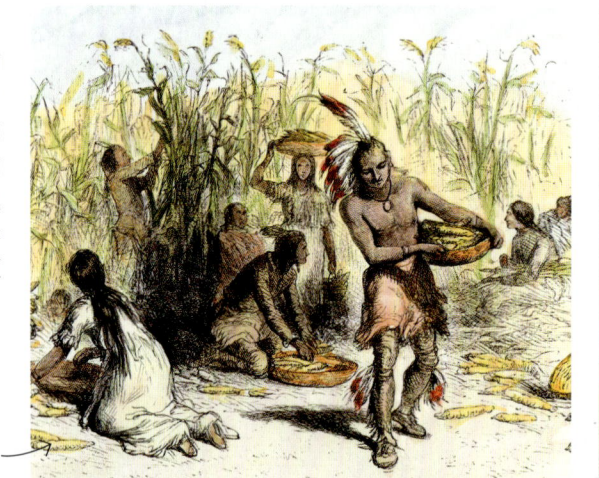

甜玉米。

葡萄牙在巴西的殖民地面积几乎是葡萄牙本土面积的92倍。

窃取白银

最早抵达美洲的西班牙探险家们对印加人和阿兹特克人用金银制造的宝物感到敬畏，但是他们仍然抢劫了宝物，然后运回西班牙，通常将它们熔化。西班牙人很快开始在殖民地开采银矿，迫使当地居民为他们工作。西班牙还在波托西（今天的玻利维亚）铸造银币，并且在全球范围内流通。

西班牙在南美洲铸造的八里亚尔银币

这种硬币可能被广泛使用，远至中国。

贸易入侵

在17世纪，为了控制亚洲香料、茶叶和织物的贸易，欧洲国家先后成立了东印度公司。贸易逐渐变得军事化，并且干涉当地的政治。英国商人于1613年在印度建立了自己的贸易公司，势力不断扩大，直到1858年英国王室接管了印度。

美洲的美食

在美洲被种植了很长时间的西红柿、土豆、菠萝和可可豆于16世纪首次被带到了欧洲。

侵占土地

在16世纪，葡萄牙和西班牙在美洲建立了殖民地。其他欧洲国家随后效仿。在接下来的400年里，世界上许多地区都被殖民，下面地球仪上的红色区域就是其中一些殖民地。

加勒比海岛屿曾被许多国家争夺。

南美洲被西班牙和葡萄牙分割。

18世纪70年代

到了18世纪70年代，几乎整个美洲都处于殖民统治之下。而在非洲和亚洲沿海也有一些小规模的殖民地。

大部分非洲都被占领。

1914年

在19世纪，殖民焦点转向非洲和亚洲。到了1914年，非洲只有利比里亚和埃塞俄比亚仍然保持独立，而印度半岛则被英国占领。

奋起反抗

各大洲的人民都抵制残酷的殖民统治。在达荷美（今天的贝宁），法国殖民者与阿戈杰发生了冲突。阿戈杰是一支凶猛的女战士军队，欧洲人称之为亚马逊人。

这座阿戈杰女战士的现代雕像矗立在贝宁最大的城市科托努。

欧洲领导人用非洲地图来瓜分土地和资源，而不考虑当地人民的意愿。

1884年的分割

欧洲领导人竞相夺取尽可能多的殖民地。1884年，他们聚集在一起商量如何"有秩序"地瓜分非洲大陆。他们没有考虑当地统治者的意见，也没有考虑非洲当时的王国边界。

阿戈杰女战士的武器是长步枪和砍刀。

在第二次世界大战结束时，全球仍有7.5亿人生活在殖民统治之下。

被奴役的生活

从16世纪开始,欧洲国家,以及后来成立的美国,通过买卖被奴役的非洲黑人并且强迫他们无偿劳动而致富。

强制劳动
正如这幅来自加勒比海的画作所描绘的,奴隶们被迫在种植园的田地里或制糖厂里劳作。许多奴隶被迫充当无薪仆人。

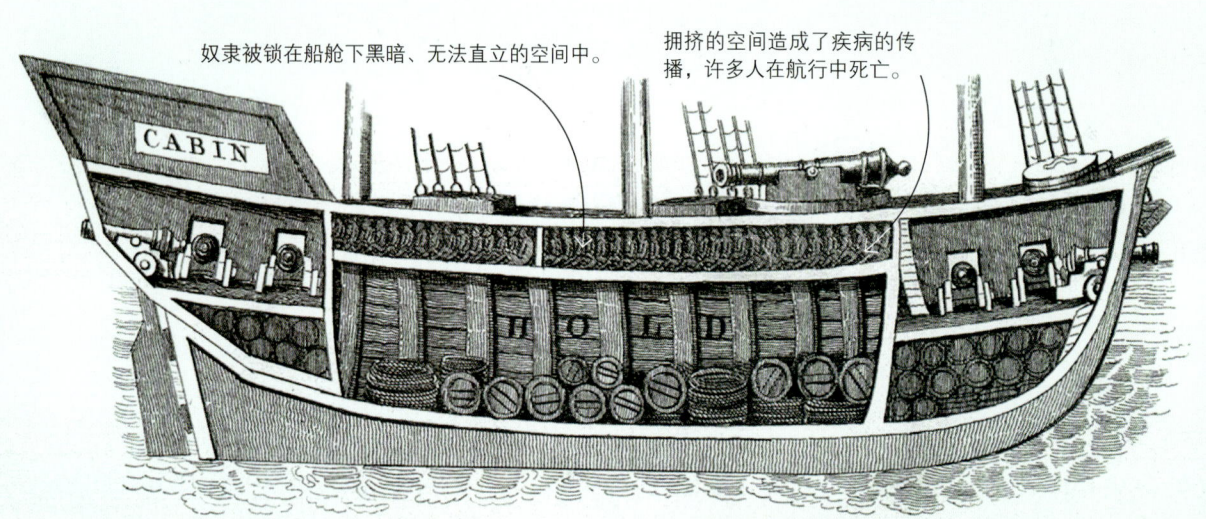

奴隶被锁在船舱下黑暗、无法直立的空间中。

拥挤的空间造成了疾病的传播,许多人在航行中死亡。

可怕的航程
奴隶来自非洲各国,他们被强行掳走并带到海岸边登船,离开朋友和家人,驶向未知的他乡。奴隶船通常先沿着海岸行驶,以收集更多奴隶,因此最先登船的奴隶在开始横渡大西洋之前被铁链拴住数月之久。

跨大西洋贸易
装满奴隶的船穿越大西洋到达美洲,奴隶被出售,并且被迫劳动。

大约有1250万名奴隶被贩运到了大西洋彼岸。

大事记

在400年的时间里,残酷地使用奴隶是合法的。废奴主义者经过很长时间的努力才结束了这种制度,但是我们直到今天仍然能感受到奴隶制的影响。

15世纪末
葡萄牙开始将非洲奴隶作为劳工使用。1510年,西班牙将非洲奴隶送往加勒比海的海地岛。

16世纪至17世纪
更多的欧洲国家参与了跨大西洋的奴隶贸易。

18世纪
欧洲国家在美洲的殖民地普遍使用奴隶。

18世纪70年代
废奴运动开始,其倡导者有黑人也有白人,其中许多是女性。他们努力向大众宣传,并且游说政治家。

充满血泪的农作物

种植园通常生产销往欧洲市场的特定农作物。种植园主和商人靠出售奴隶无偿生产的农作物而致富。

烟草在16世纪的欧洲开始流行。

烟草　甘蔗　棉花

不懈的抗争

许多奴隶在船上就进行了反抗，有些奴隶则在种植园中发动了起义。逃出来的奴隶建立了反叛定居点，并且袭击种植园。其中一个最知名的反叛社区是由南妮女王领导的牙买加马龙人社区。这些抗争的消息使人们对使用奴工的正当性产生了质疑。

南妮女王。

逃生之路！

在美国有一个被称为"地下铁路"的秘密逃亡网络，帮助奴隶们逃往自由之地。路上有被称为"车站"的安全落脚点，用点亮的灯作为标志。大约有10万奴隶通过这种方式获得了自由。

精神永存

奴隶在种植园里的生活是残酷的，生命常常很短暂。但是奴隶们建立了自己的社区，保持了自己的信仰、传统和文化，并且逐渐与当地的基督教习俗融合在一起。这幅画描绘了一位非裔美国人的葬礼仪式。

1777年
新独立的美国也参与了奴隶贸易。

1803年
丹麦成为第一个永久废除奴隶贸易（但还没有废除奴隶制度）的国家。其他国家也逐渐效仿。英国于1807年废除了奴隶贸易。

1834年
英国在加勒比地区的殖民地废除了奴隶制。奴隶主因为"损失"而得到了丰厚的赔偿，但获得自由的奴隶却一无所得。

1865年
美国在内战结束后宣布废除奴隶制。

1888年
巴西是美洲最后一个废除奴隶制的国家。但这不意味着美洲或欧洲的黑人享有平等的权利。

革命时代

18世纪末至19世纪中期,全球各地爆发了一系列革命,人们反抗统治者,要求自由、权利、更公平的法律和独立。

海地革命的领袖杜桑·卢维杜尔。

在法国大革命期间,近17000人被送上了断头台。

刀刃快速落下,将头与身体分离。

海地,1791年—1804年
被奴役的人们进行了反抗殖民统治的长期抗争,终于1803年摆脱了法国统治者,并且于1804年成立了共和国。

法国,1789年—1794年
法国爆发了人民争取权利的革命,国王路易十六被处决,法国成立共和国。

美国,1775年—1783年
13个位于美洲的英国殖民地于1776年宣布脱离英国。他们为了捍卫美国这个新国家的自由而进行了一场长期战争。

演讲的力量

受到伏尔泰等法国哲学家的启发,新的思维方式转化为对自由和平等的呼声。人们聚集在一起,聆听来自社会各个阶层的演讲,这些演讲则引发了行动。

重大的革命

有些革命导致了新国家的建立，而有些革命则给人民带来了更多的权利。有些革命持续了多年，而有些革命则如同短暂的火花，旋即就被扑灭。

1823年的马拉开波湖战役。

西蒙·玻利瓦尔的海军攻击一座被西班牙占领的堡垒。

拉丁美洲，1808年—1823年

南美洲的西班牙殖民地上发生过几次独立战争，革命领袖西蒙·玻利瓦尔帮助委内瑞拉、哥伦比亚、厄瓜多尔、巴拿马、秘鲁和玻利维亚摆脱了西班牙的统治。

德意志邦联，1848年

当时德国有许多邦国，人们希望组成一个统一的国家，但是又不想被一位拥有无限权力的君主统治。公民聚集起来提出他们的要求，而统治者则出动军队进行镇压。

女性团结起来

在当时，妇女没有投票权。但是许多妇女，例如图中的这些巴黎妇女，加入了政治俱乐部。她们讨论民生和政治问题，例如不断上涨的食品价格导致的贫困，以及如何利用报纸发出自己的声音。

许多小独立邦国是德语国家联邦的一部分。

欧洲

意大利尚未成为一个统一的国家。

图例
- 1848年起义
- 1848年的邦国边境
- 德意志邦联

世界上第一艘潜艇于1776年在美国下水，它的第一次行动是袭击英国的战舰！

1848年的导火索

这一年内，欧洲各地爆发了起义，原因有很多：食品短缺导致骚乱，工人要求权利，有些人希望成立一个统一的国家，有些人希望摆脱帝国的统治。起义很快就被镇压下去了，但是人们对改革的要求仍然存在。

工业革命

大约在1760年，英国爆发了工业革命，随后蔓延到世界各地。工业革命导致工厂出现、城市扩展、经济发达和人口增加，从而改变了世界历史进程。

早期铁路

许多发明家致力于开发蒸汽机车。最成功的一款是由英国工程师罗伯特·斯蒂芬孙于1829年设计的名为"火箭号"的机车。最初的铁路只被用于运输货物，不久后，旅客也能乘坐火车。

辛勤劳作！

童工曾经在工厂里工作很长时间。1833年，英国颁布了一项新法律，规定儿童每天工作不得超过8小时，并且禁止雇用9岁以下的儿童。

"火箭号"剖面图

排气管喷出废气。

安全阀可以让过量的蒸汽排出。

水箱中的水被加热至沸腾，产生蒸汽来驱动活塞。

燃烧的煤炭将水加热。

煤炭在火箱里燃烧。

铁活塞驱动车轮。

斯蒂芬孙的"火箭号"机车（1829年）

历 史　315

新型机器

巧妙的创新使机器能够快速、便宜地做原来需要由人力或畜力做的工作，一台机器能替代数十甚至数百名工人。许多发明在工业革命的过程中被提出和完善，右侧是当时最重要的三项发明。

蒸汽机
这种蒸汽机为矿井中的水泵和工厂中的机器提供动力。

一次能纺出多达120根棉纱。

珍妮机
珍妮机将棉花纺成纺织用的棉纱。

由蒸汽驱动的活塞推动锤子。

蒸汽锤
炼铁厂使用这种工具将金属锻打成形。

蓬松的棉花纤维。

棉花供应

英国纺织工业的棉花原料来自使用奴工的美洲种植园。低廉的成本使英国能够在价格上压倒印度等的布料生产竞争对手。

变化的土地

随着工业化的加速，人们离开农村去工厂工作，通常住在城市中拥挤肮脏的地区。贫困、疾病和社会动荡很常见。

席卷全球

工业化从英国传播到欧洲、美洲和亚洲各地。大规模机械化、廉价劳动力和大规模生产成为常态。这幅图画描绘了日本的一家丝绸工厂。

第一辆自行车于1817年发明，但是骑行者需要用脚蹬地！

400多名妇女乔装成男性参加了战争！

飞行手榴弹

联邦军队使用的凯旋手榴弹发明于1861年。这种手榴弹重达2.3千克，士兵们像投掷飞镖一样投掷它们。如果前端先着地，撞击就会使柱塞滑入，引爆内部的火药。

美国内战

在1861年至1865年期间，美国陷入了一场激烈的内战，爆发原因是奴隶劳工问题：北方联邦各州宣布奴隶劳工为非法，但是南方各州则支持奴隶制度。

触发柱塞的板片。

军营生活

双方的战士都是志愿兵，而不是职业军人。他们住在简陋的军营里，那里不舒适，肮脏，疾病肆虐，有时甚至存在暴力。尽管如此，有些士兵仍然拖家带口地随军生活和战斗。

蓝色制服表明这名男子是联邦军队的一员。

在军营里生活的妇女为其他士兵提供洗衣服务。

整个家庭住在简陋的小帐篷中。

甚至婴儿也在军营中生活。

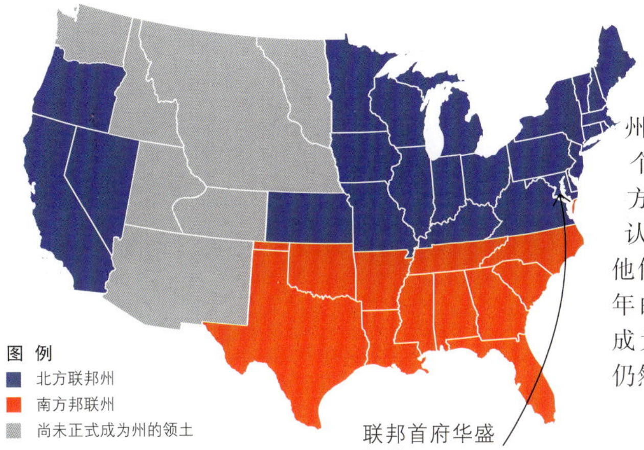

战争中的各州

1861年，南方的11个州脱离了美国，组建了一个独立的政府，称之为南方邦联。北方各州拒绝承认这个新政府，并且要求他们重新回到联邦。经过4年的战争，南方各州再次成为联邦的一部分，但是仍然存在许多分歧。

图例
- 北方联邦州
- 南方邦联州
- 尚未正式成为州的领土

联邦首府华盛顿特区。

铁甲战舰对决！

在1862年的汉普顿锚地海战中，北方联邦的"莫尼特"号舰艇与南部邦联的"弗吉尼亚"号舰艇战成平局。这些舰艇更像潜艇。上图描绘的是铁甲舰（全金属舰）之间的首次海上交战。

战斗中的解放令

1863年，美国总统亚伯拉罕·林肯宣布奴隶应该获得自由，非裔男性可以参军作战。来自北方和南方的大约18万名非裔美国人加入了联邦军队。

在1863年的第二次瓦格纳堡战役中，非裔联邦士兵英勇作战。

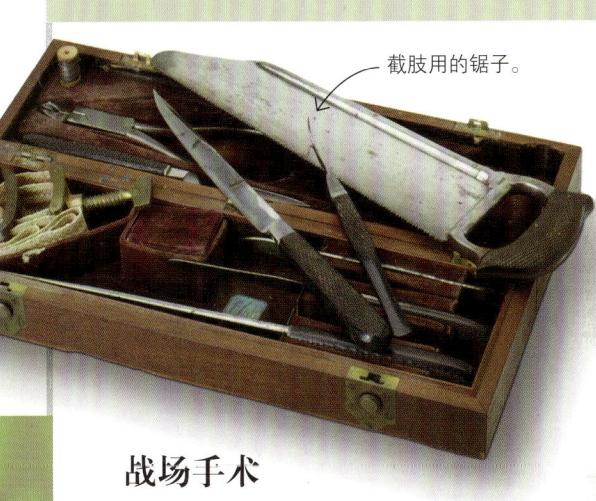

截肢用的锯子。

战场手术

战场手术通常在不清洁的环境中进行，使用未经消毒的设备，而且在没有麻醉的情况下进行。在战争死亡的人数中，死于伤口感染的人数约是在战斗中直接死亡人数的两倍。

在战争中有超过300万匹马和骡随军服役！

惨烈的战场

激烈的战斗是在炮火中进行的。士兵们用步枪和刺刀格斗，伤亡惨重。整个战争中大约有50场重大战役，大多发生在弗吉尼亚州和田纳西州，还有成千上万次小规模的交战，一共有超过60万人丧生。

"拿破仑"加农炮是内战中使用最广泛的火炮。

社会变革

联邦的胜利导致了奴隶制的废除。1871年，乔赛亚·沃尔斯（上图）成为首批当选美国国会议员的非洲裔美国人之一，但是黑人仍然需要为权力而奋斗。

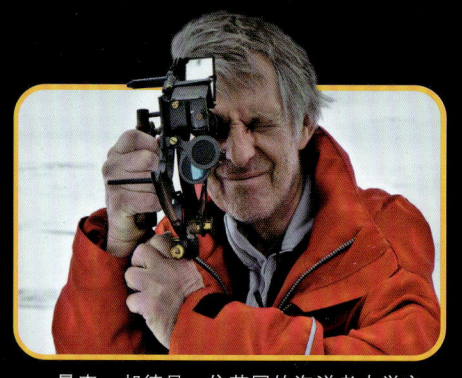

曼森·邦德是一位英国的海洋考古学家。在2022年发现"坚忍号"沉船的考察队中，他担任探险指挥。

"坚忍号"沉船

英国探险家欧内斯特·沙克尔顿于1914年乘坐"坚忍号"前往南极洲探险。他计划步行横穿南极洲，那将会是一次前所未有的壮举，但是"坚忍号"不幸被困在浮冰中，船体破裂，海水涌入，船员们只能弃船逃生。沉没的"坚忍号"残骸一直留在了南极海域深处。

采访
海洋考古学家

问：你们是如何知道在哪里可以找到"坚忍号"的？

答：我们根据"坚忍号"船长弗兰克·沃斯利的记录，确定了这艘船沉没的区域。沃斯利的记录非常准确，我们在距离其所说位置仅4海里的地方找到了这艘沉船。

问：当你看见这艘沉船残骸时，你有什么感觉？

答：发现"坚忍号"是我一生中最美好的时刻。我从未看见过如此雄伟的沉船，我们甚至可以看见原来的涂漆，就好像它一直待在那里等待被发现一样。

问：为什么"坚忍号"保存得这么完好？

答：因为南极洲非常寒冷，所以船蛆无法存活。如果船蛆进入船体的木材，它们会一边吃一边生长，它们的身体从开始不到一颗大头针的大小，一直长到约人的前臂那么长，拇指那么粗，那时木材就被完全吃掉了。

问：在这次考古远征中你们面临的最大挑战是什么？

答：冰。如果一艘船被困在冰中，就有可能被挤压破裂。这正是"坚忍号"当年出事的原因。我们的探险船也曾多次被冰困住，但是我们总能设法脱困。

问：你们使用了哪些技术来寻找"坚忍号"？

答：我们用来寻找"坚忍号"的设备是一台叫作"剑齿"的水下机器人。它可以自动搜索海床，我们也可以用遥控器来引导它去指定的地方。

问：你们的工作中最难的部分是什么？

答：我喜欢潜水，但是我从不忘记水下是一个条件非常恶劣的环境。多年来，我和我的助手有过氧气耗尽、被海狮攻击、被海流冲走、被渔网缠住和被有毒鱼类蜇伤等经历。但是只要你经过正确的培训，并且小心谨慎，你就可以探索大多数人从未见过的水下世界。

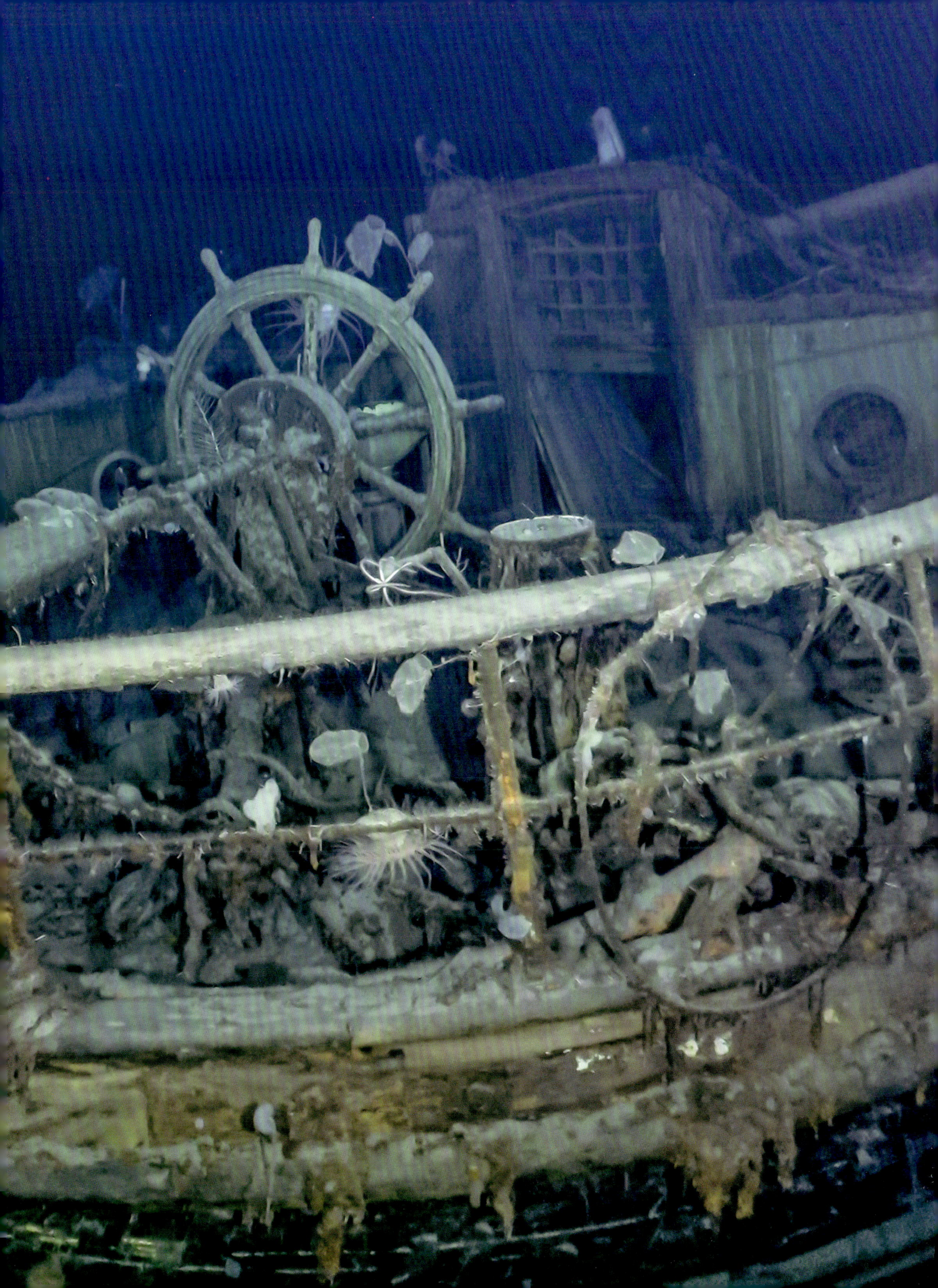

第一次世界大战

1914年，欧洲长期存在的紧张局势演变成了一场战争，像野火般蔓延，几大洲都爆发了战争，最终成为伤亡惨重的世界大战。

战壕战

士兵们挖掘了长长的战壕，以躲避炮火，并且将它用作发动进攻的基地。此外，士兵们不得不在这种肮脏、危险的环境中吃饭和睡觉。

图注：毒气警报铃、掩体、铁丝网、沙袋、弹药架、射击台

西线战场

许多持久的战役发生在横跨比利时和法国的西线战场。1917年末，第三次伊普尔战役夺去了超过80万人的生命，并且使伊普尔地区遭受了严重的破坏。

大事记

第一次世界大战于1914年7月爆发，当时人们认为这场战争会在圣诞节前结束，但是它却持续了4年之久。

1914年6月—7月：战争爆发
在费迪南大公被暗杀后，奥匈帝国向塞尔维亚宣战。俄国宣布支持塞尔维亚。德国对俄国宣战。

1914年8月：早期战役
在东部，德国人在坦能堡战役中大获全胜，击败了俄国军队。

1914年9月：阵地战
德军在西欧的前进受到了协约国军队的阻击。双方开始挖掘战壕对峙。

1915年—1916年：东线战役
协约国军队在加里波利地区袭击奥斯曼帝国，以支援东线的俄国。

选边站队

敌对国家分成了两个阵营：协约国和同盟国。到1914年底，欧洲大部分国家、奥斯曼帝国和日本都已经选边站队。保加利亚和意大利于1915年参战，而美国和中国则于1917年参战。

协约国主要成员：俄国、法国、英国、美国

同盟国主要成员：德国、奥匈帝国、奥斯曼帝国

来自33个国家的约6500万士兵参与了这场战争。

在历时4年的战争中，估计有2000万人失去了生命。

新式武器

双方都发展了新技术来战胜敌人。如装甲坦克能冲破被铁丝网和高速机枪火力保卫的敌方阵线。这些高效、致命的武器对双方都造成了重大伤亡。

- 装甲外壳。
- 马克IV型坦克
- 维克斯MK1式机枪
- 射程可远达4.1千米。
- 三脚架提供稳定性。
- 大型旋转机枪被安装在侧面。
- 全地形履带。

空中战争

这场战争爆发时，飞机是一项新发明，而双方都迅速地发展出了更快、更轻便的飞机。侦察机被用来侦察敌方战壕，但是它们可能会遭遇战斗机的反击，并且被击落。

这架英国皇家空军SE5a战斗机的双翼是木制的，表面用织物包裹。

装有信件的金属容器。

信鸽传讯！

在没有电话线的前线，军队广泛使用信鸽传递机密信息和命令。在战争期间，有超过50万只信鸽往返前线传送重要信息。

1916年5月31日—6月1日：日德兰海战
英国和德国的海军在丹麦沿海展开了第一次世界大战中唯一的一场较大的海战。

1916年：大推进
协约国军队在西线发动了一场重大的战略进攻，超过100万人在战役中丧生。

1917年4月：美国参战
德国潜艇击沉了美国的卢西塔尼亚号客轮，将美国卷入了战争。

1918年11月11日：战争结束
在战场上节节失利的情况下，德国军队同意签署停战协议。

1919年：不稳定的和平
德国与协约国签署了和平条约，并且被迫接受了屈辱的条件。

第二次世界大战

历史上规模最大的冲突是第二次世界大战，一共有60多个国家卷入了这场战争，造成至少5500万人死亡。

大事记

这场战争是在两个阵营之间进行的：一个阵营是以苏联、美国、英国、中国等国家为主的同盟国，另一个阵营是以德国、意大利和日本为首的轴心国。

1939年9月1日：战争开始
德国入侵波兰。两天后，英国和法国对德国宣战。

1940年5月至6月：法国沦陷
德军席卷法国并且占领了巴黎。英国领导了抵抗德军的战争。

1940年8月至11月：空中战争
在不列颠战役中，德国发动了对英国本土的空袭，但是被同盟国战斗机击败。

1941年6月22日：东线转折
德国入侵苏联，计划在冬季到来之前攻占莫斯科，但是遭到了顽强的抵抗。最终，德国被迫撤退。这场战役永久地削弱了德军的战斗力。

1941年12月：太平洋突袭
日本袭击了亚洲的英国殖民地。

两枚20毫米的火炮之一。

发动机排气管。

纳粹的崛起

在第一次世界大战之后，一些欧洲国家寻求强有力的领导者。在德国，由阿道夫·希特勒领导的纳粹党上台执政。纳粹党想要通过征服其他国家来扩张德国。当德国入侵波兰时，引发了英国和法国对德国宣战，许多欧洲国家的殖民地也加入了战争，将更多国家卷入这场冲突。

被炸毁的城市

远离前线的平民首次面临被攻击的危险。空中轰炸袭击摧毁了双方的城市。德国于1940年开始对伦敦进行了一系列名为"闪电战"的空袭，又被称为"伦敦大轰炸"，造成了43000名平民死亡。1943年，盟军的战略空袭摧毁了德国城市汉堡（上图），导致4万人丧生。

纳粹党举行了大规模的集会来煽动民众。

致命的空中缠斗

像图中这样的喷火式战斗机参与了被称为"空中缠斗"（dogfights）的激烈空战，而轰炸机则攻击军事和民用目标。战争期间共生产了超过80万架飞机。

德国的潜艇，被称为U艇，一共击沉了大约3000艘盟军舰艇。

中队代号。

这种面罩由橡胶制成，能够紧密地贴合在孩子脸上。

运送军队登上海滩的希金斯登陆艇。

诺曼底登陆

"二战"期间法国被德国占领，直到1944年6月6日，盟军发起了有史以来最大规模的海上登陆战，数千艘船登陆法国海滩，开始解放法国的战斗。

防毒面罩

英国给4岁以下的儿童配发了颜色鲜艳的米老鼠面罩，以保护他们免受毒气攻击的伤害。

冻僵的脚

德国和苏联在东线作战的士兵遭受了可怕的严寒。德国士兵在执勤时不得不穿着笨重但有效的稻草鞋套，以防止冻伤。

稻草帮助保温。

大屠杀

纳粹迫害犹太人，强迫他们居住在隔离地区。之后，在1942年，纳粹开始驱逐和屠杀犹太人。至少有600万名犹太人和其他少数族裔在集中营中被杀害。

战争结束

日本是最后投降的"轴心国"成员。1945年8月6日和9日，两架美国B-29飞机分别在日本广岛和长崎市投下了一颗原子弹，造成大量平民和军人丧生。日本随即宣布投降。

1941年12月7日：珍珠港
日本对夏威夷珍珠港的美国海军基地发动突然袭击，使美国加入了战争的同盟国一方。

1943年2月：
德军和苏军在斯大林格勒进行了历时8个月的激烈战斗，德军遭受了开战以来最惨重的失利。

1944年6月6日：诺曼底登陆
17余万名盟军士兵在被德国占领的法国诺曼底强行登陆。德军逐渐被击退。

1945年4月30日：德国战败
在德国败局已定的情况下，希特勒自杀。德国于一星期后宣布投降，但日本还在负隅顽抗。

1945年9月2日：战争结束
当美国投下原子弹攻击广岛和长崎后，日本宣布无条件投降。第二次世界大战结束。

民权运动

在20世纪50年代至60年代，非裔美国人在争取平等权利的长期抗争中取得了很多进展。民权活动家们实现了许多目标，包括1954年最高法院确认种族隔离是非法的。

大事记

奴隶制被废除后，法律上赋予非裔美国人以平等权利，但是种族主义暴力继续存在，尤其是在南方。与此同时民权运动也在不断发展壮大。

1868年
美国第十四宪法修正案被通过，赋予所有非裔美国人公民的所有权利。

从19世纪80年代开始
在南方各州，吉姆·克劳法将黑人公民与白人公民隔离；被认为违反规则的黑人遭到白人暴民的酷刑和谋杀。

1955年
14岁的埃米特·蒂尔惨遭谋杀。白人陪审团驳回了对两名白人凶手的指控。这引发了一波黑人反抗行动。

1960年
北卡罗来纳州格林斯伯勒市的学生组织和平抗议活动，反对餐馆的种族隔离。

1963年
5月，青少年们在亚拉巴马州伯明翰市举行示威游行。9月，4名黑人女孩在种族主义者炸毁16街浸信会教堂时丧生。

1964年
民权法案生效，禁止基于种族、出身和性别的歧视，以及种族隔离和吉姆·克劳法。

1965年
塞尔马–蒙哥马利游行活动促进了选举权法案的通过，禁止以种族或族裔的原因阻碍人们投票。

1968年
马丁·路德·金在田纳西州孟菲斯市被刺杀。这起事件震惊了世界。

早期的活动人士
民权活动有很长的历史。在19世纪90年代，记者艾达·贝尔·韦尔斯撰写了反对种族主义暴力的文章，并且与其他早期的活动人士一起开展民权活动。

罗莎·帕克斯公交车的复制品。

反抗种族隔离
在美国南部，黑人乘坐公共汽车不能坐在"白人区域"。罗莎·帕克斯对此提出了挑战。在她的影响下，"自由乘车者"运动兴起了。

1965年，马丁·路德·金在亚拉巴马州的塞尔玛领导了一场要求全面投票权的游行。

继续前进
和平抗议的主要领导人马丁·路德·金利用游行来引起人们对民权运动的关注。尽管游行抗议者们经常受到袭击，但是他们仍然继续前进。

马丁·路德·金经常组织和参加和平抗议，因此曾被逮捕29次！

直到1954年，美国学校中的种族隔离行为才被判为非法。

主要活动人士

从20世纪50年代开始，来自不同背景、职业和宗教信仰的人们参与了黑人争取民权的抗争。以下只是其中一些最有影响力的人士。

玛米·蒂尔-莫布利
在她的儿子被残酷地谋杀后，她勇敢地站出来帮儿子伸张正义。

罗莎·帕克斯
她因拒绝为一名白人让座而被捕，导致了1955年至1956年的"自由乘车者"运动。

穆罕默德·阿里
他是世界著名的拳击手，经常在听众众多的采访中谈论民权问题。

哈里·贝拉方特
这位受欢迎的歌手是众多参与民权运动的艺术家之一，他在美国和国际上宣传民权运动。

安吉拉·戴维斯
她是一名激进的政治家和女权主义活动家，也是一名大学教授，出版过许多书籍。

表明立场

在1968年的奥运会上，美国队的200米金牌获得者汤米·史密斯和铜牌获得者约翰·卡洛斯举起拳头，做出支持黑人维权运动的手势，抗议种族不平等。

继续抗争

在美国和世界其他地区，歧视和种族主义并没有消失，因此抗议活动也仍在继续。例如右图中"黑人的命也是命"运动。

"黑色很美"于20世纪60年代首次成为口号！

326　历史

冷　战

从1945年到1991年，美国和苏联是两个相互竞争的"超级大国"。它们之间的争斗被称为冷战，这是因为虽然它们相互威胁，但是却并没有发生直接的军事冲突。

在20世纪80年代，美国和苏联领导人同意，如果外星人入侵地球，他们将停止冷战！

美国中央情报局的特工用鞋带的不同系法来传递秘密信息！

"跟我来"系法。

相机被带子固定在鸟的颈部。

鸟类间谍

双方都在互相从事间谍活动。美国中央情报局曾经使用鸽子监视苏联的基地，还用乌鸦将监听设备投放到政府大楼的窗台上。

核威胁

这两个超级大国都拥有足够摧毁地球的核武器。如果一方发动核弹袭击，另一方就会进行核弹报复，从而引发全球核战争。此事的严重性是冷战没有演变成"热战"的原因之一。

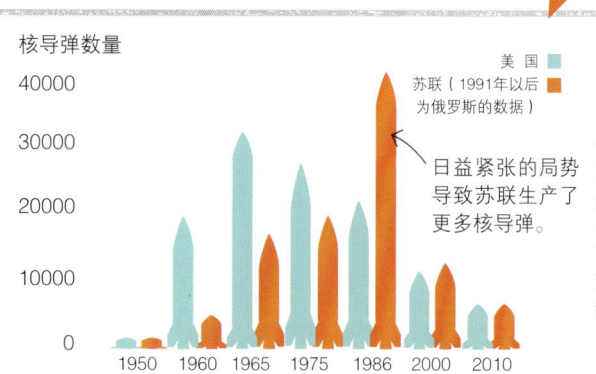

军备竞赛

第二次世界大战结束后，美国是世界上唯一拥有核武器的国家。但是苏联于1949年开始测试并且成功研发了自己的核武器。这导致了一场军备竞赛，双方都不停地制造了更大、更具破坏力的核武器。这场竞赛在21世纪逐渐减缓。自冷战结束以来，核武器的数量已经大幅减少。

核导弹数量　　美国　苏联（1991年以后为俄罗斯的数据）

日益紧张的局势导致苏联生产了更多核导弹。

越南战争

美国和苏联之间虽然没有发生直接冲突，但是仍然相互对抗。例如，在1955年至1975年的越南战争期间，苏联向越南北方提供支持，而美国则派遣了55万名军人支持越南南方。

历史 327

太空竞赛

超级大国在太空领域也进行了竞争。苏联于1957年发射了世界上第一颗卫星，在探索地球以外的太空竞赛中取得了领先地位。同年晚些时候，苏联将一只名为莱卡的狗送入了太空。而美国则于1969年成为第一个将人类送上月球的国家。

柏林墙

第二次世界大战结束时，德国被分为东德和西德。柏林位于东德内部，但是它也被划分成东柏林和西柏林。1961年，东德政府建造了柏林墙，以阻止东柏林的市民前往西柏林地区。

古巴导弹危机

世界距离核战争爆发最近的一次是在1962年10月，当时苏联在距离美国海岸仅166千米的古巴部署了核导弹。经过13天的紧张对峙和磋商，苏联最终让步，撤除了导弹。在危机期间，一些美国家庭躲进了防空洞。

在很多年的时间内，美国发射核武器的绝密的密码曾经是00000000！

柏林墙倒塌

20世纪80年代，一股要求更多民主自由的风潮横扫了东欧的苏联盟国。抗议者于1989年11月9日推倒了柏林墙，德国重新成为一个统一的国家。两年后，苏联也解体了，它的加盟共和国纷纷独立。

阿尔及利亚烈士纪念碑高达92米！

宣告独立

第二次世界大战后，殖民地独立运动兴起，殖民国不得不接受世界正在发生变化这个事实。有些殖民地是通过抗争获得独立的，有些殖民地则采取和平谈判形式。到20世纪末，大多数前殖民地都获得了独立，但是并非全部。

每年的庆祝活动

许多国家都纪念它们的独立日。有些国家在独立日举行阅兵仪式，也有些国家举办类似狂欢节的庆祝活动。肯尼亚于1964年成为共和国，它的独立日被称为"贾姆胡里日"，是国定假日，人们在这一天聚集起来举行庆祝活动。

加纳独立日

加纳是非洲最早获得独立的国家之一。加纳自由运动的领袖是克瓦米·恩克鲁玛。1948年,他支持在第二次世界大战中为英国作战但是受到不公正待遇的加纳退伍军人,抗议运动逐渐演变为独立运动。1957年,克瓦米·恩克鲁玛成为自由加纳的领袖。

加纳的第一任总统克瓦米·恩克鲁玛。

印巴分治

经过圣雄甘地、萨罗吉尼·奈杜和穆罕默德·阿里·真纳等活动人士多年的努力,英国于1947年撤出印度。原来的印度分裂成两个国家:印度和巴基斯坦。这一事件被称为分治。今天,这两个国家每天都在边界两侧进行对立的军事仪式。

泛非主义运动

泛非主义运动始于20世纪,目的是团结黑人,反对殖民统治和种族歧视。后来它在争取独立的抗争中发挥了作用,并且呼吁非洲国家之间的团结。

现在世界上有195个独立国家!

泛非主义运动的三色旗。

2021年,桑德拉·梅森在总理米娅·莫特利和节奏布鲁斯歌手蕾哈娜的陪伴下,宣誓就任巴巴多斯总统。

巴巴多斯独立

自1627年以来一直是英国殖民地的加勒比海岛巴巴多斯于1966年获得了独立,但是它仍然属于英联邦,奉伊丽莎白二世女王为国家元首。2021年,巴巴多斯成为共和国。

非洲国家

下面的时间线列出了自20世纪50年代以来非洲国家从殖民国获得独立的年份。括号中为殖民国。

- **1956**
  突尼斯,摩洛哥(法国),苏丹(英国/埃及)
- **1957**
  加纳(英国)
- **1958**
  几内亚(法国)
- **1960**
  喀麦隆,多哥,贝宁,马达加斯加,尼日尔,布基纳法索,科特迪瓦,乍得,中非共和国,刚果布(法国),尼日利亚(英国),索马里(英国/意大利),刚果金(比利时)
- **1961**
  塞拉利昂,坦桑尼亚(英国)
- **1962**
  阿尔及利亚(法国),乌干达(英国),卢旺达,布隆迪(比利时)
- **1963**
  肯尼亚(英国)
- **1964**
  马拉维,赞比亚(英国)
- **1965**
  罗德西亚(1980年改名为津巴布韦),冈比亚(英国)
- **1966**
  博茨瓦纳,莱索托(英国)
- **1968**
  斯威士兰(英国),赤道几内亚(西班牙)
- **1973/1974**
  几内亚比绍(葡萄牙)
- **1975**
  莫桑比克,佛得角,科摩罗,圣多美和普林西比,安哥拉(葡萄牙)
- **1976**
  塞舌尔(英国)
- **1977**
  吉布提(法国)

转向数字化

软盘是20世纪60年代发明的。最早的软盘只能存储80KB的数据！图为80年代发明的、容量大于1MB的软盘。

20世纪初，第一批计算机问世了，用于帮助人们进行计算。很快，计算机的能力变得越来越强，体积变得越来越小，越来越多的人开始使用计算机。

早期的计算机

第一批电子数字计算机是在英国和美国制造的，在第二次世界大战中被用于破解德国军事密码。它们的体积庞大，每台计算机都占据了整个房间。

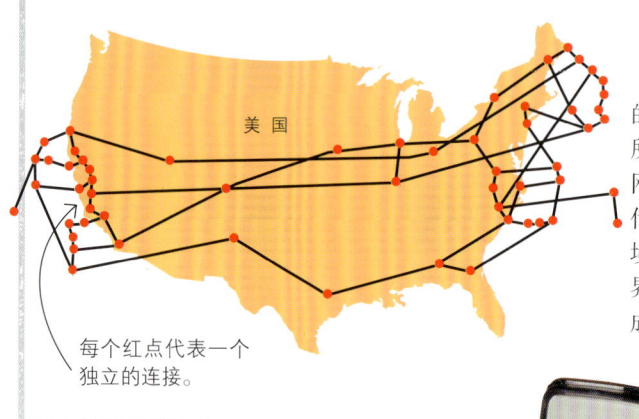

美国

每个红点代表一个独立的连接。

早期的互联网

1969年，一个名为阿帕网的网络通过电话线连接了美国4所大学的计算机，它就是互联网的前身。到了20世纪70年代，阿帕网扩展到了美国全境。在20世纪80年代，它与世界上的其他类似网络合并，形成了我们现在的互联网。

个人电脑

到了20世纪70年代，计算机已经在企业中使用。20世纪80年代初期，第一批个人电脑出现了，计算机开始进入人们的家庭。

这是一台用户自己制作的早期计算机。

第一个网页

万维网的发明使得互联网上的信息可以通过链接文档进行访问。第一个网页于1991年上线，网页中列出了如何使用它的说明！

移动电话和手机

第一部移动电话DynaTac8000X于1983年开始销售，售价为2000英镑（按实际值计算约为今天的6150英镑）。它只能被用于打电话，并没有像现在的手机那样多的功能。如今，全球有60亿人使用手机。

DynaTac8000X有砖块大小。

历 史 331

产量最高的器件!

半导体器件,特别是微处理器,是所有数字设备都需要的。每年有约1.5万亿个半导体器件出厂。

玻璃保护罩上面装饰着引人注目的图案,它的后面是游戏显示屏幕。

早期的游戏是用按钮控制的,而不是用操纵杆控制的。

用于投入硬币来支付游戏费用的投币口。

《太空侵略者》等早期游戏的图形粗犷,颜色鲜艳,但是情节则非常简单。

今天,互联网上有十几亿个网站!

早期的电子游戏

在20世纪70年代,人们去专门的游戏场所,用那里的大型机器玩视频游戏。在1978年推出的《太空侵略者》游戏中,玩家的任务是消灭大规模入侵的外星人。1977年发行的雅达利2600是第一批被广泛使用的家用游戏机。到如今,先后有大约500万种不同的电子游戏问世。

穿越大西洋

自帆船首次航行以来，穿越大西洋所需要的时间已大大缩短。机动的船舶不断改进，大幅度加快了航行速度，而飞机则将来往英国和美国之间的旅行时间从几天缩短到几个小时。

66天
1620年，五月花号帆船花了两个多月的时间从英国到达北美。

15.5天
1838年，蒸汽船"大西方号"仅用了两个多星期就横渡了大西洋。

4天
1936年，"玛丽女王"号海洋班轮将大西洋的航行时间缩短到了几天。

17小时40分钟
1945年，一架道格拉斯DC-4飞机从伦敦飞抵纽约，途中没有停顿。

6小时12分钟
1957年，客机再次缩短了航行时间。

2小时52分钟
协和式超音速飞机于1996年在纽约到伦敦的航线上创造了客机越洋的最高速度。

网状系统

交通的便利和互联网的普及使人与人之间的联系比以往任何时候都更加紧密。曾经需要几个月的旅程现在只需要几个小时，而在互联网的帮助下，地球两端的人们可以即时聊天。

了不起的交通运输

将数百万人和数吨货物从一地运送到另一地绝非易事。这里列举了几个世界上最繁忙的交通枢纽。

繁忙的机场
美国佐治亚州亚特兰大机场每小时有80多架航班起飞。

繁忙的港口
中国上海港每天吞吐近13万只集装箱。

繁忙的火车站
每天有300多万名乘客经过日本东京的新宿站。

新宿站

满载货物

从骆驼到集装箱船，人们使用许多方法将货物运送到世界各地。如今的巨型船舶运送的货物远远超过了过去的商人所能想象的。

骆驼
载重量：180千克—226千克
骆驼足够强壮和坚韧，能够承载大量货物进行长途旅行。

帆船
载重量：379000千克
17世纪的木质帆船能够承载的重量是骆驼能够承载的2000倍。

安-225 运输机
载重量：250000千克
从1988年到2022年，这架飞机运输了大批大型货物，包括一艘航天飞机。

"长范"大型集装箱船
载重量：60973000千克
这艘大型集装箱船（下图）能装载超过24000只集装箱。目前世界最大的集装箱船是"地中海·中国"号，载重量达24万吨。

历史　333

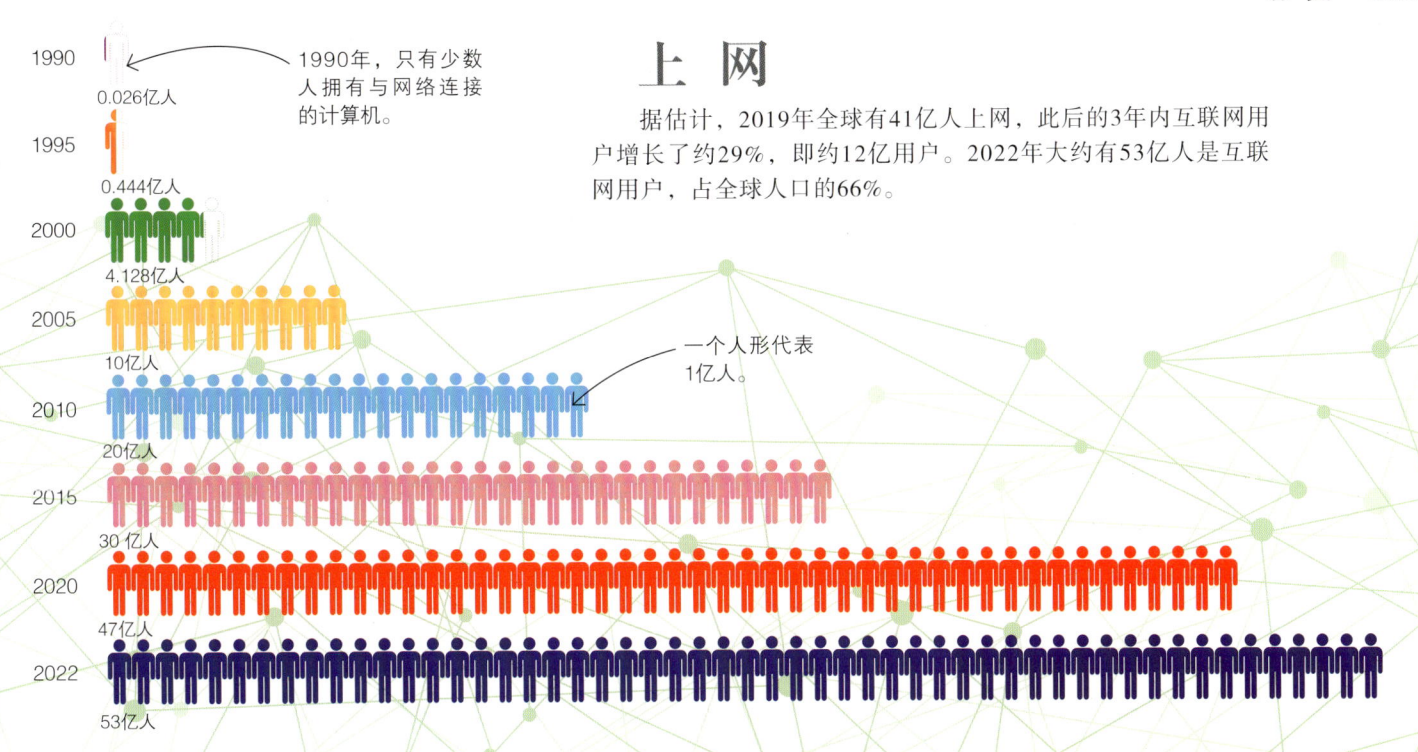

上　网

据估计，2019年全球有41亿人上网，此后的3年内互联网用户增长了约29%，即约12亿用户。2022年大约有53亿人是互联网用户，占全球人口的66%。

1990　0.026亿人　1990年，只有少数人拥有与网络连接的计算机。
1995　0.444亿人
2000　4.128亿人
2005　10亿人
2010　20亿人　一个人形代表1亿人。
2015　30亿人
2020　47亿人
2022　53亿人

日常沟通

每天都有大量的数字信息在互联网上传送。

大约10亿 封电子邮件被发送和接收。

5亿 条推文在X社交平台上发表。

至少9500万 张照片在照片墙上发布。

视频通信

90%的视频通话使用者发现，视觉交流更容易表达，也更容易理解双方观点。

总是在线

2022年，用户每天平均在线时间长达6小时37分钟，其中有2小时28分钟用于社交媒体。

采用新技术

人们在开始使用新技术，尤其是社交媒体方面变得非常迅速。美国奈飞公司用了3年多的时间得到了100万用户，但是下面这些新技术都更快地达到了这一里程碑，甚至更高。

24个月 推特在2006年被推出后的两年内就拥有100万用户。推特现名为X。

10个月 脸书在2004年被推出后10个月就得到了100万名用户。

3个月 照片墙提供网上分享照片服务，在被推出后仅用了3个月就聚集了100万名用户。

2星期 在人工智能聊天机器人ChatGPT被推出仅仅两星期后，已有数百万人与它互动。

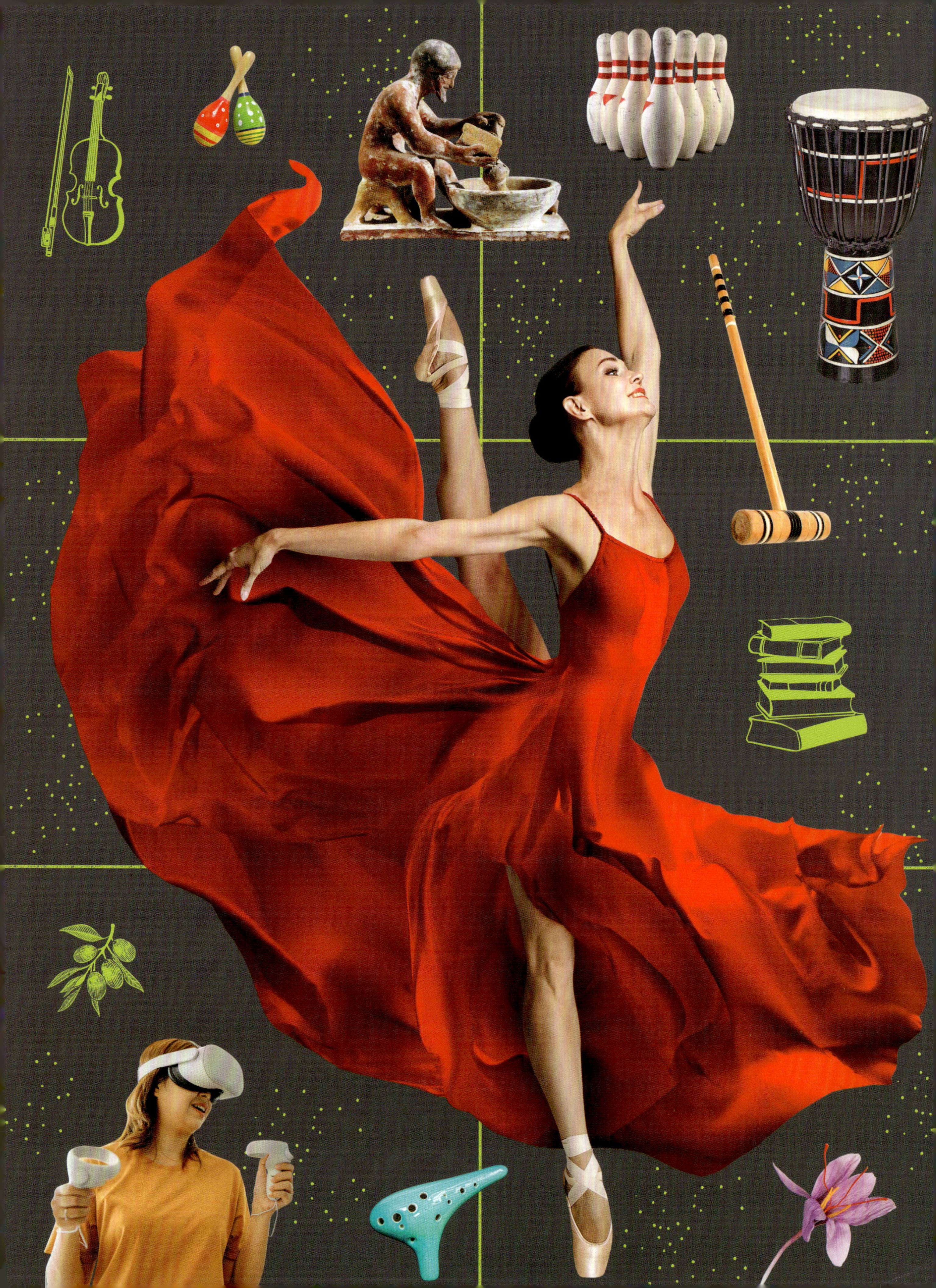

文化

什么是文化？

文化是我们个人和群体的生活方式。我们通过艺术、文学和音乐来表达我们的文化，在日常生活中也是如此。我们的穿着、言谈方式、信仰和传统，甚至我们的住宅和工作场所，都体现了我们的文化的方方面面。

全球村

在过去数百年时间内，很少有人能接触到自己文化以外的人和地方。如今的科学技术使我们比较容易地了解世界各地人们的生活方式。

交通运输

交通运输，尤其是航空运输，使人们旅行和运送货物，甚至交流思想，都比以往任何时候更快，更容易。

通信

新技术使我们能够与朋友、家人和同事交流和分享思想，不论我们身在何处。

新闻媒体

我们可以实时关注世界上发生的事件，这是因为目击者会立刻将事件上传到社交媒体，供我们随时浏览。

我们的世界

在全球范围内，存在着令人惊叹的文化多样性，有几千年不变的传统社区，也有面积广阔、快速发展的特大城市。这里是富有创意和有创造力的人们为我们拥有的文化做出的一些贡献。

视觉艺术

绘画、雕塑、摄影和涂鸦是人们用来表达观点和思想的一些视觉方式。

娱乐

世界各地的人们都喜欢自己表演或者观看别人表演，包括古典芭蕾舞、摇滚音乐、马戏团表演和体育赛事。

欢聚共庆

澳大利亚的悉尼是一座人口众多的多元文化城市，它的居民有许多不同的文化背景，但是有些活动会让所有人聚集在一起，共同分享和庆祝。图中的人群正在悉尼港湾大桥迎接新年。

全球80亿人口有超过一半居住在亚洲大陆上！

文化　337

世界上最受游客欢迎的参观景点之一是中国北京的故宫，也被称为紫禁城。

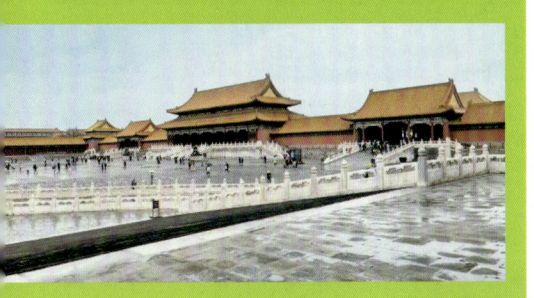

朋克音乐对时尚的影响比对音乐的影响更持久。"街头朋克"至今仍有"粉丝"！

时尚潮流

文化通常与传统有关，但是有些文化潮流，尤其是年轻人的文化潮流，是短暂的。朋克音乐在20世纪70年代末产生了巨大的影响，但是在几年后便成为过眼云烟了。

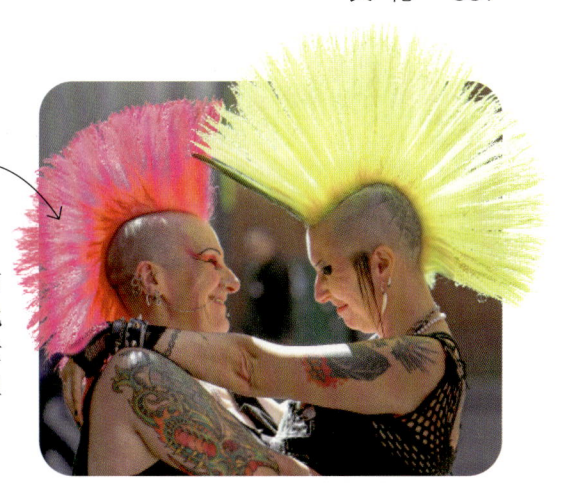

生活方式

通常在没有意识到的情况下，我们在生活中传递了我们的文化，例如对服装、发型和饮食的选择，以及购物时的选择。

说与写

我们的语言和文字，无论是阅读还是写作，以及我们说话时使用的方言和口音，都体现了我们的文化。

活动

我们喜欢的体育运动、业余爱好、团体活动和做传统工艺品都是能强有力地反映我们文化的活动。

建筑物

城市的布局规划以及住宅、学校和医院等建筑物的设计都公开表达了一个文化群体的价值观和身份认同。

有生命的语言

我们使用语言来交流和表达我们的想法、情感和知识。随着世界各地人们之间的交流越来越多，有些语言得到更加广泛的使用，而有些语言则在衰退，甚至消失。

你会说克林贡语吗？

克林贡语是专门为科幻电视剧《星际迷航》而创造的一种语言，它甚至有自己的字典！其他有些文艺作品也有虚构语言，例如电影《阿凡达》中的纳维语和小说《海底沉舟》中兔子说的兔语。

在美国漫画大会上，"粉丝"们打扮成克林贡人。

热门语言

有些语言从起源地向外传播，渐渐成为其他地区的主要语言，或成为多语地区的主要语言之一。以下是全球使用人数最多的几种语言：

1 英语 约15亿使用者
2 汉语普通话 约11亿使用者
3 印地语 约6亿使用者
4 西班牙语 约5亿使用者
5 法语 约3亿使用者

双语或多语地区

许多国家有多种官方语言，其中拥有最多种官方语言的3个国家分别是玻利维亚、印度和津巴布韦。

以色列的这处铁路道口"慢行"的警告路牌上有希伯来语、阿拉伯语和英语。

在全世界范围内，平均每个月就有两种语言消失！

"你好"

每种语言都有一个人们用来互相问候的单词或短语。这里是一些全球使用最广泛的语言中的问候语，相当于"你好"。请注意：不同的语言文字系统使用不同的符号或字母。

xin chào — 越南语

Sampurasun — 巽他语 ← 发音。

مرحبا — 阿拉伯语

ciao — 意大利语

नमस्ते — 印地语

helo — 马来语

السلام عليكم — 乌尔都语

سلام — 波斯语

hola — 西班牙语

สวัสดี — 泰语

当今世界上使用的语言大约有7100种。

手势、肢体语言和面部表情都可以被用来表示字母、单词或短语。

符号和手势

并非所有语言都是口语或书面语。许多聋哑人和听力障碍人士使用手语。如今，手语约有300种变体，有多达7000万人使用。

保持语言的活力

如果一种语言没有足够多的人使用，它就会失传。当威尔士语濒临消亡时，威尔士人采取了很多措施来保持它的活力，包括在学校开设威尔士语课程，开设威尔士语电视频道，以及每年举办威尔士国家艺术节，专门弘扬威尔士语言和文化。

威尔士国家艺术节的获奖诗人坐在特制的宝座上。

salam əleyküm
阿塞拜疆语

bawo ni
约鲁巴语

hallo
德语

నమస్కారం
泰卢固语

bonjour
法语

你好
汉语普通话

cześć!
波兰语

jambo
斯瓦希里语

Привіт
乌克兰语

hello
英语

kumusta
菲律宾语

文化 339

节庆的乐趣

每个民族都有其独特的节日，让人们可以聚集在一起庆祝古老的传统或纪念重要的历史事件。无论是享用美食、游行还是赠送礼物，节日通常都是人们聚会和娱乐的时间。

"绿人"主持祝酒仪式。

冬季祝酒

冬季祝酒是英国古老的习俗，人们到苹果园对着苹果树唱歌，以期来年的丰收。在祝酒活动中，人们传递酒碗，里面盛着加了香料的、温热的苹果酒。

大型音乐节

音乐永远是人们聚集在一起的好理由。一年一度的免费多瑙河岛音乐节，在奥地利首都维也纳多瑙河的一座岛上举行，每年都吸引300多万名观众。

各种类型的节日

人们聚集在一起举行庆祝活动的原因有很多，以下是其中一些主要的原因。

神圣事件
纪念宗教年中的重要日子是许多信仰的重要组成部分。

食物和饮料
在农耕地区，人们通常用一顿大餐来庆祝丰收。

新年
许多文化在新年来临之际都举行辞旧迎新的庆祝活动。

季节变换
每个季节都有相应的节庆。例如，人们在春天庆祝大自然的复苏。

国庆日
许多国家都有国家建立日或国家英雄的纪念日的庆祝活动。

天灯的外壳是纸制的，内部有点燃的蜡烛。

游客和当地居民一起庆祝天灯节。

文化　341

在游行中有很多人穿戴骷髅服装和面具。

亡灵节

墨西哥的亡灵节是人们纪念已故亲友的日子。除了举行色彩缤纷的游行外，家庭成员还会聚集在亲人的坟墓旁进行野餐，并且用蜡烛、花朵和礼物装饰墓地。

英国设得兰群岛的维京火祭节的最壮观之处是焚烧维京长船！

突出眼睛和牙齿的化妆。

团聚一堂

对于偏远地区的人们来说，节日是与老朋友相聚的日子，也是结交新朋友，甚至寻找爱情的机会。在乍得的格莱沃尔节，小伙子们打扮得漂漂亮亮，表演舞蹈，以打动心上人。

火焰欢乐

火焰是世界各地许多节日的一个特色。印度部分地区的洒红节是一项在春分日举行的活动。人们围着篝火唱歌跳舞，然后将食物投入火焰中，象征辞旧迎新。

阿姆利则的学生表演很受民众喜爱的民间舞蹈吉达舞。

在西班牙的番茄节，人们互掷番茄，一次节日要消耗约15万千克番茄！

寺庙被茶灯和悬挂的灯笼照亮。

飘浮的天灯

在泰国清迈的天灯节，成千上万盏天灯照亮了天空。人们燃放灯笼是为了"做功德"，以灯笼寓意将善行献上，以期未来能过上更美好的生活。

美味佳肴

食物不仅仅是我们生存的必需品。我们所吃的食物，以及我们何时何地与谁一起进餐，都与我们的身份有关，也反映了我们所属的特定群体和文化。

漂浮的水果

食物市场自古以来就存在，使人们每天都能买到新鲜的食物。像右图印度尼西亚马辰市中这样的水上市场至今仍然很受欢迎。女商贩们戴着印尼传统头罩，坐在传统的小渔船里，直接从船上出售水果和蔬菜。

这座公元前6世纪的小雕塑展示了一个人正在刨一块硬奶酪。

古老的奶酪！

奶酪是最古老的加工食品之一，人们将牛奶制成营养丰富的固体食品，能保存数年不坏。考古学家在已有7500年历史的罐子中发现了奶酪的痕迹。古希腊人非常喜欢吃奶酪，上图的公元前6世纪的雕塑就表明了这一点。

美国南部：烧烤排骨

粗玉米粉粥。

瑞典：肉丸和土豆泥

瓦特是一种炖肉。

越橘果酱。

摩洛哥：塔吉配古斯米

世界美食

一个国家或一个民族的历史悠久的典型食物和菜谱被称为该国家或该民族的传统美食。美食的形成受到许多因素的影响，包括可用的食材、气候、宗教戒律或信仰，以及人们有多少时间烹饪。

埃塞俄比亚：瓦特

塔吉是一道用肉类和水果烹制的炖菜。

印度：塔利

蔬菜咖喱和面包小碟。

打印你的晚餐！

三维数字技术可以用来设计和制作可食用的艺术品。例如，通过三维打印将糖或巧克力逐层堆叠，构建成蛋糕装饰品。

全球每年生产的食物中，有三分之一被浪费，并且被直接扔进了垃圾桶！

饮食习惯

我们通常认为我们的饮食习惯完全由口味决定，但是实际上还有很多其他因素在起作用。

文化或国家
有些食物与某个地区、国家或文化有着紧密的关系，例如我们认为比萨饼是意大利的特色食品。

健康和健身
运动员通过饮食来提高成绩。例如，马拉松选手可能会在比赛前摄入含高碳水化合物的食物来获取能量。

宗教或信仰
我们可能因为宗教信仰或者动物保护等问题而选择吃或避免吃某些食物。

社交场合
与家人或群体一起进餐会使我们有一种归属感，感觉自己是家庭或群体的一部分。

庆祝活动
在特殊时间或场合聚在一起吃特别的食物，例如生日蛋糕，能帮助我们纪念生活中的重要时刻。

冰岛发酵鲨鱼肉是一道冰岛菜品，所用的食材是被放置长达6个星期直到腐烂发酵的鲨鱼肉！

风靡全球

在过去的50年里，快餐风靡世界各地。全球食品公司经常修改菜单以迎合当地人的口味。快餐价格便宜，易于在旅途中食用，但是可能含有超量的盐、糖或合成脂肪，对保持健康不利。

在一些阿拉伯国家，麦当劳汉堡的面包被阿拉伯大饼取代。

油炸蚱蜢是泰国受欢迎的街头食品。

昆虫蛋白质

蛋白质对我们的身体生长和修复至关重要，而昆虫含有丰富的蛋白质。全球大约有20亿人食用昆虫。一些专家认为这种形式的蛋白质在未来可以养活更多人。

最甜的食物

糖可以用多种植物制成,包括甘蔗和甜菜,但是最甜的味道来自龙舌兰植物。龙舌兰糖浆的甜度大约是白砂糖的1.5倍。

龙舌兰是一种沙漠植物。龙舌兰糖浆是用它的叶子中的汁液制成的。

番红花香料是用番红花的雌蕊柱头烘干后制成的。

昂贵的香料

番红花香料产自番红花,是世界上最昂贵的香料,用大约15万株番红花植物的娇嫩的雌蕊才能制成1千克这种浓郁的香料。

食 物

食物不仅仅是每个人维持生命的必需品。全世界的人们都非常喜欢食物,无论是多汁的热带水果、甜甜的奶油巧克力,还是辣得让眼睛发红的辣椒。这里是关于我们食用的一些美味食物的有趣事实。

主 食

世界各地大多数膳食中都有主食,而主食中有4种最为常见。我们从食物中获得的全部能量的大约60%来自这些食物。

1 玉米
世界上食用能量的19.5%来自这种古老的作物。

2 大米
这是超过世界上35亿人的主食,占我们食用能量的16.5%。

3 小麦
小麦通常被磨成面粉,用于制作面包、意大利面或谷类食品。小麦占据了我们食用能量的15%。

4 根茎类食物
全球大约5.3%的食物能量来自含淀粉的根茎类食用植物,包括木薯、马铃薯和山药。

酷爱意面

意大利面是世界上最受欢迎的食物之一,年产量大约为1690万吨。右侧是根据2021年人均消耗量排名的最爱吃意大利面的国家。

意大利面有超过350种不同的形状可供选择!

意大利 23.5千克
突尼斯 17千克
委内瑞拉 15千克
希腊 12.2千克
秘鲁 9.9千克

感受火辣

辣椒因一种叫作辣椒碱的化学物质而变得辛辣刺激。辣椒碱的含量越多，辣椒就越辣！辣椒碱的含量以史高维尔（SHU）为单位来衡量。以下是依据史高维尔（SHU）指标辣度最高和最低的辣椒的排名。

1 卡罗来纳死神辣椒
150万—220万SHU

2 特立尼莫鲁加蝎子辣椒
150万—200万SHU

3 魔鬼辣椒（断魂椒）
85.5万—150万SHU

4 红色杀手辣椒
35万—58万SHU

5 苏格兰帽椒
10万—35万SHU

6 鸟眼椒
5万—10万SHU

7 红辣椒（卡宴辣椒）
3万—5万SHU

8 塞拉诺辣椒
1万—2.3万SHU

9 青椒和红椒
0SHU

纯辣椒素的辣度是1600万SHU。

巧克力爱好者

2022年，德国成为世界上最爱吃巧克力的国家。平均每个德国人吃了约11千克巧克力，略高于瑞士，平均每个瑞士人吃了约9.7千克巧克力。

水果盛宴

香蕉是被生产和食用最多的水果。以下是2021年全球按产量排名前5的最受欢迎的水果。

香蕉 1.25亿吨
西瓜 1.02亿吨
苹果 9300万吨
橙子 7600万吨
葡萄 7400万吨

喝茶还是喝咖啡？

除了水之外，茶和咖啡是世界上最受欢迎的饮料。每年都有数十亿千克茶叶和咖啡被冲泡和享用。

茶 63亿千克
咖啡 98亿千克

巨大的菠萝蜜

热带的菠萝蜜可以长到90厘米长，几乎相当于3只美式橄榄球的长度！

引人注目的体育运动

决定胜负的方法

人们在体育比赛中相互竞争,需要有一个大家都同意的方法来决定获胜者。以下是基于决定获胜方法的4种主要体育比赛类型。

计时比赛
最短时间内完成比赛的选手或团队获胜。

测距比赛
能达到最远距离的选手获胜。

得分比赛
以得分或进球数来决定比赛结果。

裁判评分比赛
由数位裁判按照选手的表现进行评估打分来决定比赛结果。

世界上有数百种体育运动,每种体育运动都有各自的规则,对参与者的身体技能也有特定的要求。人们个人参与或组队参与体育运动。大多数体育运动都是竞技性的,但是对于许多人来说,体育运动的乐趣在于参与,对运动成绩并不十分在意。

奥林匹克的荣耀

世界上最优秀的运动员会代表自己的国家参加每四年一次的夏季奥运会、冬季奥运会或残疾人奥运会。大多数奥运会都会有新增运动项目。2020年夏季奥运会上新增了冲浪(左图)、空手道和攀岩这3个项目。

上体保持挺直。

双腿和双臂快速摆动,以便前进得更远。

爆发性起跳,得到尽可能大的升力。

顶级技术

在许多体育项目中,技术是取得最佳成绩和夺取奖牌的关键。在跳远等项目中,运动员和教练会使用视频记录来分析跳跃的各个方面,从中寻找跳得更远的方法。

文化　347

美国游泳运动员特里莎·佐恩获得了41枚金牌，是有史以来成绩最好的残疾人奥运会运动员！

极限运动
有些体育比赛时间长、要求高或风险大，因此只有优秀的成年运动员才能参与。撒哈拉沙漠马拉松是一场在摩洛哥举行的艰苦比赛，赛程约为250千米，为期6天。

选手们在高达50℃的气温中跑相当于6个马拉松的距离。

10项全能比赛

- 标枪。
- 跳高和撑杆跳。
- 100米跑、400米跑、1500米跑。
- 110米跨栏。
- 跳远。
- 铅球和铁饼。

全民足球
足球是世界上最受欢迎的运动，全球有超过2.65亿人定期参与足球运动，还有35亿球迷。参加足球运动的成年女子和少女有2900万人之多，使足球成为发展最快的女性运动项目之一。

有1000名成年女子和少女参加了2019年伦敦足球节，提高了足球运动的知名度。

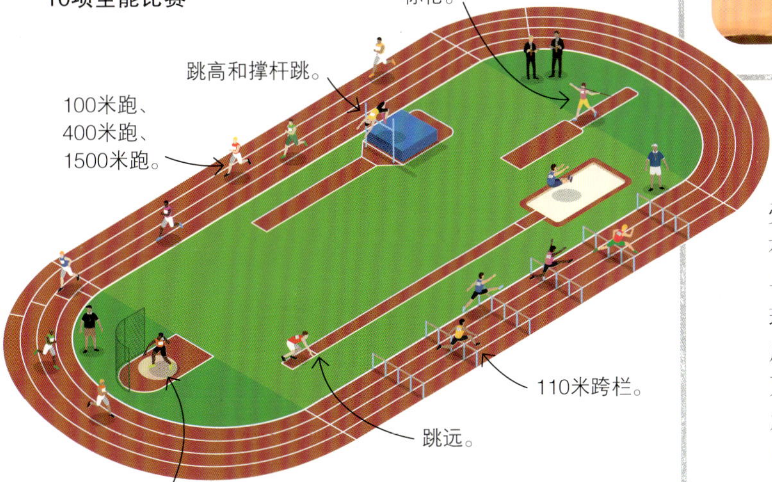

最难的考验
男子10项全能比赛有10项田径项目，考验运动员的投掷、跳跃和跑步等多种技能。奥运会的10项全能冠军可以被认为是全世界体育运动技能最全面的男运动员。对应的女子比赛则是女子7项全能比赛。

躯干和双臂向前倾斜，以保持动力。

自1991年以来，美国选手迈克·鲍威尔保持着男子跳远世界纪录，一直未被打破！

8.95米

先以双脚着地，然后向前倾身。

1
2
3
4
5
6
7
8
9
10
SHERRIN
AFL
11
12
13
14
15
16
17
18
19
20
21
22
23
24
25
26
27

看图识别 体育运动

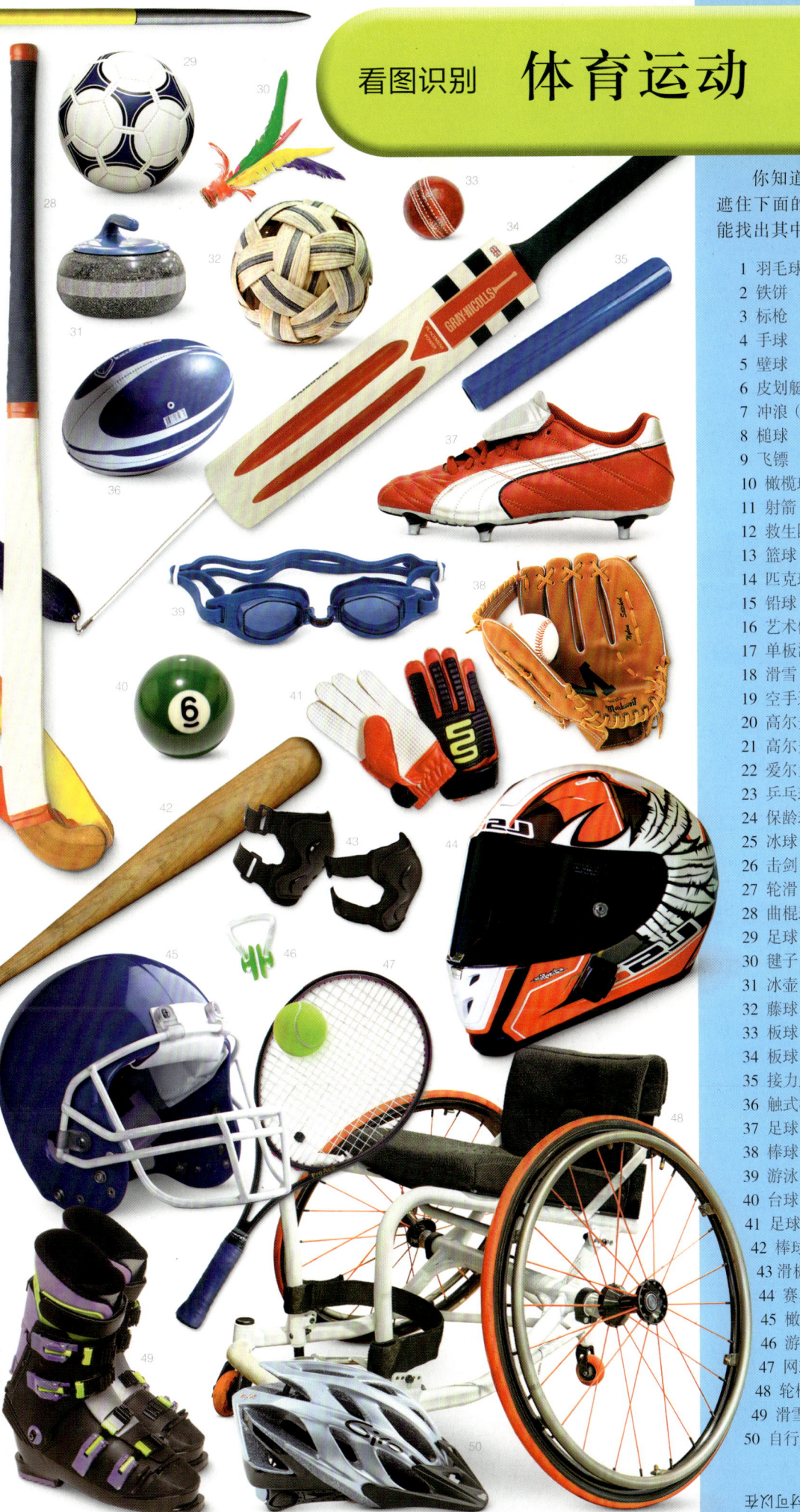

你知道哪些体育运动使用这些物品吗？遮住下面的答案，说出体育运动的名称！你能找出其中的异类吗？

1 羽毛球
2 铁饼
3 标枪
4 手球
5 壁球
6 皮划艇（桨）
7 冲浪（板）
8 槌球
9 飞镖
10 橄榄球
11 射箭
12 救生圈
13 篮球
14 匹克球
15 铅球
16 艺术体操
17 单板滑雪
18 滑雪
19 空手道（头盔）
20 高尔夫球
21 高尔夫球（球杆）
22 爱尔兰曲棍球
23 乒乓球（球拍）
24 保龄球（球瓶）
25 冰球（冰球鞋）
26 击剑（面具）
27 轮滑（单排轮滑鞋）
28 曲棍球
29 足球
30 毽子
31 冰壶
32 藤球
33 板球
34 板球（球拍）
35 接力跑（接力棒）
36 触式橄榄球
37 足球（球鞋）
38 棒球（手套和球）
39 游泳（泳镜）
40 台球
41 足球（守门员手套）
42 棒球（球棒）
43 滑板（护膝）
44 赛车（头盔）
45 橄榄球（头盔）
46 游泳（鼻夹）
47 网球
48 轮椅篮球（轮椅）
49 滑雪（滑雪靴）
50 自行车（头盔）

答案是："12"，救生圈，该运动在此图片中可以被归为其他类别的体育器材。

多枚奖牌

唯一的一位3次获得世界杯冠军的足球运动员是巴西前锋贝利。他第一次获得世界杯冠军是在1958年，当时他只有17岁。他率领巴西队于1962年和1970年再次获得世界杯冠军。

1 足球
35亿球迷

2 板球
25亿球迷

体育运动

各就各位，预备……跑！顶级运动员和团队不断努力，争取赢得奖牌，击败对手或创造新纪录。看看这些令人震惊的体育运动统计数据。

在月球上打高尔夫球！

1971年，美国宇航员艾伦·谢泼德成为第一位在月球上打高尔夫球的人，他在月球表面打了两杆高尔夫球。

月球上的低重力使高尔夫球比在地球上飞得更远！

羽毛球　417千米/小时
高尔夫球　339.6千米/小时
回力球　302千米/小时
壁球　281.6千米/小时
网球　263.4千米/小时

速度最快的球

左侧是体育运动中5种速度最快的球的排行榜！冠军是羽毛球，但它不是圆球形的。羽毛球的轻重量和圆锥形状使它在被击后能够高速飞行。左侧的417千米/小时是羽毛球被大力击出后达到的速度。

奇特的魁地奇

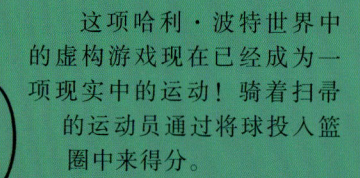

这项哈利·波特世界中的虚构游戏现在已经成为一项现实中的运动！骑着扫帚的运动员通过将球投入篮圈中来得分。

第一届奥林匹克运动会

现代奥林匹克运动会的起源和灵感之源是古希腊举办的奥运会。第一届现代奥林匹克运动会于1896年在雅典举行，共有14个国家的运动员参加了9项体育运动比赛。

摔跤　击剑
田径　自行车
游泳　体操　射击　网球　举重

观看体育比赛

在世界上最受欢迎的6大体育运动中，足球是明显的赢家。在几乎每个国家，足球都是一项为大众所喜爱的运动，并且有大批的足球比赛观众。

3 曲棍球
20亿球迷

4 网球
10亿球迷

5 排球
9亿球迷

6 乒乓球
8.5亿球迷

最艰难的考验

有些运动员总是在寻找新的、更极限的方式来测试他们的身体力量、精神力量和耐力。以下是世界上5项最极限的体育比赛。

1 蒙古德比
这项1000千米的马术耐力赛在蒙古的大草原上进行。在为期7天的比赛中，参赛骑手每40千米更换一匹马。

2 旺底不靠岸单人环球航海赛
这是世界上唯一不间断的单人环球帆船赛。比赛全程为40233千米。在比赛中，参赛选手不得获取任何外界的帮助。

3 艾迪塔罗德狗拉雪橇比赛
在这场穿越被冰雪覆盖的美国阿拉斯加州的为期30天的比赛中，参赛选手可以选择徒步、骑自行车、滑雪或乘坐雪橇。赛程为1600千米。有时候，如果条件特别恶劣，甚至会发生没有任何参赛选手能够完成比赛的情况！

4 巴克利马拉松
这项年度比赛在美国田纳西州的冰顶州立公园举行，参赛选手必须在60小时内跑完5个32千米赛段。赛道没有标记，而且在大多数年份的比赛中，没有人完成全部5个赛段。

5 环法自行车赛
环法自行车赛（下图）是世界上最艰苦的自行车赛之一，每次赛期历时3个星期，共21个赛段，平均赛程超3500千米。

最高速度

人类能达到多快的速度？以下是4种体育项目中人类达到的最高速度。

奔跑
人类奔跑能够达到的最高速度接近44千米/小时。

游泳
人类游泳的最高速度可以达到约7.6千米/小时。

自行车
自行车比赛的速度纪录是惊人的296千米/小时。

滑雪
滑雪运动员在下坡时的速度可以达到255千米/小时。

壮观的体育场

印度艾哈迈达巴德市的纳伦德拉·莫迪体育场是世界上最大的板球场。这个庞大的体育场可以容纳132000名观众。与传统的照明塔不同，这是第一个采用环保LED灯照明的体育场，它的环形屋檐上安装了一圈LED灯。

第一届残疾人奥运会

第一届正式的残疾人奥运会于1960年在意大利的罗马举行。来自23个国家的400名残疾人运动员参加了8项体育运动比赛。

飞镖与射箭的组合

射箭　　田径　　射箭飞镖

游泳　　斯诺克　　乒乓球　　击剑　　篮球

讲故事

每年全球出版约400万本书！

文学作品讲述故事并且常常给出对世界、人和事物的见解。好的文学作品对人们和他们的族群有很大的价值。有些文学作品在作家去世之后能够长久流传，通常是因为作品具有大众仍然关心的主题。

宝库

在许多国家，图书馆是阅读文学作品的宝库，而且通常是免费的！这张照片是位于瑞典的斯德哥尔摩公共图书馆，那里有大约440万件藏品，包括书、光碟和有声书。

文学体裁

文学的类型被称为文学体裁。每种体裁都有独特的特点和风格。大部分文学作品可以归入左侧的5大类中的一类。

传记
一个人的生平故事。如果是由那个人自己撰写的，则被称为自传。

小说
描述虚构事件和人物的长篇故事或短篇故事。

戏剧
为演员在舞台、广播、电视或电影上表演而编写的故事。

神话与传说
关于英雄人物、勇敢的事迹和神奇事件的故事。往往是民间流传的。

诗歌
使用生动的语言来传达情感的作品。通常注重韵律和节奏。

最早的作者

约在4700年前出版的《普塔霍特普箴言录》是至今所见的埃及最早书籍。作者普塔霍特普是埃及法老杰德卡拉的朝廷的一名官员。遗憾的是，这部作品并没有被保存下来！

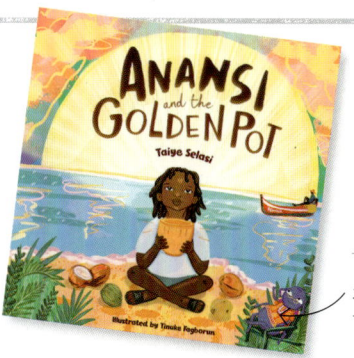

民间寓言

大多数文化都有自己的民间故事和童话故事。这些故事有很强的娱乐性，也很令人兴奋，常常隐含了重要的人生哲理。在传统上，这些故事是口述的，并且是代代相传的。

在西非的民间传说中，阿南西是一只狡猾而富有创造力，并且会讲故事的蜘蛛。

文化　353

文字与图画

漫画书和图画小说将一系列插图、文字和对话气泡结合在一起。有些漫画书以分期连载的形式出版，通常每星期一期。而图画小说则以书籍的形式出版，每本书讲述一个相对完整的故事。

← 用图画来讲述故事，只用最少的文字。

← 拟声词为故事增添戏剧性。

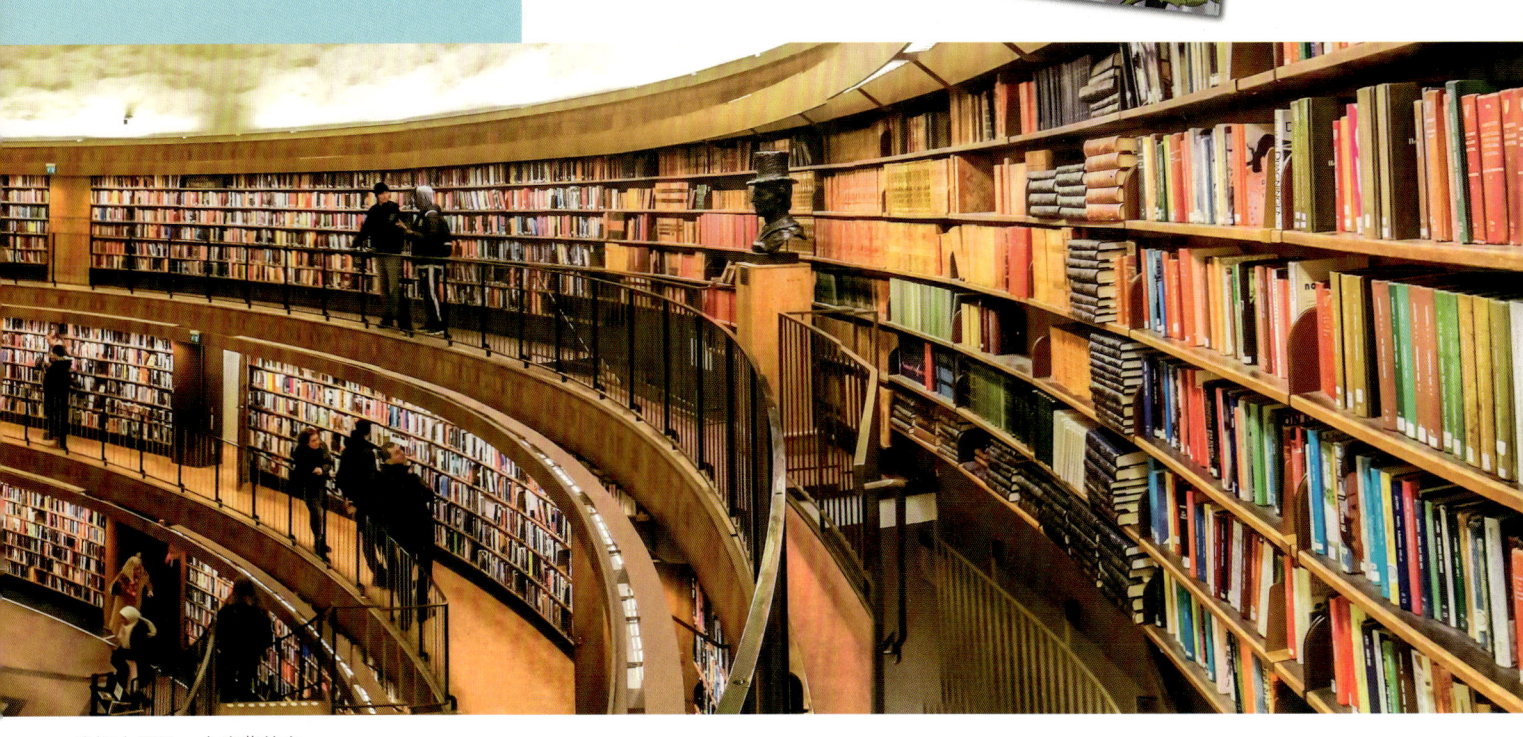

有史以来最畅销的小说是塞万提斯的《堂吉诃德》，销量达到5亿册！

表演时间！

自古以来，戏剧一直是最受欢迎的文学形式之一。在16世纪的伦敦，威廉·莎士比亚的戏剧在环球剧场上演（左图）。现在他的作品仍然被认为是有史以来最伟大的文学作品之一。

这间小屋是一个隐蔽的空间，用于产生幽灵般的声音等舞台效果。

演员们从后墙上的门进入舞台。

普通观众支付一便士买站票观看演出。

在莎士比亚的时代，女性当演员是非法的！

令人惊叹的艺术

几乎在人类出现的同时，艺术就存在了。从史前在洞穴壁上用手印制图案，到现代在平板电脑上用软件创作动画，艺术家们不断地寻求新的创造性方式来表达自己。

身体由聚酯树脂制成。

抽象的形状与鸟类的识别特征结合，构成了一个想象中的动物形象。

巴黎卢浮宫博物馆的画作《蒙娜丽莎》每年都吸引1000万名游客前来观赏！

连接着鸟的金属丝束下部盘绕，形成了稳定的底座，支撑着鸟的身体。

"大鸟"（1982年）
妮基·德·桑法勒

创作的方法

艺术家们使用各种各样的技术、材料和媒介来进行创作。有些艺术家采用传统的方法，有些艺术家则寻求不同或不寻常的方法和工具。艺术可以用平面形式来表达，例如绘画；也可以用立体形式来表达，例如雕塑；甚至可以用数字形式来表达，例如电影和动画等。

绘画和素描 　　版画 　　雕塑

编织 　　数字动画 　　摄影

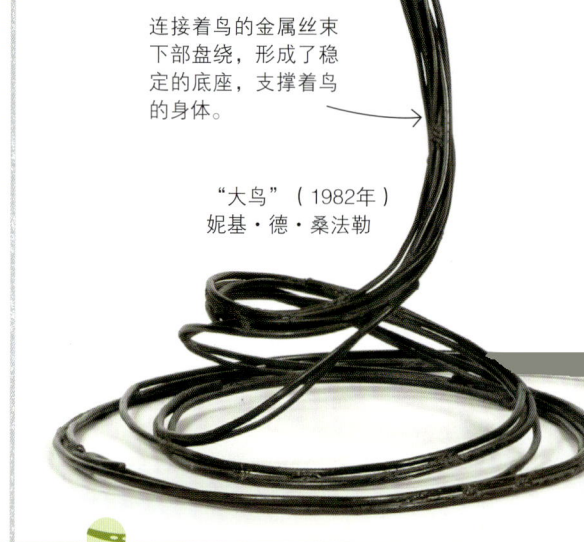

共同参与的艺术

艺术可以让人们聚集在一起。社区艺术项目通常由专业艺术家与当地居民合作完成，旨在美化环境和帮助民众表达他们的创造力。

南非开普敦的公开墙艺活动。

荷兰画家伦勃朗的《雅各布·德·盖恩三世的肖像》画作被盗4次，但是每次都被找了回来！

文化 355

← 丙烯颜料重新营造了色彩缤纷的羽毛。

什么是艺术？

这个问题人们已经争论了数千年！有些人认为艺术是通过视觉媒介表达思想或情感的一种方式。在左侧的雕塑作品中，艺术家妮基·德·桑法勒通过颜色、形状、质地和图案的结合，表达了她对鸟类的活泼调皮的诠释。

《猿丸大夫》（1839）
葛饰北斋

具象艺术
这种艺术也被称为再现艺术。它以现实的、可识别的方式展示人物、场景或物体。

《绘画建构》（1916）
柳博芙·谢尔盖维娜·波波娃

抽象艺术
这种艺术并不追求逼真，而是用形状、颜色和痕迹传达一种思想或感觉。

《气象计划》（2003）
奥拉维尔·埃利亚松

概念艺术
在这种艺术中，思想比技巧或材料更重要。有些作品是为了让观众参与而设计的。

艺术的类型

艺术家可以用各种方式和各种风格来创作他们的作品，但是大多数艺术家在创作时会采用以上三种方式之一。

工艺美术

这种艺术将日用物品设计成艺术品，有时被称为装饰艺术。陶器、珠宝、玻璃制品、刺绣和编织等都是工艺艺术的例子。下面这件刺绣围巾是由秘鲁的的喀喀湖乌鲁浮岛上的工艺师手工制作的。

← 这件作品包含了神话生物。

用猎鹰狩猎是一项皇室喜欢的消遣活动。

在莫卧儿帝国时期的肖像中，人物都是侧面的，以凸显他们的高贵。

肖像画

肖像画以人物作为主题。在摄影出现之前，它是记录相貌的唯一方法。名人或有权势的人经常请画家绘制自己或家人的肖像画，以展示他们的重要性，并且以此证明他们在历史中的地位。这幅18世纪肖像画中的人物是莫卧儿帝国皇帝穆罕默德·沙。

《南瓜》（1994）
草间弥生

公共展示

很多艺术作品是在画廊或博物馆中展示的，但也有不少艺术作品是为了在室外展示而创作的，其中包括一些为特定的地点而创作的大型作品。许多室外作品鼓励观众触摸或与之互动。

← 坐落在日本的直岛码头上的南瓜装置。

迪亚是一位比利时的街头艺术家，他的动物壁画非常独特，出现在中国、挪威、法国和美国等世界各地的城市。

采访
街头艺术家

问：你是怎样成为一名艺术家的？

答：我在很小的时候就开始画画了。我的父母都是非常有创意的人，他们鼓励我进行创作活动。这让我更加有动力去开发我天生就有的创造力，我的创造力从小开始一直发展到现在！

问：你为什么选择在墙壁上绘画？

答：我在青少年时期就喜欢涂鸦，所以在安特卫普皇家艺术学院学习美术后，我决定要创作一些容易与大众交流并且对社区和环境产生积极影响的艺术作品。我希望我的作品出现在街头，这样人们不用去画廊或艺术展览厅就可以欣赏。我希望人们偶然发现我的作品时会感到惊喜。壁画的魅力在于它们一直在那里等待被人们发现，你只需要去寻找。

问：你需要用特殊设备吗？

答：我主要使用喷漆和记号笔，因为它们干得快而且便于携带。我还使用壁画颜料、滚筒和刷子来画背景。在梯子、脚手架或移动升降台上工作时，我会系好安全带，并且戴口罩和手套，以避免身上沾上油漆。

问：你画壁画时从哪里开始入手？

答：我从背景开始，从上往下涂抹颜色，然后再添加黑色线条和高光。我不会事先画太多草图，这是因为我更喜欢在现场创作。对我而言，开始很容易，但是要想知道何时停下来就困难得多！

问：画画出错时如何补救？

答：我会用颜料覆盖错误部分，再重新开始画。这都是画画中经常发生的，没什么大不了的！

问：你的梦想项目是什么？

答：我想改造一栋工厂建筑物，将它建成一间美丽的画廊和工作室，来展示我的艺术作品，并且让我在其中不断地重复绘画、创作、呼吸、吃饭和睡觉这些活动！

城市中的自然界

迪亚热爱野生动物，他的梦想是通过画作激发人们对野生动物的尊重和好奇，让动物在城市环境中有一席之地。图中这只狩猎中的猞猁是迪亚为法国孚日圣迪耶市的艺术节创作的一幅作品。

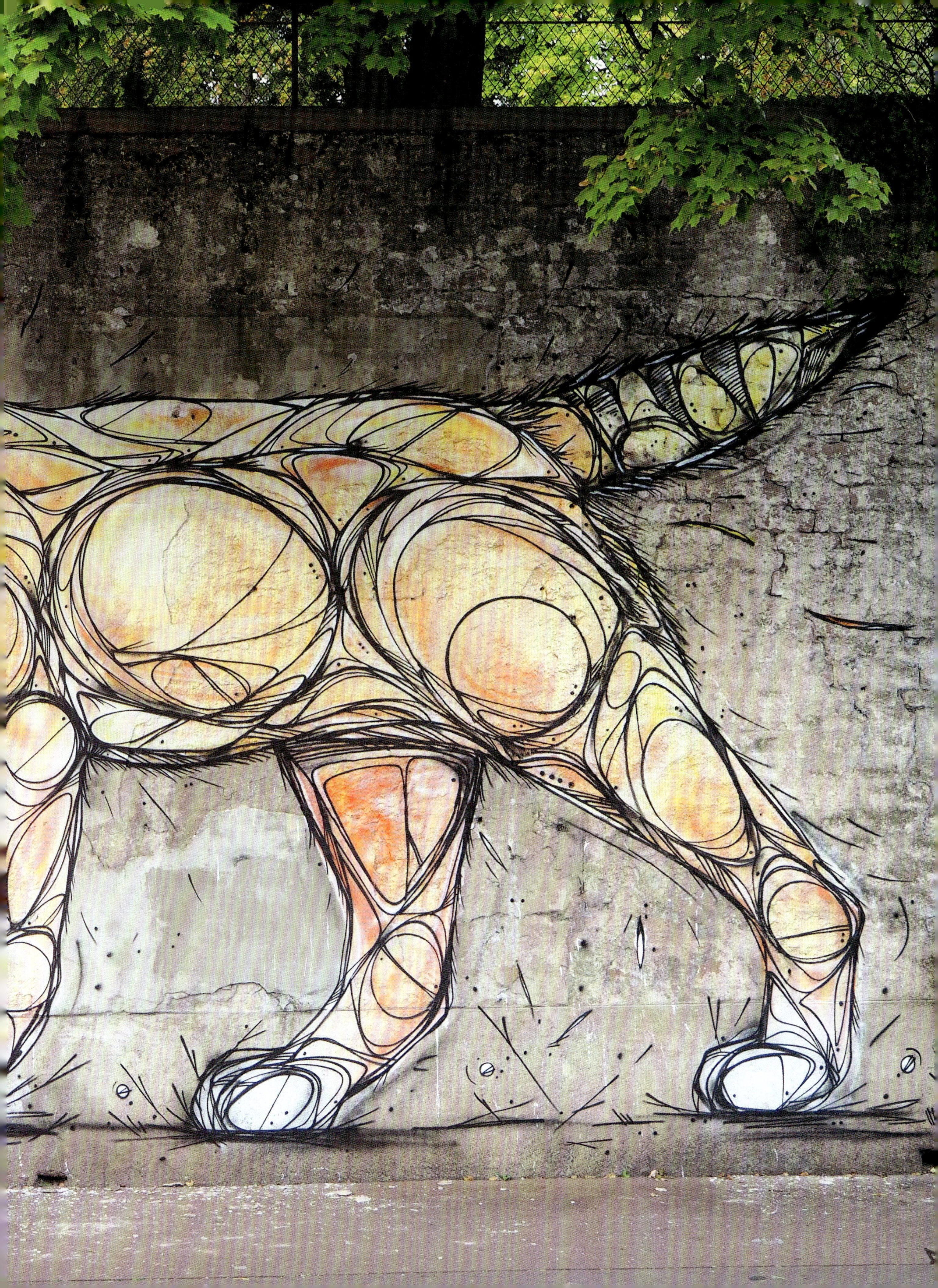

我们为什么跳舞

跳舞让我们感到快乐！这是人们跳舞的众多原因之一。

文化认同
从波兰的玛祖卡舞到爱尔兰的吉格舞，民间舞蹈表达了文化或民族的自豪感。

讲述故事
芭蕾舞是一种表演传统民间故事或神话的舞蹈。

比　赛
有些舞蹈形式，例如交谊舞，可以成为专业比赛项目。

庆　祝
跳舞是许多家庭庆典或社交活动（例如婚礼）的重要组成部分。

霹雳舞在2018的青年奥运会上首次亮相！

感觉愉快
人们一直认为舞蹈对我们的身体、心理和情绪都有益处，科学也已经证实了这一点。治疗师用舞蹈来帮助伤病者康复，以及帮助残障人士生活。舞蹈还可以帮助老年人保持健康，甚至有助于预防阿尔茨海默病。

优美的芭蕾舞
芭蕾舞是最优雅的古典舞蹈形式之一，也是最需要身体力量的舞蹈之一。芭蕾舞者通常从小就开始训练，并且持续努力训练，以达到最高水平的艺术造诣。

服装需要展现舞者的优雅，同时也必须不妨碍舞蹈动作。

舞者将一条腿从后面竖直抬起这个动作被称为"阿拉贝斯克"。

足尖鞋被加固，因此舞者可以站在脚尖上保持平衡。

赛前战舞

在橄榄球比赛前，有些球队会跳战舞来威慑对手。图为萨摩亚国家队正在表演传统的萨摩亚战舞。

第一部芭蕾舞剧是1581年为法国女王上演的！

编舞艺术

编舞是设计舞蹈动作并且将它们编排成舞的艺术。在宝莱坞舞蹈中，舞者会表演精心编排的舞步和复杂的手势。

激动人心的舞蹈

科特迪瓦面具舞非常复杂，一般需要7年的时间才能学会一支舞！

舞蹈可能是最古老的艺术形式。跳舞的方式丰富多样。你可以独自跳舞，也可以与一位同伴一起跳舞，或者与一群人一起跳舞。舞步可以是预先设定的，也可以是即兴创作的。你只需要音乐，甚至只需要一个节拍，就可以开始跳舞了！

表演
这种形式主要出现在音乐剧和电影中，包括踢踏舞、现代舞和爵士舞（右）。

社交媒体秀

有些舞蹈能够迷住一代人，例如华尔兹就曾经风靡一时！近年来，社交媒体引发了许多短暂的表演秀热潮，有数百万人参与和上传他们的表演视频。

街舞
霹雳舞等街舞是因为新兴音乐而产生的新兴舞蹈。

舞蹈的类型
世界上有许多舞蹈类型，有的很古老，有的是新出现的，大致可以被分成四大类型。

民族舞
跳民族舞的人通常穿着传统服装，例如图中跳乌克兰霍巴克舞的人。这是人们保持习俗和文化活力的一种有乐趣的方式。

古典舞
泰国舞蹈，就像所有古典舞蹈一样，有严格的规定动作。表演者需要具备高超的技艺。

360　文化

和声
不同的音符一起演奏所产生的声音。

旋律
音高（音符的高低）以及音符演奏的顺序。

节奏
音符的时长以及它们演奏的模式。

什么是音乐？
音乐是由声音组成的，但是它与朗读或雨声等声音的不同之处在于，音乐的声音是由音乐家组织和塑造的，用来产生曲调、和声和节奏。

乐器的类型
世界上有许多不同的乐器。根据它们产生声音的方式，大多数乐器可以被分为五大类型。

西塔琴。

弦乐器
弦乐器的声音是通过弹拨弦或用弓拉弦产生的。

电子钢琴。

键盘乐器
按下琴键时，就会使琴锤敲击琴弦，或者会触发电子信号来发出声音。

神奇的音乐

无论是一起唱一首振奋人心的国歌，还是聆听一首能唤起幸福回忆的小曲，又或者只是在休闲时弹奏吉他，音乐都是我们表达情感以及与他人建立联系的最有效的方法之一。

有史以来唱片最畅销的乐队是披头士乐队，也被称为甲壳虫乐队，唱片销量超过3亿张！

音乐风格
音乐风格非常多样。新的音乐流派不断涌现，或者从现有流派演变而来。这里是世界各地一些流行的音乐风格。

爵士乐
爵士乐是一种极具创造性的音乐形式，由非裔美国音乐家在20世纪首创。

小号是爵士乐中的重要乐器。

流行音乐
流行音乐是大多数人随时收听和表演的音乐！

流行音乐通常以声乐表演为特色。

古典音乐
这种音乐是为受过专业训练的音乐家在音乐会上演奏而创作的。

大提琴。

文化 361

鼓。

打击乐器
打击乐器是通过敲击、摇动或碰撞来发出声音的。

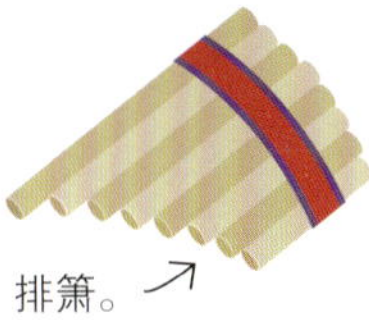

排箫。

木管乐器
将气吹入空心管上的孔中，使管内空气振动来发出声音。

大号。

铜管乐器
铜管乐器的金属管利用气流造成嘴唇振动而发出声音。

放声高歌
唱歌在许多信仰中起着重要作用。福音音乐是一种风格欢乐的音乐，起源于美国，并且传播到世界各地。南非的索维托福音合唱团（左图）以激情的表演和独特的和声赢得了两届格莱美音乐奖。

乐 谱
如果你希望别人演奏你创作的音乐，就需要将音乐写下来。最常见的记录音乐的方法是由10世纪的修道士发明的五线谱，它通过在5根等距离的平行线上标出点和符号来记录音乐。

拍号标出节奏。

音符的形状和颜色标出它的演奏时长。

音符的位置标出它的音的高低。

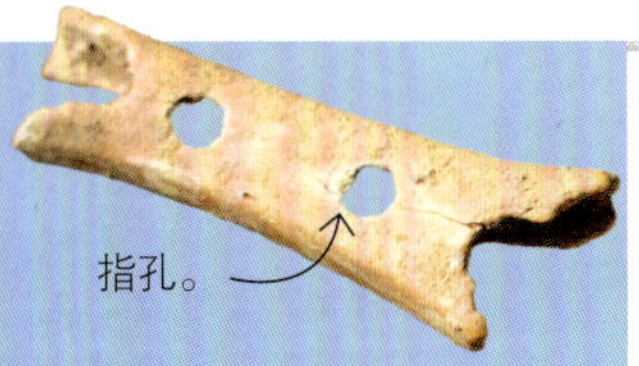

指孔。

古老的曲调！
音乐几乎与人类同龄。这块由熊大腿骨制成的长笛的碎片是在斯洛文尼亚的一个洞穴中发现的。距今有45000多年的历史！

小提琴最初是由废弃的金属和木材制成的。

垃圾场和声
几乎任何东西都可以被用来演奏乐曲！巴拉圭回收乐团的孩子们使用的乐器是由从巴拉圭首都亚松森市外的一个巨大垃圾场中回收来的物品制成的。

摇滚乐
摇滚乐非常响亮，有强烈的低音或鼓点节奏，以及强劲有力的歌词。

电吉他是摇滚乐队的主要乐器。

民间音乐
许多国家和文化都有自己独特的音乐和舞蹈风格，被称为民间音乐。

蒙古音乐家在演奏蒙古琵琶。

康加鼓。

灵魂乐
这种充满情感、富有感染力的音乐流派起源于另外两种音乐：福音音乐和蓝调。

萨尔萨
这种古巴最著名的音乐风格的特点是节奏感，非常适合跳舞。

看图识别 乐器

那是小号、长号还是三角铁？遮住右侧的答案，看看你能识别多少种乐器，然后找出其中的异类！

1 口琴
2 特雷门琴
3 小提琴和弓
4 混音台
5 刚果鼓
6 砂槌
7 长号
8 钢琴
9 拨浪鼓

10 贝斯	18 笛	26 风笛	34 小号
11 古巴康加鼓	19 塔不拉鼓	27 三角铁	35 维纳琴
12 日本筝	20 架子鼓	28 陶笛	36 二胡
13 大号	21 萨克斯管	29 大提琴和弓	37 响木
14 木琴	22 原声吉他	30 昂格隆	38 手风琴
15 南美排箫	23 曼陀林	31 多拉克鼓	39 竖琴
16 锣	24 圆号	32 大筶	40 迪吉里杜管
17 指钹	25 铃鼓	33 非洲鼓	

当乐音"4"演奏长号,它可以通过弦振动,但也可能用来演奏乐音。

364 文化

城市生活

超过一半的地球人口，约44亿人，居住在城市中。与一个世纪前相比，这是一个巨大的变化，当时只有10%的人口生活在城市。今天，城市的数量仍然在增加中，而且它们比以往任何时候都更大、更拥挤。

超级城市

人口超过1000万的城市被归类为超级城市。在1950年，纽约市是世界上唯一的超级城市，但今天已经有40多座超级城市。东京、德里、上海、圣保罗、墨西哥城是世界上5座最大的城市。

东京的涩谷人行横道是世界上最繁忙的人行横道，一次有多达3000人穿过人行横道！

1 日本东京，约3700万人口
2 印度德里，约3000万人口
3 中国上海，约2500万人口
4 巴西圣保罗，约2200万人口
5 墨西哥墨西哥城，约2100万人口

什么是城市？

城市不仅仅是一座特大城镇，它还提供更多设施，并且通常有不同用途的区域，例如购物、商业、住宅和娱乐等。

行政中心
一个国家的政府所在城市被称为首都。

人口众多
一座城市为数万甚至数百万人口提供住房、工作和教育。

专业服务
城市提供的服务包括大医院、图书馆和文化中心等。

在丹麦的哥本哈根，路上行驶的自行车数量是汽车数量的5倍！

寒冷的城市

位于西伯利亚的雅库茨克是世界上最寒冷的城市。它坐落在永久冻土上，因此建筑物必须建在高脚桩或柱上。这里冬季的平均温度为−37℃，最低可达−64.4℃！

文化 365

城市绿化

许多城市正在寻找新的方法来保持城市生活更加可持续和健康。图中的荷兰鹿特丹的屋顶城市农场是欧洲最大的屋顶城市农场之一，它向当地的商店和酒店提供有机蔬菜、水果、草药和蜂蜜。

迪拜的哈利法塔有两万多扇外墙窗户，全部清扫一次需要3个月的时间！

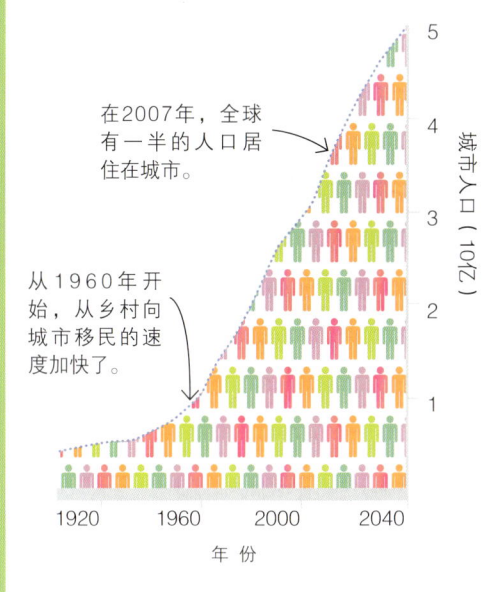

在2007年，全球有一半的人口居住在城市。

从1960年开始，从乡村向城市移民的速度加快了。

城市人口（10亿）

年份

搬到城市

几千年来，大多数人在乡村生活，在农场工作。如今，越来越多的人居住在城市中。预计到2050年，超过三分之二的世界人口将居住在城市地区。

迪拜的哈利法塔是世界上最高的建筑，高达828米。

这座摩天大楼有57部速度可达每秒10米的电梯！

迪拜的哈利法塔共有162层，比世界上任何其他建筑物都要多。

向高处扩建

当一座城市因为被海洋或山脉所限制而无法向外扩展时，唯一的办法就是向上发展！高楼大厦的建造使城市中每一平方米的空间都得到了充分利用。然而，迪拜高耸入云的摩天大楼被建造的目的是不同的，它将迪拜打造成了一个地标，一个世界上最现代、最令人兴奋的旅游和商业城市。

这座摩天大楼底部的温度比顶部高出6℃。

飞行的未来!

飞行产生的温室气体约占世界温室气体排放量的2%（参见第74-75页），但是更环保的未来是可能的。2009年，图中这架电动滑翔机实现了世界上首次由电力驱动的载人飞行。有人预测，到2035年，电动飞机可能会得到普及。

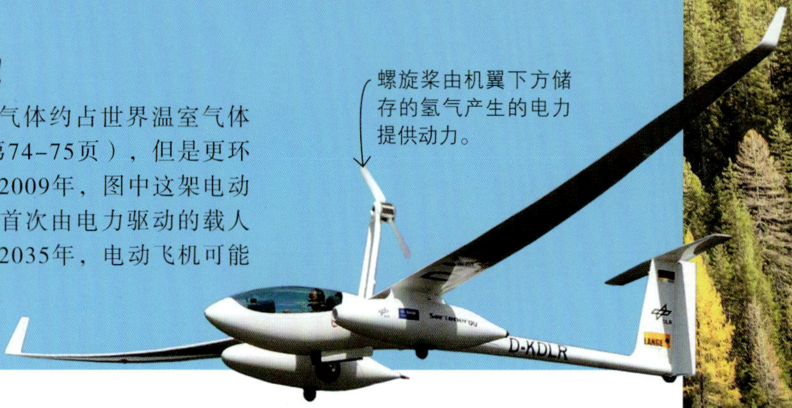

螺旋桨由机翼下方储存的氢气产生的电力提供动力。

在路上

人们使用各种交通工具进行超过步行范围的旅行。公共汽车、自行车和船舶都是交通网络的一部分。交通网络遍布全球，并且不断地扩大。

最长的列车

为了庆祝瑞士第一条铁路诞生175周年，由25台电力机车，每台机车牵引着4节车厢，组成了一列世界上最长的客运列车——总长度为1.93千米，在阿尔卑斯山脉中蜿蜒穿行。

自动驾驶汽车

自动驾驶汽车使用车载传感器来扫描周围的环境，以此保持汽车在车道内以稳定的速度安全行驶。虽然目前它们自动驾驶的智能程度不高，仍然需要人类驾驶员进行其他操作，但是在未来，技术的进步可能会使汽车驾驶完全不需要人类参与操作。

摄像头提供前方道路的图像。

光束构建这区域的三维地图。

雷达传感器测量距离。

卫星导航系统确定汽车的位置。

红外线传感器探测行人和车道标记。

更清洁的交通方式

并非所有交通工具都需要发动机，有一些交通工具是由人力驱动的！骑自行车是一种廉价和环保的短途出行方式，非常适合在城市中使用。在荷兰的乌得勒支市等一些地方，自行车甚至成为主要的交通工具。

美国有世界上最大的铁路网络，总长度足够绕赤道3圈！

文化 367

快速渡船
对于许多拥有漫长海岸线或众多岛屿的国家而言，渡轮是其交通网络的重要组成部分。图中的渡轮是一种三体船，它有3个并列的船体，因此能迅速而轻松地在水面航行。

在挪威，平均每1000名居民就拥有81座电动车充电桩！

能源利用效率
机动交通工具所消耗的能量越多，排放的加速气候变化的温室气体就越多。下面的列表显示了各种交通工具将一名乘客运载1千米所需要的能量（以千瓦小时为单位）。可以看出，载客密度比较大的交通工具的效率比较高。

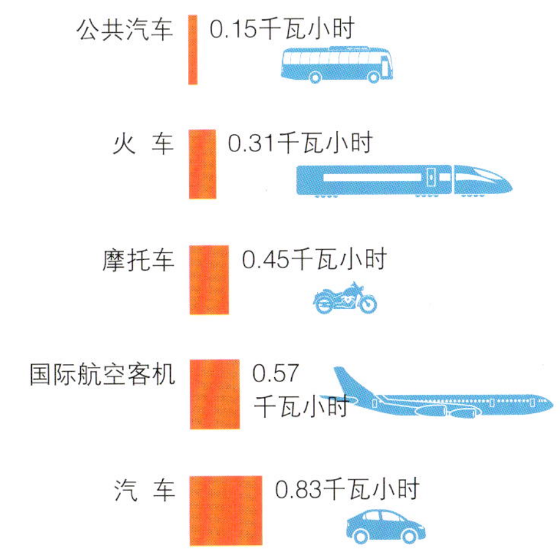

公共汽车　0.15千瓦小时
火　车　　0.31千瓦小时
摩托车　　0.45千瓦小时
国际航空客机　0.57千瓦小时
汽　车　　0.83千瓦小时

每辆缆车可容纳10名乘客。

缆车交通
玻利维亚有两座邻近的城市拉巴斯和埃尔阿尔托，它们之间有一座高达400米的山丘。为了方便两座城市之间的交通，一条公共缆车线路于2014年开通，目前已扩展成有7条线路的缆车网络，每12秒就有一辆缆车出发。

达里尔·埃利奥特机长在长达25年的职业生涯中驾驶商业客机往返欧洲各国。他的总飞行时间为15000小时，相当于在空中度过了20个月！

采访
飞行员

问：你飞行时是用自动驾驶还是手动驾驶？

答：在通常的情况下，飞行员手动驾驶飞机起飞，爬升到大约305米的高度后，就启用自动驾驶系统。之后，我们通过控制面板上的旋钮来选择飞行高度和方向。在接近目的地时，飞行员通常会关掉自动驾驶，改用手动着陆。但是大多数现代客机都备有自动着陆系统，在飞行员由于雾霾或低云无法看见跑道时能够自动着陆。

问：在空中你是如何知道航线的？

答：在每次飞行之前，航空公司的运营部门会规划最佳航线。作为飞行员，我们将航线加载到飞机上的计算机中，控制面板的显示屏就会显示飞机在航线上的位置，类似于汽车的卫星导航系统。

问：你是如何避免与其他飞机相撞的？

答：为了与其他飞机保持安全距离，地面上的空中交通管制员指定飞机的飞行高度和航向。同时，飞机的空中防撞系统可以与附近的其他飞机进行交流。如果计算机发现任何不安全的情况，它会指示飞行员采取相应措施以避免相撞。

问：你在暴风雨中飞行过吗？

答：简单的回答是没有！飞行员有很多方法使飞机远离暴风雨数千千米，例如在飞行前查看天气预报，以及在飞行中使用机载天气预警系统。飞机极少被闪电击中，但是飞机是可以安全地承受闪电的。飞机制造商花费了很多时间来设计和测试，使飞机能够承受这类天气状况。

问：从驾驶舱看到的景色是什么样的？

答：飞行员能够看见壮丽的日出和日落。当我们飞往冰岛时，还能看见北极光。有一次，在六月和七月的午夜，我们有幸在夜空中看见一种被称为夜光云的现象，它们是高空中稀薄的白色发光的云。

飞行控制

客机的驾驶舱内有数百种仪器和显示器，给飞行员提供各种信息，包括飞机的高度和速度、机舱温度、供电供水情况，甚至厕所的废物量。大型客机上通常有两名飞行员，一名飞行员驾驶飞机，而另一名飞行员则监控驾驶飞机那名飞行员的操作，并且负责操作无线电通信、襟翼和起落架。

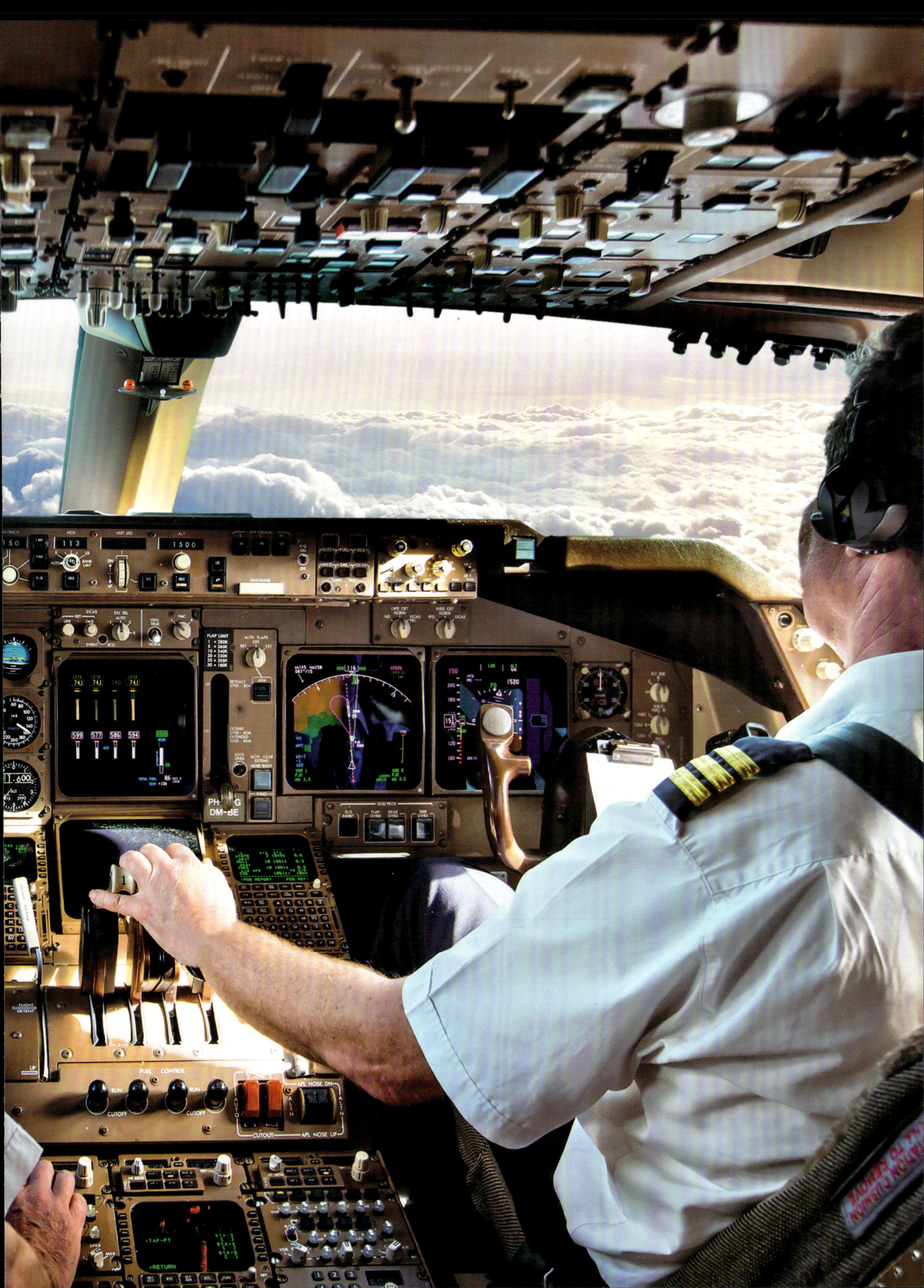
FUEL CONTROL
CUTOFF
APL NOSE DN
APL NOSE UP

印刷纸币

纸币的印制采用了特殊的技术,并且添加了全息图案等防伪特征。2021年,美国铸印局印刷了23.7亿张100美元纸币。

货币的形式

几个世纪以来,人们主要使用现金,但是进入21世纪后发生了很大的变化。如今,大部分交易是通过无现金支付方式进行的。

现 金
现金指的是你口袋里的硬币和纸币。现金被设计得耐用而且方便使用。

代 币
代币是一种在特定场合下可以替代货币的物质符号,例如游乐园中使用的代币。

无现金支付
无现金支付是通过银行卡或手机连接银行账户,将买方的资金转移至卖方账户的支付方式。

位于挪威奥斯陆市的维京船博物馆里收藏的维京长船的原件。

挪威100克朗纸币上的图案是"戈克斯塔德号"维京长船。

民族自豪感

许多国家的货币上印有国家领导人或著名人士的肖像,但是挪威的纸币则纪念他们与海洋的密切关系,在各种面值的纸币上分别印有灯塔、鳕鱼和鲱鱼、汹涌的海浪以及一艘保存完好的维京长船。

世界上尺寸最大的纸币是马来西亚的600林吉特纪念钞,为22厘米×37厘米!

货币很重要

货币都会影响我们的生活。货币就是钱，它完全是人类的发明。它有固定的面值，无论谁使用它，它都有相同的价值。因此我们可以使用货币在世界上任何地方进行交易。

如果每分钟花1英镑，那么花掉10亿英镑则需要1902年！

贝壳币
在硬币和纸币被发明之前，包括中国在内的一些古代文明将贝壳用作货币。如今，太平洋上的所罗门群岛居民仍然将贝壳用作货币。

交换媒介
我们可以交出一定金额的货币来换取我们想要的东西。

价值储藏
我们可以将货币存入银行储蓄账户或存放在家里，想花时再取出来。

价值尺度
我们可以用货币衡量一件物品的价值，或将它与其他物品的价值进行比较。

一张流通中的5英镑纸币在一年内大约会被转手138次。

$ 美元（美国） 2.9万亿美元
€ 欧元（欧盟） 1.1万亿美元
¥ 日元（日本） 5540亿美元
£ 英镑（英国） 4220亿美元

什么是货币？
货币有3种用途：我们可以用货币从卖家那里得到我们所需要的物品，我们也可以将货币储存起来以备将来使用，我们还可以用货币来衡量一件物品的价值。

大货币
公司、投资者和交易者发现，有时候使用某些通用性好的外国货币进行交易会更方便。上面列出了世界上四大货币和每天的平均交易量（以美元为单位）。

第一种数字加密货币是比特币，诞生于2009年。

纸币回收
当纸币变旧、被磨损或被撕坏后，必须将它们收回销毁。美元纸币是由可生物降解的棉花和亚麻制成的，因此销毁的方法是将纸币切碎，制成块，然后用作农田堆肥。

一块1千克重的碎纸币块中包含10万张纸币。

数字货币
数字加密货币使用密码学原理（计算机密码）来保证安全，使货币交易变得既方便又可靠。用户不需要银行账户，并且可以在全球范围内发送或接收资金，无需将它转换为当地货币。

在美国，29%的青少年每天盯着屏幕的时间超过8小时。

数字世界

在过去的20年里，数字技术几乎改变了我们生活的许多方面。随着人工智能的进步，数字革命将进入高速发展阶段，未来的变化将会更加巨大。

电子竞技赛事

竞技性的电子游戏也被称为电子竞技，是一项富有观赏性的运动，有数百万粉丝在线观看职业比赛，诸如图中2022年美国亚特兰大的一项电子竞技锦标赛就吸引了大量现场观众。

超过两万名观众涌入竞技现场观看这场比赛。

智能手机统计数据

智能手机技术使我们无论走到哪里，都可以将一台巴掌大小的计算机放在口袋里。右侧是手机网络流量最大的6种活动：

1. 接收流媒体视频和电影
2. 使用社交网络
3. 发送短信
4. 浏览互联网
5. 购物
6. 玩游戏

内容创作

数字技术使任何拥有手机和想要发表作品的人都能很容易地上传各种内容到社交媒体。有些内容创作者通过按次付费观看创作内容或吸引广告来赚钱，而有些内容创作者上传创作内容只是为了好玩和收集"点赞"！

当这位佩戴者转动头部时，她能环顾虚拟世界。

手柄上的传感器使这位用户能够与她"看见"的物体进行互动。

进入元宇宙

互联网正在从我们浏览的网络转变为一个三维沉浸式世界，被称为元宇宙。而增强现实技术使我们能够像在现实生活中一样与虚拟环境进行互动。

文化 373

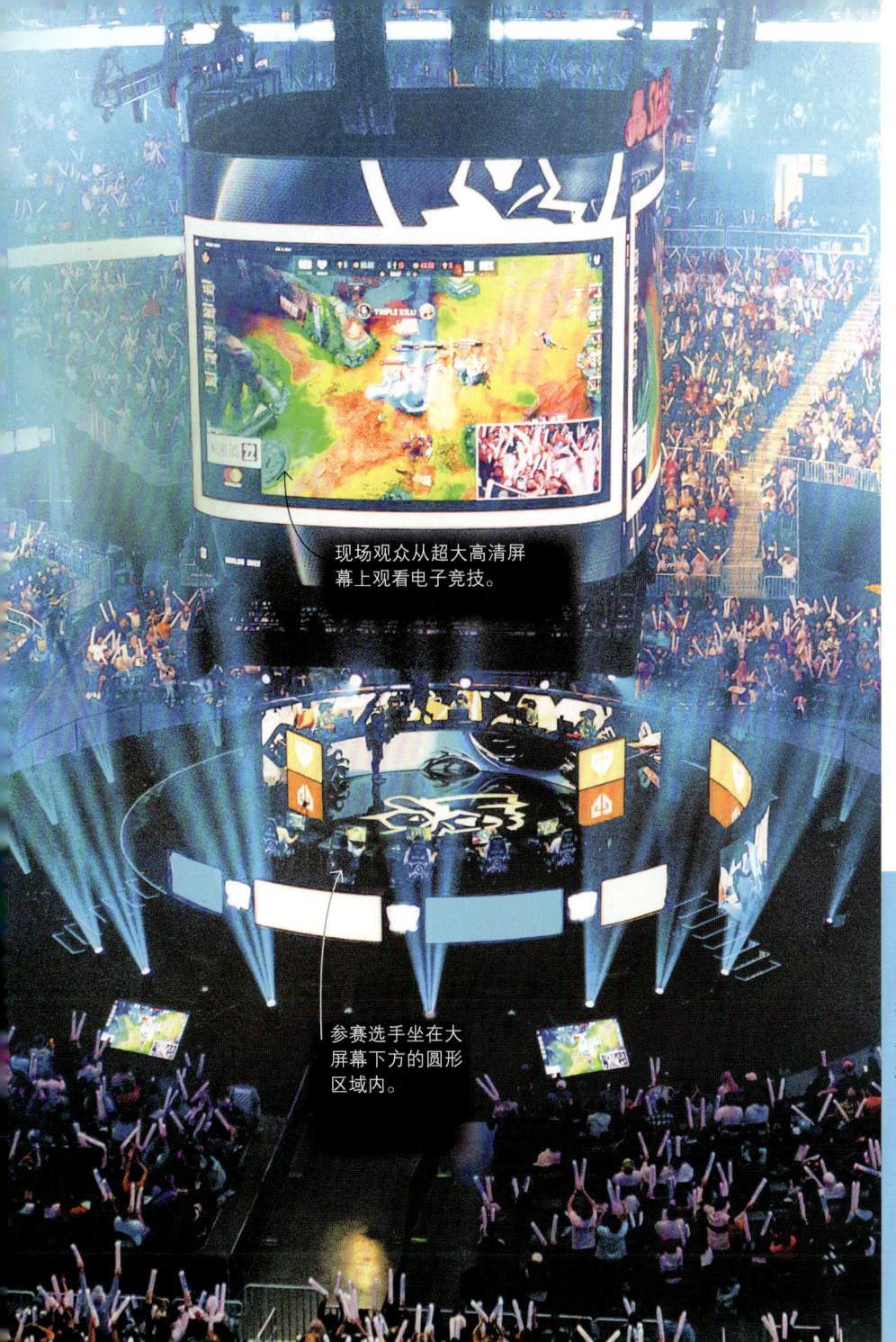

最火的社交媒体

以下是6个最受欢迎的社交媒体应用程序，其中增长最快的是抖音，它特别受到19岁以下用户的喜爱。

1 Facebook　　29亿用户
2 YouTube　　25亿用户
3 WhatsApp　　20亿用户
4 Instagram　　20亿用户
5 微信　　　　13亿用户
6 抖音　　　　11亿用户

现场观众从超大高清屏幕上观看电子竞技。

参赛选手坐在大屏幕下方的圆形区域内。

超级网红！

最早的网红之一是美国的一只名叫塔塔酱的宠物猫，被它的数百万"粉丝"称为"不爽猫"。她有独特的"不爽"面孔，在社交媒体上吸引了数以百万计的"粉丝"，它的名气被逐渐传播到电视和书籍，甚至电影中。

超级世界！

三维建造类游戏《我的世界》是最受孩子们欢迎的游戏之一。它于2011年首次发布，销售量达到2.38亿，全球有超过1.76亿人经常玩！

智能家居

智能家居是指将家用电器等家居设备与互联网相连接，以实现智能化控制和管理。通过应用程序，你可以用语音或触摸屏来远程控制家中的设备。例如，你可以要求它启动智能音响来播放你喜爱的音乐，或者在离家期间远程操作喂食器来喂养在家的宠物！

灯光和温度　　智能音响
计算机　　　　家庭安防系统
家用电器　　　电视

词 汇

（以下词义仅限于本书的内容范围。）

abolitionist 废奴主义者
为结束奴隶制而活动的人，特别是为结束18世纪和19世纪非裔被贩卖到美洲为奴隶的跨大西洋贸易和被强迫作奴工而活动的人。

accretion disc 吸积盘
在太空中由气体和其他物质组成的、以非常高的速度围绕质量巨大的天体转动的扁平环。

AI (Artificial Intelligence) 人工智能
被设计用来思考和学习，以及执行通常需要人类智能才能执行的任务的计算机系统；也指研究开发这样的系统的科学分支。

alchemist 炼金术士
实践炼金术的人。炼金术是中世纪的一种结合了哲学和早期化学思想的实践，旨在将贱金属变成黄金，并且创造一种使人类永生的万能药。

algae 藻类
一类利用阳光能量制造食物的、类似植物的生物。

algorithm 算法
给计算机的一组如何执行任务的分步指令，用于解决某些问题或达成某个结果。

alloy 合金
两种或多种金属的混合物，或者金属和非金属的混合物。

ambush 伏击
许多捕食性动物使用的一种捕猎方式；隐藏的个人或团体的突然袭击；战争中使用的一种战术。

ancestor 祖先
辈分比我们高的直系血亲，特指年代比较久远的。

aorta 主动脉
最粗大的动脉，是将血液从心脏向几乎所有其他动脉输送的导管。

Aotearoa 奥特亚罗瓦
在毛利语中最广为接受的新西兰的名称，意为"绵绵白云之乡"。早在欧洲人到达之前，毛利原住民就开始使用这个名称。

aquatic 水生的
全部或大部分时间生活在水中的。

Arabia 阿拉伯半岛
它是亚洲西南部的一大片地区，三面环海，包括沙特阿拉伯和其他几个国家。

archaeology 考古学
一门学科，通过分析前人遗留下来的物品和痕迹，例如古建筑和遗骨，来研究人类的过去。

asteroid 小行星
围绕太阳运行的小型岩石天体，可能含有镍和铁等金属。

atheist 无神论者
相信神不存在的人。

atmosphere 大气层
包围地球和其他一些行星的气体层。地球的大气层含有氮气、氧气和其他气体。

atom 原子
微小的物质粒子，是元素可以存在的最小单位。原子中的质子数量决定了它是哪种元素。

atomic bomb 原子弹
20世纪40年代发明的、通过分裂原子释放能量的一种爆炸装置。一枚原子弹的威力比以前的任何炸弹都要强大数千倍，可以摧毁整个城市。

aurora 极光
一些行星的两极附近出现的自然光。太阳风粒子被行星的磁场捕获并被吸入其大气层，与那里的原子碰撞，从而产生光。

bacteria 细菌
单细胞形式的微生物。我们的身体内和周围的世界都有无数细菌，其中有些是有益的，而有些是有害的。

biodegradable 可生物降解的
能够在环境中被自然过程分解的。

biodiversity 生物多样性
地球上或特定区域内生物的丰富度，以存在的物种的数量来衡量。

black hole 黑洞
太空中的一种天体。它具有极其强大的引力，任何东西，甚至光，都无法逃离。

blood clot 血块
红细胞凝结成的固体块。割伤流血时，血块可以止血。

book lungs 书肺
动物的一种类型的肺，由体壁褶皱重叠而成，像半开的书页。血液通过书肺将血液内含的二氧化碳换成氧气。

botanist 植物学家
植物专家；专门研究植物生命的科学家。

bract 苞片
长在单生花或花序的柄梗处的一种特殊的叶子。

brood 孵化，一窝（鸟）
（鸟）坐在蛋上使其内的幼鸟完成胚胎发育后破壳而出；一窝一起出生的幼鸟或其他动物。

bulbous 球茎状的
异常大而且圆的，有时呈灯泡状的。

buoy 浮标
给船舶提供信号或收集科学信息（例如测量天气）的浮动物体。

cacao bean 可可豆
可可树的种子，可用于制作巧克力，也可以生吃。

canopy 林冠
森林的树枝稠密的顶层。

caravan 旅队
一起旅行的一群人，通常是走陆路的，常指商队。

carnivore 肉食动物
以肉为食的动物。

carrion 腐肉
死动物的腐烂的肉，是食腐动物的食物。

cartilage 软骨
一种柔韧的结缔组织，有助于支撑身体并且覆盖骨骼末端和关节。

cartilaginous fish 软骨鱼
骨骼不是由硬骨而是由软骨构成的鱼。

cherrypicker 移动升降台
在可伸展臂上安装有围栏的平台的设备，用于将工人抬升到难以到达的高处，例如电线或树木。

civil war 内战
同一国家内两个或多个群体之间的武装冲突。

civilian 平民
不是军人和警察的人。

civilization 文明
人们在有组织和发达的社会中共同生活所形成的文化和生活方式。

climate change 气候变化
地球或特定区域的天气模式的长期变化，通常指人类行为造成的严重影响。

cold-blooded 变温的
体温随环境温度的变化而变化的（动物）。这类动物无法自我调节体温。

colonization 殖民
派移民去另一个国家定居，通常控制已经居住在那里的原住民，并且开发那里的自然资源。许多国家仍然受到过去殖民统治的影响。

comet 彗星
由冰和尘埃构成的、以椭圆形轨道围绕太阳运行的小天体。当它们接近太阳时，冰开始蒸发，并且在太阳的辐射作用下形成一长条灰尘和气体的尾部。

communism 共产主义
无产阶级的整个思想体系。

compound 化合物
两种或多种元素结合在一起构成的化学物质。

connective tissue 结缔组织
一种支持和保护体内其他组织和器官的组织。

cosmonaut 宇航员
俄罗斯宇航员的专属英语单词。

Cretaceous 白垩纪
距今1.45亿年前至6600万年前的地质时代，是恐龙时代的最后时期。

crevasse 冰川裂隙
冰或岩石上的裂开的深缝。

crustaceans 甲壳类动物
一类拥有无骨身体、甲壳和有关节的肢体的无脊椎动物。

data 数据
可分析的信息，通常是事实或统计形式的信息；在计算机术语中指可以由计算机处理的信息。

decomposer 分解者
在分解或腐烂的过程中分解死亡生物体的细菌、真菌和其他生物体。

democracy 民主
人民所享有的参与国家事务和社会事务管理或对国事自由发表意见的权利。

dentine 齿质
构成牙齿和牙根的坚硬的骨状材料。

dictator 独裁者
独自统治一个国家的领导人,其权力范围不受任何限制。

domestication 驯化
驯服野生动物,使它们对人类有用的过程。

dorsal fin 背鳍
鱼或水生哺乳动物背部或顶部的鳍,起到稳定器的作用。

drag (航行的)阻力
当物体在气体或液体(例如空气或水)中移动时产生的阻力,会减慢物体的速度。

dune 沙丘
由风吹而形成的一大堆沙子。

dwarf planet 矮行星
大到足以形成球形,但是比行星小得多的天体。

dynasty 王朝
君主政体的、出自同一家族的一系列统治者。

eardrum 鼓膜
分隔外耳与中耳的薄膜,能够随着声波的振动而振动,并且有助于将声波的信号传输到大脑。

electromagnetic radiation 电磁辐射
能穿过空间和物质的能量波,包括可见光、X射线和红外辐射。

electron 电子
原子内部的一种微小粒子,带负电荷。移动的电子形成电流。

element 元素
仅由一种原子构成的物质。

elliptical 椭圆形的
与椭圆形有关的。椭圆形可以被看成是将圆形拉伸而形成的。

embryo 胚胎
处于发育早期阶段的、未出生的动物或植物。

empire 帝国
一般指版图很大或有殖民地的君主国家；没有帝王而向外扩张的国家有时也称为帝国。

enamel 珐琅质，釉质
一种坚硬、有光泽的物质，是牙齿的最外层，也覆盖着鲨鱼的鳞状皮肤。它是人体中最坚硬的物质。

enzyme 酶
在生物体中引起或加速化学反应的物质。

equality 平等
每个人都受到公平对待，并且有相同的机会更好地生活和充分发挥自己的才能。

equation 方程
两个量相等的数学陈述，可以用来分析数据。

evaporation 蒸发
由于温度升高，液体变成气体的过程。

evolution 进化
包括人类在内的生物经过许多代逐渐变化的过程。

exoskeleton 外骨骼
软体动物的坚硬外壳，支撑和保护没有内骨骼的身体。许多无脊椎动物都有外骨骼。

extinction 灭绝
一个物种没有任何存活个体的状况。

filament 丝状体
非常细和柔的线状物体，例如头发。

fjord 峡湾
在高耸的悬崖之间的、由冰川侵蚀出的狭窄山谷，尤其指挪威的峡湾。

flagellum 鞭毛
长在动物身体上的长鞭状物，通常用于运动。有些动物只有一根鞭毛，有些动物有很多根鞭毛。

fossil 化石
很久以前存留在岩石中的动物或植物的遗骸或痕迹。

fossil fuel 化石燃料
由数百万年前的植物和动物的遗骸被压缩而形成的燃料，包括天然气、石油和煤炭。化石燃料被归类为不可再生能源。

freediver 自由潜水者
不使用呼吸设备潜入水下深处的人。

fungus 真菌
一类以腐烂物质为食并且通过释放孢子进行繁殖的生物。

galaxy 星系
由气体、尘埃和数量巨大的恒星通过万有引力聚集在一起所组成的系统。

galaxy cluster 星系团
由数百或数千个星系通过万有引力聚集在一起所组成的系统。

gamma ray 伽马射线
一种波长非常短、能量非常高的电磁能量波。

gene 基因
DNA的片段，含有控制细胞行为以及身体生长和外貌的特定的遗传信息。

gills 鳃
鱼类的体内从水中获取氧气的器官。鱼用鳃呼吸，而不是用肺呼吸。

glacier 冰川
大量积雪被压缩成冰，在自身重量的压迫下缓慢地流动的冰体。

gorge 峡谷
又深又窄的山谷，两侧陡峭，通常由瀑布或湍急的河流冲刷而形成。

government 政府
一个国家的规则体系以及制定和执行规则的官员。

guild （中世纪的） 行会
与特定工艺或技能（例如金属加工和编织）相关的当地协会或团体，为了保护人们的利益并且规范人们的贸易。

herbivore 食草动物
以植物为食的动物。

hominin 古人类
这个术语的意思是"类人"，包括人类和我们已灭绝的祖先。

hull 船体
船舶的主体，包括船底、侧舷和甲板。

humanist 人文主义者
相信人类自身而不是神对人类进步和福祉负责，并且采取行动改善人类生活的人。

hurricane 飓风
一类风力极强、降雨量极大的危险风暴。它们始于温暖的水面，然后移向陆地。

hydropower 水力
流水的能量，可以推动水轮带动机械，或通过涡轮机发电。

hyphae 菌丝
构成真菌菌丝体的细丝。

ice cap 冰帽
覆盖了地球两极的大面积冰。

Indigenous people 原住民
第一批居住在某个特定地区的人。

industrialization 工业化
转向使用大规模流程和重型机械在工厂生产产品的过程；从农业经济向工业或工厂经济的转变。

infrared 红外线
波长比无线电波短但比可见光长的电磁辐射。红外线给人的感觉是热。红外线是太空中许多天体发射的主要辐射形式。

infrastructure 基础设施
使一个国家或城市运作的基本建设，包括道路、建筑物、水和电力供应、通信网络等。

ingenious 足智多谋的
（在解决问题的方案方面）异常聪明和富有想象力的。

invertebrate 无脊椎动物
没有脊椎骨的动物。

iridescent 变色的
从不同角度观看时颜色似乎呈现出变化的（生物）。

irrigation 灌溉
用人造渠道和装置系统给农作物浇水。

keratin 角蛋白
一种存在于毛发、指甲和皮肤中的坚韧的、不透水的蛋白质。

lateral line 侧线
鱼的侧面的一排感觉器官，能感知水的流动、振动和压力。

lattice structure 晶格结构
由许多按规则重复排列的单元构成的固体。

lava 熔岩
从火山喷发出来的炽热的液体岩石。

lawmaker 立法者
为一个国家的人民制定生活规则的人。

light year 光年
光在真空中一年时间内传播的距离，为9.46兆千米。

lime 石灰
通过加热石灰石获得的白色矿物。将它与水混合能生成熟石灰，是一种常见的建筑材料，用于将建筑物中的石头或砖块粘合在一起。

limestone 石灰石
一种岩石，主要是由古老的贝壳碎屑形成的。

liquefy 液化
物质由气态转变为液态的过程。

lord 领主
在中世纪，拥有土地并对居住在那里的人民拥有权力的贵族。

lymph 淋巴
流经淋巴系统的液体，在其中清除细菌，然后返回血液。

magma 岩浆
地球表面下的、炽热的液态岩石。

magnetic field 磁场
磁铁或电流周围有磁力作用的区域。

mass 质量
物体中物质含量的度量。

mastodon 乳齿象
一种很像大象的大型哺乳动物，大约在11000年前灭绝。

mechanization 机械化
越来越多地使用机器代替人工劳动的变化。

meditation 冥想
保持平静、安静的状态一段时间,通常是宗教活动的一部分;深入思考一个问题;完全清空头脑。

meltwater 融水
雪和冰融化后形成的液态水。

menagerie 动物园
人工饲养和管理野生动物,通常用于展示。

merchant 商人
大量出售或交易商品以换取金钱或其他商品的人。

Mesoamerica 美索亚美利加
玛雅和阿兹特克等文明的发源地,位于当今中美洲,16世纪西班牙的入侵对它们造成了毁灭性的冲击。

meteorologist 气象学家
研究天气模式的科学家,通常是为了预测未来的天气状况。

microgravity 微重力
在太空中远离地球或其他行星时,宇航员所经历的存在重力但重力的影响很小的情况。

microorganism 微生物
微小的生物,用显微镜才能看见。

millennium 千年
一千年。

mineral 矿物质
一类地球上的固体无机(无生命)物质。食物和饮料中含有少量矿物质,有些矿物质在我们的身体中起着重要的作用。

mitochondrion 线粒体
存在于大多数细胞中的一种微小结构,为细胞活动提供能量。

molecule 分子
一组原子键合在一起形成的结构。

molluscs 软体动物
一类无脊椎动物,包括蜗牛、蛤和鱿鱼。大多数软体动物都有柔软的身体和坚硬的外壳,但是也有少数,例如蛞蝓,没有外壳。

motor 发动机
将电能或燃料的能量转化为动能的机器。

moveable type　活字印刷术
一种印刷技术，先制作字母或单词字块，使用时将字块排放在一起拼成句子，然后进行印刷。

mycelium　菌丝体
真菌生长的、用来与邻近生物体交流的菌丝网络。

Native American　美洲原住民的
形容在欧洲人首次抵达美洲之前就生活在美洲的众多民族，通常指美国的原住民；也用作这些民族和文化的形容词。

natural resources　自然资源
任何在自然界中独立存在、无需人为干预的有价值的有形之物与无形之物。随着时间的推移，它们会发生变化。森林、湖泊、石油，甚至美丽的风景都可以是自然资源。

nebula　星云
太空中的气体和尘埃云。

nervous system　神经系统
大脑、脊髓和全身的神经一起构成的系统。除海绵外，所有动物都有神经系统。

neurology　神经病学
研究神经系统状况和疾病的诊断和治疗的学科。

neutron　中子
原子核中的一种微小粒子，有质量但不带电荷。

neutron star　中子星
主要由中子构成的致密坍缩恒星。

nomad　游牧者
从一个地方搬到另一个地方、不建立永久定居点的牧民。

novel　小说
描述虚构人物和事件的长篇故事。

noxious　有害的，有毒的
有害处的、有毒性的或非常令人不快的。通常形容物质或气味。

nuclear　原子核的
与原子核有关的。可以指原子核内的力、这种力产生的能量或利用这种能量的武器。

nuclear reaction 核反应
原子核分裂或两个原子核结合，释放出大量能量的过程。

nucleus 原子核，细胞核
在物理学中，指原子的中心部分，由质子和中子组成。在生物学中，指大多数细胞中存在的控制中心。

nutrition 营养
人类从食物摄取需要的养料，以维持发育、生长和修复等生命活动。营养也是有机体摄入食物来维持其生命的过程。

omnivore 杂食动物
既吃植物又吃肉的动物。

opposable （拇指或脚趾）可相对的
形容拇指或脚趾能用指面接触同一只手或脚上的其他手指或脚趾。人类和其他猿类都有这样的手指或脚趾，而许多其他物种也有。

oral history 口述历史
通过口头而不是书面流传的历史信息。有些历史故事世代相传，却从未被记录下来。

orbit 轨道
由于万有引力的作用，一个天体围绕另一个较大质量的天体运行的路径。

organelle 细胞器
细胞内执行特定工作的微小结构，例如线粒体产生化学能来为细胞的活动提供能量。

organic 有机的
有机物质是由碳和其他元素构成的。地球上的所有生命都是有机的。

Ottoman Empire 奥斯曼帝国
14世纪至20世纪初，一个从土耳其延伸至欧洲部分地区、西亚和北非的帝国。

pack ice 浮冰
漂浮在海中的大量冰块，由许多较小的冰块冻结或聚集在一起形成。

particle 粒子
极小的物质颗粒，例如一粒尘埃、原子的一部分或光子。

pectoral fins 胸鳍
位于鱼类或海洋哺乳动物的两侧的成对的鳍。大多数鱼类的胸鳍有助于它们向上、向下或侧向游动。鳐鱼有灵活的胸鳍，用于游动和进食。

pelvic fins 腹鳍
位于鱼类或海洋哺乳动物下部的成对的鳍，有助于它们改变方向或停止游动。

philosopher 哲学家
寻求智慧或探索关于如何生活、我们是谁和什么是真正存在的等深奥问题的人。

photon 光子
电磁辐射的量子，是已知速度最快的粒子。

photosynthesis 光合作用
植物在阳光下利用太阳的能量将二氧化碳和水转化为氧气和糖分来给自己制造食物的过程。

piston 活塞
被气密地安装在缸内、作往复运动以推动液体或气体，或被液体或气体推动的圆盘或短圆柱体。活塞被广泛地用于蒸汽机或内燃机中。

plantation 种植园
种植棉花、烟草、糖、稻米或其他农作物、并且有劳工居住的农场或庄园。在奴隶制时期，种植园在美洲很常见，奴隶们被迫在种植园里工作。

plaque 铭牌
由金属或粘土制成的扁平物体，上面有雕像或文字，通常被挂在墙上。

plateau 高原
地势相对平坦、海拔较高的地区。

pole 极
地轴的每一端。地轴是从北到南穿过地球中心的直线，地球围绕地轴旋转。磁铁的两端被称为磁极。

pollinator 传粉媒介
将花粉从雄性花药带到同一朵花或另一朵花的雌性柱头，帮助花受精的媒介，例如蜜蜂、蝙蝠和风。

pollution 污染
有害物质被释放到空气、水、土壤或其他物体中。通常指人为污染。

porous 多孔的
形容（岩石或其他材料）具有液体或空气可以通过的微小空间或孔洞。

prey 猎物
被其他动物捕食的动物。

protein 蛋白质
帮助身体构建新细胞的重要营养素。

proton 质子
原子核中的一种微小粒子，带正电荷。不同的元素的原子核含有不同数量的质子。

protozoan 原生动物
微观的单细胞动物，通常生活在较大的动物体内。

pulsar 脉冲星
旋转的中子星，因不断地发出电磁脉冲信号而得名。

racial segregation 种族隔离
一种种族主义制度，阻止黑人使用白人的空间和设施。这种行为曾经在美国南部各州和南非很常见，现在已经被禁止，但是在某些地方仍然非正式地发生。

radar 雷达
一种发射高能无线电波并测量反射波的系统，用于探测物体。

radiation 辐射
以波或粒子的形式从一个地方移动到另一个地方的能量，例如无线电波、光和热。核辐射包括亚原子粒子和其他粒子。

radioactive 放射性的
形容不稳定的原子核自发地放出射线的性质。

regenerate 再生
身体的一部分重新生长；恢复自然环境或生态系统。

renewables 可再生能源
不会耗尽的能源，例如风能和太阳能；用于发电的所有可再生能源的统称。

respiration 呼吸作用
所有生物将葡萄糖转化为能量的过程。

Ring of Fire 太平洋火圈
太平洋边缘的环形地带，经过新西兰、日本、阿拉斯加和智利。太平洋构造板块与周围的大陆板块在这条环形地带相互作用。世界上大多数火山和地震都发生在太平洋火圈地区。

rural 乡村的
在乡村的,与乡村生活中相关的。

satellite 卫星
在太空中围绕行星运行的天体。卫星可以是自然的,例如月球,也可以是人造的。

sea stack 海蚀柱
较软或较裸露的岩石被海浪侵蚀留下的岩石柱。

sediment 沉积物
由风、水或冰川等流体携带的岩石碎屑、沙子或泥土等微粒,最终成为在地面或水下等地方形成的固体微粒层。

seismic waves 地震波
穿过地球的波或振动。它们是由地球内部的突然运动引起的,例如导致地震的板块滑动。

shadow puppet 皮影戏
一种表演故事的民间戏剧,用兽皮或纸板做成扁平镂雕戏偶剪影,固定在签杆上,并将其置于光源与半透明屏幕之间,由人操控表演。

shogun 幕府将军
日本的军事指挥官。从1192年到1868年,统治日本的是幕府将军,他们拥有比天皇更大的权力。

sinkhole 天坑
地面因侵蚀而形成的大洞。在某些情况下,下面的岩石首先受到侵蚀,导致地表的泥土和岩石急剧塌陷,沉入下面的洞中。

social media 社交媒体
允许用户创建内容和信息并与其他人在线共享的网站和应用程序。

solar system 太阳系
太阳和围绕太阳运行的所有天体,包括行星。

Soviet Union (USSR) 苏联
苏维埃社会主义共和国联盟的简称。1917年俄国革命后,俄罗斯帝国被苏联取代。1991年苏联解体。

spacewalk 太空行走
宇航员离开航天器进入太空的行为,通常是为了在航天器外部工作。

spiderling 小蜘蛛
幼小的蜘蛛。

spinal cord 脊髓
沿着脊柱内部延伸，在大脑和身体其他部位之间传递信息的神经束。

spore 孢子
由不开花植物或真菌产生的生殖细胞，相当于它们的种子。

spur 距
动物身体上的又小又尖的生长物，通常用于特定目的，例如战斗；也可以指植物、岩石景观或道路中的类似形状。

stalactite 钟乳石
从洞穴顶部或岩石下生长的悬垂岩石尖刺，由滴水中的矿物质沉积而形成。

stalagmite 石笋
从洞穴底部向上生长的岩石尖刺，由滴水中的矿物质沉积而形成。

state 国，州
国指由单一政府统治的一块土地。州是组成国家的行政区域之一，例如美国的州。

stellar 恒星的
与一颗恒星或多颗恒星有关的。

subantarctic 亚南极
位于南极地区以北，南纬45度至60度之间的地区。

subatomic 亚原子的
有关小于原子的粒子、力和过程的，或原子内的。

supermassive black hole 超大质量黑洞
最大的一类黑洞，质量是太阳的10万倍至数十亿倍。

supernova 超新星
恒星的剧烈爆炸，是宇宙中最壮观的事件，发出的光比太阳亮10亿倍。

synthetic 合成的
人造的（材料或化合物）。

tectonic plate 地壳板块
构成地球外层的、拼合在一起的大块岩石层。

thermogram 热图
通过测量红外辐射，即热量而不是可见光，而生成的图像。

tornado 龙卷风
从暴风云中延伸到地面的、强烈旋转的气柱，具有很强的破坏性，可以吸起和搬运大型物体。

torso 躯干
人体的轴心；除了头、手臂和腿之外的身体。

trade routes 贸易路线
在不同国家和大陆之间的完善的陆地或海上路线，使商人可以沿着这些路线运送货物。

treaty 条约
国家之间的协议，通常涉及贸易或边界。

turbine 涡轮机
一种具有可旋转扇状叶片的设备，由气体、液体或蒸汽的压力驱动，输出的动力可驱动发电机等设备。

typhoon 台风
飓风的东亚术语：一类风力极强、降雨量极大的危险风暴。它们始于温暖的水面，然后移向陆地。

ultraviolet light 紫外光线
一种波长比可见光短但比X射线长的电磁辐射。来自太阳的紫外线会导致晒伤。

upthrust 升力
液体或气体对物体（例如水中的船）施加的向上的力。

urban 城市的
在城市中的，在城市生活中的，或与之相关的。

USSR 苏联
参见Soviet Union（苏联）。

vertebrate 脊椎动物
有脊椎骨的动物。

virus 病毒
一类微小的传染性非生命体，存在于生物体内并利用生物体进行繁殖。有些病毒会导致疾病，但有些病毒则对宿主有利。

visual impairment 视力障碍
视觉下降到一定程度，导致无法以一般的方法（例如眼镜）来矫正的症状。

warm-blooded 恒温的
当环境较冷或较热时可以调节自身体温以保持稳定的体温的（动物）。

water vapour 水蒸气
水蒸发后的气态水。

water wheel 水车
从河流或渠道取水用于灌溉农田的装置。也是一种将落水的能量转换成做功的装置，例如研磨面粉。

wavelength 波长
相邻的两个波峰之间的距离，通常指电磁波或声波。较长的波长携带较少的能量。请参阅第195页科学章节中的波谱。

weather balloon 气象气球
携带测量设备升入大气层用于探测天气信息的气球。

weight 重量
物体所承受的重力的强度的度量。重量取决于物体的质量和重力的强弱。宇航员在月球上的质量与在地球上时相同，但是在月球上的重量较轻，这是因为月球的重力较弱。

x-ray X射线
波长比紫外线短但比伽马射线长的电磁辐射。医生使用X射线检查骨折情况，这是因为它能穿过软组织，但不能穿过骨骼和牙齿。

致 谢

Jonatan Stockton (cr/Surrendering soldier, cr/Soldier with gun). Getty Images: Apic (bc); Galerie Bilderwelt (cra). Imperial War Museum: (crb). Shutterstock.com: FAawRay (tc); Fotogenix (c). www.mediadrumworld.com: Tom Marshall (bl). 274 Alamy Stock Photo: Alpha Historica (cl); Rick Lewis (cr). Dreamstime.com: Ianisme28 (br). Getty Images: Steve Schapiro / Corbis (cb). 275 Alamy Stock Photo: David Grossman (bc).Dreamstime.com: Rank Sol (br). Getty Images: Angelo Cozzi / Archivio Angelo Cozzi / Mondadori (tr). 276 Alamy Stock Photo: Reuters (cr). Dreamstime.com: Maksym Kapliuk (cb/US flag); VectorHome (cl). Getty Images: Dirck Halstead (br). 267 Alamy Stock Photo: dpa picture alliance (tl); Michael Seleznev (tr); Granger - Historical Picture Archive (cr); Sueddeutsche Zeitung Photo (br). Dreamstime.com: Anastasiia Nevestenko (bl). 278 Getty Images: Luis Tato / Bloomberg (b). Shutterstock.com: Sentavio (tl). 279 Dreamstime.com: Info633933 (cb); Oaties (clb/Chain). Getty Images: Toby Melville - Pool (bc); Narinder Nanu / AFP (ca). Shutterstock.com: Mark Kauffman / The LIFE Picture Collection (tl). 280 123RF.com: Sergey Peterman (br/screen). Alamy Stock Photo: Science History Images (cl); Chris Willson (bc). © CERN: (bl). Dreamstime.com: Andrii Arkhipov (tl); Photka (br). Getty Images: SSPL (crb). 281 Alamy Stock Photo: Rick Crane (tr); Maurice Savage(c). Dreamstime.com: Branchecar ica (br); Nexusby (tl). 282 123RF.com: costasz (tl). Dreamstime.com: AlyaBigJoy (cr); Potysiev; Verdateo (ftr); Alexis Belec (cra); Suttiwat Phokaiautjima (bc); Ivan Kotliar (clb). Getty Images: DEA / G. Dagli Orti / De Agostini (tc); Lawrence Manning (tr). Getty Images / iStock: inarik (c); staticnak1983 (bl). 283 Alamy Stock Photo: Evelyn Orea (bl). Dreamstime.com: Jiri Hera (br); Alexander Pokusay (ca, crb). Getty Images / iStock: Anastasia Dobrusina (ftl); toktak_kondesign (fbl). Getty Images: Martin Puddy (ftr). 284 Dreamstime.com: Michael Bush (cra). Getty Images / iStock: dino4 (ca). 284-285 Getty Images: James D. Morgan (bc).
285 Alamy Stock Photo: Image Source (cl). Dreamstime.com: Xzotica (cr). Getty Images / iStock: Asurobson (fcr). Getty Images: Christopher Furlong (tr); Plume Creative (fcl). 286-287 Alamy Stock Photo: melita (b). 286 Alamy Stock Photo: Oleg Zaslavsky (c). Getty Images: Monica Morgan / WireImage (tr). 287 Alamy Stock Photo: Jeff Morgan 13 (cl); Zoonar GmbH (tr). 288 Alamy Stock Photo: Dan Breckwoldt (tl); Images & Stories (b). Dreamstime.com: Alexey Pushkin (c). 289 Getty Images: Martin Puddy (r). 290 Alamy Stock Photo: Ruby (cl). Donauinselfest, Vienna: Photo Alexander Mller (c). 290-291 Getty Images / iStock: Toa55 (b, t). 291 Alamy Stock Photo: Evelyn Orea (tl). Getty Images: Hindustan Times (c).naturepl.com: Enrique Lopez-Tapia (tr). 292 Alamy Stock Photo: John D. Ivanko (bl). Getty Images / iStock: ALLEKO (cra/Sweden); Anastasia Dobrusina (crb). Getty Images: DEA / G. Dagli Orti / De Agostini (cl). 292-293 Shutterstock.com: adiwijayanto (t). 293 Getty Images: Todd Maisel / NY Daily News Archive (bc). Shutterstock.com: nontarith songrerk (crb). 294 Alamy Stock Photo: Hans Kristian Olsen (cla); PCN Photography (c).Getty Images: Mauro Ujetto / NurPhoto (tl); George Wood / Getty Images for RLWC (cl). Getty Images / iStock: Windzepher (cr). 294-295 Getty Images / iStock: PeopleImages (b). 295 Alamy Stock Photo: Hemis (tr). Getty Images: Kate McShane / Getty Images for Nike (cr). 296-297 Dreamstime.com: Travellingtobeprecise (c).
296 123RF.com: Hong Li (crb). Alamy Stock Photo: Magica (bl). 298 Alamy Stock Photo: PG Arphexad (bl). Bridgeman Images: Dublin City Gallery, the Hugh Lane / © Niki de Saint Phalle Charitable Art Foundation / ADAGP, Paris and DACS, London 2023 (r). 299 Alamy Stock Photo: Krys Bailey (tr); Niday Picture Library (bl); Kat Davis (br). Bridgeman Images: (cla); Fitzwilliam Museum (tl); Olafur Eliasson , The weather project, 2003. Monofrequency lights, projection foil, haze machines, mirror foil, aluminium, scaffolding, 26.7 x 22.3 x 155.44 metres. Installation view: Tate Modern, London. Photo Bridgeman Art Library / Richard Haughton. Courtesy the artist; neugerriemschneider, Berlin; Tanya Bonakdar Gallery, New York / Los Angeles © 2003 Olafur Eliasson / Courtesy of the artist; neugerriemschneider, Berlin; Tanya Bonakdar Gallery, New York / Los Angeles © Olafur Eliasson (cl). 300 Dzia: (tl). 300-301 Dzia.
302 Getty Images / iStock: CasarsaGuru (bl); inarik (r). 303 Dreamstime.com: Jannoon028 (br/Phone); Stepanov (bl). Getty Images / iStock: JackF (br); southtownboy (crb). Getty Images: Alex Livesey / Getty Images for RLWC (tl). 304 Alamy Stock Photo: LJSphotography (br) Dreamstime.com: Featureflash (tc). Getty Images / iStock: baona (bc); Denisfilm (bl). 305 Alamy Stock Photo: Ian Georgeson (tr); Tjasa Janovljak (c). Getty Images / iStock: l isegagne (bl). Getty Images: Valerie Macon / AFP (cr); Hugh Sitton (crb); David Sacks (br). Shutterstock.com: Ljupco Smokovski (clb). 306 Alamy Stock Photo: Kawee Wateesatogkij (tr). Shutterstock.com: Anastasia Gruzdeva / AP (bl). 306-307 Alamy Stock Photo: MQ Naufal (b). 307 Dakakker: Karin Oppelland (tl). 308 Alamy Stock Photo: Reuters (tc); Jochen Tack (br). 308-309 Philipp Schmidli: (tc). 309 123RF.com: Nikola Roglic (bl). Alamy Stock Photo: Andrey Khrobostov (br). Dreamstime.com: Typhoonski (tr). 310-311 Dreamstime.com: Alexey Petrov (c/Cockpit); Tacettin Ulas / Photofactoryulas (ca/clouds). 310 Captain Darryl Elliott: (tl). 312 Alamy Stock Photo: Roland Magnusson (cr); Nerthuz (t); robertharding (cb). 313 Alamy Stock Photo: Hero Images Inc. (tr). Getty Images / iStock: Nikada (crb). Getty Images: Thitiphat Khuankaew / EyeEm (cr).SchimiAlf: (bc). 314 Getty Images / iStock: martin-dm (bl); staticnak1983 (br). 314-315 Getty Images: Elijah Nouvelage / AFP (tc). 315 Alamy Stock Photo: Amlan Mathur (bl). Dreamstime.com: Josefkubes (cra). Getty Images: Robin Marchant (crb). 316-317 Alamy Stock Photo: Michele D'Ottavio (b).
316 Dreamstime.com: Leremy (fcr). Getty Images: Jefri Tarigan / Anadolu Agency (tr). 317 Getty Images: Dante Diosina Jr / Anadolu Agency (tl); STR / AFP (cr).

Cover images: Front: 123RF.com: eshved clb/ (heart), scanrail bc, thelightwriter cb; Alamy Stock Photo: Iryna Buryanska (x4), Mechanik cra, Panther Media GmbH / niki crb, Steppenwolf c; Dorling Kindersley: Gary Ombler / Shuttleworth Collection cra/ (aircraft); Dreamstime.com: Dragoneye cla, Kolestamas cla/ (Tyrannosaurus), Peterfactors ca; Getty Images / iStock: FGorgun clb; Robert Harding Picture Library: TUNS clb/ (Macaw); Science Photo Library: Miguel Claro bl, Power and Syred clb/ (Halobacterium); Shutterstock.com: Arthur Balitskii crb/ (Hand), KsanaGraphica, Dotted Yeti cra/ (astronaut); Back: 123RF.com: Denis Barbulat crb/ (Lily), solarseven cra; Alamy Stock Photo: Iryna Buryanska (x3), imageBROKER / J.W.Alker crb/ (turtle), Alexandr Mitiuc cl; Dorling Kindersley: Gary Ombler / University of Pennsylvania Museum of Archaeology and Anthropology cla/ (boat), Arran Lewis(science3) / Rajeev Doshi (medi-mation) / Zygote cr; Dreamstime.com: Feathercollector clb, Patrick Guenette bc, Nerthuz c, Lynda Dobbin Turner cla/ (Jellyfish); Getty Images: Tim Flach clb/ (ants), Gerhard Schulz / The Image Bank bl; Getty Images / iStock: GlobalP cla/ (snake), Anton_Sokolov cb/ (car), Vladayoung cb; NASA: GSFC / Arizona State University cla; Science Photo Library: Wim Van Egmond crb, Steve Gschmeissner br; Shutterstock.com: Sebastian Janicki ca, KsanaGraphica; Spine: Shutterstock.com: Sebastian Janicki b

All other images © Dorling Kindersley